PNR(Puritans and Reformed Publishing Company)
개혁주의신학사는 청도교 신학과 개혁 신학에 관한 기독교 서적을 출판하는 출판사이며, 자유주의 신학과 다원주의 신학을 배척하며 순수한 기독교 신앙을 보수하기 위하여 설립된 문서선교 기관이다. PNR KOREA(개혁주의신학사)는 CLC가 공동으로 운영하는 출판사이다.

추천사 1

김재성 박사
국제신학대학원대학교 조직신학 명예교수

코넬리우스 반틸(Cornelius Van Til) 박사는 칼빈 이후 최고의 개혁 신학자로 높이 평가를 받는 분이다. 제2차 세계대전 이후에 전 세계 교회가 혼란을 겪으면서 에큐메니칼운동으로 기울어 갔다. 그때 반틸 박사는 신정통주의자 칼 바르트의 신학사상에 대한 위험성을 가장 깊이 파헤쳐서, 성경적 신앙을 옹호하고 개혁주의 정통 신학의 노선을 정립하는 데 큰 기여를 했다.

이 책은 칼빈을 따라서 성경적으로 정통 개혁 신학의 진리 체계를 구축하는 중요한 개념들을 깊이 있게 다루고 있다. 일반 은총이라는 중요한 성경적 개념과 그 범주에 연계된 많은 주제를 풀어낸 반틸 박사는 우리가 자연과 학문과 구원에 대해 가져야 할 통찰력을 깨우쳐 준다.

반틸 박사가 사용한 용어와 개념들이 매우 어렵기 때문에, 편집자 올리펀트 교수의 해설이 큰 도움을 준다. 특히, 반틸의 개념에 연결되어 발표된 최신 자료들을 첨가해 주어서, 현대 신학자들에게 끼친 영향을 가늠할 수 있다. 이 책이 한국어로 깔끔하고 정확하게 소화되도록 번역자와 편집자가 기울인 노고에 치하를 드리고 싶다.

추천사 2

이 경 직 박사
백석대학교 기획부총장·조직신학 교수

『개혁주의 일반 은총론』은 미국 웨스트민스터신학교 변증학 교수였던 코넬리우스 반틸이 25년여에 걸쳐 쓴 논문들을 그의 제자이자 후임자인 K. 스코트 올리핀트(K. Scott Oliphint) 교수가 편집한 책이다.

반틸은 개혁파 전통에서 전제주의자로 알려져 있다. 그에 따르면 하나님을 알 수 있고 하나님의 형상으로 지음 받은 인간을 알 수 있기 위해서는 신앙이 전제되어야 한다. 인간의 이성은 삼위일체 하나님의 존재를 증명해 낼 수 없으며, 하나님의 계시인 성경의 권위를 인정해야 한다.

교회의 역사를 보면 일반 은총을 지나치게 강조하는 편도 있고, 일반 은총을 완전히 부정하는 편도 있다.

올리핀트는 반틸을 일반 은총의 긍정적 측면과 부정적 측면을 균형 있게 다룬 신학자로 이해하고 있다. 반틸의 일반 은총론은 존재론적 삼위일체에서 시작된다는 점에서 전제주의를 표방한다. 일반적으로 일반 은총은 전제주의를 부정하는 것처럼 보인다. 신자이든 불신자이든 모든 인간이 공통되게 경험하는 요소가 있다고 전제하기 때문이다.

반틸에 따르면 일반 은총은 타락 이전의 인간들에게 있었지만, 타락 이후 인간들은 하나님을 아는 지식을 억누른다. 따라서 타락한 인간은 하나님의 계시 없이 성령의 도우심 없이 스스로 자율적으로 하나님을 알 수는 없다. 반틸은 이런 주장을 통해 일반 은총론이 합리주의를 받아들여 복음의 주권적 은혜를 훼손시키는 일을 막고자 한다. 그가 신학을 체계화하는 과정에서 헬라 사상이나 계몽주의 사상이 몰래 들어오는 것을 경계하는 이유가 여기에 있다.

특히, 제2부 제3장 일반 "은총에 대한 서신"을 정독하기를 권한다. 그의 일반 은총론을 개괄적으로 보여 주는 장이기 때문이다.

오랜 시기에 걸쳐 쓰여진 논문들을 모아 놓았기에 독자는 관심이 있는 주제를 먼저 선택해 읽는 것도 유익할 것이다. 특히 하나님의 작정 의지와 명령 의지의 관계를 신비로 규정하면서도 창조 세계와 의미 있는 상호 작용을 하시는 내재적 측면과 독립적이고 불변하는 초월적 측면이 하나님께 있을 수 있는 근거를 언약에서 찾는 점이 흥미롭다.

반틸은 존 프레임(John Frame)을 비롯한 개혁파 신학자들에게 영향을 주었다. 국내에도 반틸의 영향을 받은 개혁파 신학자들이 많은 편이다. 반틸의 개혁 신학에 관심을 두는 독자에게 『개혁주의 일반 은총론』은 소중한 선물이 될 것이다. 반틸의 개혁 신학에 동의하지 않는 독자라도 이 책은 꼭 읽어 봐야 할 책이다.

추천사 3

존 M. 프레임 박사
Reformed Theological Seminary 조직신학·철학 명예교수

반틸은 논란의 대상이 되어 왔다. 심지어 그의 제자들 사이에서도 그래 왔다. 그러나 우리는 그와 그의 연구에서 배울 것이 많다. 이에 그의 변증학과 신학은 이 시점에 숙고되어야 한다.

이 책의 편집자 K. 스코트 올리핀트는 21세기 독자들이 반틸의 일반 은총론을 이해하기 쉽도록 잘 설명했다.

개혁주의 일반 은총론

Common Grace and the Gospel
Written by Cornelius Van Til
Edited by K. Scott Oliphint
Translated by SeongGuk Jeong

Copyright © 2015 by Cornelius Van Til
Originally published in English under the title
Common Grace and the Gospel (Second Edition)
By Presbyterian and Reformed Publishing Co., Phillipsburg, New jersey,
1102 Marble Hill Road, P.O. Box 817, Phillipsburg, Nj 08865, USA.
All rights reserved.

Translated and printed by permission of P&R Publishing.
Korean Edition Copyright © 2022 by Presbyterian and Reformed Publishing, Seoul, Korea.

개혁주의 일반 은총론

2022년 1월 20일 초판 발행

지 은 이 | 코넬리우스 반틸
엮 은 이 | K. 스코트 올리핀트
옮 긴 이 | 정성국

편　　집 | 전희정
디 자 인 | 전지혜, 서민정
펴 낸 곳 | 개혁주의 신학사
등　　록 | 제21-173호(1990. 7. 2.)
주　　소 | 서울특별시 서초구 방배로 68
전　　화 | 02-586-8761~3(본사) 031-942-8761(영업부)
팩　　스 | 02-523-0131(본사) 031-942-8763(영업부)
이 메 일 | clckor@gmail.com
홈페이지 | www.clcbook.com
송금계좌 | 기업은행 073-085852-01-016 예금주: 개혁주의 신학사
일련번호 | 2022-3

ISBN 978-89-7138-079-6 (93230)

이 한국어판 저작권은 P&R Publishing과 독점 계약한 (사)개혁주의 신학사가 소유합니다. 신저작권법에 의하여 한국 내에서 보호를 받는 저작물이므로 무단 전재와 무단 복제를 금합니다.

코넬리우스 반틸 지음
K. 스코트 올리핀트 편집
정성국 옮김

개혁주의
일반 은총론

Common Grace and the Gospel
Second Edition

개혁주의신학사

목차

추천사 1 • 1
김 재 성 박사 국제신학대학원대학교 조직신학 명예교수

추천사 2 • 2
이 경 직 박사 백석대학교 기획부총장·조직신학 교수

추천사 3 • 4
존 M. 프레임 박사 Reformed Theological Seminary 조직신학·철학 명예교수

편집자 서문 • 10
반틸의 메모 • 65
저자 서문 • 67
역자 서문 • 71

제1부

제1장 기독교 역사 철학	74
제2장 일반 은총에 대한 아브라함 카이퍼의 교리	96
제3장 일반 은총 논쟁	110

Common Grace and the Gospel

제2부

제1장	특정 은총과 일반 은총	222
제2장	일반 은총과 증인	260
제3장	일반 은총에 대한 서신	296
제4장	비판에 대한 답변	369
제5장	헤르만 훅스마의 "개혁주의 교의학"	388
제6장	최종 고려 사항	407

참고 문헌 • 425

편집자 서문

K. 스코트 올리핀트 박사
웨스트민스터신학교 조직신학 교수

코넬리우스 반틸(Cornelius Van Til)의 작품을 처음 읽기 시작했을 때, 그는 '기독교 철학자'와 같은 범주에 속해야 한다고 생각했다. 그 이유는 그의 용어, 개념, 논쟁의 방식 등이 내가 초기 기독교 저서에서 읽은 신학을 넘어섰기 때문이다. 나는 대학에서 철학 수업을 이수했기 때문에 그가 사용한 용어와 개념을 알 수 있었다.

그러나 반틸이 제시한 모든 이론의 토대는 그의 철저한 성경적 개혁주의 신학에서 비롯되었고, 나는 이 사실을 오랫동안 높이 평가해 왔다. 반틸의 저술을 이해하는 데 문제가 되는 것은, 그가 우리가 모두 그와 같은 신학을 가지고 그의 작품을 읽을 것이라고 가정했다는 것이다. 성경적 개혁주의에 기초한 그의 관점으로 그의 작품을 읽으면 사실상 모든 용어, 개념, 논쟁의 방식 등이 그 기초에서 비롯되었음을 알 것이다. 의심의 여지 없이 이 책을 읽을 때도 그것은 마찬가지이다.

반틸이 처음에 언급했듯, 이 책은 에세이 모음집이다. 이 에세이들은 대략 25년에 걸쳐 작성되었다. 각 에세이의 시간과 맥락이 다르다는 것을 고려하면, 각 에세이가 강조하는 점도 다를 것이라고 예상할 수 있다. 그러나 강조하는 바가 다르다고 해도 전체적으로 볼 때 내용과 개념은 모두 비슷하다.

내가 이 책에 대해 하려는 일은 반틸의 주장을 명확히 설명하려는 것이다. 따라서 여기서는 자세히 설명하지 않겠다. 그러나 대략의 핵심을 순서대로 정리하고 세 가지 주요 주제를 논의할 것이다. 이 주요 주제는 이 책 전체에 나타나고 각 에세이를 읽는 데 도움이 된다.

우선 일반적 설명이다. 반틸은 이 에세이 모음을 통해 '일반 은총[1] 주제'에 관한 '세 번째 방법'을 이야기하고자 한다.

> 일반 은총을 부정함으로 오른쪽으로 치우치거나(훅스마[Hoeksema]처럼) 로마 가톨릭의 자연신학을 따라 일반 은총 이론을 맹신함으로 왼쪽으로 치우치는 것으로는(일부 카이퍼[Kuyper]의 공식처럼) 세상의 지혜에 도전을 주지 못한다(294쪽).

반틸이 제안한 이 세 번째 방법은 왼쪽이나 오른쪽으로 치우치지 않는다. 반틸은 '오른쪽으로' 치우치지 않기 위해 일반 은총을 부정하지 않는다. 일반 은총을 부정하는 것은 비성경적이고 논리를 잘못 적용하고 있음을 전제한다고 반틸은 명백히 밝힌다. 일반 은총을 부정하는 자는 '추상적으로' 그리고 '연역적으로' 사고해 성경의 특정 진리를 축소하는데, 이는 성경의 특정 진리가 추상적 사고의 틀에 들어맞지 않기 때문이다.

그러므로 일반 은총 교리를 거부하는 것과 관련해(반틸은 이에 반대한다) 염두에 두어야 할 핵심은, 일반 은총이 어떤 사람은 선택하고 다른 사람은 유기하는 하나님의 영원한 작정 진리를 '논리적으로 잘못 추론해서' 세웠다는 점이다. 그런 추론은 '추상적'이기 때문에 성경을 구체적으로 나타내지 못한다.[2] 그뿐만 아니라 성경의 역사 철학을 손상한다. 반틸이 밝히

---

1 '일반 은총'이란 믿는 자와 믿지 않은 자 모두에게 베푸시는 하나님의 은총을 의미한다. 일반 은총 영역에 속한 것은 태양과 비를 포함하는 자연 만물 그리고 학문, 예술, 문화, 교육, 정치, 언론 등 신앙적 영역, 즉 특별 은총 영역을 제외한 모든 영역이다(역주).
2 저자 서문에서 반틸은 "이 책의 여러 장을 하나로 묶는 관점"을 요약한다. 반틸이 말하는 '관점'은 '제한적 개념'이라는 기독교 개념으로 인해 "신비에 대한 성경적 개념에는 인간의 경험에 관해 이해할 수 있고 (비록 완전히 이해하지는 못하지만) 지적 근간이 있다"(69쪽).

고자 하는 것은 바로 이런 잘못된 추론이고, 그는 여기 각 에세이에서 심오한 성경적 내용을 바탕으로 이를 지적한다(비록 그가 사용한 용어는 표면적으로 그 내용을 배신하지 않지만).

따라서 반틸은 오른쪽으로 치우치지 않는다. 그러나 그가 제안한 세 번째 방법은 '왼쪽으로도' 치우치지 않는다. 그것은 ('로마교 신학'에서처럼) 중립적 개념이나 활동에 대한 관념을 허용하지 않을 것이며, 그런 개념이나 활동에서 하나님에 대한 진정한 반역이 없을 것이기 때문에 기독교 신학에 아무런 문제도 되지 않을 것이다.

그리스도인과 비그리스도인이 근본적으로 공통적인 특정 개념과 아이디어를 공유한다고 가정하는 일반 은총은 없다. 반틸에 따르면 이런 종류의 공통성은 일반 은총에 속하지 않는데, 이는 그런 공통성이 존재한다면 비그리스도인의 삶과 사고 영역에서 문제가 되는 것은 아무것도 없기 때문이다. 더 중요한 것은 그런 사고는 신자와 불신자 사이의 대립에 대한 성경적 및 개혁주의적 설명에 합당한 공로를 인정할 수 없다.

반틸은 일반 은총 교리에 대한 설명에서 오른쪽이나 왼쪽으로 치우치지 않기 때문에 약간의 수정이 필요하다. 이 수정은 반틸의 일반 은총 교리에서 중심되는 기본적이고 상호 연결된 세 가지 주제에 중점을 둔다. 따라서 이 주제를 이해하고 이 책 전체를 볼 때 이를 인식해야 한다.

에세이들은 일반 은총에 관한 무수한 신학적 및 철학적 문제를 다룬다. 그것들은 모두 유익하고 우리를 발전시킬 수 있다. 그러나 이 에세이들을 하나로 묶는 것에 대한 반틸의 평가와 관련해서 그리고 이 에세이들에 대한 좀 더 일반적 관점을 제공하기 위해, 가장 중요한 세 가지 주요 주제를 강조하고자 한다. 이 세 주제는 이 책 각 장이 다소 가정하는 것이고, 이 에세이를 읽을 때 필요한 해석 체계를 제공한다.

이 주제들은 반틸이 자주 반복하는 것은 아니고, 우리가 선택할 수 있는 유일한 주제도 아니다. 이는 반틸의 주장의 본질 그리고 각 에세이에 걸쳐 나타난 일반 은총 교리에 관한 그의 발전을 이해하는 데 도움을 주는 지배적 개념이다. 반틸 자신의 고유한 언어를 사용해 나타낸 세 가지 주제는 다음과 같다.

첫째, 두려움 없는 신인동형론
둘째, 구체적 사고
셋째, 제한적 개념

비록 이 세 가지 주제가 약간은 추상적으로 들릴지 모르지만, 나는 이 주제를 개혁주의 믿음에 대한 성경적 진리로 우리를 변함없이 이끄는 용어로 이해해야 한다고 증명하고 싶다. 그뿐만 아니라 이 세 가지 주제는 서로를 수반하는 것으로 이해해야 한다. 즉, (이런 주제와 관련해) 우리의 신학적 교리들을 제한적 개념으로 생각하고 명확히 하지 않는 이상, 우리는 두려움 없는 신인동형론을 이해한다고 할 수 없다.

이 주제들은 에세이에 등장한 순서대로 열거되지 않으며, 이 에세이 모음에 나타나는 횟수 때문에 선택되지도 않는다. 오히려 이 주제들은 반틸이 일반 은총 및 이와 관련된 신학적 개념을 강조하고 싶은 모든 것을 중추적으로 통제하는 주제로 보인다. 실제로 어떤 면에서 이 주제들은 반틸이 쓴 모든 글의 중심에 있다. 이 에세이들이 그의 긴 교직 경력에 걸쳐 영향을 미친다는 점을 고려하면 그리 놀라운 일이 아니다.

이 세 가지 주제를 설명하기 전에 반틸이 일반 은총에 관한 (그리고 다른 모든 것에 관한) 그의 생각을 어디에서 신학적으로 시작하는지 기억하는 것은 매우 중요하다. 그는 존재론적 삼위일체로 시작한다. 존재론적 삼위일체로 '시작한다'는 것은 적어도 하나님으로서의 하나님의 실체(the reality of God as God)는 표현된 다른 모든 것의 배후에 있는 가정이자 통제하는 실체를 의미한다. 아래에서 밝히겠지만, 구체적으로 말하면, 세 가지 주제 자체는 삼위일체 하나님이 절대적으로 독립적이며 자기 자체라는 사실에 비추어 볼 때 의미가 있다. 즉, 그는 '본질적으로' 독립적이다. 하나님이 자신이 되기 위해 무언가 필요하다는 주장은 틀린 것이다.

이 진리는 아래 세 가지 주제의 부분이자 구획인 수수께끼를 가르치기 시작한다. 이 진리를 떠나서는 기독교 신앙의 수수께끼를 발견할 수 없다. 그뿐만 아니라 이 진리를 떠나서 하나님은 하나님 되기 위해 자신 밖에서 무언가를 본질적으로 필요로 하게 된다. 그럴 수는 없다. 성경은 처음 네 단어로 존재론적 삼위일체를 시작한다. 태초에 오직 하나님만 존재하셨기 때문에 하나님 자신이 되기 위해서는 그 어떤 것도 필요하지 않다.

또한, 홀로 독립적으로 존재하시는 하나님은 삼위일체이시기에 그리스도인으로서 우리가 고백하는 하나님의 단일성은 또한 삼위일체의 다양성에서도 확인되어야 한다. 즉, 하나님은 단순히 하나가 아니라 하나 안의 세 분이다. 그의 삼위일체(three-in-oneness)는 한 명이자(보편적 범주들) 다수의(특정한 것들) 창조 안에 있는 상호 작용의 기초가 된다.

삼위일체 하나님은 참으로 신비이고, 그 신비는 모든 창조 세계에서 그의 피조물이 하나님이 창조한 세상에서 단일성과 다양성을 인식함에 따라 유사하게 전개된다. 따라서 창조는 삼위일체 하나님의 성품과 신비하게 비슷하다. 이런 식으로 반틸은 신학의 생명소는 신비롭다는 헤르만 바빙크의 격언을 심각하게 그리고 엄격하게 적용한다.[3]

이 책에서(그리고 그의 모든 작품에서) 반틸이 주장하는 모든 것의 기반인 삼위일체 하나님의 자존성(즉, 하나님 안에 있고 그가 소유한 절대적 자존과 독립성)이라는 맥락 안에서만 아래의 세 가지 주제가 올바로 전개될 수 있다.

---

[3] Herman Bavinck, *Reformed Dogmatics*, ed. John Bolt, trans. John Vriend, 4 vols. (Grand Rapids: Baker Academic, 2003-2008), 2:29.

1. 두려움 없는 신인동형론

반틸은 이 책에서 자주 나오는 "두려움 없는 신인동형론"(fearless anthropomorphism)이라는 표현을 사용하지 않는다. 그러나 작정에 대한 하나님의 의지와 명령에 대한 그의 의지를 둘러싼 복잡한 문제뿐 아니라 하나님의 작정과 우리의 전적 타락과의 관계를 포함해, 그가 일반 은총에 관해 말한 모든 것은 이 표현을 포함하고 전제한다.

개혁주의 신앙에 의하면, 작정에 대한 하나님의 의지와 명령에 대한 그의 의지 사이의 관계는 사람이 완전히 이해할 수 없다. 하나님이 영원에서 행하신 것과 역사 속에서 행하신 것 사이의 모든 관계는 신비롭다. 즉, 하나님은 일어나는 모든 일을 작정하시고 통제하신다. 절대 주권적으로, 무조건적으로 그리고 모든 것을 아우르는 작정 안에서 하나님이 명령하시는데, 인간은 이를 순종할 수도 있고 순종하지 않을 수도 있다.

두 가지가 어떻게 공존할 수 있는가?
어떻게 하나님은 '모든 것'을 작정하시고, 동시에 인간은 자신의 의지로 어길 수 있는 명령을 내리실 수 있는가?
어떻게 이 두 가지 '의지'가 공존하는가?

이 질문에 대한 답은 성경 진리의 신비로움을 강조한다. 반틸이 일반 은총이라는 개념을 발전시킬 때 '암스테르담'(Amsterdam)과 '구프린스턴'(Old Princeton) 사이의 대조와 비교가 두드러진다. 반틸은 이렇게 말한다.

> 인간은 작정 의지와 명령 의지 사이의 관계를 온전히 이해할 수 없다는 점에서 암스테르담과 구프린스턴은 동의한다. 그러므로 모든 교리의 핵심에는 '어려운 문제'가 있다. 인간은 유추적으로 생각해야 한다. 하나님이 원본이고 우리는 파생품이다.

우리는 우리가 할 수 있고 할 수 없는 것을, 명령 의지와의 관련성을 배제한 작정 의지로 시작하는 논쟁으로 결정해서는 안 된다. 특히, 우리는 하나님이 인류의 일반성에 어떤 호의적 태도를 보여 주실 수 없다고 말해서는 안 되는데, 이는 그분이 일부는 결국 '진노의 그릇'으로 쓴다는 것을 우리가 알기 때문이다.

다른 한편으로, 우리는 인간의 책임과 관련한 하나님의 계시된 뜻에서부터 시작해서, 작정 의지에 의해 사람의 궁극적 책임을 부정하는 것에 이르는 논쟁에 휘말려서는 안 된다. 그러므로 우리는 이 시점에서, **모든 것을 포함한** "두려움 없는 신인동형론"을 추구해야 한다(357쪽, 강조 첨가).

위에서 언급했듯이, 일반 은총에 대한 토론에서 가장 먼저 이해해야 할 것은 하나님의 성품과 창조와의 관계 때문에 나타난 '미스터리'이다. 간단히 말해 창조가 없다면 미스터리도 없다. 하나님은 자신 및 모든 것을 철저히 아신다. 창조의 시점, 특히 인간(남자와 여자)의 창조에서 미스터리는(개혁주의자들을 위해) 나타난다.

하나님은 사람을 창조하실 때 자신의 형상대로 창조하시기로 했다. 그 결정에는 하나님과 맺은 언약 관계 때문에 사람이 역사를 책임져야 한다는 사실이 포함되었다. 인간은 선택할 것이며, 그런 선택은 역사의 흐름과 하나님과의 관계에 더 좋거나 더 나쁜 영향을 미칠 것이다. 실제로 그런 선택은 사람에 대한 하나님의 태도에 영향을 줄 것이다. 하나님은 '실제적이지만 거의 마지막에' 인간의 선택에 따라 반응하실 것이다.[4]

그뿐만 아니라 하나님이 자신의 형상대로 사람을 만들 때 모든 인류의 언약적 머리로 아담을 지목하셨다. 따라서 아담은 존재하는 모든 사람의 대표자였다. 그래서 아담의 선택은 단지 그만의 선택이 아니라, 그의 대표

---

4 개혁주의의 맥락에서 하나님의 '반응'은 그의 철저하고 무조건적 작정을 전제로 한다. 반펠라기우스주의(semi-Pelagian)나 알미니안주의(Aminian) 맥락에서 하나님의 반응은 인간의 자율성을 전제로 한다. 개혁주의에서는 그렇지 않다.

성 때문에 우리 모두의 선택이 된 것이다.[5]

그러나 하나님은 자신의 무조건적이고 영원한 작정을 통해 결정하고 '일어날 모든 일을' 철저히 통제하는데, 이것을 어떻게든 부정하고 뒤엎고 약화하고 제거한다면 이것 중 그 어느 것도 이해할 수 없다. 하나님은 '모든 일을 그의 뜻의 결정대로 일하신다'(엡 1:11).

그리고 자신의 절대 주권적 계획을 결정하고 실행에 옮기기 위해 그 어떤 것도 의존하지 않는다.[6] 하나님의 계획은 역사와 영원 속의 모든 세부 사항까지도 궁극적으로 그리고 변함없이 결정한다.

위에서 언급한 우리의 핵심을 되풀이해 보자. 반틸의 "두려움 없는 신인동형론"은 그가 독창적으로 만든 이론이 아니다. 그는 그 개념 자체를 하나님 그리고 하나님이 인간과 맺으신 언약을 설명하는 개혁주의 교리 맥락에서 이해해야 한다고 말한다.

> 형이상학적 및 인식론적 상관주의(correlativism)에 근거한 추상적 추론보다 존재론적 삼위일체 교리에 근거한 두려움 없는 신인동형론이 우리의 개념을 모든 방향으로 통제해야 한다(217쪽).

반틸이 말하는 "두려움 없는 신인동형론"은 존재론적 삼위일체에 그 기초를 둔다. 다시 말해서, 우리가 삼위일체 하나님의 자존성을 먼저 이해할 때만 참으로 신인동형론을 이해할 수 있다. 즉, 존재론적 삼위일체에 대한 우리의 개념에는 성부, 성자, 성령 하나님은 모두 그 자체적으로 독립적이라는 사실이 포함되어야 한다. 하나님께는 그 어느 것도 필요하지 않다.

---

[5] 아담의 언약적 머리와 우리에게 주는 의미에 대한 주해적 분석에 관해서는 John Murray, "The Imputation of Adam's Sin", in *Justified in Christ*, ed. K. Scott Oliphint (Fearn, Ross-shire, UK: Christian Focus Publications, 2007)를 참조하라.

[6] 이 시점에서 시편 50편에 주목할 가치가 있다. 하나님은 백성이 그분 말씀을 부인하고, 백성이 하나님은 자신들과 자신들의 희생 제사를 필요로 한다고 스스로 확신했기 때문에 그들을 심판하기 위해 오셨다. 하나님은 이런 죄를 강력한 언어로 심판하신다.

창조가 있기 전에 삼위일체 하나님이 계셨고, 그분은 영원하고 불변하게 자기 자신으로서 존재하기 위해 시간이나 공간이나 그 어느 것에 의해 제한받지 않으셨다.

이 진리는 매우 중요하므로 반드시 이해해야 하고, 일반 은총을 비롯해 개혁주의 그리스도인으로서 우리가 말하고 믿는 모든 것의 가장 중심에 있다. 바로 하나님에 대한 이 관점이 개혁주의 기독교와 알미니안주의를 구별한다. 로저 올슨(Roger Olson)은 알미니안주의 신학에 관한 자신의 책에서 이렇게 말한다.

> 대중의 믿음과는 달리, 칼빈주의와 알미니안주의 사이의 분열 중심에 있는 교리는 예정 대 자유의지가 아니라 하나님이 누구신가에 대한 그림이다. 하나님을 보는 일차적 관점은 다음과 같다.
> **위엄 있고 강력하며 통제하는 분으로 보는가?**
> **사랑이 많고 자비로운 분으로 보는가?**
> **일단 관점이 정해지면, 겉보기에 반대되는 관점은 뒷문으로 사라지고 '불분명한 것'이 되거나 인위적으로 신학 체계에 맞추어진다.**[7]

올슨의 평가에서 문제점은 그가 잘못된 이분법, 예를 들어, 하나님의 위엄과 그분의 자비 사이의 분리를 설정한다는 것인데, 이는 두려움 없는 신인동형론 개념을 다루기에 적합하다. 따라서 여기에 있는 일부 에세이에서 명백히 알 수 있듯이, 두려움 없는 신인동형론에 대한 개혁주의 개념은 올슨과 같은 알미니안주의 평가에 문제가 있음을 보여 준다.

그러나 두려움 없는 신인동형론이 무엇인지에 대해 자세히 다루기 전에, 우리는 올슨이 왜 하나님에 대한 '칼빈주의' 그림을 (어느 정도는 올바르

---

7 Roger E. Olson, *Arminian Theology: Myths and Realities* (Downers Grove, IL: IVP Academic, 2006), 73(강조 첨가).

게) 평가할 수 있는지 인식해야 한다.

  삼위일체 하나님의 절대 주권을 유지하기 위한 옳고도 적절한 열정 안에서, 많은 개혁주의 신학자(또는 아우구스티누스)는 동시에 두려움 없는 신인동형론을 의도하지 않았다. 아마도 하나님에 대한 그런 관점은 너무 추상적이고(따라서 반틸에 따르면 '비성경적'이고) 냉담하며 시간 속에서 우리와 실제로, 진정으로 교통하기에는 인간과 이 세상에서 너무 멀리 떨어져 있기에 이런 의도하지 않은 결과를 가져왔을 것이다.

  이런 경향의 몇 가지 예는 유익할 수 있다. 더 많은 것을 제공할 수도 있다. 예를 들어, 아우구스티누스는 삼위일체에 대한 그의 설명 서두에서 이렇게 말한다.

> [성경은] **실제로는 그렇지 않지만** 그렇게 말해야 할 필요가 있는 것을 나타내기 위해 영적 피조물로부터 많은 것을 빌려왔다.
>
> 나 네 하나님 여호와는 질투하는 하나님인즉(출 20:5, 또한, 출 34:14; 신 4:24; 5:9; 6:15; 수 24:19; 스 36:6; 느 1:2을 참조하라).
>
> 내가 그것들을 지었음을 한탄함이니라(창 6:7).[8]

우리는 여기서 말하는 것에 대해 신중하게 생각해야 한다.

  성경이 말하는 것이 "'그렇지 않지만' 그렇게 말해야 할 필요가 있는 것이다"라는 주장은 적절하고 성경적으로 보장할 수 있는 것인가?

  우리는 성경이 '실제로는 그렇지 않은 것'이나, 결국, '실제와는 다른

---

8 Augustine, *On the Trinity*, trans. Arthur West Haddan (Edinburgh: T. & T. Clark, 1873), I.1.2(강조 첨가).

것'이나 다른 경우를 가르친다고 정말로 확신할 수 있는가?

이런 생각은 성경에 대한 잘못된 관점에서 비롯된 것이 아닌가?

아우구스티누스식으로 생각한다면, 성경이 하나님에 관해 말할 때, 우리는 성경을 계속해서 진지하게 받아들일 수 있는가?

예를 들어, 아우구스티누스가 사용한 예인 출애굽기 20:5을 가지고 목사가 회중 앞에 서서 이렇게 말한다면, 목사의 자질을 의심해야 한다.

> 주님은 "나 네 하나님 여호와는 질투하는 하나님"이라고 말씀하십니다.
> 형제자매 여러분!
> 성경은 이런 식으로 말해야만 합니다. 그러나 실제로는 그렇지 않습니다. 하나님은 질투하시는 하나님이 아닙니다. 하나님은 단순히 피조물로부터 무언가를 빌리고 있을 뿐입니다.

토마스 아퀴나스(Thomas Aquinas)의 교리는 종교개혁 당시에 강조되었던 것과 일치할 수 있지만, 그의 조언자인 아우구스티누스가 그랬던 것처럼 비틀거렸다.[9] 그는 이렇게 말했다.

> 하나님은 전체 창조의 질서 바깥에 계시고, 모든 피조물을 명령하시지 그 반대로는 되지 않는다. 피조물이 하나님 자신과 실제로 관련되어 있음이 명백하다. 반면에 하나님 안에서는 피조물과의 관계가 실제 없고, 피조물이 하나님께 언급되는 한 개념 안에서만 관련을 맺는다. **따라서 피조물과 관계를 맺는 이 이름들이 일시적으로 하나님에게서 근거를 두는 것을 막을 수는 없다.**

---

[9] 아퀴나스 이후로 너무나 많은 사람이 그의 아이디어와 언어를(특히, 하나님에 대한 그의 교리를) 아무 생각 없이 채택했기 때문에 성경이 하나님과 하나님이 피조 세계를 다루시는 방법과 자신의 활동에 관해 말하는 것의 상당 부분을(대부분이 아니더라도) 확실하고 설득력 있게 확인할 방법이 없다고 나는 확신한다.

이는 기둥이 동물의 오른쪽에 있지만, 기둥이 움직였기 때문이 아니라 동물이 움직였기 때문에 기둥이 동물의 오른쪽에 있는 것처럼, 하나님께 어떤 변화가 있기 때문이 아니라 피조물이 변하기 때문이다.¹⁰

'실제 관계'에 대한 중세 개념(표면에 나타나는 것보다 더 복잡한 개념)을 자세히 설명하지 않으면서, 토마스가 든 예화에서 그가 주장한 것의 핵심을 발견할 수 있다. 피조물이 하나님과 맺는 관계와 하나님이 우리와 맺는 관계는 기둥이 동물과 맺는 관계와 비슷하다. 동물이 움직이거나 변하기 때문에 기둥이 동물의 오른쪽에 있는 것이지, 기둥이 변하기 때문에 기둥이 동물의 오른쪽에 있는 것이 아니다.

다시 말해서, 토마스에 따르면 하나님은 변하지 않기 때문에(그분 자체로 계시기 때문에), 피조물과의 관계는 피조물이 하나님과 '정말로' 관련되어 있지만, 하나님은 피조물과 관련되어 있지 않다는 제한이 필요하다. 후자의 관계는 '이상적'일 수밖에 없다.

위의 질문은 여기에서도 다룰 수 있다. 우리는 자신의 회중 앞에 서서 이렇게 설교하는 목사를 생각할 수 있다.

> 성도 여러분!
> 하나님은 우리와 실제로 관계를 맺지 않고 '이상적으로만' 관계를 맺는다는 것을 우리는 압니다. 그러나 두려워하지 마십시오. 우리는 '실제로' 하나님과 관계를 맺고 있습니다.

이런 설교는 뜬구름 잡는 설교이고 두려움 없는 신인동형론이 되지 못한다.

---

10 Thomas Aquinas, *The Summa Theologica of St. Thomas Aquinas,* trans. Fathers of the English Dominican Province, 2nd ed. (London: Burns, Oates, and Washburne, 1920-1942), 1.13.7(강조 첨가). home.newadvent.org/summa/1013.html에서 제공.

이와 같이 추상적이고 오해의 여지가 있는 견해는 훨씬 더 많다. 다음은 폴 헴(Paul Helm)이 이와 유사한 문제에 대한 칼빈의 견해를 설명한 방법이다. 그는 속죄와 하나님이 우리를 다루는 것과 관련해 논쟁하면서 설명한다.

> 그러므로 속죄 및 하나님과의 화해에 관한 진리는 마치 하나님 안에 변화가 있어서 하나님이 우리를 향한 자신의 행동이 불일치, 즉 명백한 모순처럼 우리에게 나타나야 한다. 그러나 실제로 하나님께는 변화가 없다. 그는 우리를 영원토록 사랑하신다. 그러나 우리 안에는 변화가 있는데, 이 변화는 그리스도의 사역이 믿음으로 역사함에 따라 발생한다. **변화는 진노에서 은혜로 바뀌는 것을 의미하지 않고, 우리가 진노 아래에 있다는 우리의 믿음으로부터 이제는 우리가 은혜 아래 있다는 우리의 믿음으로 바뀌는 것을 의미한다.**[11]

헴에 의하면, 하나님께는 변화가 없기 때문에 우리는 단지 우리와 하나님의 관계에 대한 우리의 믿음 안에서 진노에서 은혜로 옮기는데, 이것이 칼빈의 견해이다. 즉, 우리는 진노 아래에 있다는 '우리의 믿음'에서 이제는 은혜 아래에 있다는 '우리의 믿음'으로 옮기는데, 이런 믿음은 '실제'와는 다르다.

그렇다면 에베소서 2:1-8로 설교하는 목사를 상상해 보라.

> 그렇습니다. 바울은 여러분이 진노의 자녀라고 말합니다. 하나님은 은혜로 여러분을 그리스도 안에서 살리셨습니다. 그러나 여러분은 이것을 반드시 알아야 합니다. 여러분이 하나님의 선택받은 사람이라면, 여러분은 '실제로' 하나님의 진노 아래에 있지 않습니다. 이 본문이 가르치는 것은

---

11 Paul Helm, *John Calvin's Ideas* (Oxford: Oxford University Press, 2004), 395.

우리가 하나님과 '실제로' 관련된 방식이 아닙니다. 본문은 여러분이 반드시 '믿어야' 하는 것을 가르칩니다. 그리고 우리의 '실제' 상황에도 불구하고, 우리가 그리스도 안에 있으면 진노에서 은혜로 옮겨졌다는 것을 여러분은 반드시 '믿어야' 합니다.

그러나 실수하지 마십시오. 여러분이 '정말로' 옮겨진 것은 아닙니다. 하나님은 변하실 수 없으므로 당신을 향한 그분의 입장이 '실제로' 바뀌지는 않았습니다. 당신의 믿음이 바뀐 것입니다. 그리고 성경이 장려하는 그런 믿음은 당신을 향한 하나님의 '진정한' 입장을 대변하지 못합니다.

이런 설교자는 신학적 정통성을 유지하는 교회에서 얼마나 오래 살아남을 수 있을까?

올바른 회중, 당회 또는 노회는 이 설교자가 다른 소명을 찾았음을 알아차릴 것이다.

두 가지 예를 더 제기하면 충분할 것 같다. 스티븐 차르녹(Stephen Charnock)은 우리를 향한 하나님의 방식에 대해 다음과 같이 설명하면서 아퀴나스의 좋은 점뿐만 아니라 나쁜 점도 받아들이는 것 같다.

> 하나님은 변하시지 않으며, 어떤 피조물을 사랑하실 때도 그 피조물에 대해 화를 내시고, 어떤 피조물에 대해 화가 나실 때도 그 피조물에 대해 노를 푸신다. 이런 경우에 변화는 피조물에 있다. 피조물의 변화에 따라서 하나님과의 관계가 다양하게 발생한다.[12]

따라서 반복해 말하면, 하나님이 우리에게 화를 내신다고 성경이 말할 때 그 변화가 '피조물 안에' 있다는 것을 '정말로' 의미하는가?

---

12 Stephen Charnock, *The Existence and Attributes of God*, 2 vols. (Grand Rapids: Baker Book House, 1979), 1:345.

이것은 인식을 넘어 언어의 분명한 의미를 왜곡한다.

마지막으로, 바빙크(Bavinck)조차도 하나님에 대한 그의 이해와 관련해 두려움 없는 신인동형론을 꺼렸던 것 같다.

> 우리는 하나님이 왜 어떤 특정한 것을 결심하셨는지 절대로 알 수 없다. 따라서 우리는 하나님이 어떤 것을 다른 것처럼 결심하실 수 있었다고 믿어야만 한다. **그러나 하나님께는 실제로 선택이 있을 수 없는데, 이는 선택이 불확실성, 의심 그리고 신중함을 항상 전제하기 때문이다.**[13]

이 점 역시 성경의 분명한 가르침을 완전히 왜곡한다.

하나님이 세상의 기초를 세우기 전에 우리를 택하셨다고 성경은 말하는데, 이를 실제로 그런 선택이 없었다고 생각해야 하는가?

아니면, 또 다른 예를 들면, 바빙크가(그리고 다른 사람들이) 말하는 것처럼, 하나님 자신에 대한 의지가 자기 피조물에 대한 자신의 의지와 '같다고' 말할 수 있는가?[14]

성경적으로 말해서 그런 생각을 어떻게 이해해야 하는가?

미스터리를 성경적으로 해석한다면, 성경이 분명히 가르치는 것을 절대로 부정할 수 없기 때문에, 여기에서 단순히 '미스터리'에 호소할 수 없다.

이런 인용문들은 이 책에서 반틸이 관심을 두는 핵심에 속한다.

우리는 성경을 읽을 때 직면하는 '명확한 모순'에 대해 어떻게 생각해야 하는가?

---

13 Bavinck, *Reformed Dogmatics*, 2:239-240(강조 첨가).
14 Bavinck, *Reformed Dogmatics*, 2:240.

특히, 이 모순이 하나님의 성품과 모든 인류에 대한 그분의 일반 은총과 관련될 때 어떻게 생각해야 하는가?

앞의 예와 관련해, 우리는 왜 견고하고 정통성이 있으며 영리한 신학자들이 하나님에 대한 교리와 관련해 이렇게 벗어났는지 물어야 한다.

그 이유는 적어도, 부분적으로 인용된 각각의 예에서 알 수 있듯이, 이 신학자들이 두려움 없는 신인동형론자가 아니었기 때문이다. 그들은 하나님의 자존성과 그분의 자존성에서 흘러나오는 속성(예를 들어, 그의 영원성과 불변성)을 올바르게 확인한다. 그들은 이 교리를 올바르게 붙잡고 자신들을 유혹하는 거짓에 저항한다.

그러나 그들은 성경에 나타난 자존성 원리로부터 체계적으로 그리고 '추상적으로'(반틸이 말한 것처럼) 논리적 추론을 하기 시작한다. 그리고 사실과는 다른 하나님에 관한 것들을 설명하면서 몰락하기 시작한다. 하나님은 선택하지 않는다는 자존성 또는 단순성, 창조하려는 하나님의 의지는 자신에 관한 자기 의지와 같다는 자존성 또는 단순성 그리고 하나님은 우리와 실제로 관련이 없다는 자존성 또는 단순성으로부터 추론하는 행위는, 명백한 성경적 가르침보다는 추상적(비성경적) 추론을 선호하기 때문에 나타난다.

일반 은총에 대한 교리는 하나님이 인간을 다루는 미스터리를 수반하기 때문에 부분적으로 이 에세이 모음 전체에 걸쳐 반틸의 짊어진 무거운 짐이 된다.

> 이것을 현재 문제에 적용할 때, 우리는 신인동형설을 변증법적이 아닌 두려움 없이 사용할 권리가 있고 또 그렇게 해야 한다고 말할 수 있다. 우리**는 인류에 대한 하나님의 태도가 바뀌었다고 담대히 말할 수 있다.** 우리는 하나님 자신이 변하지 않으신다는 것을 충분히 안다(188쪽, 강조 추가).

반틸은 성경적 진리를 확언하며, 추상적 원리에서 추론하기보다는 성경이 말하는 내용의 맥락에서 그렇게 한다.

이 시점에서 우리는 두려움 없는 신인동형론에 대한 반틸 주장의 세부 사항을 넘어서고, 반틸처럼 "인류에 대한 하나님의 태도가 변했고 자신 안에서 하나님은 변함없다"는 것을 어떻게 주장할 수 있는지 제안할 수 있다. 우리는 얼마 동안 이 딜레마를 올바로 풀지 못할 수는 있지만, 최소한 여기에 답을 줄 수 있는 기본 구조를 제공할 수 있다.[15]

그러면 하나님은 어떻게 창조 및 우리와 의미 있는 상호 작용을 하면서 동시에 독립적이고 불변할 수 있는가?

이 질문에 대해 한마디로 말한다면 '언약'이다. 하나님이 인간과 맺은 언약이라는 주제는 웨스트민스터 신앙고백서 7장 1항이 잘 설명한다.

> 하나님과 피조물의 차이는 매우 크기 때문에, 비록 이성적 피조물이 그들의 창조자인 하나님께 마땅히 순종할 의무가 있을지라도, 그들은 하나님에게서 무슨 복이나 상급을 결코 보수로서 얻을 수 없고, 하나님 편에서 자원하여 겸손히 낮아지심으로 가능하였다. 그런데 그 은혜를 하나님은 언약의 수단으로 나타내기를 기뻐하셨다.

여기에서 웨스트민스터 신앙고백서가 일반 은총 교리를 포함해 주장하는 것은 방대하고 깊은 의미가 있는데, 먼저는 올바른 신학을 위한 것이고, 그다음은 역사 속에서 활동하시는 하나님에 대한 우리의 이해를 위한 것이다(이 순서는 매우 중요하다). 모든 그리스도인은 이 신앙고백의 진술을 진지하게 묵상해야 한다. 언약을 이해하기 위해서는 이 장엄한 진술에서 두 가지를 주목할 필요가 있다.

---

[15] 이 질문에 대한 긴 대답은 K. Scott Oliphint, *God with Us: Divine Condescension and the Attributes of God* (Wheaton, IL: Crossway Books, 2012)을 보라. 아래의 내용은 반틸의 것이 아니고, 이 책이나 그의 다른 작품에서 강조하는 것에서 발췌한 것이다.

첫째, 하나님이 인간과 맺은 언약을 요약한 장에서 신앙고백서가 먼저 설명하는 것은 하나님과 사람 사이에는 무한한 간격이 있다는 것이다.

그런데 이 간격은 무엇을 의미하는가?

실제로 하나님과 인간 사이에는 공간적 거리가 있지 않았고 미래에도 없을 것이기 때문에, 당연히 이 '간격'은 은유적 표현이다. 하나님은 새 하늘과 새 땅과 지옥 모든 곳에서 언제 어디서나 온전하고 완전하며 영원토록 존재하신다. 따라서 이 거리는 공간적 거리가 될 수 없다.

이 '거리'는 하나님이 지으신 피조물의 존재와 대비되는 하나님의 존재에 초점을 둔다. 즉, 이 간격은 존재론적 거리이다. 웨스트민스터 신앙고백서가 주장하듯이 하나님은 다음과 같으시다.

> 존재와 완전성에서 무한하시고, 가장 순결한 영이시고, 볼 수 없고, 몸과 지체가 없으시며, 사람과 같은 성정도 없으시고, 변치 않으시며, 광대하시고, 영원하시며, 헤아릴 수 없으시다(웨스트민스터 신앙고백서 2.1).

무한한 존재이시고, 변치 않으시며, 광대하시고, 영원하신 하나님은 전적으로 다르다. 하나님은 미약한 피조물이 생각하거나 경험할 수 있는 모든 것을 넘어서신다. 우리는 하나님의 무한성이 어떤 것인지 감히 이해할 수 없다. 우리의 마음은 하나님의 영원성을 이해하거나 상상할 수 없다. 시간과 공간을 포함한 그 어떤 것도 하나님을 제한할 수 없다.

그러므로 하나님과 그분의 피조물 사이에는 거리, 존재의 분리가 있다. 하나님은 홀로 독립적으로 존재하신다.[16] 하나님을 제외한 그 모든 것은

---

[16] 웨스트민스터 총회가 웨스트민스터 신앙고백서 7장 1항을 작성할 때 무엇을 염두에 두었는지 알기 위해서는, 이 부분 마지막에 추가된 성경 목록을 주목하라(삼상 2:25; 욥 9:32, 33; 22:2, 3; 35:7, 8; 시 113:5, 6; 100:2, 3; 사 40:13-17; 눅 17:10; 행 17:24, 25. 신앙고백서 순서를 따름). 이 구절들은 하나님과 인간 사이의 '거리'와 하나님을 '보수'로 얻을 수 없음을 전적으로 지지한다.

하나님에 대해 의존적이다.

이것은 철학적 사고나 단순한 인간의 추측이 아니다. 오히려 이것은 성경이 처음으로 선언한 것의 함축적 의미이다.

> 태초에 하나님이… (창 1:1).

이 말씀은 창조의 시작에(시간의 창조를 포함해) 하나님이 계셨다는 것을 확증한다. 이 사실을 고려할 때, 우리는 하나님만이 독립적이라고 고백한다.

아무것도 없었을 때, 도대체 하나님 자신 외에 하나님께 필요한 것은 무엇이란 말인가?

하나님은 창조 이전에 계셨다. 창조 이전에, 하나님을 제외하고는 아무것도 없었다. 하나님의 존재는 그 누구에게도 그 무엇에도 의존하지 않는다. 삼위일체 하나님 외에는 아무것도 존재하지 않았기 때문에, 하나님은 의존적일 수 '없다'. 창조 이전에 성부, 성자, 성령 하나님만이 계셨다. 시간도 없었고 공간도 없었다. 하나님 존재의 '때'도 '장소'도 없었다. 삼위일체 하나님만이 계셨다. 하나님 자신만이 존재하셨다. 그분은 시간이나 공간 안에서 존재하시지 않았다. 단순히 '존재'하셨다.

그리스도인은 하나님과 창조 사이의 언약적 관계와 그 맥락에 대해 생각하기 전에 이것을 인식해야 한다. 이런 이유로 신앙고백서는 그렇게 시작하는 것이다. 하나님의 절대 독립성과 절대 주권을 고백하지 않은 모든 신학이 가진 문제는 창조에 대한 하나님의 행위 이전에 하나님의 존재와 독립성을 포함한 하나님의 엄위하신 성품을 제대로 설명하지 못한다는 데 있다. '관계를 맺으시는 하나님'으로 시작하는 모든 신학은 하나님이 인간과 맺으신 언약을 포함한 성경의 진리와 하나님 성품에 대한 참된 고백으로부터 필연적으로 방향을 바꾸게 된다.

둘째, 신앙고백서가 언약에 대한 부분을 설명할 때, 웅장하고 이해 불가능한 하나님 성품으로 시작한다는 점은(당연히 그렇게 해야 하지만) 주목할 가치가 있고 신학적으로도 절묘한 행동이다. 이것은 하나님과 창조와의 관계에 대한 모든 생각의 출발점이 되어야 한다. 하나님을 잘못 평가한 모든 신학은 독립적이고 변하지 않는 삼위일체 하나님으로 시작하지 않고 '관계를 맺는 하나님'으로 시작하기 때문에 필연적으로 잘못된 방향으로 갈 수밖에 없다.

올슨의 인용문에서 알 수 있듯이, 이 점이 바로 개혁주의 신학과 알미니안주의 신학 사이에 있는 커다란 차이점이다. 알미니안주의 신학은 관계를 맺는 하나님으로 시작한다. 그러므로 하나님은 자기 창조물에 대해 불가피하고 필수적으로 의존하게 된다. 알미니안주의자가 믿는 하나님은 하나님 자신의 선택이 아닌, 인간의 독립적 선택에 따라 인간의 운명을 결정한다.

웨스트민스터 신앙고백서 2장("하나님과 삼위일체")은 하나님은 본질적으로 독립적이시라고 명확하고 분명하게 말한다. 신앙고백서는 2장은 하나님의 자존성을 이미 확증하기 때문에 같은 교리를 7장에서 다시 한번 반복할 필요가 없을 것 같다. 그러나 7장이 말하는 요점은 이것이다. 하나님과 피조물 사이에 이 간격이 없다면, 하나님에 대한 알미니안주의의 개념처럼 언약은 의존적 하나님과 연결되기 때문에 언약에 대한 어떤 개념도 빈약해 보인다는 것이다.

앞서 말했듯이 비록 우리가 하나님께 순종해야 하는 의무가 있을지라도, 우리는 "하나님에게서 무슨 복이나 상급을 결코 보수로서 얻을 수 없다"는 사실을 비롯한 하나님과 창조물 사이의 존재론적 거리를 인식한다면, 우리는 하나님이 피조물과 관계를 맺게 하는 것이 무엇인지 확인해야 할 위치에 있다.

여기에서 바로 우리는 왜 그리고 어떻게 두려움 없는 신인동형론자가 되어야 하는지 이해하기 시작한다. 7장의 이 첫 항에서 두 가지 기념비적 단어인 "자발적 비하"(voluntary condescension)는 하나님이 자기 피조물과 관계를 먼저 시작했다는 사실을 확증한다. 따라서 우리는 이 단어 각각에 집중해야 한다.

신앙고백서가 하나님과 관련해 '자발적'이라고 할 때 무엇을 의미하는가? 조직신학에서 우리는 하나님의 필연적 지식과 의지(necessary knowledge and will) 그리고 그분의 자유로운 지식과 의지(free knowledge and will)를 구별한다. 이 구별은 하나님에 대한 우리의 이해에 적합하지 않지만, 이해 불가능한 하나님의 성품을 제대로 이해하기 위해서는 이 구별이 중요하다. 이 두 가지 범주를 고려하면, 아마도 하나님의 지식과 의지는 필연적이라는 것이 더욱 분명해진다. 존재하지 않으실 수 없으며 독립적 존재이신 하나님은 자신이 누구인지만으로 모든 것을 아신다. 그리고 '자신과 관련해' 뜻하는 것은 무엇이든지 자신처럼 필연적으로 된다.

그렇다면 왜 어떤 것들에 대한 하나님의 지식과 의지가 자유롭다고 고백할 필요가 있는가?

하나님이 누구신지 고려하면, 그 반대가 불가능하기 때문에 우리는 이것을 부분적으로 고백한다. 그분은 독립적이시며 아무것도 필요하시지 않기 때문에 아무것도 창조하실 필요가 없다. 창조가 필요했다면, 하나님은 자신이 누구인지 위해 창조에 대해 의존적이실 것이다. 그러나 (알미니안주의, 모르몬교, 바르트주의 등과 달리) 하나님께는 그런 필수적(essential) 의존성이 존재하지 않는다. 그러므로 창조와 그 창조에 대한 하나님의 결정은 '자유로운' 결정이다.

하나님의 자유 지식과 의지에 대해 명심해야 할 것 두 가지가 있다.

첫째, 하나님의 자유로운 지식과 의지는 하나님의 '결정에' 초점을 둔다. 하나님이 결정하신 것은 분명히 그분이 아시는 것이다. (자신이 모르는 것을 어떻게 결정할 수 있겠는가? 또한, 하나님이 '모르실 수 있는 것'은 무엇이 있겠는가?)

하나님이 아시고 결정하신 것은 실행에 옮기신다. 다시 간단히 말하면, 하나님이 자유롭게 결정하시지(또는 의지를 수행하시지) 못한다면 하나님의 자유로운 지식이 될 수 없다. 이 두 가지는 불가분의 관계이다.

하나님의 지식은 '지시하는' 지식이다. 하나님의 지식은 보이는 대상이 있다. 그분의 의지는 그분이 아시는 것의 일부를 명령하고, 그분의 권능은 그분의 의지가 명령하는 것을 실행에 옮긴다. 하나님이 자유롭게 아시는 것은 그분이 자유롭게 의지하시는 것이다.

우리는 이제 '자발적 비하' 개념으로 하나님의 창조로부터의 존재론적 거리를 포함해 하나님의 본질적 본성에 관한 토론에서 창조하고 '비하되기 위한' 하나님의 자유로운 결정에 대한 확증으로 이동했다는 것을 알 수 있다. 이것은 하나님이 하시지 않았어도 되는 일이다. 그래서 우리는 하나님의 본질적 본성에 관한 토론에서 그분의 자유로운 활동과 그 활동에 이어 나타나는 것들에 대한 토론으로 이동한다.

둘째, (그리고 우리의 일반 은총에 대한 논의에서 중요한) 하나님의 자유의지는 그분의 영원한 작정과 묶여 있다.

이것은 여러 가지 이유로 중요하다. 최소한 하나님의 자유의지가 단순히 창조 안에서 그리고 창조를 통한 그분의 활동과 일치할 뿐 아니라 창조 이전부터 활동적이라는 것을 우리에게 상기시킨다. 그러므로 하나님의 자유의지에는 창조 안에서 그리고 창조를 통한 그분의 활동이 포함되지만, 그 활동에만 국한되지는 않는다. 하나님의 자유로운 결정은 창조 이전에도 있었던 삼위일체 하나님의 활동이다. 하나님은 '될 일을' 결정하시자, 자신이 창조한 것에 대한 맹세를 영원토록 자유롭게 (언약적으로) 실행하셨다.

그러므로 하나님이 자기 피조물에 시작하신 관계는 '자발적'이었다. 그것은 하나님의 자유로운 결정이었고, '창세 전에' 발생한, 즉 영원에서 발생한 자유로운 결정이었다. 이 자유로운 결정에는 성부, 성자, 성령 사이의 합의를 포함하는데, 이 합의는 때때로 '구원 협약'(*pactum salutis*), 또는 구원 언약(covenant of salvation)이라고 부른다. 성부, 성자 그리고 성령께서는 창세 전에 사람을 창조하고 구속하는 데 동의하셨다. 창조 안에, 창조와 함께 그리고 창조를 위해 특정한 관계를 맺기로 하셨다.

이 결정 자체는 자유로운 결정이었고, '자발적' 결정이었으며, '낮아짐'(condescension)의 결정이었다.

그런데 '낮아짐'은 이 문맥에서 어떤 의미인가?

이 단어 자체는 '아래로 내려오는 것'(a coming downs)을 의미하며, '거리'(distance)와 마찬가지로 공간적 은유로 쓰인다. '거리'와 마찬가지로 '낮아짐'도 우리가 맨 처음에 깨달을 수 있는 것보다 훨씬 더 깊고 영광스러운 것을 은유적으로 전달한다. 하나님과 그의 피조물 사이에 공간적 거리가 없는 것처럼, 하나님은 차지하지 않은 공간을 차지하기 시작한다는 의미에서 '아래로 내려오시거나 밑으로 내려오지' 않는다. 다시 말해서, 하나님은 어디나 계시기 때문에 그분이 계시지 않는 곳이 없다. 따라서 하나님이 내려오심으로 인해 차지하기 시작하는 공간은 없다. 그는 언제 어디서나 모든 장소를 완전하고 온전히 차지한다.

그렇다면 '낮아짐'은 무엇을 의미하는가?

이 영광스럽고 은혜로운 진리를 파악하기 시작하는 가장 좋은 방법은 낮아짐에 대한 최고의 궁극적 예, 즉 성경에 기록된 하나님 아들의 성육신에 관한 예로 우리의 눈을 돌리는 것이다.

이 낮아짐은 그분께 어떤 결과를 가져오는가?

그렇다고 해서 그분이 차지하시지 않던 장소를 차지하시기 시작한 것은 아니다. 하나님의 아들로서 완전하고 완벽하신 전능하신 하나님이셨고 하나님이시며 하나님이실 것이다. 이는 창세 전에 성자께서 성부와 성령과 함께 작정한 구속 계획을 성취하실 수 있도록 사람의 본성을 입으셨다는 것을 의미한다. 다시 말해서, 그분은 전에는 없던 방식으로 우리와 관계를 맺으시기 위해, '언약적' 성품이라고 하는 특성, 인성 그리고 속성을 취하셨다. 삼위일체 하나님이 작정하신 대로 그분은 창조 세계와 일반적 관련을 맺으시고, 자기 백성과는 더욱 구체적으로 관련 맺기 위해 인간의 본성을 취하셨다는 것이 그분의 낮아지심의 의미이다.

신앙고백서가 하나님의 자발적 낮아지심(전통적으로 '비하'로 번역-역주)을 인정할 때, 주로 이런 의미였다. 그것은 하나님이 창조 세계 및 자기 피조물과 관련을 맺기 위해(심지어 '속박하기' 위해) 취하실 필요가 없던 (그분의 낮아지심은 자발적임을 기억하라) 성품, 인성 그리고 속성을 입으셨다는 것을 의미한다. 자기 자신 이외의 것(예를 들어, 자기 창조 세계)에 대한 하나님의 헌신은 그 의미상 낮아지심을 포함했다.

그분은 자기의 피조물을 포함해 자신의 창조 세계에 자신을 자유의지로 속박하셨고, 그때부터 영원까지 자신의 완전한 자유의지로 취한 성품, 속성 및 인성이 그분께 있게 되었다. 이런 특성들로 인해 (성자) 하나님은 에덴동산에서 아담과 하와와 함께 걸으시고 아브라함을 만나 소돔에 관해 협상하시며, 호렙산과 증거막에서 모세를 만나시고, 야곱과 씨름하시며, 신적 전사로서 여호수아를 대면해 꾸짖으시고, 자기 백성을 구원하기 위해 오셨다.[17]

아마도 우리는 이제 "두려움 없는 신인동형론"이란 하나님이 무한하시고, 영원하시며, 변함없으실 뿐만 아니라 분노하시고, 은혜로우시며, 백성을 사랑하시고, 타락한 자를 미워하시며, 질투하실 수 있다는 것을 인식하는 행위임을 보기 시작할 것이다.

---

17 게할더스 보스(Geerhardus Vos)가 반틸에게 준 영향력(아래에 나타난다)을 고려한다면, 보스는 하나님의 낮아지심을 '성례적' 낮아지심으로 부른다는 점을 우리는 주목해야 한다. 구속 역사를 통틀어, 하나님의 성례적 낮아지심은 하나님이 인간의 몸을 입고 가시적으로 나타나신 사건도 포함한다. 이 가시적 형태 뒤에는 하나님은 불가시적 존재라는 진리가 있다. "하나님은 사람의 연약함과 한계를 충족하기 위한 자신의 모든 낮아지신 행위를 자신 안에서 구현하신다. 이런 하나님으로서 말하는 천사 뒤에는 하나님에 관한 또 다른 관점이 동시에 존재한다. 천사가 3인칭으로 말하는 바로 그 하나님은 그런 식으로 이해해서는 안 되고 물질적 의미로 해석해서도 안 된다. … 우리 주님의 성육신 안에서 우리는 이 근본적 방식에 대해 최고로 표현할 수 있다." Geerhardus Vos, *Biblical Theology: Old and New Testaments* (1948; reset, Grand Rapids: Eerdmans, 1975), 74. 『성경 신학』 (*Biblical Theology: Old and New Testaments*, CLC 刊).

올슨의 잘못된 분리는 이제 언약에 대한 성경적 관점(하나님은 자유의지로 낮아지기로 결심하신다는 관점)에서 해결책을 찾을 수 있을 것이다. 그의 관점뿐만 아니라 아우구스티누스의 "그것은 그렇지 않다", 헴(Helm)의 "진노에서 은혜로의 전이는 없다", 토마스의 창조에 대한 하나님의 "이상적 관계"도 역시 받아들일 수 없다.

오히려 하나님의 자발적 낮아지심은 우리가 그분을 독립적이신 동시에 자기 창조와 관계를 맺으시는 분으로, 불변하신 동시에 우리를 향한 진노의 자리에서 은혜의 자리로 움직이실 수 있는 분으로 확실히 믿게 한다. 하나님이 낮아지심으로 영원과 시간은 한쪽이나 다른 쪽을 분리하거나 부정하거나 혼동하지 않고 (그리스도 안에서) 연합한다.

그러나 이 위대한 미스터리에 대해 먼저 이해해야 할 것이 있다. 웨스트민스터 신앙고백서 7장 1항이 분명히 진술하듯이, 우리는 먼저 하나님과 피조물 사이에는 무한한 거리가 있다는 것을 인식해야 한다. 그 존재론적 거리에서 시작해, 우리는 창조와는 별개로 하나님이 누구신지에 대한 우선순위가 하나님 성품에 있음을 주목한다. 다시 말해서, 우리가 하나님에 관해 무엇을 확인하든지, 우리는 관계를 맺으시는 그분의 존재가 자신에게 있는 존재와 대칭을 이룬다고 절대로 믿을 수 없다. 후자(피조물)는 필요하고 무시되어서는 안 된다. 하나님은 그분이 누구신가이다. 반면에 전자(하나님)는 자유로우시며, 결코 그럴 필요가 없는 존재이시다.

그러므로 하나님에 대한 두려움 없는 신인동형론은 성경에 대한 분명한 가르침과 창조에 헌신하기로 하신 하나님의 자유로운 결심을 포함한다. 그리고 그 헌신으로 하나님은 우리와 '실제로 그리고 진실하게'('이상적'이 아니라) 관계를 맺는다. 그러나 그런 관계를 맺기 위해 하나님의 본질적 성품이 변할 필요는 없다(정의상 그런 성품은 변할 수 없으므로).

결국, 이것은 하나님이 하신 일이며, 그리스도 안에서 하나님이 누구신가를 가장 잘 나타낸다. 반틸도 이 점을 염두에 둔다. 그는 우리가 두려움 없는 신인동형론을 받아들이라고 격려한 후 이렇게 말한다.

칼케돈 공의회(The Council of Chalcedon)는 신인(God-man)과 관련한 계시에 대한 모든 요소의 조합에서 일어나지 않는 것에 근거한 논리적 추론은 배제했다. 그러므로 일반 은총 문제에서 우리는 제한 없는 차이점이나 제한 없는 정체성에 대해 논쟁해서는 안 된다(358쪽).

다시 말해서, 우리를 두려움 없는 신인동형설로 명백히 인도하는 것은 칼케돈 신조(Chalcedonian Creed)에 포함된 성경의 내용이다. 그 신조는 육체 안에 있는 주 예수 그리스도이신 하나님 아들의 인격이 "두 가지 본성에서 혼란스럽지 않고(ἀσυγχύτως), 변하지 않으며(ἀρέπτως), 나눌 수 없고(ἀδιαιρέτως), 분리될 수 없게(ἀχωρίστως) 인정된다"는 것을 확증했다.

그리스도의 두 가지 본성은 혼란스럽지 않고, 변하지 않으며, 나눌 수 없고, 분리되지 않는다. 물론 인성은 오직 삼위일체 하나님이 자기 백성을 구원하겠다는 자유로운 결심에 의한 그리스도 자신의 것이다.

신성은 필연적으로 그리스도 자신의 것이다. 그러나 일단 그분이 인성을 취하시면, 두 본성 사이에는 혼란, 변화, 구분 또는 분리가 없어야 한다. 따라서 하나님이신 그리스도는 무한하시고, 영원하시며, 불변하심을 우리는 확신할 수 있다. 그러나 우리는 또한 그분이 시간과 공간 안에 계시고, 피곤하시며, 배고프시고, 지혜와 하나님의 사랑으로 자라나셨음을 "두려움 없이" 확신한다.

다른 하나를 위해 그런 본성 중 하나를 부정하는 것은 성경의 진리에 대해 불의를 행하고, 사람의 구원을 위한 수단을 부정하며, 무한하신 하나님의 영광으로부터 멀어지게 한다!

역사 속의 하나님도 마찬가지이다.[18] 그는 내려왔고(예를 들어, 출 3:8 참

---

18 일반 은총에 대한 반틸 토론 전체의 지배적 강조는 언약 '역사'에 있다. 여기에서 이것을 다룰 여유는 없지만, 반틸이 가장 존경하는 멘토이자 친구인 게할더스 보스(Geerhardus Vos)의 영향력을 독자는 이 책 모든 곳에서 발견할 것이다. 반틸 작품 대부분에 보스의 손길이 있다.

조), 그런 낮아지심 속에서도 그분은 여전히 하나님이셨는데, 이는 자기 자신을 부정할 수 없기 때문이다. 그러나 그분은 역사에서 영원한 계획을 수행하는 데 필요한 것으로 여겨지는 그런 특성들을 실제로 그리고 진실로 취하셨다.[19]

반틸이 이 에세이 모음집 전체에서 우리에게 말할 때 염두에 둔 것은 바로 이 언약적 낮아지심이다. 우리는 일반적으로 하나님이 창조와 맺은 관계에 관해 연역적으로 추론할 수 없다. 그리고 더욱 구체적으로, 일반 은총에 대한 하나님 작정과의 관계에 관해서도 연역적으로 추론할 수 없다. 앞서 반틸의 인용문에서 언급한 것과 같다.

> 우리는 하나님이 인류의 일반성에 어떤 호의적 태도를 보여 주실 수 없다고 말해서는 안 되는데, 이는 그분이 일부는 결국 '진노의 그릇'으로 쓴다는 것을 우리가 알기 때문이다.
> 다른 한편으로, 우리는 인간의 책임과 관련한 하나님의 계시된 뜻에서부터 시작해서, 작정 의지에 의해 사람의 궁극적 책임을 부정하는 것에 이르는 논쟁에 휘말려서는 안 된다. 그러므로 우리는 이 시점에서, 모든 것을 포함한 "두려움 없는 신인동형론"을 추구해야 한다(357쪽).

우리가 하나님의 이 두 가지 뜻 중 하나에서 연역적 과정으로 논쟁할 수 없는 이유는 하나님의 뜻이 영원 속에서의 하나님과(작정 의지) 역사 안에 있는 하나님의 행위를(명령 의지) 모두 다 가리키기 때문이다. 다시 말해서, 하나님의 두 가지 뜻은 언약적 면에서 제한된다. 이 뜻은 하나님은 하나님이시고, 하나님은 자기 피조물과 언약을 맺으셨다는 것을 전제한다.

---

[19] 구약에 나타난 여호와의 사자에 관해 보스는 다음과 같이 지적한다. "천사가 나타난 형태는 그 순간에 '가정된'(assumed) 형태였으며, 그 가정의 목적이 달성되자마자 다시 사라졌다." Vos, *Biblical Theology, Old and New Testaments*, 75. 구약에서 이 일시적 '가정'은 동일한 여호와의 사자에 의한 인성의 '시간이 충만했을 때'라는 영원한 가정을 예표한다.

반틸은 자기 첫 번째 에세이에서 이 점을 분명히 한다.

> 그러나 이 질문들에 대한 '해답'으로 제시된 것이 인간의 이성으로 이해할 수 있다는 의미에서 '체계적'(systematic)이 아니다. 성경적 '진리 체계'는 '연역적 체계'가 아니다. 성경의 다양한 가르침은 여러 가지 삼단논법처럼 그렇게 연결되어 있지 않다. 성경의 '진리의 체계'는 무한한 권위로 자신을 계시하신 내적이시고, 영원하시며, 스스로 일관성 있으신 삼위일체 하나님의 존재를 전제로 한다(68쪽).

그러므로 하나님의 영원한 작정에 대한 진리에서 시작해 역사 속의 타락한 자들을 향한 하나님의 호의적 태도에 대한 거부를 추론하는 것은 성경적 및 신학적으로 합당한 일이 아니다. 모든 인류를 향한 하나님의 자비와 은혜를 가지고, 영원 속에서 특별하고 절대 주권적인 선택이 있을 수 없다고 추론하는 것이 불법인 것과 마찬가지이다.

요컨대, 두려움 없는 신인동형설론을 지지하는 자란 혼동, 변화, 분열 또는 분리하지 않고 두 가지 다른 본성, 즉 신성과 인성을 한데 모으실 수 있는 하나님이 각각의 본질적 성품을 파괴하시지 않으면서, 영원한(작정) '본성'과 역사적 '본성'을 반드시 한데 모으실 수 있는 분이라고 말하는 자다. 성육신과 역사 속에서 하나님이 행하신 모든 일의 경우, 우리는 그런 일이 '어떻게' 일어날 수 있는지 알 수 없다. 그러나 의문의 여지 없이 그런 일은 일어나고 일어날 수 있다. 그리고 그것은 우리를 만드셨고 자신을 위해 백성을 구속하시는 하나님에 대한 우리 관계의 실체이다.

그러므로 두려움 없는 신인동형설론으로만 우리는 추상적이 아닌 구체적으로 추론할 수 있으며, 이는 우리를 두 번째 요점으로 이끈다.

2. 구체적 사고

다음 두 가지 주제가 첫 번째 주제에서 흘러나오기 때문에, 이 주제(및 다음 주제)를 설명하는 데 필요한 많은 개념이 이미 첫 번째 주제에 포함되어 있다. 두 번째와 세 번째에 대해 함께 생각할 때 첫 번째 주제를 염두에 두어야 한다. 반틸의 일반 은총에 대한 전반적 분석에서 남은 두 가지 지배적 아이디어를 논의할 때 두려움 없는 신인동형설 개념을 염두에 두라.

우리가 가장 먼저 다루어야 할 것은 앞서 언급한 것을 다시 반복하는 것이지만, 반틸에 대한 다른 분석에서는 거의 완전히 무시되기 때문에 다시 반복하는 것이 합당하다. 반틸은 '구체적 사고'를 촉구할 때 사실상 '성경적' 사고를 촉구한다. 반대로 추상적 사고는 성경이 강조하고 가르치는 것과는 일치하지 않는 사고이다.[20] 그리고 성경은 두려움 없는 신인동형설을 지지한다는 점을 우리는 기억해야 한다. 따라서 반틸은 이렇게 말한다.

> 유추적으로 생각하는 것, '**두려움 없는 신인동형설**'이 되는 것은 '구체적으로' 생각하는 것을 의미하는데, 이는 계시의 모든 요소를 동시에 고려하기 때문이다(357쪽, 강조 첨가).

계시를 인식론적 기초로 채택한 방법이 함축하는 것은 사고에 대한 올바른 견해이다. 따라서 '구체적 사고'에 대한 반틸의 강조와 관련된 첫 번째 일반적 원칙은 사고 법칙에 대한 적절한 '견해'와 '사용'이 필요하다는 것이다. 반틸은 헤르만 훅스마(Herman Hoeksema)가 일반 은총을 거부한 것을 두고 말한다.

---

20 반틸의 구체적 사고 개념의 바탕이 되는 성경적 근거는 이 책의 제3장 "2) 구체적 사고의 긍정적 입장"(174-220쪽)에서 볼 수 있다.

훅스마의 추상적 추론의 상당 부분이 기독교와 비기독교 논리를 구별하지 못한 데서 비롯한 것일 수도 있다. 물론 우리는 삼단논법의 규칙이 그리스도인과 비그리스도인에게 다르게 적용된다는 것을 의미하지는 않는다. … 그러나 그가 성경에 나오는 하나님의 계시가 겉보기에 이율배반이 될만한 것이 없다고 말하거나 가정할 때, 우리는 반대한다(117쪽).

반틸이 여기서 말한 것은 신학적 의미가 있다(이것은 또한 변증법적으로도 의미가 있다). 또한, 그것은 우리가 일반 은총에 대해 성경적으로 생각할 수 있게 해 준다. 성경의 기초적 및 기본적 진리와 관련해 우리는 우리의 믿음이 우리의 전형적 사고 형태 및 법칙과 조화를 이루거나 그 밑에 포함될 수 없다는 것을 강하게 인식해야 한다. 다시 말해서, 우리의 생각 법칙은 우리가 어떻게 생각하는지, 특히 우리가 기독교 진리에 대해 어떻게 생각하는지 '결정'하기보다는 '돕는 데' 사용해야 한다.

위에서 언급했듯이, 이것은 교회의 가장 초기 신조 중 하나인 칼케돈 신조에 해당한다. 그 신조의 저자들이 삼단논법 추론의 표준 형태에 신세를 졌다면, 그리스도는 두 가지 다른 본성을 지닌 한 인격이시라는 것을 절대로 선언하지 않았을 것이다.[21] 그리스도께서 온전히 하나님이시며 온전히 인간이시라는 사실은 필연적으로 하나의 본성 또는 두 인격 그리스도론으로 이끌 것이다. 그러나 칼케돈 신조가 확인한 바와 같이, 이것은 삼위일체의 두 번째 분에 대한 성경의 가르침을 거부하는 것이다. 성경의 진리는 보통의 삼단논법보다 우월하므로 삼단논법에 맞추려고 해서는 안 된다.

---

21 모든 성경적 가르침을 논리적 법칙에 맞추려고 노력했고, 그 과정에서 비정상적 신학을 도입한 사람들이 있다. 고든 클라크(Gordon Clark)는 가톨릭과 개신교를 포함해 역사적, 정통적 기독론 전체에 대해 통렬한 비평을 하면서, 그리스도는 실제로 두 인격체시라고 주장했다. 그러나 인격체에 대한 그의 어색한 정의를(즉, 여러 제안을) 고려하면, 이 경우는 '인격'이라는 단어를 포함한 모든 정의를 심각하게 받아들일 수 없다. Gordon H. Clark, *The Incarnation* (Jefferson, MD: Trinity Foundation, 1988), 특별히 75-78을 참조하라.

이것은 신학적 정통성과 관련해 '추상적' 사고가 얼마나 위험한지 심지어 치명적일 수 있는지 잘 보여 준다. 이와 관련해 반틸의 주요 관심사, 특히 일반 은총 교리를 둘러싼 문제에 대해 언급할 때 주요 관심사는 추상적 사고가 지배적일 때 발생하는 '역사적 문제'에 대한 거부와 관련이 있다.

> 이와 관련해 참 논리에 대한 기독교인과 비기독교인의 기초를 구별하지 못하는 데 따른 자연스러운 결과는 역사의 진정한 의미를 부인하는 것이다. 자급자족하신 하나님에 대한 믿음을 채택할 때, 짧은 시간에 일어난 창조와 진정한 역사적 발전은 일어날 수 없다고 불신자는 말한다. 마찬가지로 알미니안주의자들도 삼단논법을 중립적으로 적용하며 동의한다.
> 칼빈주의는 역사를 꼭두각시 인형으로 만든다고 그들은 말한다. 알미니안주의자들은 중립적 논리를 거부할 필요성을 느끼지 못했다. 그들은 모든 비기독교 철학이 그런 것처럼 추상적으로 추론한다. 따라서 알미니안주의자들은 역사에 대한 개혁주의 개념을 거부한다. 그들은 역사에 대한 개혁주의 개념을 철학적 결정주의로 생각한다(119쪽).

추상적으로 추론한다는 것은 하나의 진리를 가지고, 예를 들어, 하나님의 무조건적 선택에 대한 진리를 가지고 역사가 미리 결정되었기 때문에 무의미하다고 추론하는 것이다. 또 다른 예를 들면, 추상적 추론은 하나님의 무조건적 작정이 실질적인 사람의 책임을 무효로 하는 것으로 귀결될 것이다.

추상적 추론은 본질적으로 '비역사적'(nonhistorical)이므로 따라서 비성경적이다. 그것은 (일반 은총을 부인하는 자 및) 불신자에게서와 마찬가지로 알미니안주의자들을 인간과 역사에 대한 성경의 견해를 부정하는 결론으로 몰아간다. 그리고 이것은 단지 '구체적' 사고가 하나님의 자급자족을 (그리고 세심한 절대 주권을) 심각하게 받아들이는 동시에, 역사의 의미 있는 진보와 사실적이고 의미 있고 의존적이고 책임 있는 인간의 선택만을 확증한다는 것을 의미한다고 할 수 있다.

우리는 구체적 사고 체계와 역사를 진지하게 다루기 위해 두려움 없는 신인동형론 개념이 어떻게 수반되는지 알 수 있다. 하나님은 역사 속에 강림하셨고, 역사의 진보 안에서 그리고 함께 유효하고도 의미심장하게(심지어 철저하게) 상호 작용했으므로, 우리는 영원 속에서 행하신 하나님의 절대 주권적 작정과 활동을 가지고, 역사적 진보와 의존성의 중요성을 부정하거나 손상하는 결론으로 추론하는 어떤 논리도 피해야 한다. 이 경우 표준 삼단논법은 단순히 우리를 성경의 진리로 인도하지는 않는다.

구체적 사고에 대한 반틸의 논쟁에는 혼란을 가져올 수 있는 특정한 용어들이 있다(그리고 이미 있었다).

이 책의 구체적 사고에 관한 부분에서, 반틸은 일반 은총에 대한 우리의 이해와 관련해 '이전'(earlier)과 '이후'(later)라는 개념을 주장한다. '이전'과 '이후'라는 개념은 표면적으로 볼 때 단순히 역사를 나타내는 것처럼 보일 수 있다. 예를 들어, '이전'은 달력의 이전 날짜를 나타내고 '나중'은 이후 날짜를 나타낸다. 그러나 반틸이 사용한 이런 용어는 단순히 날짜의 순서보다도 더 많은 의미가 있다. 그뿐만 아니라 '이전'과 '이후'라는 개념을 부적절하게 해석한다면 구체적 사고보다는 추상적 사고처럼 들릴 수 있으므로, 이 두 용어에 대해서는 반틸의 책을 읽는 독자를 위해 명확하게 할 필요가 있다.

반틸은 일반 은총과 같은 것이 있는지 없는지에 대한 토론에서 '이전'과 '이후'라는 용어를 사용한다. 이런 논쟁에서, 서로 다른 당사자들은 영원한 선택 교리에 대해 동의한다. 다시 말해서, (반틸처럼) 일반 은총의 실체를 주장하는 자들과 (혹스마처럼) 그것의 실체를 부정하는 사람들은 모두 하나님의 영원한 계획이, 이루어질 모든 일 뒤에 있다는 점에 대해 동의한다. 그러므로 양측 모두에게 문제가 되는 것은 작정의 본질이 아니라 그 작정의 역사적 표현에 대해 우리가 생각하는 방식이다.

하나님 선택의 목적은 역사 속에서 선택받지 못한 자들에게 호의를 베풀지 않기 위한 것인가?

아니면 영원 속에서 행하신 하나님 선택의 목적과 역사 속에서 인류를 향한 그분의 처분(들) 사이에는 (아마도 이해할 수 없는) 어떤 조화가 있는가?

이 수수께끼를 해결하기 위해 반틸은 '이전'과 '이후'라는 개념을 도입한다.

반틸은 일반 은총의 '이전'을 아담으로 시작한다. 아담은 모든 인류의 대표자이므로 동산에서 아담에 대한 하나님의 호의적인 태도는 모든 인류에 대한 그의 호의적인 태도를, 대표적으로, 수반한다. 따라서 반틸은 일반 은총의 '일반'(commonness)이라는 의미가, 단순한 개인으로서가 아닌 우리 언약 머리로서의 아담에 뿌리를 둔 것으로 간주한다.

아담이 죄를 지었을 때, 아담이 대표하는 인류를 향한 하나님의 호의적 태도는 아담을 향한 진노와 아담 안에 있는 모든 사람을 향한 일반 진노(common wrath)의 태도로 바뀌었다(여기에서, 두려움 없는 신인동형설 표현을 주목하라).

타락을 고려할 때 반틸은 이렇게 말한다.

> 선택받은 자와 유기된 자는 모두 일반 진노 아래에 있다. 이것에 어떤 의미가 있다면(누가 부인할 수 있겠는가?), 일반 호의(common favor, '일반 은총'-역주)에 대한 이전 태도가 있을 수 있고 반드시 있어야 공평하다. 참으로 "일반 진노"(common wrath)의 실체는 이전 "일반 은총"(common grace)의 실체에 달려 있다(190쪽).

반틸은 "일반 진노"(common wrath)와 "일반 은총"(common grace)이라는 문구를 여기에 인용 부호로 넣었음을 주목하라. 그는 각 경우에 있는 일반성의 장소와 중심이 각 개인 각자에게 있지 않고, 우리 언약이 머리로서의 아담 안에 있다는 것을 강조하기 위해 부분적으로 그렇게 한다.

여기에 있는 반틸의 성경적 논리는 이렇다.

만약 아담이 죄를 지었을 때 우리가 모두 죄를 지었으므로 우리는 모두 하나님의 진노 아래에 있다면, 동산에서 아담을 향한 하나님의 태도가 호의적이었을 때 그리고 하나님이 아담에게 영생을 얻을 기회를 '은혜로' 주셨을 때, 하나님은 인류에게 일반적 호의를 베푸셨고 아담 안에 있는 인류에게 영생을 은혜로 주셨던 것이 되지 않겠는가?

그렇다면 역사 속에서 우리에게 개별적으로 오는 하나님의 진노는 우리의 공통된 언약 머리인 아담을 통해 대표적으로 우리에게 온 진노를 전제로 한다. 다시 말해서, 우리 각자는 "'다른 이들과 같이' 본질상 진노의 자녀"이기 때문에 "허물과 죄로 죽는다"(엡 2:1, 3). 우리가 공통으로 받은 진노로 인해 우리 각자도 진노를 받는다. '이전'에 발생한 일반 진노는 타락 이후 '본성에 의해' 우리 각자에게 놓인 '이후의' 개인적 진노의 범위를 정하고 정의하며 결정한다.

하나님의 일반 은총도 마찬가지이다. 아담이 언약적 머리라는 점을 고려하면, 아담을 향한 하나님의 호의와 영생의 은혜는 모든 인류를 향한 하나님의 호의와 영생의 은혜를 포함한다.

그러나 타락이 일어나자, 아담은(그리고 그와 함께 인류는) 하나님의 진노를 받지만 계속 살아 숨 쉰다. 그는 하와와 함께 계속해서 생육하고 번성한다. 그는 땀을 흘리면서 계속해서 땅을 정복할 것이다. 아담을 향한 하나님의 진노는 이제 그를 향한 하나님의 일반 은총이라는 맥락에서 시작한다. 그뿐만 아니라 '이전' 은혜로서의 일반 은총은, 아담과 하와를 덮는 '특별 은총'(special grace)을 포함한 하나님의 진노가 발생한 맥락이 된다(창 3:21-24). 따라서 '이후'의 차별하는 하나님의 특별 은총이 있을 수 있는 이유는 아담을 향한 하나님의 '이전' 일반 은총, 즉 아담에게 하나님의 진노를 허락하는 일반 은총 때문이다.

반틸이 사용한 '이전' 및 '이후'에 대해 몇 가지를 더 짚고 넘어가야 한다.

첫째, 그는 "각각의 경우 일반(common)이라는 표현 뒤에는 조건이 붙는다"라고 말한다(190쪽). 그러므로 우리와 관련해 일반이 무엇이든 조건적인 것에 '앞선다'(즉, '이전'이다). 예를 들어, 아담의 경우, 반틸은 하나님의 태도가 동산의 아담에게, 아담이 대표하는 우리에게 호의적이라고 지적하지만, 그 호의는 하나님의 조건적 요구 사항("그 나무의 실과는 먹지 말라")과 관계된 것으로 보았다.

다시 말해서, 아담과 하와가 선과 악을 알게 하는 나무의 실과를 먹지 않으면, 그들은 영원히 살 것이라고 (조건적으로) 말씀하셨다는 점에서 하나님이 아담에게 호의를 베푸셨다. 그래서 '일반 은총'은 우리의 첫 번째 부모가 계속해서 순종할 때만 영생이 주어지는 맥락 속에 있기 때문에 '이전'에 해당한다(이것은 또한 값없이 주는 복음에도 적용되는데, 하나님의 일반 은총은 복음을 전달하는 조건의 배경이 된다).

둘째, 이 관점을 고려할 때 반틸은 더 나아가 "역사는 차별화 과정"(190쪽)이라고 강조한다. 반틸에게 '차별화'(differentiation)는 예정과 유기에 대한 하나님의 영원한 작정이 '역사 속에서 각 개인에게 적합하다'는 것을 의미한다. 하나님의 일반 진노는 개인에게 임한 진노에 ('본성적으로' 우리의 것인) 그 의미가 있고 적용할 수 있다.

그러나 이 진노는 하나님이 '모든 사람'에게 생명과 호흡과 모든 것을 주시는 맥락과 선택된 자와 유기된 자 모두에게 임한 하나님의 비와 햇빛이라는 맥락에서만 그 의미가 있고 적용할 수 있다. 그래서 하나님의 일반 은총은 선택된 자에게 주시는 개인적 은혜 안에서 그 의미가 있고 적용할 수 있다.

반틸은 때때로 철학 용어를 사용해 이런 진리를 설명하는 습관이 있다. 그래서 '일반'(common)에서 '개인'(individual)으로의 이동은 한 명과 많은 사람, 보편적인 것과 특정한 것 사이에 있는 상호 관계의 예가 된다. 이들 각각은 알맞은 의미가 있고, 각각은 다른 한쪽을 필요로 한다. 어느 쪽도

우선권을 차지하지 않는다.[22]

'일반성'(commonness)은 '일반성'이 이미 (이전에) 적용된 많은 '개인'과의 일관성 안에서 이해해야 한다. 다른 한쪽 없는 나머지 한쪽은 공허하다. 둘이 함께 있을 때 의미가 있다.[23] 두려움 없는 신인동형론과 마찬가지로 그리고 이제는 구체적 사고와 마찬가지로, 하나님 선택의 목적에 비추어, 역사의 중요성과 역사 속에서 전개된 하나님의 구속 계획에 완전하고 적절한 무게를 부여하는 것이 반틸의 관심사이다.

이런 논의에 비추어, 반틸은 "일반 은총 문제 중에 가장 당혹스러운 문제는 조건(conditional)에 관한 문제"라고 말한다(191쪽). 이 '가장 당혹스러운 문제'는 다음과 같은 질문으로 요약할 수 있다.

• 하나님이 영원 속에서 일부는 은혜로 구원하기로 하시고 나머지는 유기하기로 이미 결정하셨다면, 어떻게 모든 사람을 향한 하나님의 태도가 진노가 될 수 있는가?
• 다른 말로 표현하면, 그리스도께서 무리에게 "수고하고 무거운 짐 진 자들아 내게로 오라"라고 말씀하실 때, 그 조건(그리스도에게 오라는 조건)은 모든 것이 그분께 오지 않으면 진노 아래에 있다는 것을 의미하는가?
• 그렇다면 하나님의 선택은 어떤 의미가 있는가?
• 그뿐만 아니라 그리스도와 관련한 그들의 영원한 상태를 '그리스도 자신이'(성부 및 성령과 함께) 창세 전에 이미 결정해 놓았다면, 어떻게 그리

---

22 이것은 존재론적 삼위일체 전제로 우리를 이끈다. 존재론적 삼위일체에서는 한 하나님 또는 세 분의 격, 어느 쪽도 우선권을 갖지 않는다.
23 작고한 남아프리카 기독교 철학자 헨드릭 스토커(Hendrik Stoker)는 이 두 가지 개념을 "일관된 대조의 극치"(coherential contrapolar contrast)라고 칭했다. 이 표현은 비록 전문을 띠기는 하지만, 하나와 다수 사이의 참된 관계 또는 보편적인 것과 특정한 것 사이의 관계를, 하나님 성품의 "하나 안의 셋"(three-in-one)에 기반을 두면서, 적절히 나타낸다. H. G. Stoker, "On the Contingent and Present-Day Western Man", in *The Idea of a Christian Philosophy: Essays in Honour of D. H. Th. Vollenhoven*, ed. K. A. Bril, H. Hart, and J. Klapwijk (Toronto: Wedge Publishing Foundation, 1973)을 참조하라.

스도께서 이것을 모든 사람에게 줄 수 있는가?

반틸은 이 '가장 당혹스러운 문제'를 해결하기 위한 어떤 진전을 이루려면 다음과 같이 할 필요가 있다고 제안한다.

> 우리는 겸손한 마음으로, 우리가 지금까지 해 왔던 것처럼, 이전과 이후에 대한 개념, 즉 **보편적이고 특정한 것에 대한 역사적 상관관계성을 강조할 필요가 있다**(191, 강조 첨가).

다시 말해서, "이전과 이후에 대한 개념은 보편적이고 특정한 것에 대한 역사적 상관관계성"이라는 맥락에서 이해해야 한다.

이 시점에서 이 모든 것은 "구체적 사고의 긍정적 입장"(The Positive Line of Concrete Thinking)이라는 제목 아래에서 전개된다는 것을 알아야 한다. 반틸은 여기에서 '보편적인 것'과 '특정한 것'을 추상적 철학 개념으로 생각하기 시작하라고 제안하는 것은 아니다. 오히려 그가 말했듯이 우리는 이 두 가지를 역사적, 개념적 그리고 성경적 및 신학적 상관관계로 다루어야 한다.

이런 용어를 적절한 역사적 맥락에 둘 때, "불가해한 것(즉, 특정한 것)과 추상적 법칙(즉, 보편적인 것)"으로 받아들여서는 안 된다(191쪽). 대신 우리가 역사 속에서 보편적인 것과 특정한 것을 규명하고 그것들의 상관관계를 찾아낼 때, 모든 인류를 향한 하나님의 (보편적) 일반 은총은 유기된 (특정한) 자들을 지나치는 하나님뿐만 아니라, 선택받은 자에게 주어진 특별 은총의 (특정한) 적용이라는 맥락에서 올바르게 설명될 수 있음을 본다. 이 부문에 대한 설명은 다음에 더 자세히 다루기로 하자.

이전과 이후에 대한 강조를 구체적 사고에 대한 필수적 측면으로서 명확하게 하기 위해 반틸은 발렌타인 헵(Valentijn Hepp)의 주장을 예로 들었다. 반틸은 헵이 특정한 사람들 가운데 누가 선택을 받았고 누가 받지 않았는지 우리가 알 수 있다고 암시하는 것처럼 보인다고 우려했다. 예를 들어, 헵은 이렇게 말한다.

> 우리는 회중 안에서 선택받지 못한 사람들에게 임할 심판만을 바라보아서는 안 된다(192쪽).

이와 같은 진술은 우리가 구체적으로 생각하지 않고 추상적으로 생각할 때 어떤 일이 발생하는지 보여 준다. 우리는 하나님의 영원한 선택을 알 수 있다고 생각하기 시작할 수 있다. 우리가 이런 식으로 생각할 때, 우리는 하나님의 생각을 안다고 추정할 뿐만 아니라, 이전과 이후와 관련된 역사적 차별화 과정을 적절히 이해하지 못하게 된다.

역사적 관점에서 볼 때 누가 선택받고 누가 선택받지 않았는지에 대한 추정을 바탕으로 한 결정은 불가능하다. 따라서 그들은 이전과 이후를 혼동한다. 따라서 반틸은 말한다. 헵의 관점은 '이전과 이후의 차이점을' 잊어버린다.

> [복음의] 일반적 제시(presentation)는 [사람의] 보편성과 관련된다. 그것은 하나님의 마음에 합당한 대로, 누구는 선택받고 누구는 유기된 차별화된 '죄인들에게' 확실하게 임하는데, 수용이나 거절로 구분되는 그들의 행동 이전에 발생한 보편적인 것이다. 이것을 잊는 행위는 **하나님의 달력을 앞으로 당기는** 꼴이 된다(192쪽, 강조 첨가).

반틸에게 '하나님의 달력을 앞당긴다'는 의미는 누가 선택받고 누가 유기되었는지 우리가 추정한다는 의미에서 차별화를 조기에 가정하는 것을 뜻한다. 이런 가정은 후자에게, 즉 개인에게 발생한 차별화를 단언한다. 그런데 전자에게 어떤 공로도 돌리지 않고, 즉 '일반성'(일반 은총)으로 나아가는 복음의 부름에 어떤 공로도 돌리지 않고 차별화를 단언한다. '그

달력'에 대한 반틸의 언급은 달력의 역사적 진보와 관련이 없으며, 역사 속에서 개인들에게 행한 하나님의 영원한 작정의 적용과 더욱더 관련 있는 것처럼 보인다.

다른 말로 하면, 반틸의 관심사는 역사와 관련된 시간에 관한 것이 아니라, 역사 시간 속에서 하나님 계획을 어떻게 적용하느냐에 관한 것이다. 그 적용의 맥락은 '이전' 일반 은총인데, 이것은 하나님이 선택한 자들에게 임하는 '이후'의 조건적 특별 은총과 유기된 자에게 임하는 '이후'의 조건적 지나감의 맥락이 된다. 그러므로 '이전'과 '이후'라는 용어는 단순히 역사의 진전이 아니라 일반 은총을 전제로 하는 특별 은총의 조건성을 의미한다.

반틸은 이전의 것과 관련해 피기우스(Pighius)에 대항하기 위해 칼빈의 논쟁을 따른다. 그는 타락 이전에 인류는 아담 안에서 영생을 받았다고 주장한다. 아담 안에서 인류가 계속해서 순종하는 한, 하나님은 미래의 아담과 모든 인류에게 영원한 생명을 마침내 그리고 완벽하게 주실 예정이었다.[24]

생명을 주겠다는 이 제안은 '일반적인 것' 이외의 다른 것이 될 수 없었고, 확실히 '은혜로운 것'이었다. 그것은 죄의 맥락에서 은혜로운 것이 아니라 영생의 선물을 사람에게 주는 하나님의 자유로운 결정이라는 맥락에서 은혜로운 것인데, 하나님은 이렇게 할 필요가 없었다.[25]

---

24 이 책에 있는 반틸의 많은 이야기에서는 피기우스와 맞서기 위한 칼빈의 용어와 논쟁을 활용하고 이를 전제로 한다. 예를 들어, 타락 전에 영생을 주는 것과 관련해서 칼빈이 말한 것을 주목하라. "사실 구원은 다른 어떤 조건도 아닌 인간이 본래 가지고 있던 순결한 무죄에 남아 있어야 한다는 조건으로 제공되었다." John Calvin, *A Treatise on the Eternal Predestination of God*, in *Calvin's Calvinism*, trans. Henry Cole (Grand Rapids: Eerdmans, 1950), 92. 또한, 반틸의 조건성 개념도 칼빈의 주장에서 영향을 받은 것 같다.
25 이것은 하나님 언약이 자발적인 낮아지심이라는 이전 토론으로 우리를 인도한다. 하나님이 사람과 맺은 언약은 하나님의 자유로운 호의 또는 은혜에 그 기초를 둔다는 개념은 (죄에 대한 응답으로의 은혜가 아님에도 불구하고) 개혁주의 사상에서 전혀 새로운 것이 아니다. 이것은 또한 하나님의 명령에 순종해야 하는 사람의 책임을 훼손하거나 부정하지도 않는다. 뮐러(Muller)에 의하면, "신적 속성에 대한 교리와 17세기 개혁

그러므로 타락 이전에도 일종의 '일반 은총'이 있는데, 이것은 타락 및 타락 이후의 '일반 진노'의 배경 및 인간을 향한 하나님의 보편적 진노(universal wrath)를 전제로 한 일반 은총의 배경이 된다. 이 모든 것은 전체 역사에서 일어난 차별화의 토대가 된다. 복음의 부름이 모든 사람에게 (보편적으로) 차별 없이 그리고 신실하게 퍼져 나갈 때, 선택받은 자는 (개인적으로) 복음 안에 들어오는 반면 유기된 자는 (개인적으로) 복음의 부름을 거절하고 (특별한) 자기 죄악에 남는다.

그래서 칼빈을 따라 반틸은 복음에 대한 약속의 보편성에 대해 계속해서 말한다.

> 그것은 예전에, "구원의 길에 놓였을 때" 구원을 제시받았던, 범죄한 인류에게 임한다. 그것은 예전에, 함께, 한순간에, 한 사람 안에서, 아담을 통해 영생을 거절한 보편적 인류에게 임한다. 이전 단계(earlier stage)에 해당하는 말로 표현하면, 인류는 이제 사망의 길에 놓여 있다(195쪽).

이전 단계에 해당하는 것은 단순히 역사적으로 이전의 것이 아님을 우리는 알아야 한다.

반틸이 주장하는 요점은 이전 단계에 해당하는 것은 모든 인류에게 일반적이라는 (일반 진노와 일반 은총 모두) 것이다. 따라서 동산에서 제공된 생

주의 언약신학의 발전 속에서 지적된 바와 같이, 신적 은혜는 단지 구원과 관련해 타락 후 세대에서만 분명한, 선택받은 자를 향한 하나님의 외적 호의가 아니다. 오히려 그것은 신적 본성의 완전성 중 하나이다. 그것은 죄를 제외한 유한한 질서와 관계된 하나님의 성품이다. 그리고 이 하나님의 성품은 유한한 피조물과 관련을 맺은 신적 낮아지심의 행위 안에 있다. … **본성 또는 행위 언약은 그 자체로서 은혜롭다는 일관된 주장을 포함한, 하나님이 세상 특히 인류와 맺은 모든 관계의 중심에 있는 이 은혜에 대한 일관된 정체성**은 하나님에 대한 정통 개혁주의 교리와 17세기 정통 개혁주의 언약신학 모두에 있다." Richard A. Muller, *Post-Reformation Reformed Dogmatics: The Rise and Development of Reformed Orthodoxy, ca. 1520 to ca. 1725*, vol. 3: *The Divine Essence and Attributes* (Grand Rapids: Baker Books, 2003), 570(강조 첨가).

명은 아담에게 그리고 그 안에서 모든 인류에게 주어진 것이었다. 또한, 아담이 불순종함으로 그 생명을 거절했을 때, 인류는 "사망의 길에 놓였다." 그러므로 반틸이 말하는 '이전'은 역사에서 일반적인 것과 직접적 관련이 있다. 따라서 그것은 역사에 중점을 두었지만, 단순히 역사적 연대표는 아니다.

또한, 반틸은 두려움 없는 신인동형설에 관한 우리의 논의와 직접적으로 관련이 있는 질문을 한다.

> 우리는 계시된 하나님의 뜻에 따라 그들에게 임한 하나님의 진노가 하나님의 실제 태도를 알려 주지 않는다고 말해야 하는가?(197쪽)

다시 말해서, 우리는 선택받은 자와 선택받지 못한 자를 향한 하나님의 태도에 대해 얼마나 적절하게 성경적으로 생각해야 하는가?

이에 답하기 위해 반틸은 타락 전 인류로 다시 한번 이동한다.

> 하나님 호의의 대상이었던 것은 인간 안에 있는 창조성과 같은 어떤 추상적인 것이 아니었다. 구체적 존재로서 유기된 자들은 결국 하나님이 미워하시는 자가 될 것이지만, 역사 속에서는 아직 하나님이 미워하시는 자가 아니고, 여전히 아담 안에서 하나님 앞에 선한 자이다. 이런 사람들이 바로 하나님 호의의 대상이다(198쪽).

즉, 아담은 '생기'(creatureliness)와 같은 추상적 언약의 머리가 아니다. 오히려 그는 실제 인간의(우리 각자의) 언약적 머리이다. 그리고 아담을 향한 하나님의 처분은 우리를 향한 하나님의 처분과 같다. 반틸은 이를 주장하면서 동시에 이렇게 경고한다.

그러므로 우리는 플라톤의 추상적 개념을 피해야 한다. 우리는 복음의 일반적 제안을 추상적 개념으로 사용해서는 안 된다(200쪽).

복음의 일반적 제안은 창세기에 그 기원을 둔다. 타락 후 그것은 특별한 면에서 아담에게 오고, 일반적인 면에서 아담 안에 있는 모든 인류에게 온다. 그런 다음 첫 사람 아담이 각 개인을 대표하기는 하지만, 그럼에도 역사가 진행됨에 따라 그것은 각 개인에게 온다. 보편적 인류와 특정한 아담이 있으며, 다른 하나를 희생해 나머지 하나에 초점을 맞추는 것은 구체적 사고방식이 아닌 추상적 사고방식이다.

이 책을 자세히 읽으면 여기에서 강조하는 핵심을 아는 데 도움이 되지만, '구체적 사고'와 관련해 여기에서 언급해야 할 결론적이고 결정적인 한 가지 요점이 있다. 반틸은 '이전' 및 '이후'에 대한 토론에서 말한다.

모든 일반 은총은 이전 은총이다. 일반성(공통성)은 이전에 있다(202쪽).

그동안 살펴보았듯이, 일반성은 아담의 언약적 머리로서의 한 가지 기능이다. 아담 안에서 모든 인류를 향한 호의적 태도가 원래 있었고, 타락 시 및 타락 후 아담 안에서 모든 인류를 향한 일반 은총과 일반 진노가 있었다. 이런 태도들은 하나님이 선택한 목적이 구속사에서 전개된 배경 및 맥락을 제공한다. 반틸의 용어를 빌리면, 일반적 "보편성"(universal)은 선택받은 자를 위한 구원의 "특별성"(particular)이라는 맥락과 유기된 자에게 임한 정죄라는 맥락에서 해석해야 한다. 그리고 거꾸로도 해당한다. 이 둘 사이를 분리하면 둘 다에 불공평한 결과를 초래한다.

또한, 반틸은 우리가 하나님이 주시는 일반 은총이라는 맥락에서 신자와 불신자 사이의 대조를 곰곰이 생각할 때, 구체적으로, 즉 '역사적으로' 사고할 수 있게 우리를 도와준다. 그는 이렇게 말한다.

따라서 우리는 모든 차원에서 차별화의 과정을 서두르기 위해 최선을 다하면서도, 아직은 "은혜의 날", 아직 발전하지 않은 차별화의 날에 대해 감사한다. 우리가 일부 세상에서 받는 그런 관용은 우리가 역사의 후기 단계가 아닌 초기 단계에 살고 있기 때문에 발생한다. 그리고 사회에서든 국가에서든 우리가 영향을 미칠 수 있는 공공 상황에 대한 그런 영향은 차별화되지 않은 개발 단계를 전제로 한다(207쪽).

반틸이 말하고자 하는 핵심을 명확히 하기 위해서는 두 가지 설명이 더 필요하다.

첫째, 우리는 "모든 차원에서 차별화의 과정을 서둘러야" 한다고 반틸은 말한다.

무슨 의미인가?

일반적으로 말해서, 우리는 복음을 신자와 불신자를 포함한 모든 사람에게 전파해야 하고, 또한 그 복음을 우리의 문화 활동을 통해서도 알려야 함을 의미한다. 그는 이런 맥락에서 기독교 학교의 필요성을 언급했다.

기독교 학교는 신자와 불신자 사이에 발생할 수 있는 근본적이고 뚜렷한 차이를 나타내는 많은 예 중 하나이다(그리고 반드시 그래야 한다). 이런 학교는 그리스도인이 호소할 수 있는(고려하고, 중요하게 생각하며, 판단해야 하고, 기타 등등) 중립적 영역이 없다는 것을 명백히 보여 주는 예이다. 일반 은총은 공교육을 의미하지 않는다. 일반 은총의 일반성은 절대로 중립성을 암시하지 않는다.

둘째, 이 '서두르는 행위' 가운데서, 세상은 여러 세대 동안 그리고 여러 방법으로 관대하다. 세상의 관대함은 시간과 장소에 따라 다양하지만, 타락이 요구하는 것만큼 나쁜 상황은 없다. 반틸은 이 관대함이 "역사의 후기 단계가 아닌 초기 단계에 살고 있기 때문에 발생한다"고 지적한다.

이 마지막 의견에서 설명해야 할 요점은 이것이다. 여기에서 반틸은 단순히 관대함을 우리가 역사의 끝에 도달하지 않았다는 것만을 의미하는 역사적 시각표로 생각하지 않는다는 것이다. 물론 그것은 역사의 종말이 다가오면 역사의 차별화가 완료될 것임을 의미한다. 양은 마침내 완전히 그리고 영원히 염소와 분리될 것이다. 그러나 우리는 또한 '모든 일반 은총이 이전의 은혜임'을 기억해야 한다. 우리는 어떤 특정 상황 속에서 선택받은 자와 유기된 자 사이의 차별화가 발생하는 때와 장소에 상관없이 역사의 '이전' 단계에서 산다.

다음의 예가 도움이 될 수 있다. 필라델피아에 있는 웨스트민스터신학교(Westminster Theological Seminary) 도서관에는 뉴욕의 월스트리트에서 성경을 손에 들고 군중에게 복음을 전파하고 있는 반틸의 초상화가 있다. 그 사건 자체는 역사의 '이전' 단계를 보여 준다. 거기에 있는 '차별화되지 않은' 무리는 하나님이 주시는 일반 은총 때문에 그곳에 있게 된 것이다. 그 군중 속에 있는 그 누군가가 하나님의 특별 은총으로 그리스도를 알고 믿게 된다면, 하나님 은혜의 이전 및 이후 관점에 대한 증거가 모두 있는 것이다. (이후) 복음에 대한 '조건'은 군중에 대한 (이전) 일반 은총을 전제로 한다.

복음을 거부하는 사람들의 경우도 마찬가지이다. 그 군중에게 복음 전파를 가능하게 한 (이전의) 일반 은총은 또한 그 복음 전파에 대한 (이후의) 개인적 반응까지 포함한다. 차별화가 발생한다. 이전(the earlier)은 (일반 은총) 이후(the later)의 조건적 차별화와 상관관계가 있다.

이것이 '구체적' 사고방식의 의미이다. 그것은 차별화에 대한 역사적 과정에서 인류를 향한 하나님 처분의 실체를 내포한다. 차별화 자체는 하나님이 선택하신 자에게 자기 뜻을 적용하신다는 의미와 유기된 자를 그냥 지나치신다는 의미에서 구체적이다. 선택받은 자와 유기된 자에 대한 하나님의 뜻은 역사 속에서 매일 발생한다. 이전의 것 및 이후의 것, 보편적인 것 및 특별한 것, 일반적인 것 및 개인적인 것은 역사적으로 상관관계를 맺는다. 이것들은 역사적 과정에서 서로를 설명하고 한계를 정하는데, 하나님이 역사에서 자신의 영원한 작정을 섭리적으로 (일반적 및 개인적인 것 모두를 포함해) 실행하는 힘으로 그렇게 한다.[26]

그래서 요약하면 이렇다.

> 우리가 하나님 그리고 그분이 세상과 맺으시는 관계를 **구체적으로** 생각한 다면, **하나님이** 이 문제에 대해 **우리에게 하신 말씀에 단순히 귀를 기울이면 된다**(325쪽, 강조 첨가).

이 점이 우리를 세 번째이자 마지막 주제로 인도한다.

3. 제한적 개념

우리는 반틸이 (기독교적 방식으로 이해되는) '제한적 개념'을 이 책에 수집된 에세이들을 하나로 묶는 접착제로 본다는 것을 기억할 것이다. 따라서 그가 의미하는 '제한적 개념'을 이해하는 것이 이 책 전체를 이해하는 데 핵심이다. 그러나 '제한적 개념'이 '두려움 없는 신인동형설'과 '구체적 사고'를 수반하기 때문에, 앞의 두 가지 주제를 먼저 구체적으로 설명하지 않은 채 이 용어를 설명할 수 없다.

따라서 이 마지막 제한적 개념을 올바로 이해하기 위해서는 이런 용어들을 설명할 필요가 있다. 이제 우리는 처음 두 가지를 염두에 둘 때, 왜 반틸이 이 세 번째 주제를 이 에세이들에서 논증의 중심에 두는지 알 수 있을 것이다.

---

[26] 여기에서 반틸의 분석을 뒷받침하기 위해서는 G. C. Berkouwer, *The Providence of God* (Grand Rapids: Eerdmans, 1952), 76을 참조하라.

반틸에 따르면, 우리는 기독교의 '제한적 개념'이 무엇을 의미하는지 먼저 인식해야 한다. 이 책 첫 번째 에세이에서 반틸은 이렇게 말한다.

> 이 저자가 기독교의 제한적 개념에 관해 말하는 이유는 칸트 이후의 '제한적 개념'에 대한 관점을 공격하기 위해서이다. 이를 통해 그는 신비에 대한 비그리스도인의 개념에서 벗어나서, 특히 근대 철학자들의 개념에서 벗어나서 빛이요, 전혀 어두움이 없는 하나님, 즉 성경의 하나님을 근거로 한 참된 성경적 개념을 주장할 수 있게 되었다고 생각한다.
> 신비에 대한 성경적 개념에는 인간의 경험에 관해 이해할 수 있고 (비록 완전히 이해하지는 못하지만) 지적 근간이 있다. 그러나 신비에 대한 철학적 개념에서 인간은 자기 경험을 이해할 수 있는 지적 근간이 없다. 더욱더 해롭게도 이것은 빛과 생명을 주기 위해 오신 그리스도를 조롱하는 개념이다(69쪽).

반틸이 사용한 '제한적 개념'이라는 용어는 '성경의 하나님에 근거를 둔 성경적 신비 개념'을 설명하는 데 도움을 준다. 그뿐만 아니라 '제한적 개념'과 그에 따른 신비에 대한 비기독교적 개념을 사용할 때, 사람의 경험을 이해하기 위한 모든 근거를 완전히 파괴하게 된다.

이 책 전체에서 볼 수 있듯이, 신비는 모든 기독교 신학의 근본이다. 성경에 의하면 우리가 존재론적 삼위일체, 성육신, 하나님이 사람과 맺으신 언약(그리고 기타 등등)에 확실히 동의할 때 문제의 진실을 정확하게 규명할 수 있게 된다.

그러나 우리는 또한 우리의 마음이 사고에 대한 우리의 일반적 방식에 완전히 받아들일 수 있게 문제의 진실을 종합할 수 없다고 확언한다. 어쩌면 우리 생각의 법칙이 한계를 정할 수 없는 것을 확언하게 요구한 것을 가장 잘 설명하는 단어는 '하이퍼독스'(hyperdox)일 것이다. 비록 하이퍼독스가 사고에 대한 표준 규칙을 따른다기보다는 초월하지만, 그래도 이것은 반드시 주장해야 하는 성경의 가르침이다.[27] 즉, 이것은 우리의 일반적 (그리고 올바른) 사고방식 위에 있는('하이퍼'[hyper]) 가르침('독스'[dox])이다.

반틸은 이런 가르침들을 "명확한 모순"(apparent contradiction)이라고 부른다. 그가 이렇게 부르는 이유는 이런 가르침들이 비모순율(the las of noncontradiction)이나 다른 형태의 표준 논리 기준을 분명하고 명백하게 위반하기 때문은 아니다. 예를 들어, 이것은 모든 사람을 향한 하나님의 태도가 은혜롭지 않은 것과 같은 방식으로 모든 사람을 향한 하나님의 태도가 은혜롭다는 것으로, 우리는 이에 동의하지 않는다.

마찬가지로 우리는 하나님이 한 분인 것과 같은 방식으로 세 분이라는 주장에 동의하지 않는다. 또한, 우리는 그리스도께서 사람이신 것과 같은 방식으로 하나님이시라는 주장도 부정한다. 이런 양립성의 진실에는 깊고 지속적인 문제가 있지만, 비양립성은 그 자체로 모순되지 않는다.

반틸의 "명확한 모순"이라는 개념은 우리가 표준 사고법에 따라 많은 성경적 가르침을 완전히 포함할 수 없다는 것을 신속히 인식하는 것을 의미한다. 우리의 사고 법칙은 우리가 성경에서 진실이라고 확인한 것의 의미를 철저히 파악할 수 없다. 문제는 우리의 표준 사고방식에 있지 않다는 것을 유의해야 한다. 하나님은 동시에 그리고 같은 방식으로 같은 것을 긍정하고 부정하지 않도록 우리를 창조하셨다. 하나님은 우리가 어떤 것을 다른 것과 (즉, 다양성) 구분할 수 있도록 창조하셨다. 이것은 '하나님의 뒤를 따라 하나님의 생각을 생각하는' 모든 것이다.

---

27 이 용어는 헨드릭 G. 스토커(Hendrik G. Stoker)에서 유래한 것으로 '역설'(paradox)이라는 용어보다 바람직할 수 있다. 역설은 나란히 설정된 두 개의 상호 간 암시된 가르침을 말한다. 하이퍼독스(hyperdox)는 이 두 가지 (또는 이상의) 가르침을 포함하지만, 인간의 이해 능력을 넘어서는 것을 강조한다. Hendrik G. Stoker, "Reconnoitering the Theory of Knowledge of Professor Dr. Cornelius Van Til", in *Jerusalem and Athens: Critical Discussions on the Philosophy and Apologetics of Cornelius Van Til*, ed. E. R. Geehan (Nutley, NJ: Presbyterian and Reformed, 1977), 30을 참조하라.

그러므로 하나님 성품과 세상에서의 하나님 활동에 대한 이해는 우리가 세상을 이해하고 아는 일반적인 방법을 항상 넘어선다는 것이 '하이퍼독스'와 관련된 문제이다. 게다가 더 중요하게도 신비한 성경의 가르침, 즉 성경 안에서 우리에게 주어진 하이퍼독스들은 사고에 대한 우리의 전형적 방식의 근거와 기초를 형성해야 한다.

즉, 우리는 나머지를 '신비'라고 부를 수 있을 만큼, 우리의 사고 법칙을 폭넓게 적용해야 한다는 것을 의미하지 않는다. 오히려 우리는 삼위일체 하나님 자신으로 '시작하기' 때문에, 우리는 신비로 '시작한다.' 그런 식으로 우리는 최소한 우리의 전형적 사고방식이 제한적이고, 그것들 자체의 기초가 필요하며, 하나님이 주신 경계가 있음을 인정한다.

제한적 개념에 대한 기독교적 생각에 내재된 통제 원리는(반틸도 이 원리를 사용한다) 하나님의 계시가 진리를 (필수적이고 기본적인 진리) 준다는 것인데, 이 계시는 그리스도인이 우리의 기본적 사고 규칙을 사용해 생산하거나 확증할 수 없는 것이다. 우리는 우리에게 나타난 하나님의 무류하고(infallible) 무오한(inerrant) 계시를 통해 우리가 믿는 것을 확증한다.

반틸은 이렇게 말한다.

> 성경의 다양한 가르침은 여러 가지 삼단논법처럼 그렇게 연결되어 있지 않다. 성경의 '진리의 체계'는 무한한 권위로 자신을 계시하신 내적이시고, 영원하시며, 스스로 일관성 있으신 삼위일체 하나님의 존재를 전제로 한다(68쪽).[28]

특히, 반틸은 칼빈이 피기우스(Pighius)에게 응답한 것을 염두에 두면서,

---

[28] 이 요점을 오해할 수 있기 때문에, 우리는 여전히 우리의 이성을 사용하고 있고 반드시 '사용해야 한다'는 것을 분명히 해야 한다. '이것과 저것'을 확인하는 것은 우리의 인지 능력을 사용하는 것이다. 이것이 우리가 이 부분에서 우리의 토론 범위를 "우리의 전형적 (또는 표준적) 사고 규칙"으로 한정한 이유이다. 우리의 인지 능력을 통해 사용한 그런 규칙은 그런 능력과 동일하지 않다.

개혁주의 여러 신학에 대한 알미니안주의의 반박은 삼단논법으로 이해하기 쉽다는 점을 분명히 한다.

> 피기우스는 삼단논법을 어떻게 사용해야 하는지 안다. 그의 반박을 피할 길은 없다. 하나님이 발생하는 모든 일에 대한 궁극적 원인이라면, 하나님은 또한 죄의 원인이 될 수밖에 없다는 피기우스의 반박이 타당해 보인다 (177쪽).

더 나아가 반틸은 이렇게 말한다.

> 비기독교적 논리에 비추어 볼 때 개혁주의 신앙은 단일 삼단논법의 치명적인 공격에 노출되어 있다(188쪽).

그러나 여기서 반드시 알아야 할 중요한 점이 있다. 다른 사고 규칙처럼 기독교 믿음에 대해 삼단논법을 적용하면, 하나님을 장엄하고 높은 곳에서 끌어내리고 인간을 완전한 자율이라는 가상의 자리로 올리는 효과가 일어날 것이다. 인간이 자기 자율적 경험에 대한 유일하고 궁극적인 해석가가 되려는 동안, 하나님의 절대 주권은 감소한다.

반틸이 분명히 말하듯이, 바울이 로마서 9:20에서 지적하는 요점이 바로 이것이다. 바울은 무조건적 선택의 실체를 설명하면서, 교회의 일부 사람은 피기우스가 칼빈을 반박할 때 쓴 바로 그 삼단논법에 따라 추론할 것이라는 점을 인지한다. 그들은 자신의 사고 법칙을 성경적 진리 아래에 두지 않으려고 한다.

바울은 이 문제를 어떻게 처리하는가?

그런데도 이 장에서 바울이 예상하고 언급한 반박은 여전히 많은 그리스도인 집단에서 계속해서 유행하고 있다. 그러나 그런 반박이 번지는 이유는 하나님이 그것들을 해결하시지 않았기 때문이 아니라 바울의 대답을 무시하거나 묵살하려는 인간의 죄성 때문이다.

먼저, 바울은 하나님의 선택이 불공평하다는 비난에 대해 다음과 같이 대답한다.

> 그런즉 우리가 무슨 말을 하리요 하나님께 불의가 있느냐 그럴 수 없느니라. 모세에게 이르시되 내가 긍휼히 여길 자를 긍휼히 여기고 불쌍히 여길 자를 불쌍히 여기리라 하셨으니 (롬 9:14-15).

하나님이 전적으로 선하고 주권적이며 독립적인 자신의 성품을 바탕으로 에서가 아닌 야곱을 선택하셨다면, 어떻게 그분이 불공평하실 수 있는가?

만약 하나님이 제멋대로 에서가 아닌 야곱을 (그리고 유기된 자가 아닌 선택받은 자를) 선택하셨다면 하나님은 불공평하신 분일 수도 있다. 그러나 하나님께 '제멋대로'라는 것은 하나님이 지키셔야 할 어떤 기준이 자기 밖에 있음을 의미할 것이다. 하나님은 전적으로 선한 기준을 스스로 가지고 계신다. 그래서 바울은 우리에게 하나님의 성품 자체가 절대적 기준이라고 상기시킨다.

> 불쌍히 여길 자를 불쌍히 여기리라 (롬 9:5).

하나님의 선택은 자신의 성품에 근거하기 때문에 거기에는 가장 높고 절대적인 근거가 있다. 우리가 하나님의 논리를 알 수 없다는 사실로는 이를 반박할 근거가 되지 못한다 (신 29:29 참조). 그의 판단은 우리가 이해할 수 없고, 없을 것이다 (롬 11:33).

그런 다음 바울은 선택받은 자와 유기된 자를 그들이 심지어 태어나기 전부터 단순히 하나님의 절대 주권으로 선택하셨다면, 그 결과에 대해 하나님은 자신 외에 다른 누군가를 비난할 수 없다는 반박에 대답한다.

하나님은 창세 전에 이미 운명이 결정된 유기된 자들에게 어떻게 책임을 전가할 수 있겠는가?

이 반박에 대해 바울은 하나님이 자기 뜻대로 행하시는 하나님의 절대 주권적 성품과 절대 주권적 권리를 다시 한번 언급하므로 대응한다.

> 혹 네가 내게 말하기를 그러면 하나님이 어찌하여 허물하시느냐 누가 그 뜻을 대적하느냐 하리니 이 사람아 네가 누구이기에 감히 하나님께 반문하느냐 지음을 받은 물건이 지은 자에게 어찌 나를 이같이 만들었느냐 말하겠느냐 토기장이가 진흙 한 덩이로 하나는 귀히 쓸 그릇을, 하나는 천히 쓸 그릇을 만들 권한이 없느냐(롬 9:19-21).

하나님 선택의 목적을 설명한 성경적 견해에 대항해 끊임없이 제기된 주요 반박은 하나님이 이미 자신의 사도를 통해 예상하셨고 이에 답하셨다는 것이다. 아직도 하나님이 주신 대답이 만족스럽지 않다고 단언하는 것은 하나님 자신의 성품이 그분의 영원한 행위의 근간으로서 불충분하다고 불평하는 행위라고 할 수 있다. 그것은 사실상 하나님 자신의 성품에 대해 불평하는 것이다. 바울이 말하는 요점이 바로 이것이다.

이런 성경적 가르침을 고려할 때, 하나님의 절대적 독립성과 주권에 대해 고백하는 개혁주의 신학은 제한적 개념을 주장한다. 표준 사고 법칙에 따라 성경의 가르침을 전달하는 신학은 모든 퍼즐을 풀 수 있는 능력이 있다. 인간의 마음은 이 모든 수수께끼를 깔끔하게 정리할 수 있는 능력이 있다. 그러나 이성적 방법으로 모든 퍼즐 조각을 짜 맞추면 하나님의 절대 주권적 위엄은 무시되고 인간의 마음은 우상 숭배의 지점까지 높아진다. 그래서 반틸은 이렇게 말한다.

> 하나님의 계획이라는 관점으로 역사 전체를 진지하게 해석하기를 원하는 사람만이 무엇이 신자와 불신자 사이의 "공통성"(common)인가 하는 문제

에 대해 의문을 가질 수 있다.

로마가톨릭과 알미니안주의자들은 신자와 불신자가 아무런 어려움 없이 공유할 수 있는 공통 영역이 수없이 많다는 데 의견의 일치를 본다. 하나님 계획을 절대적으로 지지하는 사람만이 상대성 의미에 의아해할 수 있고 의문을 품을 것이다(93쪽).

알미니안주의에서는 하나님의 절대적 계획이 존재하지 않는다. 모든 것은 인간의 자유롭고 자율적인 결정과 관계한다. 그러나 개혁주의 신학에서 하나님의 절대적 계획은 역사적 과정의 '관계성'을 요구하는 제한적 개념이다. 그리고 이것이 가장 중요한 요점이다. 제한적 개념은 적절하고 성경적으로 이해되기 위해서는 서로를 '필요로 한다.' 이것들은 격리된 상태로는 올바로 이해할 수 없다.[29]

일반 은총의 경우도 마찬가지이다. 선택과 유기에 대한 하나님의 영원하고 무조건적인 작정 때문에, 일반 은총이 들어갈 자리가 없다고 생각한다면, 역사 속에서 전개된 하나님의 활동은 영원한 작정으로부터 논리적으로 흘러야 한다는 틀 안에서만 이해하려고 하는 것이다. 이 경우, 영원한 하나님의 작정은 역사 속에서 일어날 일을 결정하는 것뿐이기 때문에 제한적 개념 같은 것은 존재하지 않는다. (영원 속에서) 선택된 자들을 향한 (역사 속의) 진노는 없고, (영원 속에서) 선택되지 않는 자들을 향한 (역사 속의) 은혜도 있을 수 없다.

그러나 성경은 분명히 우리에게 그렇지 않다고 강력히 충고한다. 바울은 본성적으로 진노의 자녀였던 사람들은 하나님이 그리스도 안에서 살리신 자들이 되었다고 말한다(엡 2:1-10). 따라서 그들은 진노와 선택 아래에

---

[29] 이 개념들이 서로를 '요구한다'고 해서 반드시 개념적으로나 존재론적으로 동등하다는 것을 의미하지 않는다. 예를 들어, (본질적으로) 한 분과 (인격적으로) 세 분 하나님에 대한 이해에서는 존재론적으로 동등할 수 있지만, 그리스도를 (본질적으로) 하나님이자 (언약적으로) 사람으로 단언할 때는 존재론적으로 동등할 수 없다.

모두 놓여 있다. 그래서 하나님 선택의 목적 자체는 제한적 개념으로, 선택된 자들을 향한 하나님의 행위가 역사 속에서 진노에서 은혜로 바뀐 것을 수반한다. 그러므로 또한 창세 전에 유기된 자들을 향한 하나님의 작정을 이해하기 위해서는 비록 유기된 자들이 복음을 거절해 역사 속에서 마지막 차별화를 가중한다고 하더라도, 모든 사람을 향한 하나님의 선하심과(시 145:9) 모든 사람에게 임하는 비와 햇빛이라는 선물에 대한(마 5:45) 제한적 개념이 필요하다.

비록 반틸은 이전의 두 가지 주제와 관련해 제한적 개념에 대한 자신의 관점을 분명하게 정리하지는 않지만, 우리는 '구체적 사고'와 '두려움 없는 신인동형설'에 대한 생각이 어떻게 그리고 왜 그것과 불가분의 관계로 연결되어 있는지 알 수 있다. 우리가 논의한 바와 같이, 두려움 없는 신인동형설의 최고 정점은 그리스도 자신의 인격 안에 있다. 그리스도 안에서 그리스도의 인성(구속에 대한 하나님의 자유 결정에 의존한 '상대적'인 성품)을 수반하는 신성(성자로서 그가 누구인지에 대한 영원하고 본질적인 성품)에 대한 제한적 개념이 있다.

절대적 신성과 (하나님의 자유로운 결정을 가정한) 상대적 인성은 서로를 필요로 한다. 다른 쪽이 없는 한쪽은 그리스도 성육신과 관련해 무의미하다. 그뿐만 아니라 이 두 본성은 서로 상충하지 않고 그리스도 자신의 연합 속에 모인다. 그래서 결국, 이 두 본성 사이에는 실제로 충돌이 발생하지 않는다. 오히려 우리가 우리 생각의 한계로 이 두 가지 개념을 동시에 이해할 수 없지만, 이 두 가지 본성은 서로 연합한다.

이것은 또한 구체적 사고의 중요성을 보여 준다. 우리는 성자의 신성은 창조된 어떤 것과도 '실제로' 연합할 수 없다고 추론하고 싶어 할지 모른다. 이는 성자의 신성을 훼손해서 피조물의 단계까지 끌어내릴 수 있기 때문이다. 그러나 그런 생각은 추상적일 뿐이다. 예를 들어, 그런 생각은 추

론에 바탕을 둔 이슬람식 사고의 일종이다.[30]

그러나 구체적 사고 안에서는 하나님이 창조의 단계까지 내려오신 것이다. 그러나 하나님의 낮아지심은 자신의 완전하고 위엄 있는 신성을 절대로 훼손하지 않는다. 성자께서는 사람이 되기 위해 자신의 신성을 포기하시지 않았다. 복음의 영광스러운 진리는 그분이 우리와 우리의 구원을 위해 사람이 되신 동안에도 원래의 자신으로 남아 있으셨다는 것이다. 다시 말해서, 제한적 개념이라는 관점이 없으면 일반 은총은 적절한 성경적 중요성을 갖지 못할 뿐만 아니라 복음 자체도 영광과 은혜를 잃어버리게 된다. 그래서 반틸은 이렇게 말한다.

> 인간의 지식과 책임을 무효로 하는 철학적 결정론 체계에서 벗어난 개혁주의 관점만이, 온전한 성경적 주해를 바탕으로 성경의 그리스도 안에 있는 복음의 순수한 기쁨으로 인간을 인도할 수 있다(70쪽).

반틸은 자기 생애 대부분 동안 일반 은총 교리를 다루었기 때문에, 이 토론은 그의 일관된 관심사에 대한 주제적 및 신학적 소개로서 충분하다. 이 책 앞부분에 있는 에세이는 1947년으로 거슬러 올라간다. 그리고 1972년에 쓰인 이 책 마지막 장은 이 책이 처음으로 합본 되기 전까지 출판되지 않았고, 반틸이 그의 생애에서 마지막으로 출판한 것일 가능성이 크다. 이 에세이의 매끄러운 특징은 반틸이 수십 년 동안 가르치면서 일반 은총 주제에 대해 일관성 있게 접근했음을 보여 준다.

짚고 넘어가야 할 또 한 가지 중요한 핵심이 있다. 이것은 전체 서문을 쉽게 차지할 수 있을 정도로 중요하고 더 많은 설명이 필요하다. 마지막 장에서 고려해야 할 중요한 점은 다음과 같다.

---

30 이 이슬람의 논리가 어떻게 전개되고 다뤄졌는지 보려면, K. Scott Oliphint, *Covenantal Apologetics: Principles and Practice in Defense of Our Faith* (Wheaton, IL: Crossway Books, 2013)을 참조하라.

우리는 창조의 중보자인 그리스도와 구속의 중보자인 그리스도를 구분한 카이퍼의 사상을 거절함으로 쉴더와 합류한다. 우리는 그리스도 안에 있는 창조 개념과 그분의 구속 개념을 통합해야 한다(417쪽).

"그리스도 안에 있는 창조 개념과 그분의 구속 개념을 통합한다"는 말은 그리스도께서 하나의 목적을 가지신 창조의 중보자이시고 또 다른 목적을 가지신 구속의 중보자이신 것처럼, 그리스도 중보 사역의 목적이 이중적이지 않다고 확실히 암시한다. 오히려 중보자로서 그리스도의 목표는 하나이다.

그 뜻의 비밀을 우리에게 알리신 것이요 그의 기뻐하심을 따라 그리스도 안에서 때가 찬 경륜을 위하여 예정하신 것이니 하늘에 있는 것이나 땅에 있는 것이 다 그리스도 안에서 통일되게(ἀνακεφαλαιώσασθαι) 하려 하심이라(엡 1:9, 10).

그러므로 '모든 것'은 일반 은총과 특별 은총이라는 두 가지 다른 영역에 놓이지 않고, '하나의' 언약 은혜 안에서 연합되어 한 분 아래에 놓인다. 역사는 그리스도의 모든 원수가 복음으로 말미암아 그분의 발아래 놓일 때까지, 그들의 멸망을 향해 가차 없이 움직인다(롬 11:36; 골 1:20 참조). 이 진리는 우리가 여기에서 다루는 것보다 훨씬 더 많이 주목받을 가치가 있고, 현재 개혁주의자들에게서 받는 것보다 훨씬 더 많은 연구와 관심을 받을 가치가 있다.

그러나 반틸은 이 마지막 출판물에서 은혜 언약이 신자와 불신자 사이의 대립을 포함해 일반 은총의 전제가 되어야 한다고 분명히 밝힌다. 그러므로 그리스도는 현재 모든 생물에 대해 자신의 주권을 보편적으로 행사하고 있고 미래에도 확실히 행사할 것이다.

반틸의 메모

제1부 제1-3장은 1947년에 『일반 은총』(Common Grace)이라는 제목의 소책자로 맨 처음 출간되었다.[1]

제2부 제1장 "특정 은총과 일반 은총"(Particularism and Common Grace)은 1951년에 같은 제목으로 출간되었다.[2]

제2부 제2장 "일반 은총과 증인"(Common Grace and Witness-bearing)은 1954년 12월에서 1955년 1월까지 「횃불과 트럼펫」(Torch and Trumpet)에 게재되었다가, 나중에 별도의 소책자로 출간되었다.[3]

제2부 제3장 "일반 은총에 대한 서신"(A Letter on Common Grace)도 마찬가지로 같은 제목 아래 소책자 형태로 출간되었다.[4]

제2부 제4장은 원래 나의 조직신학 수업 계획서의 부록이었다.[5]

제2부 제5장은 1968년 11월 「웨스트민스터 신학 저널」(Westminster Theological Journal)에 실린 책 리뷰이다.[6]

제2부 제6장은 전에 출간하지 않은 것이다.

---

[1] Cornelius Van Til, *Common Grace* (Philadelphia: Presbyterian and Reformed, 1947).
[2] Cornelius Van Til, *Particularism and Common Grace* (Phillipsburg, NJ: L. J. Grotenhuis, n.d.).
[3] Cornelius Van Til, *Common Grace and Witness-Bearing* (Phillipsburg, NJ: L. J. Grotenhuis, 1955).
[4] Cornelius Van Til, *A Letter on Common Grace* (Phillipsburg, NJ: L. J. Grotenhuis, n.d.).
[5] Cornelius Van Til, *An Introduction to Systematic Theology* (Philadelphia: Westminster Theological Seminary, 1966). 『개혁주의 신학 서론』(CLC 刊).
[6] Cornelius Van Til, review of *Reformed Dogmatics*, by Herman Hoeksema, *Westminster Theological Journal* 31 (1968): 83-94.

이 책의 장들은 하나로 통일되어 있지 않으며, 그렇다고 해서 아무런 관련도 없는 주제들이 단순히 모여 있는 것도 아니라는 점을 독자는 염두에 두기 바란다. 이 장들은 하나의 주제, 즉 일반 은총과 복음의 관련성이라는 주제를 개별적으로 다룬다.

저자 서문

코넬리우스 반틸 박사
전 Westminster Theological Seminary 조직신학 교수

나는 때때로 일반 은총 연구에 참여해 왔다. 이 주제에 관해 몇 년에 걸쳐 출판된 다양하지만 간략한 연구가 이 책으로 통합되었다.

일반 은총 주제는 기본적으로 기독교 변증가에게 중요했기 때문에 처음부터 관심이 있었다. 개혁주의 신앙을 고수하는 사람은 누구나 성경에 제시된 대로 복음의 '보편 구제설'(universalism)에 대해 어떻게 올바른 평가를 해야 하는지 설명해야 한다.

성경에 나오는 '누구든지'에 대한 관점을 훼손하지 않으면서 어떻게 선택 교리, 특히 '이중 선택' 교리를 고수할 수 있는가?[1]

어떻게 '전적 타락'을 고수하면서도 복음 전파를 위한 사람들과의 '접촉점'을 찾을 수 있는가?[2]

---

1 선택을 포함한 하나님의 영원한 작정에 대한 개혁주의 관점 때문에 복음에 대한 개혁주의 신앙과 '보편 구제설'(universalism) 사이에는 갈등이 있다. 웨스트민스터 신앙고백서는 "하나님의 영광을 나타내기 위해, 하나님의 작정으로 말미암아, 일부 사람과 천사는 영원한 생명에 들어가도록 예정되었고, 나머지는 영원한 사망에 들어가도록 예정되었다"라고 가르친다(3. 3). 만약 이것이 맞는다면, 구원받을 자와 그렇지 못한 자를 미리 정하시고 작정하신 그리고 동일하신 하나님은 모든 사람을 회개하도록 진심으로 부르실 수 없다. 따라서 복음의 '보편 구제설'(모든 사람이 회개하도록 한다는 이론)은 하나님의 영원한 작정에 의한 특별한 선택 및 유기와 갈등을 일으킨다.

2 개혁주의의 전적 타락 개념과 변증법적 '접촉점' 사이에 있는 긴장은 이전 각주에서 언급한 긴장과 다르다. 모든 사람이 타락과 죄로 인해 실제로 죽었다는 의미에서 전적으로 타락했다면, 어떻게 성경의 진리가 타락한 자들과 실제로 '접촉'할 수 있단 말인가.

개혁주의 고백서들이 가르치는 것처럼 '역사 철학' 전체를 제시하는 것 외에는 이런 문제를 논의할 적절한 방법이 없다. 역사 철학에 대한 개혁주의 관점이 참된 성경적 근거로 제시될 때, '인간의 책임'과 '접촉점'에 관한 질문은 다른 곳이 아닌 바로 개혁주의 신앙에서 답을 찾을 수 있다.

그러나 이 질문들에 대한 '해답'으로 제시된 것이 인간의 이성으로 이해할 수 있다는 의미에서 '체계적'(systematic)이 아니다. 성경적 '진리 체계'는 '연역적 체계'가 아니다. 성경의 다양한 가르침은 여러 가지 삼단논법처럼 그렇게 연결되어 있지 않다. 성경의 '진리의 체계'는 무한한 권위로 자신을 계시하신 내적이시고, 영원하시며, 스스로 일관성 있으신 삼위일체 하나님의 존재를 전제로 한다.[3]

표면적인 말만 놓고 보면, 이 모든 주장은 하나님에 대한 질문과 하나님이 인간과 관계 맺으시는 방식에 대해 신정통주의 접근을 옹호하는 것처럼 보인다. 그러나 그 반대이다. 하나님과 사람의 관계에 관한 신정통주의 관점은 이것이다.

유추를 사용하면, 실제로 죽은 사람이 반응할 수 있도록 하기 위해 무슨 말을 해야 하는가? 인간이 영적으로 죽은 상태라면 우리가 무슨 말을 하건 그 사람에게 전달될 수 없다고 생각할 것이다. 그러나 우리는 사람들이 구원받을 수 있도록 말씀을 전파하라는 명령을 받았다.

[3] 이것은 신학에서 성경을 올바른 초석으로 세우는 역할을 하므로 매우 중요한 핵심이다. 개혁주의 신학은 하나의 신학 '체계'이다. 그것은 서로를 수반하고 암시하며, 일관성 있고 한결같은 성경 교리를 고백한다. 그러나 개혁주의 교리를 포괄적으로 이해했거나, 우리의 마음이 개혁주의 신학의 깊이에 도달해서 그 모든 교리가 어떻게 서로 연결되는지 정확하게 알 수 있다는 의미는 아니다. 위의 단락들에 이어 반틸은 성경적 가르침이 단순한 삼단논법에 (연역적으로) 도달할 수 없다는 사실을 분명히 한다. 예를 들어, 하나님이 자기 백성을 영원 속에서 선택하셨고, 선택받은 모든 사람은 반드시 구원받을 것이기 때문에, 모든 사람에게 진실로 전해야 할 복음이나 모든 사람이 회개해야 할 합법적 명령이란 있을 수 없다고 추론할 수 있을 것이다. 그러나 이런 추론이 논리적으로 타당하더라도, 정밀한 성경적 가르침에 맞지 않는다. 우리는 성경에서 우리의 교리를 끌어내고, 이성의 지시는 그런 교리를 체계화하는 과정에서 지배한다기보다는 돕는 역할을 해야 한다. K. Scott Oliphint, *Reasons for Faith: Philosophy in the Service of Theology* (Phillipsburg, NJ: P&R Publishing, 2006)를 참조하라.

인간은 '체계적' 사고를 할 수 없다. 즉 인간은 하나님에 대해 순수한 이성주의자가 될 수 없다. 따라서 하나님의 '계시'에 대한 어떤 '체계적' 해석도 인간이 모르는 어떤 것을 향한 '신호'(pointer)에 불과하다는 관점으로 (온전히 비이성적 방식에 의해) 돌아가야 한다는 것이 신정통주의의 주장이다.

다시 말해서, 하나님이 인간과 관계를 맺으시는 방식을 설명하는 신정통주의 관점은 진리를 제한적 개념에 불과한 것으로 본 근대 철학적 개념, 특별히 칸트 이후 철학적 개념에 바탕을 둔다. 즉, 인간은 궁극적으로 공허한 것에 둘러싸여 있다.

따라서 인간은 자기 지성의 '등불'을 침투할 수 없는 안개에 비추어야만 한다.[4] 이 저자가 기독교의 제한적 개념에 관해 말하는 이유는 칸트 이후의 '제한적 개념'에 대한 관점을 공격하기 위해서이다. 이를 통해 그는 신비에 대한 비그리스도인의 개념에서 벗어나서, 특히 근대 철학자들의 개념에서 벗어나서 빛이요, 전혀 어두움이 없는 하나님, 즉 성경의 하나님을 근거로 한 참된 성경적 개념을 주장할 수 있게 되었다고 생각한다.

신비에 대한 성경적 개념에는 인간의 경험에 관해 이해할 수 있고 (비록 완전히 이해하지는 못하지만) 지적 근간이 있다. 그러나 신비에 대한 철학적 개념에서 인간은 자기 경험을 이해할 수 있는 지적 근간이 없다. 더욱더

---

[4] 여기서 반틸은 칸트 철학과 신정통주의 신학과의 관계를 파악했다고 생각한다. 임마누엘 칸트(Immanuel Kant)에게 '제한적 개념'은 우리가 이해의 한계를 인식할 수 있다는 것이다. 칸트는, '현상적'(phenomenal) 영역에 관한 우리의 이해가 사물 그 자체의 본질까지 절대로 도달할 수 없기 때문에, '본체적'(noumenal) 영역을 제한적 개념으로 본다. 따라서 본체적인 것은 현상적인 것에 대한 '제한적 개념'이다.
칸트의 철학적 구조와 내용 대부분은 신정통주의 신학이 인수했다. 간단히 말해서, 신정통주의는 계시 사건에서만 '알려진'(그 정도로만 알려진) '완전히 다른' (즉, 본체적) 하나님으로 출발한다. 그 계시 사건의 '진리'는 엄격히 체험적이다. 그것은 성경을 통해서가 아니라 위로부터 직접 온다. 그렇다고 하더라도, 그것은 '완전히 다른' 그래서 결국 알 수 없는 하나님에 그 유래를 둔다. 계시 사건에서 알려진 것은 제한적 개념으로, 우리를 완전히 다른 그래서 알 수 없는 "눈앞이 안 보이는 안개"와 같은 하나님으로 인도한다. 반틸은 신정통주의에 반대한다. 그 이유는 두 가지이다.
(1) 그는 성경의 진리를 하나님의 말씀으로 진지하게 받아들인다.
(2) 따라서 성경의 진리는 이해할 수 없는 하나님을 계시한다.

해롭게도 이것은 빛과 생명을 주기 위해 오신 그리스도를 조롱하는 개념이다.[5]

이것이 이 책의 여러 장을 하나로 묶는 관점이다. 인간의 지식과 책임을 무효로 하는 철학적 결정론 체계에서 벗어난 개혁주의 관점만이, 온전한 성경적 주해를 바탕으로 성경의 그리스도 안에 있는 복음의 순수한 기쁨으로 인간을 인도할 수 있다.

---

5 다시 말해서, 신비에 대한 기독교 관점은 하나님이 빛이시기 때문에 신비는 '궁극적이지 않다'는 것이다. 하나님께는 신비로운 것도 없고, 하나님이 모르시는 것도 없다. 신비에 대한 비기독교적 관점은, 신비가 우리가 아는 것을 '제한'할 뿐이기 때문에, 궁극적이다.

역자 서문

정 성 국 박사
햇불재단 TEDS KDMIN 프로그램 담당

이 책은 미국 필라델피아의 웨스트민스터신학교에서 오랫동안 변증학을 가르친 신학자 코넬리우스 반틸(1895-1987)이 25년에 걸쳐 작성한 에세이 모음집을 웨스트민스터신학교 교수인 K. 스코트 올리핀트(K. Scott Oliphint) 박사가 편집한 것이다.

책의 제목이 암시하듯이 이 책은 일반 은총에 관한 무수한 신학적 및 철학적 문제, 특히 일반 은총이 인간의 구원 문제에 어떤 역할을 하는지 깊이 있게 다룬다. 반틸은 일반 은총을 부정하지도 맹신하지도 않고 좌로나 우로나 치우치지 않는 조화된 입장을 취한다.

일반 은총이란 특별은총과 대조되는 개념으로 쓰이지만, 종파마다 신학자마다 그 정의와 범위가 다르다. 반틸 역시 자신의 독특한 방법으로 일반 은총을 정의하고 제한한다. 그의 일반 은총론을 이해하는 데 중요한 주제는 세 가지이다.

첫째, 두려움 없는 신인동형론
둘째, 구체적 사고
셋째, 제한적 개념

변증학자로서 심오한 철학적 소양을 갖춘 반틸의 글은 대다수의 신학생에게 어렵게 다가갈 것이다. 올리핀트 박사는 이를 해결하기 위해 반틸의 주장을 이해하기 쉽게 설명하려고 노력했다. 올리핀트 박사의 노력은 무엇보다도 방대한 분량의 각주에서 발견된다.

이 책의 각주는 반틸이 말하고자 한 개념을 해석하고 설명하는 역할을 하기에 다른 책의 각주와는 그 성격이 다르다. 따라서 이 책을 소화하기 원하는 독자는 본문과 함께 각주의 내용을 꼼꼼히 살펴보기 바란다.

제1부

제1장 기독교 역사 철학
제2장 일반 은총에 대한 아브라함 카이퍼의 교리
제3장 일반 은총 논쟁

제1장

기독교 역사 철학

 모든 기독교 목사와 교사는 자신이 전하는 메시지를 세상과 어떻게 접촉시킬 수 있는지에 대해 무척 관심이 있다.[1] 일반 은총 교리는 적어도 이것을 어느 정도는 설명하려고 한다. 그러나 이에 알맞은 대답을 하기 위해서는 일반 은총에 대한 개념이 올바른 신학적 맥락 위에 있어야 한다. 본 연구에서는 이 문제를 논의하면서 다음 사항을 다룰 것이다.

첫째, 일반 은총 교리가 포함된 기독교 역사 철학
둘째, 이 문제에 대한 가장 포괄적인 현대 진술
셋째, 이 주제에 관한 최근의 특징
넷째, 앞으로의 연구를 위한 몇 가지 제안

---

[1] '접촉점'에 대한 질문은 다면적이다. 반틸은 말한다. "복음의 접촉점은 보통 사람에게서 찾아야 한다. 모든 사람은 마음속 깊은 곳에서 자신은 하나님이 창조하신 피조물이고 하나님께 응답해야 할 책임이 있다는 것을 안다." Cornelius Van Til, *The Defense of the Faith*, 4th ed., ed. K. Scott Oliphint (Phillipsburg, NJ: P&R Publishing Company, 2008), 116. 이 접촉점에는, 모든 인간이 개별적 상황에 철저하게 둘러싸여 있는, 인류의 언약 관계가 포함되어 있다. 개별적 상황은 자기 하나님과 창조자와의 대면을 의미한다. 그러므로 우리는 항상 내적 및 외적 진리와 접촉하는 가운데, 그 진리에 호소하면서 기독교를 방어할 수 있다. 접촉점에 대한 자세한 내용은 Van Til, *Defense of the Faith*, 90n2을 참조하라. 『변증학』(*Defense of the Faith*, CLC 刊).

일반 은총[2] 문제는 역사 철학 문제의 일부 또는 한 관점으로 간주할 수 있다. 스힐더르(Schilder) 박사[3]는 일반 은총에 대한 아브라함 카이퍼(Abraham Kuyper)[4]의 세 권짜리 작품을 서사시라고 부른다. 그것은 분명히 서사시이다. 일반 은총에 대한 자신의 견해를 말함에 있어, 카이퍼는 인류 문화에 대한 전 과정을 자기의 비전 영역 안에 집어넣는다. 일반 은총은 과

---

[2] 이 문제는 논란의 여지가 있지만, 편의상 '일반 은총'이라는 문구를 인용 부호로 묶지 않아야 한다. 우리는 이 문구와 다른 문구를 번갈아 사용한다.

[3] 클라스 스힐더르(Klaas Schilder [1890-1952])는 아마도 프레이허막트 게레포미어더 케르켄(Vrijgemaakt Gereformeerde Kerken, 해방파 개혁교회-역주)의 아버지 또는 "교회 규칙 31조 개혁주의 교회 보조 조항"에 의한 '자유 교회'(Liberated Churches)의 아버지로 가장 잘 알려져 있다.
스힐더르는 1903년부터 1909년까지 캄펜(Kampen)의 게레포미어더 김나지움(Gereformeerde Gymnasium, 개혁주의 중고등학교-역주)에서 교육을 받았다. 1914년 그는 캄펜에 있는 게레포미어더케르켄신학교(theological school of the Gereformeerde Kerken)를 우등으로 졸업했다. 1914년부터 1933년까지 그는 여섯 개의 다른 교회에서 사역했다. 독일 에를랑겐(Erlangen)대학교에서 철학박사 학위를 받은 후, 그의 교단은 그를 A. G. 호니그(A. G. Honig)의 뒤를 이은 조직신학 교수로 불렀다. 스힐더르는 나치에 대항한 혐의로 체포되었고, 그 후 다른 이유들로 인해 1944년 8월, 사역에서 면직되었다. 그로 인해 그는 그해 자유 교회를 설립하게 되었다.
스힐더르에 대한 논쟁이 계속되었다. 언약 및 교회에 대한 그의 관점이 논쟁의 대상이 되었다. 여기에서 우리가 특별히 관심을 두는 것은, 그가 일반 은총 및 언약이라는 주제를 놓고 헤르만 훅스마(Herman Hoeksema)와 논쟁을 벌였다는 점이다. 스힐더르의 작품 중에 가장 유명한 것은 『문화에서의 그리스도』(Christus en cultuur)에 대한 번역서이다. Klaas Schilder, *Christ and Culture*, trans. G. van Rongen and W. Helder (Winnipeg: Premier, 1977)를 참조하라. 스힐더르에 대한 자세한 내용은 J. Geertsema, *Always Obedient: Essays on the Teachings of Dr. Klaas Schilder* (Phillipsburg, NJ: P&R Publishing, 1995)를 참조하라.

[4] 아브라함 카이퍼(Abraham Kuyper, 1837-1920)는 신학자이자 정치인이었다. 1900년부터 1905년까지 네덜란드 총리였던 카이퍼는 정치 분야에 칼빈주의 신학을 적용하려고 했다. 신학에서 그는 기독교 세계관과 신학 백과사전 분야에 대한 공헌과 일반 은총에 대한 개혁주의 교리의 발전으로 가장 잘 알려져 있다. Abraham Kuyper, *Encyclopedia of Sacred Theology* (New York: Scribner's, 1898); Kuyper, *Lectures on Calvinism* (Grand Rapids: Eerdmans, 1978); Kuyper, *De gemeene gratie* [Common grace], 2nd printing (Kampen: Kok, 1931-1932); Kuyper, *Souvereiniteit in eigen kring* [Sovereignty in its own sphere] (Amsterdam: Kruyt, 1880)을 참조하라. 세계관에 관한 카이퍼의 훌륭한 분석을 위해서는 Peter S. Heslam, *Creating a Christian Worldview: Abraham Kuyper's Lectures on Calvinism* (Grand Rapids: Eerdmans, 1998)을 참조하라.

거, 현재 그리고 미래 역사 전체에 대해 큰 책임이 있는 것으로 간주한다. 다른 한편으로, 헤르만 훅스마(Herman Hoeksema) 목사[5]는 일반 은총 교리를 거부하면서 역사 전체를 자기 영역으로 가져오는데, 이런 현상은 그의 여러 작품 속에 나타난다.

그는 우리가 일반 은총을 거부하면, 역사를 가장 잘 설명할 수 있다고 주장한다. 우리는 처음부터 기독교 역사 철학에 대해 자신에게 질문해 보는 것이 좋을지도 모른다. 우리 연구 초기 단계에서부터 그렇게 하는 이유는 일반 은총을 주장하는 사람과 이를 거부하는 사람 모두를 이해하는 데 도움이 되기 때문이다.

역사 철학에서 사람들은 역사의 '사실들'을 체계화하려고 한다. 역사의 많은 '사실'은 하나의 약식으로 만들어져야 한다. 또한, 우리가 원한다면 역사의 많은 '사실'이 하나의 양식에 비추어 간주해야 한다고 말할 수 있다. 따라서 역사 철학은 당혹스러운 하나 및 많은 문제의 한 측면이라고 할 수 있다.[6]

---

5 헤르만 훅스마(Herman Hoeksema)가 20세기 개혁주의 학자들 사이에서 일반 은총에 대한 논쟁을 일으킨 주요 인물이라는 주장은 사실이다. 훅스마는 1924년 크리스천 개혁교회에서 채택한 "일반 은총에 대한 세 가지 요점"(Three Points of Common Grace)에 반대했다(Van Til, *The Defense of the Faith*의 부록을 참조하라). 일반 은총 개념을 반대하자, 그는 크리스천 개혁교회에서 면직되었고, 그 후 그는 (그리고 그와 입장을 같이 한 몇몇 사람) 미국 개신교 개혁교회를 시작했다. 훅스마는 1924년부터 1964년까지 개신교 개혁주의 교단에서 목사 겸 교수로 활동했다.
6 "당혹스러운 하나 및 많은 문제"(perplexing One and Many problem)는 우리가 개별적 사실들을 (많은 것) 더욱더 일반적이거나 보편적인 범주와 (하나) 연관하는 방법에 주의를 집중하는 철학적 문제이다. 이것은 대부분 사람을 괴롭히는 문제는 아니지만, 철학 역사에서 오랫동안 존재했던 문제임을 알아야 한다. 철학자들이 의미의 문제와 같은 것들을 다룰 때, "나는 개를 보았다"와 같은 문장이 어떤 의미를 갖는지 밝히려고 노력한다. 의미를 가지려면, 개별적 사실 이상의 의미를 가진 '개'(dog)라는 개념이 있어야 한다. 따라서 이 진술을 듣는 사람은 누구든지 자신이 본 개에 대한 진술을 이해하기 위해 '개의 본질'에 대한 보편적 개념을 도입할 것이다. 많은 것(개별적 개)과 하나(개의 본질) 사이에는 어떤 연관성이 있어야 한다.

또한, 역사 철학에서 '사실'은 변화라는 측면에서 다룬다. '정적인 것'을 주로 다루는 다른 학문이 있다면, 역사 철학은 '실체'의 '동적' 행동을 주로 다룬다. 그러므로 역사 철학 문제를 다루는 데 이런 많은 것의 (특히, 변화하는 많은 것의) 단일 양식에 대한 존재가 의문의 대상이 되는 것은 당연하다. 다시 말해서, 기독교 전제에 근거해 사고하지 않는 사람은 변화하는 역사적 '사실'에 존재하고, 동시에 그 아래에 있는 모든 포용적 양식에 의문을 품는 것은 당연하다.

반면에 기독교 전제에 기초해 사고하는 사람은 그렇게 하는 것이 부자연스럽거나 심지어 이율배반으로 느껴질 수도 있다. 그에게 모든 사실의 가장 기본적인 사실은 삼위일체 하나님이 존재하신다는 것이다. 그는 성경에서 이 하나님에 관해 배웠다. 그리스도인에게 역사 철학에 대한 연구란 인생 전체를 보고 그것을 통해 보는 것이다. 그러나 그들은 항상 그 산에서[7] 보여 준 양식에 비추어 보려고 노력한다. 그는 성경의 양식을 역사 사실에 비추어 완전히 설명할 수 없더라도, 의문을 품지는 않는다.

그러나 이미 완전하게 주어진 하나님의 말씀에 비추어 사실(모든 사실, 특히 변화하는 관점에서의 모든 사실)을 해석하는 것은 현대 과학, 철학 및 신학의 관점에서 볼 때 "비과학적"이다. 현대 방법론에 의할 때, 우주의 모든 사실은 창조되지 않았다. 현대 방법론은 궁극적으로 변화를 가정한다. 그런 면에서 이것은 헬라 사상을 따른다. 그러므로 코크랜(Cochrane)[8]은 고전적-근대 입장을 말하고 기독교적 관점에 맞선다.[9]

---

[7] 반틸은 여기에서 솔로몬이 지은 성전의 양식을 가리키는 것 같다. 모리아 산에 있는 이 성전은 솔로몬의 아버지 다윗에게 주어졌다. 반틸은 이것을 그리스도인이 자신의 문화적 과제에 대해 어떻게 생각해야 하는지에 대한 비유로 사용했다. 솔로몬이 성전을 짓는 것처럼 그리스도인은 하나님의 말씀을 기준으로 생각해야 한다.

[8] Charles Norris Cochrane, *Christianity and Classical Culture* (Oxford: Clarendon Press, 1940).

[9] 찰스 N. 코크랜(Charles N. Cochrane [1889-1945])은 캐나다인이었다. 그는 토론토대학교와 옥스퍼드대학교에서 교육을 받았고, 토론토대학교에서 가르쳤다. 반틸이 언급한 이 책은 기독교가 그리스-로마 세계에 미쳤던 영향을 추적한다.

신자와 불신자는 모든 자의식에 대한 해석의 출발점이 다르다. 그들이 처음 접하는 진실부터 의문의 여지가 있다. 비기독교 사상을 유지하는 몇몇 학파는 개별화(individuation)[10]에 대해 다른 원리를 고수한다. 어떤 이들은 '이성'에서 그 원리를 찾고 다른 이들은 '시공간 연속체'에서 그것을 찾는다. 그러나 모든 사람은 적어도 그리스도인이 개별화의 원리를 찾는 곳에서 (즉, 하나님의 계획에서) 찾지 않아야 한다고 암묵적으로 동의한다.[11]

기독교적 설명과 비기독교적 설명 사이에는 기본적 차이점이 있지만, 사실에 대한 단순한 설명에는 그런 차이가 없다고 사람들은 보통 말한다. 그러나 우리는 이에 동의하지 않는다. 현대 과학적 묘사는 우리가 그리스도인으로서 쉽게 받아들일 수 있는 것이 아니다.

아서 에딩턴 경(Sir Arthur Eddington)의 유명한 '어류학자'는 이것을 쉽게 설명한다.[12] 이 어류학자는 바다의 삶을 탐구하고 두 가지를 발견한다.

첫째, 2인치보다 작은 바다 생물은 없다.

둘째, 모든 바다 생물은 아가미가 있다.[13]

---

10 '개별화의 원리'(principle of individuation)란 어떤 것이 다른 것과 구별될 수 있다는 원리를 말한다. 아리스토텔레스는 개별화의 원리를 자신의 형태 및 물질(form ana matter) 이론에 그 근거를 두는데, 바로 이것이 반틸이 앞에서 언급한 "하나 및 많은"(one and many) 문제의 중심에 서 있다.
11 반틸은 위에서 언급한 책에서, 코크랜의 이런 문제들에 대한 주장을 바탕으로 '이성' 및 '시공간 연속체'를 강조한다.
반틸에게 '하나님의 계획'(the counsel of God)은 모든 것을 만들고 통제하기 위한 삼위일체 하나님의 협약과 작정을 의미한다. 나중에 다루겠지만, '하나님의 계획'은 '삼위일체' 하나님의 계획이기 때문에, '하나 및 많은'에 관한 문제는 하나님이 (본질적으로) 한 분이시고 동시에 (인격 면에서) 세 분이시라는 사실 때문에 발생한다.
12 아서 에딩턴 경(1882~1944)은 20세기 가장 유명한 천체물리학자 중 한 명이다. 반틸이 다음 각주에서 언급한 것처럼, 에딩턴의 어류학자 비유는 자신의 『물리 과학 철학』 (*Philosophy of Physical Science*)에 나타난다. 이 책은 1938년 강의 내용을 출판한 것이다. 이 강의의 목적은 과학적 인식론을 다루기 위함이다.
13 Arthur Eddington, *The Philosophy of Physical Science* (Cambridge: University Press, 1939), 16.

관찰자가 첫 번째 진술에 의문을 품으면 그 어류학자는 과학자인 자신은 "객관적 물고기 왕국"에 관심이 없다고 대답한다. 그는 자신이 그물로 잡은 물고기에만 관심을 둔다. 그는 심지어 이렇게까지도 말한다.

"내 그물에 잡히지 않는 물고기는 물고기가 아니다."

즉, 설명은 양식화(patternization)이다. 그것은 정의하는 것이다. 그것은 저것뿐만 아니라 무엇에 대한 진술이다. 그것은 명시뿐만 아니라 함축에 대한 진술이다. 진술 자체는 설명이다.[14]

현대 과학적 설명은 단순한 설명이 아니라 확실히 반기독교적 설명이다. 현대 과학적 방법론은 무신론적(anti-metaphysical) 방법론을 지지한다.[15] 이 방법론은 실체의 본질에 대해 일률적으로 아무런 선언도 할 수 없다고 주장한다. 이런 주장은 표면적으로 매우 겸손한 것 같다. 그러나 사실 현대 과학적 방법론은 실체의 본질에 대해 일률적으로 선언한다.

에딩턴의 어류학자가 자신은 "객관적 물고기 왕국"에 관심이 없다고 말할 때, 그는 자기 자신에게 정직하지 않다. 그는 객관적 물고기 왕국이 과학적으로 인정된 물고기를 위한 공급원이 될 것이라는 점에 대해 매우 관심이 있다. 이런 '객관적' 물고기 중 일부는 과학적 입장을 가진 물고기로 졸업할 수 있어야 한다.

그들 중 일부는 적어도 잡을 수 있어야 한다. 따라서 '사실들', 즉 '객관적' 사실들이 과학적 입장을 가진 사실이 되기 위해서는 양식화(patternable) 되어야 한다. 그러나 현대 과학자를 위해 양식화하기 위해서는 이런 '사

---

14 에딩턴의 주장과 관련해, 그 어류학자의 그물은 '물고기'가 무엇인지 정의하고 설명한다. 만약 아가미가 있고 길이가 2인치 미만인 바다 생물이 무엇인지 물으면, 그 어류학자는 자기가 세운 기준에 따라, 그런 물고기는 자기 그물이 잡을 수 없기 때문에 물고기가 아니라고 대답한다. 따라서 반틸이 지적한 것처럼 설명은 정의로, 함축적(connotation) 의미는 명시적(denotation) 의미로 축소된다. 어떤 것에 대한 바로 그 정의가 의미가 된다.
15 즉, 현대 과학적 방법론은 궁극적인 어떤 것이나 '사실'을 초월할 수 있는 어떤 것에 대한 언급이 없이, '사실'을 설명하고 그 의미를 부여한다.

실들'이 아무런 형체도 없어야 한다. 즉, 그것들은 완전히 유연해야 한다. 그것들은 현대 냉장고에 의해 얼음으로 변하는 물과 같아야 한다.[16]

그 과학자는 단지 사실을 묘사한다고 주장하더라도 최소한 실체에 대한 일부 측면은 본질상 비구조적이라고 가정한다. 그는 이보다도 더 넓게 가정한다. 그는 실제로 모든 실체가 본질적으로 비구조적이라고 가정한다. 얼음 조각들을 만들기 위해서는 소량의 물만 필요하다.

그러나 간식을 줄 때까지 얼음 조각을 그대로 유지하려면 어머니가 모든 상황을 통제해야 한다. 그때까지 기다리는 동안 어머니는 자기 아들이 그 얼음 조각들을 꺼내서 자기 마음대로 사용하지 않도록 지켜보아야 한다.

따라서 작은 영역이나 차원이나 실체에 대한 그 과학자의 설명이 사실이라면, 전체 실체는 그 과학자가 그것을 구조화할 때까지 본질적으로 비구조적이라고 가정해야만 한다. 전혀 해석할 수 없는 '주어진 사실'(brute fact)은 과학적 사실을 발견하기 위한 전제이다.[17]

---

16 여기에서, 반틸이 말하고자 하는 요점은, 어류학자가 자신의 두 가지 기준에 의해 정의하고 설명하는 물고기는 어딘가에서부터 나왔다는 것이다. 그들이 어류학자에게 '잡혔을' 당시, 그들에 대한 설명 및 해설 이전에도 어딘가에 분명히 있었다. 그러나 그들이 어디에 있든 그들은 정의될 수 없다(따라서 반틸의 "형태 없는 것"에 대한 개념). 따라서 과학자가 선택한 모든 기준에 따라서만 정의되고 설명될 수 있다(따라서 반틸의 '유연한 것'에 대한 개념). 물이 얼음 조각으로 변형하는 것처럼 외부 요인이 영향을 줄 때까지 그들은 형태도 없고, 정의되지도 않는다.

17 사람들은 반틸의 신학과 변증학에서 다룬 "주어진 사실"이라는 개념을 잘못 이해했다. 주어진 사실은 없기 때문에, 모든 사실은 그 사실에 대한 우리 해석의 결과라는 것이 반틸의 주장이라고 사람들은 생각했다. 그러나 이것은 포스트모더니즘 상대주의와 더 관련이 있지 반틸의 사실에 대한 관점과는 아무런 관련이 없다.
반틸에게 주어진 사실은 무언의 사실(mute fact)이다. 이 경우, 누군가가, 즉 과학자가 의미를 부여하지 않는 이상 아무런 의미도 없다. 따라서 반틸에 따르면 주어진 사실이란 존재하지 않는다. 그러나 주어진 사실이 존재하지 않는 이유는 모든 사실이 우리의 해석에 영향을 미치기 때문이 아니다. 그런 식으로 생각할 때 상대주의의 먹이가 된다. 반틸의 경우는 모든 사실이 창조된 사실이기 때문에 주어진 사실이란 존재할 수 없는 것이다. 그러므로 창조된 모든 사실은 하나님 자신의 해석을 수반한다. 그는 말씀으로 사실을 존재하게 하고, 자신이 창조한 것을 통해 말씀하신다. 그러나 비기독교 과학은 하나님이 사실을 창조하셨다는 개념 자체를 부정할 것이다.

현대 과학적 가정에 의하면, '사실'은 인간 마음의 궁극적 결정력에 의해 사실이 되지 않는 이상 사실이 되지 않는다. 사실에 대한 설명자인 것처럼 보이는 현대 과학자는 실제로 사실을 만들어 내는 자다. 그는 자신이 묘사한 대로 사실을 만든다. 그의 설명 자체는 사실을 만드는 공장이다. 그는 사실을 만들기 위해 '물질'을 요구하지만, 그가 요구하는 물질은 원자재여야 한다. 다른 어떤 것도 그의 공장을 망칠 것이다. 자료는 기본적으로 주어지지 않는다. 취해야 한다.[18]

그렇다면 모든 존재의 본성에 대한 보편적 판단이 현대 과학자의 '설명'에서조차 전제된 것처럼 보인다. 또한, 이 보편적 판단은 기독교적-신적 관점의 중심을 부정하는 것처럼 보인다.[19] 모든 기독교 입장은 오직 하나님만이 궁극적 결정권을 가지신다는 점에서 일치한다. 사실에 대한 하나님의 설명이나 계획이 사실을 사실로 만든다. 현대 과학자가 인간의 마음에 속한 것으로 본 것을 기독교는 하나님께 속한 것으로 본다.

사실 하나님이 사실을 창조하시기 위해서는 아무것도 심지어 무형의 것조차도 필요 없다고 주장한다. 그러나 그리스도인이 하나님께 귀속한다고 여기는 것을 현대 과학자는 (단순한 설명에 불과한 것도) 사람에게 귀속한다고 본다. 두 창조자(한 명은 진짜, 또 한 명은 가짜)는 서로 사투를 벌인다. 기독교의 자존하는 하나님과 임마누엘 칸트의 자율적 인간 본체(homo noumenon)는 양립할 수 없다.[20]

---

18 원칙적으로 취해야 하는 '원자재'(raw material)와 '자료'(datum)에 대한 언급은 과학에 대한 무신론적 입장을 설명하는 다른 방법이다. 사실은 "주어진 사실"로 간주하기 때문에 과학이 그것을 정의할 때까지 아무런 의미도 없다. 과학자가 그것을 결정할 때까지 아무런 구조도 없다. 따라서 사실은 과학자가 사실을 설명하고 묘사할 때만 사실이 된다. 사실에 대한 설명이 나오기 전까지, 그것은 (사실은) 단순히 취해지기 위해 '거기에' 있다. 이 견해는 임마누엘 칸트(Immanuel Kant)에 뿌리를 두는데, 칸트는 의미의 근원이나 초석의로서의 형이상학을 효과적으로 배제했다.
19 이것은 반틸의 변증학에서 파악해야 할 중요한 핵심이다. 과학이 "주어진 사실"에 대한 개념을 가정하면, 사실이란 기독교가 주장하는 것, 즉 참된 하나님에 대한 증거와 계시가 아니라는 보편적 진술을 만들어 낸다.
20 칸트의 철학은 요약하기가 어렵다. 각주 18에 명시한 바와 같이, 칸트의 철학은 세속

우리는 신자 및 불신자 양 당사자가 인식론적으로 자의식을 갖고 해석적 체계에 관여할 때, 어떤 공통된 사실을 공유한다고 말할 수 없다고 결론 지었다.[21] 다른 한편으로 그들은 모든 공통된 사실을 공유한다고 주장할 수 있다. 양쪽 모두 같은 하나님, 하나님이 창조하신 같은 우주를 다룬다. 양쪽 모두 하나님의 형상으로 창조되었다. 간단히 말해서 그들은 공통된 형이상학적 상황에 놓여 있다. 형이상학적으로 양쪽에게 모든 것이 공통되지만, 인식론적으로는 그렇지 않다.[22]

그리스도인과 비그리스도인은 사실에 대해 철학적 대조를 철저히 이룬다. 법에 대해서도 철학적 입장이 서로 다르다. 다양성에 대한 본질이 다르다. 연합에 대한 본질도 다르다. 주어진 사실에 대한 개념에 해당하는 것이 추상적이고 비인격적인 법칙이고, 하나님이 해석하신 사실에 대한 개념에 해당하는 것이 하나님이 해석하신 법칙에 대한 개념이다. 비기독교 철학자들은 인간 경험에 대한 보편성의 기초를 해석하는 개념을 갖고 있다.

과학이라는 무신론적 편견의 배후에 있다. 칸트 철학의 "호모 누메논"(*homo noumenon*)은 모든 현상적 한계에서 독립한 "진정한 자아"이기 때문에 자율적 인간이다.

21 "인식론적 자의식"(epistemologically self-conscious)이라는 중요한 개념은 일반 은총 및 변증학에 대한 반틸의 논증에서 종종 반복될 것이다. 반틸이 이 상황을 어떻게 제한하는지 주목하라. "양쪽 당사자가 인식론적으로 자의식이 있고 같은 해석 체계를 공유할 때." 반틸은 기독교인과 비기독교인 양쪽 당사자가 자기 인식론적 차이 및 해석적 차이에 대해 인식하고 명확히 할 수 있는 정도까지, 그들 사이의 차이는 표면화된다는 점을 주장한다. 만약 한쪽이 인식론적으로 자의식이 없다고 해서, 그런 차이도 존재하지 않는다는 것을 의미하지는 않는다. 그것은 단지 그런 차이가 명확하지 않다는 것을 의미할 뿐이다.

22 반틸을 오해하는 많은 사람이 그것을 모르거나 완전히 무시하기 때문에, 이 진술은 매우 중요하다. '형이상학적으로' 보면, 그리스도인은 비그리스도인과 모든 것을 공통으로 공유한다. 즉, 모든 사람은 동일한 삼위일체 하나님과 함께하고, 동일하게 창조된 세상에 살며, 하나님의 형상으로 창조되었다. 그러나 '인식론적으로' 보면, 비그리스도인은 참하나님과 그분의 창조를 배제한 상태로 모든 것을 해석하기 때문에, 그들에게는 공통점이 없다. 비그리스도인에게 삼위일체 하나님의 계획은 실체에 대한 모든 해석을 시작할 때 자동으로 배제된다. 이전 각주에서 언급한 바와 같이, 이런 인식론적 동기는 인식론적 자의식이 있는 정도까지 명백하다.

어떤 사람은 그 기초를 우주에서 '객관적으로' 발견할 것이다. 다른 사람은 그것을 인간에게서 '주관적으로' 발견할 것이다. 그러나 모든 사람은 적어도 그리스도인이 그것을 찾은 곳, 즉 하나님의 계획에서 그것을 찾아서는 안 된다고 암묵적으로 동의한다. 비기독교 과학자는 사실에 대해 기독교 철학을 받아들이게 한다면 못 견딜 것이다. 그는 자신이 고려할 수 있는 범위와 사실에 대해 제한되어 있다고 느낄 것이다.

또한, 비기독교 과학자는 법칙에 대해 기독교 철학을 받아들이게 한다면 못 견딜 것이다. 그에게 이것은 과학을 변덕스럽게 만드는 일일 것이다. 법칙은 인격과는 아무런 상관이 없어야 한다고 그는 느낀다. 소크라테스가 에우튀프론(Euthyphro)에게 물었다.

"경건하거나 거룩한 자가 거룩하기 때문에 신들이 그를 사랑하는 것인가, 아니면 신들이 그를 사랑하기 때문에 그가 거룩한 것인가?"

그는 이 경우에 본질적으로 모든 법칙이 모든 인격 위에 있어야 한다고 분명히 설명하려고 했다.[23]

우리는 어떤 것의 본질을 발견하기 위해서, 어떤 것에 대해 누구나 생각할 수 있는 것 이상을 추구해야 한다고 소크라테스는 주장한다. 신들이 거룩한 자를 사랑한다고 말하는 것은 거룩함의 본질에 대한 통찰력을 주지 않는다. 스콜라주의자들이 말하듯이, 그것은 거룩함에 대해 단순히 외적으로 정의를 내리는 것에 불과하다. 모든 신과 사람들을 벗어나서 맴도는 추상적 원리로서의 선함, 진실, 아름다움에 대한 아이디어는 보편적으로 비기독교적 관점이다.[24]

---

23 반틸은 소크라테스가 거룩한 자의(또는 선한 자의) 본성에 관해 문의하는 플라톤의 『에우튀프론』(Euthyphro)에서 인용했다. 만약 "거룩한 자가 거룩하기 때문에 신들이 그를 사랑한다"면, 거룩함 (또는 선함)이 궁극적인 것이다. 신들이 사랑하게 하는 '원인'은 거룩함 자체에 있다. 반면에 "신들이 사랑하기 때문에 어떤 것이 거룩하다"면, 신들이 궁극적인 것이고, 거룩하기로 결심한 것은 거룩하다(또는 선하다).

24 플라톤은 궁극적인 것은 신들이 아니라 선함(the Good), 진실(the True), 아름다움(the Beautiful)과 같은 아이디어라고 주장한다. 그것들은 정의상 비인격적이기 때문에 "추

심지어 보운(Bowne),²⁵ 크누센(Knudsen),²⁶ 브라이트맨(Brightman),²⁷ 플르 웰링(Flewelling)²⁸ 같은 소위 말하는 인격주의(personalist) 철학자들조차도²⁹ 결국은 여전히 비인격주의(impersonalist)를 주장한다.³⁰ 과학이든 철학이든

상적 원리"이다. 그것들의 기원은 어떤 인격체가 아니라 그 자체에 있다.
25 감리교 신학자이자 보스턴 인격주의자인 보든 파커 보운(borden parker bowne)은 뉴욕 대학교에서 학사 학위(1871)와 석사 학위(1876)를 받았다. 그는 1876년 보스턴대학 교에서 철학 교수가 되었으며 30년 동안 그곳에서 가르쳤다. 그의 가장 유명한 저서는 *Metaphysics: A Study in First Principles* (New York: Harper & Brothers, 1882)이다.
26 앨버트 크누드슨(Albert C. Knudson, 1873-1953)은 미니애폴리스(Minneapolis)의 미네소타대학교에서 학사 학위를 받았고, 보스턴대학교에서 석사(S.T.B) 및 박사 학위(Ph. D.)를 받았다. 보운이 그의 지도교수로 추정된다. 그는 졸업 직후 보스턴대학교에서 가르치지는 않았고, 나중에 신학대학원에서 가르쳤다.
27 에드거 브라이트맨(Edgar S. Brightman, 1884-1953)은 브라운대학교에서 학사 학위(1906)와 석사 학위(1908)를 받았고, 보스턴대학교에서 박사 학위(1912)를 받았다. 그는 크누드슨(Knudson)의 *Personalism in Theology: A Symposium in Honor of Albert Cornelius Knudson* (Boston: Boston University Press, 1943)이라는 기념논문집을 편집했다.
28 랄프 타일러 플리웨링(Ralph Tyler Flewelling, 1187-1960)은 미시간대학교, 게렛신학 교(Garrett Biblical Institute, Evanston, IL) 그리고 보스턴대학교(Ph. D.)에서 수학했다. 그는 남캘리포니아대학교에서 철학과 교수 및 학과장으로 일했고, 1918년 프랑스 본(Beaune)의 미국원정군대학교(American Expeditionary Forces University)에서 철학과 학과장으로 지명되었다. 그는 1896년 감리교 성공회에서 안수받았다. 플리웨링은 철학 저널, *The Personalist*의 창립자이자 편집자였다. 이 저널은 1920년에 창간되었고, 1980년 *Pacific Philosophical Quarterly*로 개명되었다.
29 반틸은 자신의 생애 동안 인격주의 철학에 관심을 두고 소통했다. 그가 자기 강의에서 언급한 것처럼(아래 참조), 인격주의(personalism)는 신학이자 철학이었고, 근대 감리교 신학에 그 뿌리를 둔다. 반틸은 1930년 앨버트 크누드슨(Albert Knudson)의 *Doctrine of God*에 대한 서평을 통해 인격주의와 맨 처음 소통했다(*Christianity Today* 1, no. 8 [December 1930]: 10-13). 반틸이 사용한 것처럼 보이는 인격주의에 대한 정의는 크누드슨의 *Philosophy of Personalism* (New York: Abingdon, 1927), 87에 나타난다. "이런 사실에 비추어 볼 때, 우리는 인격주의를 경험의 다원적 측면과 일원론적 측면 모두에 대해 동등한 인식을 제공하는 이상주의의 형태로 정의할 수 있다. 또한, 우리는 인격주의를, '의식의 통일성, 정체성 그리고 인격의 자유로운 활동에서, 실체의 본질에 대한 열쇠와 궁극적으로 철학적 문제들에 대한 열쇠의 구실을 하는 이상주의의 형태로' 정의할 수 있다." 이 인용문과 반틸이 인격주의와 소통한 내용은 "보스턴 인격주의"(Boston Personalism)에서 발견할 수 있다. "보스턴 인격주의"는 1956년 3월 6일, 보스턴신학 대학교(Boston University School of Theology) 교수들에게 한 강의 내용으로, 출판되지 않았다. 또한, Van Til, *The Case for Calvinism* (Philadelphia: Presbyterian and Reformed, 1964), 62-64, 78-79을 참조하라.
30 왜 인격주의가 "결국은 비인격적인가"에 대한 이유는 위에서 인용한 반틸의 "보스턴

종교든, 비기독교인은 항상 궁극적 기준으로서 하나님과 자신 사이를 담당할 중재인을 찾는다.

신자와 불신자는 사실 및 법칙에 대해 반대되는 철학을 소유한다.[31] 그들은 또한 이 두 가지 외에 인간에 대한 관점도 반대이다. 주어진 사실과 비인격적 법칙의 관념에 해당하는 것은 자율적 인간에 대한 관념이다.[32] 하나님이 통제하시는 사실과 법 관념에 해당하는 것은 하나님이 통제하시는 사람이라는 관념이다. '무에서의 창조'라는 관념은 그리스 철학이나 현대 철학에서 발견할 수 없다.

창조는 인과관계로 일어났다는 생각은(즉, 하나님이 창조하셨다는 생각-역주), 코크런(Cochrane), 라인홀드 니버(Reinhold Niebuhr)[33] 그리고 변증법적 신학자들과[34] 같은 고전적-현대적 관점의 비평가들조차도 불쾌하게 생각

    인격주의"를 참조하라. 요컨대, 인격주의에서 사람의 인격에 대한 초점은 '추상적' 인간에 대한 초점으로 확대된다. 추상적인 것에 초점을 두면, 그 정의상, "결국은 비인격적"이 된다. 이것은 '구체적 사고'에 대한 반틸의 강조로 이어진다.

31 신자는 하나님이 사실과 법칙을 창조하시고 운용하신다고 믿지만 불신자는 아니라고 확신한다.

32 이 세 가지 범주(주어진 사실, 범죄 사실, 비인격 법칙 및 자율적 인간)는 반틸 변증학 전체의 중심을 차지한다. 그리고 기독교를 거부하는 자는 누구든지 다양한 방식과 다양한 관점으로 이 세 가지를 전제한다. 그런 전제에 대한 인식과 '인식론적 자의식'(epistemologically self-conscious)은 비례한다. 주어진 사실은 인간이 그것을 해석할 때까지는 아무런 의미도 없다. 하나님은 창조된 사실 안에서, 사실을 통해 말씀하시는데, 주어진 사실은 이와 대립한다. 비인격적 법칙 개념은 실체는(또는 최소한 실체에 대한 관점은) 어떤 인격적 존재도 유지하거나 통제하지 않는 법칙과 같은 구조로 되어 있다. 자율적 인간은 하나님이 자신을 창조하시거나 통치하시지 않고, 자기가 자신에게 법이 된다고 가정한다. 이 세 가지 범주를 모든 비기독교인의 기본 전제로 이해하면 반틸이 주장하고자 하는 많은 부분에 통찰력을 얻을 수 있다.

33 라인홀드 니버(Reinhold Niebuhr, 1892-1971)는 반틸과 동시대 사람이고 매우 영향력 있는 신정통주의 신학자이자 목회자였다. 독일 이민자 아들로 태어난 니버는 에덴신학교(Eden Theological Seminary)에서 공부했고 예일신학교(Yale Divinity School)에서 교역학 학사(B. Div.) 학위를 받았다.

34 반틸은 '변증법적 신학자' 중에서, 칼 바르트(1886-1968)와 에밀 브루너(1889-1966)를 확실히 염두에 둔다. 일반적으로 말하면, '변증법적 신학'(Dialectical theology)은 '신정통주의'(neoorthodoxy)를 가리키는 또 다른 용어이다(때로는 '위기의 신학'[theology of crisis]이라고도 한다-아래 참조). 이 신학은 부정(negation)과 역설(paradox)에 의

한다. 정통 사상가만이 창조론을 지지한다. 따라서 정통 사상가만이 고전적-현대적 방법론 전체에 도전해야 한다는 마음의 부담감을 느낀다.

그런데도 우리는 더 많은 한계를 설정해야 한다. 로마가톨릭은 창조 문제에 대해 분명한 입장을 취하지 않았다. 그들은 자율적 이성과 믿음 사이의 사실적 연구 분야를 나눈다. '자연'은 이성의 영역이고 '초자연'은 믿음의 영역이라고 한다. 이성의 영역에서 신자와 불신자 사이에는 아무런 차이가 없다고 한다. 인간의 마음이 창조되었는지 아닌지에 대한 질문은 사실상 이 영역에 속하지 않는다고 한다. 로마가톨릭은 이성의 영역에서, 주어진 사실(brute fact), 추상적 및 비인격적 법칙 그리고 자율적 인간이라는 개념을 논쟁을 포함한 모든 분야에 기꺼이 도입한다.[35]

알미니안주의자들도 대체로 비슷한 입장을 취했는데, 당연한 일일 것이다. 그들의 신학은 구원의 시점에서 인간의 자율성을 허용한다.[36] 마찬가지로, 그들의 철학은 다른 영역에서도 인간에게 자율성을 부여한다.

그러므로 일관된 기독교 역사 철학이 있는 곳은 오직 개혁주의 사상밖에는 없다. 로마가톨릭과 알미니안주의에서는 사실상 하나님의 계획이 우리의 개인적 자율성을 항상 통제할 필요가 없다는 사상을 받아들였다. 이것은 자율적 인간에서 실체를 하나님에게서 분리해 해석할 수 있는 면허증을 부여하는 것과 마찬가지이다.

해 증명하려고 한다. 밴틸이 아래에서 설명하듯이, 역설은 변증법적 신학에서 이율배반적이다. 예를 들어, 바르트는 자신이 쓴 주석서 『로마서』에서, 하나님은 "세상의 비존재"(the nonbeing of the world)로 이해해야 한다고 주장한다. 바르트와 브루너에 관해서는, Cornelius Van Til, *The New Modernism: An Appraisal of the Theology of Barth and Brunner*, 2nd ed. (Philadelphia: Presbyterian and Reformed, 1947)을 참조하라.

35 밴틸은 여기서 토마스 아퀴나스가 사용하고 로마주의 교리에 통합된 방법을 언급하는데, 이는 신자와 불신자의 이성 및 은혜 사이에는 큰 차이가 없다는 주장을 내포한 '자연적' 영역을 가정한다. 하지만 이 둘 사이에는 차이가 있다. 로마주의(그리고 많은 복음주의)의 이 '자연적-은혜' 방법은 성경의 진리를 타협한다.

36 알미니안주의 신학은 인간이 자유롭게 선택할 수 있도록 하나님이 인간의 선택을 통치하셔서는 안 된다고 주장하기 때문에, 알미니안주의자들은 로마주의자들과 유사한 방식으로 자율성을 허용한다.

이와는 대조적으로 개혁주의 신학은 전적 타락을 심각하게 받아들였다. 부패와 죄로 죽은 사람은 어두움의 골짜기에서 살지만, 자신은 여전히 빛에 거한다고 주장한다. 본성의 인간은 과학 분야나 종교 분야나 어떤 분야에서 일하든 하나님의 진리를 받지 못한다.

개혁주의 신자는 하나님의 힘으로 자신이 어두움의 세계에서 빠져나와 진리의 세계에 왔음을 안다. 그는 이제 모든 분야에서 자기 생각을 의심하고, 하나님께 순종하는 자세로, 다른 죄인들의 사고와 행동에 대해 도전할 준비가 되어 있다. 그는 인간들이 철학, 과학 그리고 종교 분야에서 하나님을 무시하고 하나님을 모욕할 때도 하나님은 그들과 동행하셨다는 사실에 감탄한다. 그러므로 그는 종교뿐만 아니라 다른 모든 분야에 대한 비그리스도인의 해석에 도전해야 한다고 느낀다.

기독교 역사 철학을 구축한 사실, 법칙 그리고 이성에 대한 논의의 중요성이 이제 나타난다. 키르케고르(Kierkegaard)의 말을 인용하면, 우리는 그 순간(the Moment)이 얼마나 중요한지 묻는다. 그 순간은 존재론적 삼위일체에 대한 성경적 교리를 전제로 하지 않는 이상, 지적인 면에서 아무런 의미가 없다고 우리 신자들은 주장한다.[37]

존재론적 삼위일체에서 동등하게 궁극적인 하나와 여럿에는 완전한 조화가 있다. 삼위일체 각 위는 다른 위와 하나님의 본성에 대해 서로 철저한 화합을 이룬다. 그들은 절대적으로 평등하다고 우리는 소리 높여 강조한다. 이런 절대적 평등 속에는 완전한 상호 의존성이 있다. 하나님은 우

---

[37] 쇠렌 키르케고르(Søren Aabye Kierkegaard, 1813-1855)는 때때로 "실존주의의 아버지"로 불린다. 반틸이 "순간"(the moment[ØjeblikketØjeblikket])으로 언급한 것이, 키르케고르에게는 영원과 시간이 교차하는 점(예를 들어, 의사결정의 점)이다. 다시 말해서, '순간'은 하나의 것으로(즉, 영원으로) 실체에 대한(즉, 의사결정에 대한) 여러 관점에 중요성을 부여하려는 시도였다.
반틸이 "존재론적 삼위일체"라고 할 때는 성부, 성자, 성령의 삼위일체 하나님이 자신 안에 계시고, 세상과의 관계 및 세상에서의 활동과는 분리되는 개념을 의미한다.

리의 구체적 보편성(concrete universal)이시다.[38]

우리는 성경의 권위에 의해 이런 하나님을 믿는다. 그런 하나님은 오직 성경에서만 발견할 수 있다. 그런 하나님은 자신의 자발적 계시를 제외하고는 알 수 없다. 그러므로 그분은 오직 자신의 권위에 의해서만 자신이 누구인지 알게 하고, 우리는 그분이 알게 하는 정도까지만 그분을 알 수 있다. 우리는 우리가 진리를 해석할 수 있다고 생각하고, 우리가 생각한 이 가장 높은 개념을 신이라고 부르는 우리의 철학적 개념을 찾기 위해 하나님을 배제하고 우리의 신학을 시작하지 않는다.

빈델반트(windelband)가 말하듯이, 이것은 그리스 철학의 과정이고,[39] 모든 비그리스도인이 사고하는 과정이다. 우리는 이런 추론 과정에서 해방되었다. 이런 추론 과정에서는 오직 유한한 신만을 발견할 수 있다. 이것은 유신론적 증거의 역사가 인류에게 보여 준 일종의 천벌인데, 인류는 아직도 이를 자주 잊는다.

그렇다면 믿음과 이성 사이에는 갈등이 있는가?

그리스도인의 입장에 대한 철학적 근거가 없는가?

아니면 우리 자신뿐만 아니라 비기독교 과학자들과 철학자들도 결국 그들의 시스템에 일정 부분 불가사의를 허용한다는 사실에 만족해야 하는가?

---

[38] "구체적 보편성"이라는 용어는 헤겔주의(Hegelianism)에서 나왔다. 이 용어는 칸트의 추상적 보편성(abstract universal)이라는 개념에 대한 반작용으로 등장했다. 구체적 보편성은 실체에 내재해 있는 보편성을 추구하고, 변증법적 긴장 상태(존재와 비존재 사이의)에 놓여 있다. 헤겔의 구체적 보편성은 실체와 실체의 범위에 든 모든 것을 포함한다. 반틸은 참된 삼위일체 하나님을 우리의 "구체적 보편성"으로 간주한다. 그 이유 두 가지이다.
(1) 철학자들이 만든 용어에 대항하기 위해서이다.
(2) 더욱 중요하게도, 하나님 홀로 실체와 역사의 모든 것을 초월하셔서 그 모든 것에 참된 기초와 의미를 부여하실 수 있기 때문이다.

[39] W. Windelband, *A History of Philosophy*, trans. James H. Tufts, 2nd ed. (New York: Macmillan, 1901), 34.

이 모든 것에 대해 우리는 우리가 가진 철학적 입장이 가장 타당하다고 겸손하게 그러나 확신을 가지고 주장해야 한다. 하지만 우리가 믿는 것이 옳으며, 다른 이들의 주장이 그릇된 방향에 있다는 점에서 우리가 위안을 받아야 한다는 말은 아니다.

우리는 그리스도인으로서 철학적으로 방어할 수 있는 입장에 있다. 우리는 권위를 기꺼이 수용하려고 한다. 비기독교인들과 같은 방향에서 생각하려는 우리의 고질적 경향 때문에 권위를 기꺼이 수용하려는 이런 태도에 대해 우리는 처음에 부끄러워할 수도 있다.

그러나 권위에 대한 이 자발적 수용은 철학적으로 말해 우리의 구원이다. 심리학적으로 말해, 권위 수용은 철학적 논증보다 앞선다. 그러나 인식론적으로 성장한 자의식을 가지고 있는 우리 자신의 입장을 살펴볼 때, 우리가 권위의 대상으로서 그런 하나님을 전제하지 않으면 그 순간(the Moment)은 아무런 의미도 없게 될 것이다.

모든 세대의 철학자들이 찾았던 하나님, 일치성과 다양성이 근본적으로 동등한 하나님, '알 수 없는 하나님'은 은혜로 우리에게 알려지신다. 인류는 은혜로 우리에게 주어진 것과 같은 것에 대한 해석적 개념을 오랜 세월 동안 탐구했다.

이것으로 기독교 역사 철학의 원리에 대한 간단한 조사를 마칠 수도 있다. 그러나 현대의 역설적 개념과 제한적 개념을 추가로 고려하는 것이 좋다. 그렇게 함으로써 아마도 우리 자신의 입장을 현대 사상가들의 추측과 더욱더 확실하게 연관할 수 있을 것이다. 그렇게 함으로써 일반 은총과 관련된 문제를 다룰 때 직면하는 어려움에 대해 더 잘 이해할 수 있을 것이다.

1. 역설[40]

우리의 입장은 당연히 자기 모순적이다. 언뜻 보기에 우리가 변증법적(dialectical) 신학자들을 따라 모순을 받아들이려는 것처럼 보일 수도 있다. 그러나 그렇지 않다. 사실 우리는 우리의 입장이 진짜 모순을 받아들일 필요가 없는 유일한 입장이라고 생각한다. 우리는 자립하는 존재론적 삼위일체(self-contained ontological trinity)의 전제를 유지하지 않으면 인간의 합리성 자체가 신기루가 된다고 주장한다.

그러나 이 입장을 유지하기 위해서는, 우리가 진짜 모순을 독으로 인정하고 회피하면서도, '피상적 모순'(apparently contradictory)에 대한 개념을 열정적으로 포용해야 한다. 후자를 통해서만 전자를 거부할 수 있다. 우리가 삶을 합리적으로 해석하기 위해 필요한 것이 자립하는 존재론적 삼위일체라면, 피상적 모순을 유지하기 위해 필요한 것도 역시 동일한 존재론적 삼위일체다.[41]

이 존재론적 삼위일체는 웨스트민스터 표준 문서인 대교리문답이 밝히는 것처럼, "이해할 수 없다." 하나님은 아무도 접근할 수 없는 빛에 거하신다. 그분의 존재와 자기 의식이 거의 동일하기 때문에 자신의 합리성과 존재를 유지하신다. 우리는 우리가 다루는 모든 것에서, 마지막 분석에서 이 무한하신 하나님, 자신을 숨기시는 이 하나님, 이 신비하신 하나님을 다룬다. 마침내 우리가 취급하는 모든 것에서 우리는 이해할 수 없는 하나님을 다룬다.

---

40 인간의 논리적 표준에 의하면 모순이나 궁극적으로 진리가 되는 것을 말한다(역주).
41 반틸의 "피상적 모순에 대한 개념을 열정적으로 포용해야 한다"라는 말은, 삼위일체에 대한 기독교 교리와 그것이 수반하는 모든 것을 열정적으로 포용해야 한다는 의미이다. 이 교리는 우리가 이해할 수 있는 능력을 넘어선다. 우리 자신의 이성이 아닌 하나님 계시의 권위에 의해서만 세상을 이해할 수 있다. 여기에서 말하고자 하는 요점은 이것이다. 지식과 관련해 우리는 둘 중 하나를 선택해야 한다. 하나님 계시 안에 있는 하나님의 권위를 선택하거나 우리 자신의 이성을 선택하거나 해야 한다. 후자는 우리가 반석으로 여기는 우리의 "이성을" 파괴할 것이라고 반틸은 명확히 한다.

우리가 다루는 모든 것은 무한하게 무궁무진한 하나님의 계획에 달려 있다. 모든 시점에서 우리는 미스터리에 빠지게 된다. 우리가 아무리 재주를 부려 보아도 하나님의 비밀을 파헤칠 수 없다.

우리는 하나님에 대해 합리론으로 생각하기 위해 줄기차게 전진할 것이다. 인간의 마음을 이해할 수 있다는 것에 힘을 얻어, 합리적으로 설명할 수 있는 기독교 입장을 제시하려는 것은 우리 자신의 목적을 무너뜨리는 것이다. 그렇게 하려면 우리 대적자들이 표준으로 여기는 추론을 채택해야 하며, 그렇게 할 때 우리는 유한한 하나님으로 만족해야 한다.

비기독교인들이 보기에 우리의 입장은 이미 물이 가득 찬 양동이에 물을 더 붓는다는 생각과 비교될 수 있다. 그들은 말할 것이다.

"자급자족하시는 존재론적 삼위일체에 대한 당신의 생각은 물이 가득 찬 양동이와 같다. 하나님은 이미 충분하시므로 그 어떤 것도 필요 없으시다. 그는 자신의 피조물로부터 영광을 얻을 수 없다. 그러나 역사에 대한 당신의 생각은 물이 가득 찬 양동이에 물을 더 붓는 것과 같다. 그 안에 있는 모든 것이 하나님의 영광을 더한다."

비기독교 인식론의 요구를 충족시키는 방식으로, 어려움이 가득 찬 이 양동이 문제에 대해 답을 줄 수 있는 기독교인은 없다. 우리는 기독교의 입장이 이성 자체를 파괴하지 않는 유일한 입장이라고 주장할 수 있고, 그렇게 주장해야 한다.

그러나 이것은 인간의 책임과 하나님 주권과의 관계에 '피상적' 모순이 존재하지 않는다는 것은 아니다. 역사 속에서 일어나는 모든 것이 하나님에 의해 결정되었다는 사실은 내가 실제로 선택할 수 있다는 주장과 모순처럼 보여야 한다. 선택받은 자는 영원히 구원받는다는 확실성은 그들이 또한 영원한 형벌을 받을 수 있다는 위협을 항상 비현실적으로 보이게 해야 한다. 유기된 자는 확실히 버려질 것이라는 주장은 그들이 또한 영생을

얻을 수 있다는 점을 비현실적으로 보이게 해야 한다.[42]

2. 제한적 개념

우리가 피상적인 역설적 신학을 유지하면, 또한 결과적으로 기독교의 '제한적 개념'을 유지해야 한다. 비기독교의 제한적 개념은 비기독교의 미스터리에 대한 개념을 기초로 발전했다. 이와 대조적으로 우리는 미스터리에 대한 기독교 개념에 기초해 기독교의 제한적 개념을 생각할 수 있다. 비기독교의 제한적 개념은 모든 실체에 대해 법을 만들고자 하는, 그러나 아직 합리화하지 않은 비합리적인 것 앞에 굴복하는 자율적 인간의 산물일 것이다. 기독교의 제한적 개념은 창조주께서 계시하신 어떤 것을 체계적 형태로 제시하고자 하는 피조물의 산물이다.[43]

기독교는 의식적으로 또는 무의식적으로 제한적 개념을 신조 형태로 도입했다. 이 신조에서 교회는 하나님의 계시가 충만한 척하지 않는다. 교회는 무궁무진한 하나님을 대한다는 사실을 안다. 그러므로 신조는 충만한 진리의 "근처"에 접근한 것으로 간주해야 한다. 하나님 안에 있는 진리의

---

[42] 반틸은 위의 "모든 시점에서 우리는 미스터리에 빠지게 된다"라는 표현에 대해 자세히 다룬다. 완전히 독립하시고, 영원하시며, 무한하신 삼위일체 하나님이 어떻게 그분의 창조물과 실제로 그리고 신실하게 교통하시는지는 우리에게 항상 신비로울 것이다. 그분의 길은 찾지 못할 것이다(롬 11:33-36 참조).

[43] "제한적 개념"에 대한 자세한 내용은, 편집자 서문을 참조하라. '제한적 개념'은 철학, 특히 임마누엘 칸트의 철학에서 가져왔다. 칸트의 철학에는 아마도 우리가 경이로운 세상에서 알 수 있는 것이 많이 있을 것이다. 그러나 알 수 없는 다른 것들도 있다. 칸트는 이런 것들을 '본체의'(noumenal) 영역으로 본다. 칸트에 의하면, 본체적인 것은 필요하지만 알 수 없고 개념을 제한한다. '제한적' 개념은 본체적 영역에 대한 우리의 지식과(또는 지식의 결핍과) 관련해 칸트의 불가지론을 가정한다. 반틸의 경우, 제한적 개념은 또 다른 제한적 개념에 의해 동시에 결정되고 정의된다. 따라서 선택 교리는 우리의 실제적이고 법적인 선택과 관련해 제한적 개념이다. 제한적 개념은 반드시 서로 동등하지는 않다는 점을 기억해야 한다. 하나님의 선택이 우리의 선택보다 우선한다. 그러나 창조를 고려하면, 하나(자유)는 다른 것(선택)과의 맥락에서 가장 잘 이해된다.

충만함에 근접한다는 개념의 신조는 추상적 진리에 근접한다는 현대 신조와 대치되어야 한다. 진리에 근접한다는 것에 대한 현대적 개념은 현대의 제한적 개념을 기반으로 한다.

그러므로 근접한다는 것에 대한 현대의 체계적이고 논리적인 해석 개념은 보편적으로 타당한 진리로서의 그런 것들의 존재와 관련해 궁극적 회의론에 근거한다. 현대적 개념은 어떤 종류의 지적 진술이 정말로 사실일지에 의심한다. 그것은 단지 소망에 지나지 않을 뿐만 아니라 사람의 해석을 통해 진리에 근접할 수 있다는 거짓된 소망을 믿는 것이다. 반면에 기독교의 관점은 성경이 우리에게 제시하는 자립하는 존재로서의 하나님을 전제로 한다. 그러므로 피조물은 어떤 인간도 접근할 수 없는 빛에 거하는 하나님 옷자락의 끝부분만을 만질 수 있다는 것이다.[44]

우리가 우리의 목적에 전혀 실패하지 않았다면, 기독교 역사 철학의 원칙에 대한 논의는 일반 은총을 다루는 문헌을 이해하는 데 실질적으로 도움이 될 것이다.

첫째, 일반 은총을 인정하는 사람들과 거부하는 사람들 모두 오직 개혁주의자들만이 그 질문을 제기할 수 있었다는 사실을 의식할 수 있을 것이다. 로마가톨릭과 알미니안주의자들은 이 주제에 관심이 없다. 하나님의 계획이라는 관점으로 역사 전체를 진지하게 해석하기를 원하는 사람만이 무엇이 신자와 불신자 사이의 "공통성"(common)인가 하는 문제에 대해 의

---

44 즉, 우리가 하나님이 "존재와 완전함에 있어 무한하시고, 순결한 영이시며, 눈이 보이지 않으시고, 육체와 부분과 감정이 없으시며, 불변하시고, 영원하시며, 헤아릴 수 없으시다"는 사실을 고백할 때, 웨스트민스터 신앙고백서 2장 1항에 나온 대로, 우리가 고백하는 것은 하나님에 대한 자신의 계시에 기초하기 때문에 참이라는 사실을 알 수 있다. 그러나 우리는 하나님 자신 안에 있는 하나님에 대한 이런 성품의 깊이를 헤아릴 수 없다. 예를 들어, 칸트에게 있어 경이로운 세계에 대해 우리가 알 수 있는 것은 그 세계가 실제로 무엇인지 알 수 없기 때문에 단지 '그 근사치'를 알 뿐이다. "세상 그 자체"는 정의상 우리에게 숨겨져 있다. 회의론은 그런 근사치로 인한 자연스러운 결과이다.

문을 가질 수 있다.

로마가톨릭과 알미니안주의자들은 신자와 불신자가 아무런 어려움 없이 공유할 수 있는 공통 영역이 수없이 많다는 데 의견의 일치를 본다. 하나님 계획을 절대적으로 지지하는 사람만이 상대성 의미에 의아해할 수 있고 의문을 품을 것이다.[45]

위기의 신학도 마찬가지이다. 변증법적 신학자 중 바르트는 유기 교리를 받아들이고 브루너(Brunner)는 거절한다고 하지만, 바르트는 브루너와 마찬가지로 이 용어를 정통 교회에서 쓰는 것과 같은 의미로 받아들이는 것은 아니다.

그러므로 창조 및 작정 그리고 일반 은총에 대한 그들의 주장은(비록 브루너는 이런 것들과 신학과의 상관성을 지지하고 바르트는 부정하지만) 일반 은총 문제와 마찬가지로 용어에 대해 정통 신학자들과 논쟁한 것에 지나지 않는다.[46] 온전한 개혁주의 관점으로 삶을 해석하지 않으면, 그 누구도 일반 은총 문제를 심각하게 고려할 수 없다고 우리는 믿는다.

일반 은총 교리 창시자라고 불리는 칼빈과 위대한 근대 주창자인 카이퍼(Kuyper)는 인간이 하나님의 절대 주권을 대면하는 데 최우선순위를 두고 온 열정을 쏟는다. 반면에 최근에 일반 은총을 거부한 학자들은 인간이 하나님의 절대 주권을 대면하는 데 다시 한번 관심을 두기 시작했다.[47]

둘째, 역사 철학과 관련해서 우리는 일반 은총과 같은 문제가 쉽고 간단한 해결책이 없다는 것을 인정해야 한다고 주장한다. 우리는 우리 모두가 제한 개념을 사용해야 하고 진리의 모든 진술은 하나님만이 소유하신 진리의 충만함에 대한 근사치라는 것을 알아야 한다. 첫 번째 요점과 마찬가

---

45 이것은 매우 중요한 요점이다. 기독교인과 비기독교인 사이의 공통성을 일정 부분 인정하는 신학은 하나님의 일반 은총에 관한 성경적 교리의 필요성을 발견하지 못할 것이다. 오직 개혁주의자들만이 그런 교리의 중요성을 발견할 것이다.
46 이것에 관한 자세한 내용은 Van Til, *The New Modernism*을 참조하라.
47 여기서 반틸은 헤르만 훅스마(Herman Hoeksema)와 그의 추종자들을 가리킨다.

지로, 바로 이런 이유로 우리는 모두 겸손해야 하고 서로에 대해 관용하는 자세를 취해야 한다.

셋째, 우리는 일반 은총을 지지하는 사람들과 이것을 부정하는 사람들의 입장을 이해하려고 노력할 뿐만 아니라, 우리 자신의 입장에 대해서도 비평적 태도를 취해야 한다고 주장한다. 우리는 이제 일반 은총을 지지하는 사람들이나 부인하는 사람들이 정말로 개혁주의 신앙과 같은 노선에 있는지 판단하는 기준이 있다. 일반 은총 문제의 해결책은 그것을 발견할 수 있을 때까지 하나님과 꾸준히 대면하는 것이다.

일반 은총에 관해 논쟁하는 자들은 이 점을 어느 정도나 염두에 두었는가?

때때로 그들은 파르메니데스(Parmenides), 헤라클레이토스(Heraclitus) 또는 플라톤을 따라가다가 길을 잃게 되었는가?[48]

우리가 일반 은총 주제에 관한 카이퍼 및 다른 사람들의 글을 '이해하기' 위해서는 동정하는 마음과 비평하는 자세로 접근해야 한다. 만일 우리가 그들의 작품에서 어떤 '유익'을 얻기를 원한다면 그들의 장점을 제대로 평가하고 그들의 실수를 피해야 한다.

---

48 파르메니데스(Parmenides)와 헤라클레이토스(Heraclitus)는 기원전 5세기 소크라테스 시대 이전의 철학자이다. 플라톤(기원전 429-347)은 부분적으로 소크라테스 이전 시대의 철학에 대항하고 때로는 의존하면서 자기 철학을 발전시켰다. 반틸은 이 세 철학자가 하나와 여럿이라는 문제에 대해, 특히, '존재'(Being)와 '지식'(Knowledge)과 관련해, 세 가지 다른 개념을 나타내기 때문에 이들을 언급한다. 헤라클레이토스는 모든 것이 유동적이므로 '존재하는 것'과 '알려진 것'은 매 순간 변한다고 가르쳤다. 모든 것은 '다수'이다. 파르메니데스는 아마도 헤라클레이토스에 대한 응답으로, 존재는 하나이므로 여러 가지라고 생각하는 것은 무엇이든지 부정해야 한다고 가르쳤다. 모든 것은 '하나'이다. 플라톤은 이 둘 사이의 중간 지점을 찾으려고 했다. 플라톤은 존재는 실제적이거나 잠재적일 수 있다고 생각했다. 그러므로 정적인 것(파르메니데스)과 유동적인 것(헤라클레이토스) 중 하나를 반드시 선택해야 할 필요는 없다고 생각했다. 그의 잠재적-실제적 입장은 이 둘을 모두 포함하려고 한다.

제2장

일반 은총에 대한 아브라함 카이퍼의 교리

이제 카이퍼의 위대한 작품에 대한 설명으로 돌아가면서, 칼빈으로부터 시작할 수 없다는 사실을 유감으로 생각한다. (그러나 여기에서 헤르만 카이퍼 박사[1]의 논문인 『칼빈의 일반 은총』[*Calvin on Common Grace*]을 언급해야겠다.)[2]

우리는 심지어 헤르만 바빙크 박사(Dr. Herman Bavink)의 소책자 『일반 은총』(*Common Grace*)에 관해서도 한두 줄의 짧은 언급으로 그냥 지나쳐야 한다는 사실에 아쉬움이 남는다.[3] 바빙크는 자신의 초기 작품 『기독교와 교회의 가톨릭화』(*The Catholicity of Christianity and the Church*)(1888)에서 개신교 믿음을 강화하기 위해서 이 소책자를 썼다(1894). 기독교의 참된 보편성을 표현한 것은 로마주의보다는 개신교라고 그는 자기 초기 강의에서 공언한

---

1 헤르만 카이퍼(Herman Kuiper, 1889-1963; Th. D., Free University of Amsterdam, 1928)는 북미 기독교개혁교회에서 안수받은 목사였다. "1953년에 그는 거의 모든 교수진이 제거된 후, 칼빈신학교(Calvin Seminary)의 교수로 임명되었다" (Robert P. Swierenga, *Dutch Chicago: A History of the Hollanders in the Windy City* [Grand Rapids: Eerdmans, 2002], 343). 그리고 1956년 그는 칼신신학교 선교학 교수이자 학장이 되었다. 반틸은 헤르만 카이퍼 성의 다른 철자를 사용한 것 같다(Kuyper가 아닌 Kuiper로-역주).
2 찰스 하지(Charles Hodge)의 견해에 대한 간략한 설명과 일반 은총 교리 주해에 대한 보다 포괄적인 진술은 John Murray, "Common Grace", *Westminster Theological Journal* 5 (1942), 1-28을 참조하라.
3 헤르만 바빙크는 (Herman Bavinck, 1854-1921) 캄펜의 개혁신학교(Reformed Seminary)에서 조직신학 교수로 20년간 활동한 후, 1902년 암스테르담자유대학교에서 아브라함 카이퍼의 뒤를 이었다. 바빙크의 조직신학은 네덜란드 전통의 표준 개혁주의 조직신학이라고 할 수 있다. 그의 네 권짜리 『개혁주의 교의학』(*Gereformeerde dogmatiek*)은 영어로 번역되었다. *Reformed Dogmatics* (Grand Rapids: Baker Academic: 2003-2008).

다. 이런 맥락에서 그는 자기 소책자 『일반 은총』(*Common Grace*)에서 이렇게 말한다.

> 개혁주의자들은 (신학자들은) 한편으로 일반 은총 교리를 통해 기독교의 구체적이고 절대적인 특성을 유지했으며, 다른 한편으로는 하나님이 죄 많은 인간에게 주신 선하고 아름다운 모든 것을 대한 감사를 아끼지 않았다. 따라서 그들은 죄의 심각성과 자연의 권리를 동시에 유지해 왔다. 그러므로 그들은 펠라기우스주의(Pelagianism)와 경건주의(Pietism)로부터 자신을 보호했다.[4]

카이퍼도 비슷한 목적을 가지로 자기 작품을 썼다. 카이퍼와 바빙크는 기독교 진리에 대한 보편적(catholic)[5] 주장을 압박하기 위해서 일반 은총에 관한 교리를 제시했다.

우리는 먼저 카이퍼의 일반 은총 교리의 일반적 성격을 발견하려고 할 것이다. 여기에서 어려움이 발생한다. 그것은 그의 관점이 특정한 방식으로 발전했던 것으로 보인다는 것이다. 그의 세 권짜리 작품, 『일반 은총』(*De Gemeene Gratie*)의 첫째 권에서 그는 일반 은총을 더욱 부정적으로 정의하려고 한다. 하지만 둘째 권부터는 긍정적으로 정의하려는 경향이 있다.

첫째 권에서 그는 일반 은총의 본질을 악한 역사의 발전 과정 가운데 나타난 하나님의 특정한 구속으로 여긴다.

둘째 권에서 그는 일반 은총의 본질을 죄인이 하나님의 은혜로 이룬 어떤 긍정적인 성취로 본다.

---

4   H. Bavinck, *De algemeene genade* (Kampen: G. Ph. Zalsman, 1894), 29.
5   반틸은 가톨릭(catholic)이라는 단어를 로마가톨릭을 나타내는 의미로 쓰지 않고 '보편적'(universal)이라는 의미로 썼다.

카이퍼의 일반 은총에 대한 개념은 긍정적인 면과 부정적인 면을 포함하기 위해 점점 더 포괄적으로 되어가는 것처럼 보인다. 우리는 가능한 한 각 개념을 한 개념으로 통합하기 위해 이런 측면을 차례로 살펴보려고 한다.

카이퍼가 죄의 파괴적 과정의 통제를 일반 은총 교리의 본질이라고 말할 때, 그는 특별 은총과 마찬가지로 일반 은총이 죄인의 전적 타락 교리를 전제한다고 분명히 한다. 모든 사람은 악과 죄로 인해 사망으로 태어난다. '하지만' 그는 이렇게 덧붙였다.

> 시체의 붕괴 과정이 죽음을 뒤따른다. 그리고 전체적이 아닌 부분적으로 통제될 수 있고 통제되었던 것은 시체의 영적 붕괴이다. 전체적으로 죄의 두려운 결과가 모든 사람에게 명백해지기 위해서가 아닌, 부분적으로, 부패한 우리 인류에서 하나님 창조 및 재창조의 풍성함이 이런 방식으로 영화롭게 되도록 하기 위해서이다.[6]

그는 나중에 일반 은총에 대한 전체 교리가 전적 타락을 전제로 한다고 주장한다.[7]

특별 은총과 일반 은총 두 가지 형태 모두 전적 타락을 전제로 한다. 이 둘의 차이는 전적으로 타락한 사람들에게서 발생한 효과의 차이로 설명된다. 특별 은총의 선물인 중생은 죄의 뿌리를 뽑음으로 죄라는 암을 제거한다고 카이퍼는 주장한다. 중생은 죄 대신에 영생의 능력을 준다.

그러나 일반 은총은 그런 종류의 일을 하지 않는다. 그것은 죄악을 억제하지만 제거하지는 않는다. 그것은 성품을 길들이지만, 바꾸지는 않는다. 그것은 죄인을 줄로 묶어서 뒤로 잡아당긴다. 따라서 통제하는 끈이 제거

---

6 A. Kuyper, *De gemeene gratie*, 3 vols. (Leiden: Donner, 1902), 1:243.
7 Kuyper, *De gemeene gratie*, 1:248.

되자마자 악의 기운이 다시 생겨난다. 그것은 잡초를 자를 수는 있어도 그 뿌리를 제거하지는 못한다. 그것은 인간 자아의 내적 충동을 악한 상태로 내버려 두지만, 악이 완전히 열매를 맺지 못하도록 막는다. 그것은 제한하고 통제하며 억제하여 현상을 유지하게 하는 힘이다.[8]

그러므로 일반 은총의 본질은 죄의 파괴적인 힘을 통제하는 것이다.[9] 카이퍼에 의하면 이제 죄가 역사적 발전 과정에서 온 우주에 영향을 미칠 때 일반 은총은 모든 곳에 퍼져 있음을 우리는 발견한다. 카이퍼는 자신의 주장을 요약한다.

> 따라서 일반 은총은 '작은 불꽃'이 죽지 않도록 유지하면서 인간의 영혼에서 시작한다. 그것은 육체의 힘을 지지하고 따라서 사망의 도래를 뒤로 밀어냄으로써 인간의 몸을 이차적으로 지탱한다. 이에 더해 일반 은총은 세상을 사는 인간 안에, 소위 말하는 세 번째 형태의 활동을 창출해야 했다.[10]

일반 은총의 본질은 죄의 과정을 억제하는 것이다. 그 범위는 인간과 세상이다. 일반 은총의 궁극적 토대는 하나님의 자비이다.

카이퍼는 말한다.

> 그러므로 일반 은총은 편재하는 신적 자비 활동이다. 그것은 인간의 마음이 뛰는 곳과 그것을 인간의 마음에 전달하는 모든 곳에서 드러난다.[11]

우리는 카이퍼가 죄의 구속에 대해 더 말한 것을 자세하게 설명할 수 없다. 지금은 일반 은총 교리 전체에 대한 폭넓은 관점을 찾고 있다. 그렇다

---

8   Kuyper, *De gemeene gratie*, 1:251.
9   Kuyper, *De gemeene gratie*, 1:242.
10 Kuyper, *De gemeene gratie*, 1:261.
11 Kuyper, *De gemeene gratie*, 1:251.

면 우리가 일반 은총의 긍정적인 측면이라고 부르는 것에 대한 카이퍼의 입장을 서둘러 다루는 것이다.

카이퍼는 두 번째 권에서 일반 은총의 지속적 측면과 점진적 측면을 구별한다. 그는 첫 번째 권에서 일반 은총의 본질, 즉 죄의 진행에 대한 제한이라고 말하는 것을 일반 은총에 대한 지속적 관점으로 크게 부각한다. 그는 일반 은총에 대한 하나님의 목적은 단순히 죄를 통제함으로 인간의 삶을 가능하게 하는 것뿐만 아니라, 삶이 향상하게 하는 것이라고 덧붙였다.[12]

> 한편, 타락 이후 에덴동산에서 시작된 일반 은총은 계속 존재했고, 처음의 모습 그대로 오늘날까지 남아 있다. 그리고 계속 내려오는 일반 은총 자체는 두 부분으로 구성된다.[13]

두 부분은 다음과 같다.

> 이 땅을 사는 죄인들과 이방인들 사이에서 공적 정의가 등장하게 할 수 있도록, 자연 속에 있는 파괴하는 힘과 인간의 마음속에 있는 죄의 권능을 억제하려는 하나님의 행위로 구성된다. 이것이 우리 인간의 삶을 유지하고 통제하는 일반 은총이다.[14]

카이퍼는 계속 말한다.

> 그러나 일반 은총은 이 최초의 모습에서 멈추지 않고 발전한다. 단순한 유지 관리와 통제는 세상이 어떤 종말로 보존되어야 하는지 그리고 왜 일

---

12 Kuyper, *De gemeene gratie*, 1:600.
13 Kuyper, *De gemeene gratie*.
14 Kuyper, *De gemeene gratie*, 1:601.

반 은총이 역사와 시대를 통틀어 존재했는지에 대한 질문에 답을 주지 못한다.

어떤 것이 바뀌지 않는다면, 왜 남아 있어야 하는가?

만약 삶이 단순한 반복이라면, 왜 인생이 계속되어야 하는가?

따라서 인간의 삶과 세상 전체가 계속되고 더욱 완전하고 풍성하게 발전하도록 하기 위해 일반 은총의 단순한 유지 이외에 또 다른, 전적으로 다른 무엇인가가 추가되어야 한다.[15]

우리가 일반 은총의 진보적 및 지속적 운영을 염두에 두지 않는다면, 역사의 과정을 이해할 수 없다고 카이퍼는 주장한다. 그는 두 가지 관점을 정의하면서 이렇게 말한다.

> 지속적 일반 은총 운영이란 하나님이 여러 가지 방법으로 자연의 저주와 인간 마음속에 있는 죄를 억제하신다는 것이다. 이와는 대조적으로, 진보적 일반 은총 운영이란, 하나님의 능력으로 인간의 삶이 고통을 철저하게 견디게 해서, 내적으로 더욱 풍성하고 완전하게 발전할 수 있도록 하는 계속되는 진보 과정이다.[16]

카이퍼는 일반 은총에 대한 이런 두 가지 운영 사이의 '깊고 결정적인 차이'를 이렇게 말한다. 지속적 운영의 경우 하나님은 사람과 독립적으로 행하시지만, 진보적 운영의 경우 인간 자신이 "하나님의 도구이자 협력자로" 행동한다.[17] 문명의 역사는 인간 자신이 하나님과 협력자라는 주장에 대한 증거로 제시된다. 둘째 권의 어느 부분에서 카이퍼는 이렇게 말한다.

---

15 Kuyper, *De gemeene gratie*.
16 Kuyper, *De gemeene gratie*, 1:602.
17 Kuyper, *De gemeene gratie*.

> 일반 은총은 우리 본성에 추가되는 것이 아니라 항상 죄와 부패에 대한 통제의 결과로서 우리 본성에서 나온다.[18]

여기에서 그는 일반 은총의 의미를 한정하지 않지만, 진보적 운영 외에 달리 생각할 수 없다. 우리는 이제 카이퍼가 말하는 일반 은총의 두 가지 측면으로 돌아가야 한다. 카이퍼에게 일반 은총은 일차적으로 하나님의 통제하는 힘이라고 우리는 주장할 수 있다. 하나님의 힘은 사람을 도구로 사용해 역사할 수도 있고 사람을 배제하고 역사할 수도 있다. 우주에 있는 최초 창조의 힘은 인간이라는 도구를 통해 하나님의 영광을 위한 특정한 발전의 기회로서 주어졌다.

우리가 주어진 상황에서 카이퍼의 일반 은총 교리의 정의에 관해 최선을 다해 내릴 수 있는 것은 그의 정의는 매우 광범위하고 제한이 없다는 것이다. 카이퍼의 설명은 완벽히 일관되고 명확하지는 않다. 그러나 카이퍼는 자신의 애매모호한 진술 속에서도 두 가지를 말하고 싶어 한다.

첫째, 일반 은총에 대한 운영 방식은 두 가지가 있다.
둘째, 인간의 활동은 특정 시점에서 하나님의 도구로 사용된다.

일반 은총 교리에 대한 카이퍼의 진술은 반박을 피하지 못했다. 월간 잡지 「스텐다드 베어러」(*The Standard Bearer*)의 헤르만 훅스마(Herman Hoeksema) 목사, 헨리 댄호프(Henry Danhof) 목사뿐만 아니라 많은 팸플릿과 책에서 모든 형태의 일반 은총을 적극적으로 부인했다.

훅스마와 댄호프는 하나님이 어떤 의미로든 어느 시점에나 자신이 선택하지 않으신 사람에게 어떤 동정심을 느껴야 한다는 것은 말이 안 된다고 주장한다. 물론 악인도 하나님의 선물을 받는다. 그러나 비와 햇빛은 하나

---

[18] Kuyper, *De gemeene gratie*, 1:214.

님의 호의의 증거가 아니다.[19]

　더욱이, 일반 은총 개념은 사실상 전적 타락 교리를 부정한다고, 훅스마와 댄호프는 주장한다. 인간은 본질적으로 영적 및 도덕적 존재이다. 카이퍼가 말한 것처럼, 인간이 어떤 선을 행한다면 그것은 반드시 영적인 선이어야 한다.[20] 인간이 영적으로 어떤 선한 일을 행한다면 그는 전적으로 타락했다고 할 수 없다. 훅스마와 댄호프[21]가 일반 은총 개념에 반박하는 글을 쓰기 시작했을 때, 그들은 기독교개혁교회(Christian Reformed Church)의 목사였다. 1924년 교회 총회는 세 가지를 선언하므로 사실상 그들의 관점을 정죄했다.

　이 '세 가지 사항'이 일반 은총에 대한 토론의 중심에 있는 이래로 우리는 이제 이것들을 다룬다. 이는 『배너』(The Banner)[22]에 나타난 것과 같다.

　"총회는 세 가지 요점에 대한 처리"(Treatment of the Three Points)라는 제목 아래 세 번째 항목에 있는 '위원회의 권고'를 고려하여 다음과 같이 결론 내린다.

1. 첫 번째 요점에 대한 처리

　총회는 선택받은 자뿐만 아니라 일반적 의미에서 인류를 향한 하나님의 호의적 태도를 다루면서, 성경과 신앙고백서를 따라 영생을 받도록 선택된 사람들에게 임한 하나님의 구원하는 은혜 외에 하나님이 일반적으로

19　H. Danhof and H. Hoeksema, *Van zonde en genade* (privately printed, 1923), 244. 20. Danhof and Hoeksema, *Van zonde en genade*, 131.
20　Danhof and Hoeksema, *Van zonde en genade*, 131.
21　헨리 댄호프(1879-1952)는 조지 옵호프(George Ophof), 훅스마와 함께 개신교개혁교회(Protestant Reformed Churches)의 창시자 중 한 사람으로 여겨진다. 개신교개혁교회는 일차적으로, 이들이 활동했던 기독교개혁교회에서 옹호한 일반 은총 교리를 대항하기 위해서 세웠다.
22　Editorial by H. J. Kuiper, *The Banner* 74 (June 1, 1939): 508-509.

자신의 피조물에게 주신 특정한 형태의 하나님 은혜가 있는 것이 확실하다고 선언한다. 이것은 인용된 성경 구절과 복음의 일반적 전파를 다루는 도르트 신조 II:5, III, IV: 8, 9에서 분명히 나타난다. 또한, 개혁주의 신학의 전성기에 활동했던 개혁주의 작가들의 선언에 의할 때, 옛날 개혁주의 신학의 선조들이 이 관점을 옹호했음이 분명하다.

편집자 주: 다음과 같은 성경 구절이 증거로 제시된다. 시편 145:9; 에스겔 18:23; 33:11; 마태복음 5:44, 45; 누가복음 6:35, 36; 사도행전 14:16, 17; 로마서 2:4; 디모데전서 4:10. 이 성경 구절은 독자가 쉽게 찾을 수 있음으로 굳이 여기에 나열할 필요는 없을 것 같다.

독자는 또한 시편 찬송가에 언급된 도르트 신조 구절들을 찾을 수 있다. 그러나 독자가 개혁주의 선조들의 선언에 접근할 수 없다는 점을 고려하면, 이것들을 번역해야 할 것이다. 하지만 선언이 상당한 공간을 차지할 것이기 때문에, 우리는 의미와 관련해서 필요한 부분을 제외하고, 여기저기서 많은 부분을 생략할 것이다.

1) 칼빈의 『기독교 강요』 제2권, 제2장 제16조

이것은 하나님의 영이 주신 가장 훌륭한 선물이라는 것을 잊지 말아야 한다. 이 선물은 인류의 공동 이익을 위해 하나님이 자신의 선한 뜻에 따라 분배하신다. 또한, 하나님과 완전히 분리된 불의한 자들이 어떻게 성령과 교제할 수 있는지 의문을 품어야 할 이유도 없다.

하나님의 영이 오직 신자들에게만 임하신다고 말할 때, 그것은 하나님의 성화하는 성령으로서 이해해야 한다. 우리는 이 성령으로 거룩한 하나님의 성전이 된다. 그러나 하나님은 동일한 성령의 힘으로 모든 피조물을 보충하시고 움직이시고 살리신다. 하나님은 창조의 법에 따라 모든 피조물 종류의 특성에 맞게 하나님의 영을 주신다.

2) 칼빈의 『기독교 강요』 제3권, 제14장 제2조

우리는 하나님이 어떻게 사람들에게 선을 베푸는 자에게 현생의 삶에서 복을 주시는지 발견한다. 이 선행의 외적 모양은 그에게서 받을 수 있는 가장 작은 것이라는 뜻이 아니다. 그러나 그는 외적이고 위선적인 것도 일시적으로 보상함으로써, 피조물이 하나님의 참된 의에 대해 크게 존경하기를 원하신다. 우리가 방금 발견한 것처럼, 이런 선행은 그것이 무엇이든지, 또는 선행의 겉모양이든지 상관하지 않고 하나님의 선물이다. 이는 사람에게서는 칭찬받을 만한 어떤 것도 나올 수 없기 때문이다.

3) 페트루스 판 마스트리호트(Van Mastricht)의 저서 제1부, 439쪽

이제부터 피조물에 대한 하나님의 삼중 사랑이 진행된다. 시편 104:3과 145:9에서, 보편적 의미에서, 하나님은 모든 것을 창조하고 보존하며 통치한다(시 36:7; 147:9). 일반적(common) 의미에서, 특별히 인간들에게 향하는 은총이 있다. 이 은총은 모든 사람에게 개별적으로 주어시지 않는다. 예외 없이 모든 종류에, 선택받은 자뿐만 아니라 유기된 자에게도, 그들이 어떤 종류이건 어떤 종족이건 상관하지 않으시고 하나님은 자신의 복을 주신다. 이런 복은 히브리서 6:4, 5; 고린도전서 3:1, 2에 언급되어 있다.

참고: 세 번째 종류의 (신자들을 향한) 신적 사랑에 대해서는 의견이 일치하기 때문에 이 인용문에 언급되지 않았다(중략).

2. 두 번째 요점에 대한 처리

'개인의 삶 및 사회의 삶과 관련해 죄의 억제'에 관해 총회는 성경과 신앙고백을 따라 죄에 대한 억제가 있다고 선언한다. 이것은 인용된 성경 구절과 네덜란드 신앙고백서(Belgic Confession) 제13조와 제36조에서 분명히 나타난다. 네덜란드 신앙고백서는 하나님이 자기 영의 일반적 운영을 통해 마음을 새롭게 하지 않으면서 죄가 성장하지 못하게 억제하신다고 가르친다. 그 결과로 인간의 사회가 유지될 수 있다. 또한, 개혁주의 신학의 전성기에 활동했던 개혁주의 작가들의 선언에 의할 때, 옛날 개혁주의 신학의 선조들이 이 관점을 옹호했음이 분명하다.

편집자 주: 다음과 같은 성경 구절을 참조하라. 창세기 6:3; 시편 81:11, 12; 사도행전 7:42; 로마서 1:24, 26, 28; 데살로니가후서 2:6, 7.

첫 번째 요점에서처럼 동일한 개혁주의 작가들의 말이 인용된다.

1) 칼빈의 『기독교 강요』 제2권, 제3장

모든 시대에, 본성의 힘만으로 선행을 추구하기 위해 평생을 바친 사람들이 있다. 그리고 그들의 행동에서 많은 실수가 있을 수도 있지만, 선행을 추구하므로, 그들은 자기 본성에 어느 정도는 선한 것이 있었음을 증명했다. 그러므로 이런 예들을 통해 판단하건대, 인류의 본성이 완전히 부패했다고 하기에는 힘든 것처럼 보인다. 어떤 사람은 본성 면에서 불완전하지만, 고귀한 행동으로 두각을 나타낼 뿐만 아니라 평생 가장 선한 태도로 자신의 행위를 일관되게 절제했기 때문이다.

그러나 여기서 우리는 '이런 본성의 타락 가운데서도 신적 은혜의 여지가 있는데, 이 신적 은혜는 타락한 본성을 정화하기 위해서가 아닌 내적으로 그것을 억제하기 위해 주어진다'는 점을 기억해야 한다. 이는 주님이 모든 사람의 마음이 모든 무법적 열정에 빠지게 내버려 둔다면, 모든 사람은 바울이 인간의 본성에 대해 일반적으로 정죄하는 모든 행동을 극도로 행할 것이다. 주님은 자신이 선택한 사람들에게 있는 이런 심각한 질병을 우리가 이후에 설명할 방법으로 고치신다. 유기된 자들의 경우 주님은 이 우주를 보존하는 데 필요한 만큼, 그 질병이 확산하지 않도록 제지하신다.

2) 판 마스트리흐트(Van Mastricht)의 저서 제2부, 330쪽

그러나 하나님은 이 심각한 영적 사망과 속박을 완화하신다.

(1) '내적으로', 사람 안에 남아 있는 하나님의 형성과 최초의 의를 통해 '내적 죄악을 제지하는 은혜를' 베푸신다.
(2) '외적으로', 국가, 교회, 가족 및 학교라는 모든 종류의 수단을 통해 죄의 자유와 방탕함을 감시하고 억제하여, 심지어 명예로운 것을 실천할 수 있는 동기가 생기게까지 하신다(중략).

3. 세 번째 요점에 대한 처리

거듭나지 않은 사람들이 행하는 소위 말하는 시민의 의와 관련해서, 총회는 성경과 신앙고백서에 의해 거듭나지 않은 자들은 비록 구원하는 은혜를 받지 못하지만(도르트 신조 III, IV, 3), 시민의 미덕을 행할 수 있다고 선언한다. 이런 주장은 인용된 성경 구절, 도르트 신조(III, IV, 4) 그리고 네덜란드 신앙고백서에서 명백히 나타난다. 이곳에서 하나님은 인간의 마음이 거듭나게 하지 않으시면서, 사람에게 그런 영향력을 행사하셔서 그들이 시민의 미덕을 행할 수 있게 하신다고 가르친다.

또한, 개혁주의 신학의 전성기에 활동했던 개혁주의 작가들의 선언에 의할 때, 옛날 개혁주의 신학의 선조들이 이 관점을 옹호했음이 분명하다.

편집자 주: 인용된 성경 구절은 다음과 같다. 열왕기하 10:29, 30; 12:2(대하 24:17-25과 비교하라); 14:3(대하 25:2, 14-16, 20, 27과 비교하라); 누가복음 6:33; 로마서 2:14(13절과 비교하라. 또한, 롬 10:5, 갈 3:12과도 비교하라). 다시 개혁주의 선조들의 글에서 가져온 총회 인용문을 번역한다.

1) 우르시누스(Ursinus), 사트보엑(Schatboek)의 '주님의 날 III'

회심하지 않은 사람은 너무 부패해 그 어떤 선한 것도 할 수 없다. 이것을 이해하기 위해서는 여기에서 말하는 선과 무능력이 어떤 종류의 것인지 알아야 한다. 세 가지 종류의 선이 있다.

첫째, 먹는 것, 마시는 것, 걷는 것, 일어서는 것, 앉는 것과 같은 자연적 선

둘째, 파는 것, 사는 것, 정의의 실천, 일정한 지식과 기술과 같이 우리의 일시적 안녕을 증진하는 시민의 선

셋째, 영생을 얻는 데 꼭 필요한 영적, 초자연적 선

이 마지막 선은 부패한 마음에서 돌이켜 하나님을 향하고 그리스도를 믿는 것을 의미한다. 여기에서 다루는 것은 영적, 초자연적 선이다. 회심하지 않은 사람은 중생한 사람보다 다른 종류의 선을 훨씬 더 잘 행할 수 있다. 물론 이런 것들도 (일반 은총으로서) 하나님에게서 받는다. 출애굽기 31:2; 잠언 16:1; 고린도후서 3:5; 야고보서 1:17을 참조하라.

2) 판 마스트리흐트의 저서 제1부, 458쪽

개혁주의 학자들은 거듭나지 않은 사람도 구원 은혜를 제외하고 선을 행할 수 있다고 인정한다. 그러나 거듭나지 않은 자들이 하는 이런 종류의 선행도 자유의지만으로 할 수 없고 하나님이 베푸신 일반 은총의 힘으로 하는 것이다. 개혁주의 학자들은 하나님이 거듭나지 않은 사람에게 일반 은총으로 역사하셔서 윤리적 선행을 할 수 있게 하신다고 덧붙인다. 예를 들어, 브살렐에게 있었던 자연 예술과(출 31:2, 3) 성령으로 깨닫고 하나님의 선한 말씀과 오는 세대의 권능을 맛본 자들이 행하는(히 6:4, 5) 도덕적 선행이 있다.

3) 판 마스트리흐트의 저서 제2부, 330쪽

예를 들어, 먹고 마시고 추리하는 것과 같은 자연적 선이 있다. 아무에게도 상처를 주지 않고, 이웃과 공손하고 우호적인 관계를 맺는 시민의 선이 있다. 부지런히 예배에 참석하고, 기도하며, 중대한 잘못을 저지르지 않는 것과 같은 도덕적 또는 종교적 선이 있다(눅 18:11, 12). 그리고 믿음, 소망 같은 영적 선이 있다. … 죄의 상태에서 자유의지는 실제로 자연적, 시민적 또는 도덕적 선을 행하지만 영적 선은 행할 수 없다. 영적 선은 구원받은 자만이 할 수 있다.

우리는 훅스마와 그의 동료들이 "세 가지 요점"에 대해 행한 다양한 비평을 검토하지 않을 것이다.[23] 우리는 일반 은총에 관한 가장 최근의 논쟁에 관해 토론할 때, 상대적 유효성 또는 무효성에 대한 검토와 아울러 이런 비평을 다룰 것이다.

---

23 Herman Hoeksema, *A Triple Breach in the Foundation of Reformed Truth* (Grand Rapids: Reformed Free Publishing Association, 1942); H. Hoeksema, *Calvin, Berkhof and H. J. Kuiper: A Comparison* (개인적으로 출판, 1928?), www.prca.org; *The Standard Bearer*를 참조하라.

제3장

일반 은총 논쟁

1. 최근 논쟁

우리는 이제 일반 은총에 대한 최근의 논쟁을 간단히 조사하려고 한다. 네덜란드의 개혁주의 신학자들은 지금까지 미국에서 진행된 논쟁에 점차 관심을 가졌다. 그리고 최근 몇 년 동안 네덜란드 신학자와 미국 신학자 사이에 논쟁뿐만 아니라 네덜란드 신학자들 사이에서조차도 논쟁이 있었다. 광범위하게 말하면, 최근 세 집단 사이에 논쟁이 있었다.

첫째, 전통적 관점, 즉 카이퍼-바빙크(Kuyper-Bavinck)의 관점에 아주 밀접하게 집착하는 사람들이 있다. 암스테르담자유대학교(Free University of Amsterdam)의 V. 헵(V. Hepp) 교수가 이 집단의 대표자라고 할 수 있다.[1]

---

[1] V. 헵(V. Hepp, 1879-1950)은 1903년 암스테르담자유대학교를 졸업했다. 아마도 헤르만 바빙크(Herman Bavinck)의 후계자로 가장 잘 알려져 있을 것이다. 1922년 그는 바빙크 사망 후 얼마 지나지 않아 자유대학교의 조직신학 학장을 맡게 되었다. 그의 취임 연설은 "게레포메르데 아포로제틱"(Gereformeerde apologetiek), 즉 개혁주의 변증학(Reformed apologetics)이었다. 자유대학교의 새로운 교의학자인 헵은, "일반 은총 부정"(The Denial of Common Grace)이라는 제목으로 『데 레포마티』(*De Reformatie*) 강행물에 연속적으로 게재하므로, 일반 은총에 대한 미국인들의 주장에 대응했다. 헵은 1924년 가을에 미국에 가서, 칼빈신학교를 포함하여 전국을 돌며, 44번의 설교와 50번의 강의를 했다. 그는 1930년 프린스턴에서 스톤(the Stone) 강의를 하기 위해 미국에 두 번째로 방문했다. 헵은 카이퍼(Kuyper, 1898)와 바빙크(Bavinck, 1908) 이후 이 명예를 얻은 세 번째 자유대학교 교수였다. 헵은 프린스턴신학교가 분열에 휩싸일 때 (웨

둘째, 일반 은총을 거부하는 사람들. 헤르만 훅스마(Herman Hoeksema)가 이제 이 집단의 인정받는 리더이다.

셋째, 일반 은총을 거부하지도 않고 전통적인 견해를 지지하지도 않고 재구성하는 자들이 있다. 쉴더(Schilder) 박사가 이 집단의 대표자라고 할 수 있다. 우리의 관심은 바로 이 재구성론자들(reconstructionists)에게 있다.

일반 은총을 재구성하려는 노력은 전통적 개혁주의 입장을 세우면서도 여전히 새롭게 구성하려는 신학과 철학의 광범위한 운동과 밀접한 관련이 있다. H. 도예베르트(H. Dooyeweerd) 교수와 D. H. Th. 볼렌호븐(D. H. Th. Vollenhoven) 교수의 영역 주권(Sphere Sovereignty) 철학은[2] 이 운동의 한 부분을 대표한다.[3] 그것은 카이퍼가 자신이 주장했던 추상화에 집착하지 않고 신학과 철학의 문제에 대해 제시한 구체적 접근 방식을 인정하려고 한다.[4]

스트민스터신학교 창립으로 종결됨) 미국에 갔기 때문에, 장로교로부터 신학적 입장을 확실히 하라는 압력을 받았다. 그는 그렇게 할 수 없다고 했다. 그의 결정으로 인해, 그의 인기와 미국 및 네덜란드 동료들과의 관계는 내리막길로 가기 시작했다. 그는 미국에서 돌아온 지 얼마 지나지 않아 「데 레포마티」의 편집자 직책을 사임하고, 1937년부터 1940년까지 간행물 「크레도」(*Credo*)의 편집을 맡았다.

[2] "영역 주권 철학"은 카이퍼가 시작했다. 그는 다양한 창조 영역(예를 들어, 교회의 영역과 국가의 영역)이 있다고 이해했다. 각 영역은 하나님을 위해 존재하고 서로 독립적으로 기능하게 되어 있다. 따라서 이 영역은 하나님이 제정하신 영역이라는 점에서 "주권적"(sovereign)이다. 도예베르트(Dooyeweerd)와 볼렌호븐(Vollenhoven)은 이 개념을 철학적 범주에서 이해하려고 했다.

[3] 헤르만 도예베르트(1894-1977)와 볼렌호븐(1892-1978)은 네덜란드의 20세기 기독교 철학의 선구자였다. 변호사였지만, 철학에 대한 도예베르트의 영향력은 볼렌호븐의 영향력을 능가했는데, 이는 부분적으로 그의 세 권짜리 책, 『법 관념 철학』(*De wijsbegeerte der wetsidee*, 1935-1936)의 영향 덕분이었다. 이 작품은 나중에 *A New Critique of Theoretical Thought*, ed. William S. Young, trans. David H. Freeman (Nutley, NJ: Presbyterian and Reformed, 1969)으로 개정되고 영어로 번역되었다. 카이퍼 사상의 계승자로 자처한 도예베르트는 철학, 문화, 사회 이론, 정치, 및 법 이론을 다루는 200편이 넘는 책과 기사를 출판했다.

[4] H. Dooyeweerd, "Kuyper's wetenschapsleer", *Philosophia Reformata* 4 (1939): 193-232을 참조하라. 또한, C. Veenhof, *In Kuyper's lijn* (Goes: Oosterbaan & Le Cointre, [1939])을 참조하라.

이제 S. G. 데 그라프(S. G. De Graaf) 목사의 글, "하나님 은혜와 하나님 창조 전체에 대한 구조"(The Grace of God and the Structure of God's Whole Creation)를 간단히 언급하며 이 운동에 대해 더욱 깊이 고찰해 보자.[5]

훅스마가 주장하는 것과 매우 유사한 방식으로, 데 그라프도 유기된 자가 하나님 진노의 자녀로 머물러 있는 한, 하나님이 그들에게 호의를 베풀지 않으신다고 주장한다.[6] 그러나 그는 마태복음 5:45과 같은 구절에 기초해 하나님은 자기 원수들을 사랑한다고 결론 내려야 한다고 말한다.[7] 그는 은혜 또는 호의와 사랑 사이의 차이점을 인식해야 한다고 말한다.

> 은혜 또는 호의와 자비 또는 인내의 차이는 이렇다. 하나님은 오래 참으심으로 자신의 좋은 선물을 주시지만, 자기 자신만큼은 이런 선물을 받는 자들에게 주지 않으신다. 동시에 그분은 자신의 언약을 주시는 자들의 경우처럼 자기 자신, 자신의 교통을 은혜로 주신다.[8]

쉴더의 작품이 이 부분에서 훨씬 더 중요한 구실을 한다. 그의 작품 『천국은 무엇인가』(Wat is Hemel)에서 그는 기독교 문화 철학을 부각하려고 한다. 따라서 그는 문명의 역사를 제공하는 일반 은총의 부수적 목적을 비판한다. 그는 또한 일반 은총 문제에 대한 카이퍼의 부정적 접근 방식에 비판적이다. 그는 우리가 불신자와 공유하는 어떤 공통적인 것을 기초로 문화가 세워져서는 안 된다고 말한다.

하나님은 우리에게 땅을 정복하라고 명령하셨는데, 문화는 오히려 이 원래 명령을 근거로 해서 세워져야 한다. 그래서 인간은 모든 것을 하나

---

[5] S. G. De Graaf, "De genade Gods en de structuur der gansche schepping", *Philosophia Reformata* 1 (1936): 17-29.
[6] Graaf, "De genade Gods en de structuur der gansche schepping", 18.
[7] Graaf, "De genade Gods en de structuur der gansche schepping", 19.
[8] Graaf, "De genade Gods en de structuur der gansche schepping", 20.

님의 영광을 위해 하는 하나님의 대사라는 개념으로 돌아가야 한다. 그러므로 '일반 저주'(common curse)도 일반 은총과 같은 맥락에서 말해야 한다.⁹ 온전한 복과 온전한 저주가 모두 억제된다. 이 두 가지 모두를 염두에 둘 때, 우리는 반동적(reactionary)이기보다는 진실로 진취적일 수 있다. 그러면 우리는 종말론적으로 생각하고 파멸에 대해서도 마음을 열 수 있다.¹⁰

쉴더는 그리스도인과 비그리스도인 사이에 어떤 중립적 영역이 있을 수 있다는 일반 은총 개념을 가차 없이 거부한다. 우리가 문화와 역사의 전반을 이해할 때, 하나님의 인내라는 하나의 미덕에만 의지하지 말고 하나님의 모든 선한 행위에 기초해야 한다.¹¹

이 책이 공헌한 바는 상당히 크다. 이는 모든 신학적 사고에서 구체적 절차의 필요성을 강조한다. 쉴더는 신자나 불신자가 조건 없이 공유하는 어떤 공통분모가 있다는 주장을 정당하게 공격한다. 그러나 그는 이 책 전체에서 일반 은총 문제를 다루지는 않았다고 주장한다.

일반적으로 말해, 훅스마는 우리가 지금까지 논의한 것에서 용기를 얻었다고 할 수 있다. 그는 영역 주권 철학에 찬성했지만, 그것의 주창자들이 일반 은총을 부정하지 않았던 것에 대해 마음이 언짢았다. 그는 그들이 일반 은총을 부정해야만 자신들이 그들이 가지고 있는 전제와 부합한다고 느꼈다.¹²,¹³ 그는 쉴더와 데 그라프의 주장을 어느 정도는 기쁘게 받아들

---

9   K. Schilder, *Wat is de hemel?* (Kampen: J. H. Kok, 1935), 287.
10 반틸은 은 이 점을 아래에서 훨씬 더 깊이 다룰 것이다. 그가 의미하는 바는 일반 은총을 새 하늘과 새 땅의 설립과 (종말론적) 악의 파괴라는 (파멸적) 맥락에서 이해해야 한다는 것이다. 그러므로 일반 은총의 '텔로스'(*telos*, 목적)는 창조를 향한 하나님 목적의 정점에 있다.
11 Schilder, *Wat is de hemel?*, 289.
12 H. H., "De twee-terreinen-leer", *The Standard Bearer* 12 (January 1, 1936): 176.
13 클라스 쉴더(Klaas Schilder)가 "De scheuring in Amerika (II.)", *De Reformatie* 19 (May 19, 1939): 258-259 그리고 "De scheuring in Amerika (XIII.)", *De Reformatie* 19 (August 18, 1939): 364-365에 있는 세 가지 요점의 공식에 대해 자세히 비평한 것을 다룰 필요는 없다.

었다.¹⁴ 그러나 1936년 그는 쉴더가 실제로 일반 은총에 대해 반대의 입장을 유지하기를 원했다는 것과¹⁵ 데 그라프가 일반 은총을 정말로 부정했다는 점에 대해서는 의심했다.¹⁶

훅스마는 G. 그레이다누스(S. Greydanus) 박사가 「데 레포마티」(*De Reformatie*)에 게재한 글을 더욱더 희망차게 여겼다.¹⁷ 그레이다누스는 비와 햇빛과 같은 선물을 내세우며, 이런 선물이 선물을 받는 자에게 주시는 하나님의 호의인지 질문했다. 이 질문에는 불신자는 항상 그런 선물을 오용하고 그래서 자신들이 받을 벌을 가중한다는 관점이 내재해 있다. 그는 그 질문에 대해 장황하게 대답하지 않았지만, 그 문제에 대해 매우 의심하는 입장을 보였다.¹⁸

그러나 우리는 보다 특정한 본질과 연관 지어야만 한다. 1924년 기독교개혁교회에서 "세 가지 요점"이 새롭게 논의되었다. 다니엘 츠비어(Daniel Zwier) 목사¹⁹는 쉴더에게 이 세 가지 요점에 동의하는지 물었다. 츠비어

---

14 데 그라프(S. G. De Graaf, 1889-1955)는 암스테르담의 뛰어난 복음 설교자였다. 그의 네 권짜리 책, 『약속과 구원』(*Promise and Deliverance*)은 (*Verbondsgeschiedenis*의 영어 번역) 구속 역사에 대한 신학에 큰 영향을 미쳤다. 데 그라프에 대한 자세한 사항은 "Translator's Introduction" in S. G. De Graaf, *Promise and Deliverance*, vol. 1: *From Creation to the Conquest of Canaan*, trans. H. Evan Runner (St. Catherines, Ontario: Paideia Press, 1979), 11을 참조하라.
15 H. H., "Een vergissing", *The Standard Bearer* 12 (May 15, 1936): 364.
16 H. H., "Loochening der gemeene gratie in Nederland", *The Standard Bearer* 12 (June 1, 1936); 393-394.
17 시클 그레이다누스(Seakle Greydanus, 또는 Greijdanus, 1871-1948)는 암스테르담 자유대학(the Free University of Amsterdam)에서 교의학을 전공한 네덜란드 개혁주의 신학자였다. 로렌부르그(Rozenburg), 주이드-바이헤르란드(Zuid-Beiherland) 그리고 패젠스-모데르갓(Paesens-Moddergat)의 개혁 교회에서 목사로 사역했다. 1917년에 그는 캄펜(Kampen)신학교의 신약학 교수가 되었다. 1944년 네덜란 개혁교회의 클라스 쉴더(Klaas Schilder)와 합류하여, 카이퍼의 관점을 반박했던 것으로 알려졌다. 헤르만 리데르보스(Herman Ridderbos)가 캄펜에서 그의 뒤를 이었다.
18 H. H., "Dr. Greydanus stelt gewichtige vragen", *The Standard Bearer* 14 (February 1, 1938): 200.
19 다니엘 츠비어(1879-1946)는 1924년 "세 가지 요점"이 나왔을 당시를 포함하여, 수년간 기독교개혁교회 총회의 서기로 섬겼다. 그는 또한 미시간주 그랜드 래피드(Grand

는 1924년 총회 회원이었으며 이 세 가지 요점 채택에 대한 책임을 다른 사람과 공동으로 졌다. 「데 바처」(De Wachter)(1939년 4월 4일부터 출간)에 실린 일련의 기사에서 그는 쉴더의 "일반 명령"(Common Mandate) 개념과 전반적으로 동의했다. 그는 쉴더가 옹호했던 신학적 문제들에 대한 구체적 접근을 전반적으로 공감했다. 그는 훅스마에 대항한 강력한 세 가지 요점 수호자로서, 일반 은총에 대한 쉴더의 관점에 상당한 관심을 보였음을 알 수 있다.

이어진 논쟁은 첫 번째 요점만 다루었다.[20] 총회는 선택받지 못한 자들을 향한 하나님의 어떤 호의적 태도가 있다고 분명히 말했거나 그런 의도를 가지고 있었다. 츠비어도 총회가 결정한 의미를 그런 식으로 해석한다. 쉴더는 '세 가지 요점' 중 첫 번째에 대한 그런 식의 해석은 받아들일 수 없다고 츠비어에게 대답했다.[21]

그는 자신의 입장을 설명하면서 하나님이 "자신의 피조물에 전반적인" 호의적 태도를 베푸신다는 진술을 비판했다. 사자와 나무 같은 것들이 여기의 "일반적 의미의 피조물"(creatures in general)에 해당한다고 그는 말한다. 그러나 이는 "일반적 의미의 인간"(men in general)과 상당히 다르고, 구분된다. 사람의 경우 죄가 있지만 다른 피조물은 죄가 없기 때문이다.

그러므로 실제 인간들의 경우, 창조성과 죄성을 같이 고려해야 한다. 따라서 피조물 전반에 대한 하나님의 호의와 같은 맥락에서 죄인 각자를 향한 하나님의 호의를 생각한다면 큰 실수를 저지르는 것이다. 또한, "일반적 의미의 피조물"에는 타락한 천사가 포함된다. 그리고 하나님은 당연히 마귀들에게 호의를 베풀지 않으신다.

Rapids, Michigan)의 기독교개혁교회의 목사였다.
20 De Reformatie, May 12, 1939과 이후에 출간된 것들을 참조하라.
21 Klaas Schilder, "De scheuring in Amerika (XIV.): Intermezzo: antwoord aan ds. D. Zwier [I.]", De Reformatie 20 (October 20, 1939): 20-21.

그러므로 총회는 단순한 창조성과 인간의 상태를 구분하지 못했다고 쉴더는 주장한다. 쉴더는 총회가 형이상학적인 것뿐만 아니라 도덕적 측면을 고려하지 못했다고 주장한다. 쉴더는 자신뿐만 아니라 훅스마도 하나님이 모든 창조성을, 심지어 적그리스도와 마귀에게 있는 창조성조차도 사랑하신다는 주장에 동의할 것이라고 말한다.

우리는 쉴더에 대한 이런 비판이 그다지 중요하지 않다는 츠비어의 입장에 동의한다.[22] 좋든 나쁘든, 총회는 하나님이 단지 인간이 인간이라는 이유로 모든 인간에게 호의를 베푸신다고 가르쳤다. "일반적 의미의 피조물"이라는 표현은 널리 인기를 끌었는데, 이 표현은 쉴더가 이끌었던 것과 같은 결론을 공정하게 평가하지 못한다. 게다가 폭넓은 의미를 가진 이 문구 자체는 하나님이 자신의 모든 피조물을 사랑하신다는 사실을 나타낸다.

그리고 하나님이 마귀 안에 있는 창조성을 포함해 모든 피조물의 창조성을 사랑하신다는 사상은 제한적 개념으로만 사용할 때 말이 된다고 우리는 믿는다. 쉴더 자신은 우리에게 구체적으로 생각하라고 경고했다. 그리고 구체적으로 생각한다는 개념은 '창조성'과 같은 보편적인 것들을 제한적 개념으로만 사용해야 한다는 점을 암시한다.[23] 인간에게서는 이런 창조성이 발견되지 않는다. 이것은 완전히 추상적 개념이다. 성경의 주해를 통해서는 하나님이 우리에게 창조하신 사고의 법칙을 절대로 무너뜨릴 수 없다고 쉴더는 말한다.

쉴더가 제시한 논리의 요지도 비슷하다. 츠비어는 성경 주해가 일관성이 있어야 한다는 말과 우리의 해석이 일반적 논리와 조화를 이루어야 한

---

[22] Daniel Zwier, "Dogmatische onderwerpen: Syllogismen, die we onmogelijk kunnen aanvaarden", *De Wachter* 72 (November 21, 1939), 723-724; Zwier, "Dogmatische onderwerpen: Antwoord aan Dr. Schilder", *De Wachter* 73 (January 30, 1940): 67-68.

[23] 제한적 개념으로서, "창조성"이라는 관념은 추상적이기 때문에 피조물을 "구체적"으로(예를 들어, 마귀, 인간, 기타 등) 명시해야 이해할 수 있고 적절하게 적용할 수 있다. 이에 대한 자세한 내용은 편집자 서문을 참조하라.

다는 말은 다른 것이라고 대답한다. 우리는 이에 동의해야만 한다. 두 번째 진술이 첫 번째 진술과 일치한다면, 언급된 논리는 진정으로 기독교-유신론적 논리임이 틀림없다.

혹스마의 추상적 추론의 상당 부분이 기독교와 비기독교 논리를 구별하지 못한 데서 비롯한 것일 수도 있다. 물론 우리는 삼단논법의 규칙이 그리스도인과 비그리스도인에게 다르게 적용된다는 것을 의미하지는 않는다. 혹스마는 죄가 우리를 미치게 하지 않았다고 광기의 개념을 언급한다. 그가 단순히 신자뿐만 아니라 (아니면 신자보다도 더 잘) 불신자도 지적 절차의 기술적 과정을 따를 수 있다는 것을 의미한다면, 우리는 그의 말에 동의한다. 그러나 그가 성경에 나오는 하나님의 계시가 겉보기에 이율배반이 될만한 것이 없다고 말하거나 가정할 때, 우리는 반대한다.[24]

그는 하나님의 계시와 비밀스러운 뜻 그리고 기도와 하나님의 계획을 '조화하려고' 시도한다. 불신자들은 그의 이런 노력을 받아들이지 않을 것이다. 그는 불신자들이 기독교 중심에 있다고 생각한 어려운 문제 전체를 풀 수 없다. 불신자들은 자급자족하시고 영광스러우신 하나님에 대한 모든 개념이 역사 속에서 그분을 영화롭게 해야 할 모든 것에 대한 개념을 배제한다고 생각한다. 그들은 이미 가득 찬 양동이에 물을 추가하는 것과 같다고 주장한다. 아무도 하나님의 뜻을 거역할 수 없다면, 심지어 살인자조차도 하나님의 뜻을 거역할 수 없다면 우리는 단순히 숙명론을 믿는다고 불신자들은 말한다.

이에 대해 우리는 기독교가 이율배반의 논리에 위배되지 않는다고 말할 권리와 용기가 있는가?

---

[24] 반틸은 개혁주의 사고의 핵심, 즉 성경의 기본 권위에 대한 결정적이고 중심적인 핵심을 강조한다. 우리는 성경에 따라 우리 생각의 규칙을 이해하고 적용해야 한다. 예를 들어, 하나님이 창조 이전에 영원한 형벌을 받을 사람을 결정하셨기 때문에, 역사 속에서 하나님은 이들에게 아무런 호의도 베풀지 않으신다고 추론한다면, 우리는 추론이라는 논리를 사용해서 성경의 명확한 가르침을 부정하는 결과를 초래한다고 할 수 있다.

우리는 어둠이 전혀 없고, 우리를 그분의 피조물로 만든 자급자족하시는 하나님을 손가락으로 가리키며 용기를 보여 준다. 그렇다면 하나님에 대한 우리의 관계가 신비한 요소를 포함한다는 것은 당연한 일일 것이다.

유한한 피조물인 우리는 항상 무한하시고 무궁무진하신 하나님과 접촉한다. 쉴더는 아마도 최근의 다른 개혁주의 신학자보다 훨씬 더 '대재앙'에 개방해야 한다고 강조했다. 불신자는 그런 요소를 허용하지 않는다. 그는 플라톤을 따라 '견고하게 보편적'이고 인간의 마음에 본질적으로 침투할 수 있는 보편성을 추구한다.[25] 불신자도 신비를 인정한다. 사실 불신자에게 신비는 궁극적이며 사람뿐만 아니라 하나님까지도 제한한다.[26]

그러므로 불신자의 입장은 합리적으로 출발하지만, 비합리적으로 끝난다. 본질적으로 인간의 이성으로 이해할 수 있는 것만을 받아들이고, 하나님의 마음과 사람의 마음이 평등하다고 가정할 때, 그는 결국 한편으로는 엄연한 사실적 상황과 다른 한편으로는 공허한 우주에 직면하게 된다.[27] 그러므로 불신자는 비논리적이다. 그는 진정한 논리의 토대를 파괴한다. 그는 삼단논법을 능숙하게 조작할 수 있지만, 여전히 비논리적이다.

반면에 하나님에 대한 기독교 교리는 참된 논리적 절차의 가능성을 전제로 한다. 공식 논리의 규칙은 일반적이든 특별하든 하나님의 계시에 대한 조직적 표현에서 이루어져야 한다. 그러나 삼단논법 과정은 자급자족하시는 하나님에 대한 개념에 명백하게 종속되어야 한다. 우리는 여기서 절대자를 대면해야 한다.

---

[25] "엄밀히 보편적 진실"은 자명한 공리적 원칙으로부터 온 논리적 필요성에서 추론한 것이다.
[26] 위에서 논의한 바와 같이 한 가지 예를 들면, 칸트에게 알 수 없는 본체는 하나님, 초월적 자아 그리고 그 자체에 있는 것들을 포함한다. 반틸의 다음 문장에서 알 수 있듯이, 비기독교적 사고는 이성적인 것과 (추론할 수 있는 원리들-현상) 비이성적인 것 (알려지지 않고 알 수 없는 것-본체) 사이에 있는 해결할 수 없는 변증법(dialectic)을 포함한다.
[27] "엄연한 사실"(brute factual) 상황은 초기 해석을 위해 현상을 취하는 것을 의미한다. 자율적 인간은 사실을 취하고 그것들의 의미를 결정하는 척한다. 그런데도 어떤 것들은 본체로 이관되기 때문에 내용이나 사실이나 다른 것들이 없는 "공허한 우주"가 된다.

우리는 하나님의 생각을 그분의 방식대로 이해해야 한다. 우리는 겉으로 드러난 것보다는 비유적으로 생각해야 한다.[28] 우리가 기독교 진리 체계에 자연스럽게 포함되어 있는 것처럼 보이는 "논리적 어려움"을 모두 제거할 수 있다고 생각하는 것은 사실상 논리 문제에 대해 신자와 불신자가 중립적 영역을 가지고 있고, 불신자가 실제로 소유하고 있지 않은 능력을 부여한다고 말하는 것과 같다.

이와 관련해 참 논리에 대한 기독교인과 비기독교인의 기초를 구별하지 못하는 데 따른 자연스러운 결과는 역사의 진정한 의미를 부인하는 것이다. 자급자족하신 하나님에 대한 믿음을 채택할 때, 짧은 시간에 일어난 창조와 진정한 역사적 발전은 일어날 수 없다고 불신자는 말한다. 마찬가지로 알미니안주의자들도 삼단논법을 중립적으로 적용하며 동의한다.

칼빈주의는 역사를 꼭두각시 인형으로 만든다고 그들은 말한다. 알미니안주의자들은 중립적 논리를 거부할 필요성을 느끼지 못했다. 그들은 모든 비기독교 철학이 그런 것처럼 추상적으로 추론한다. 따라서 알미니안주의자들은 역사에 대한 개혁주의 개념을 거부한다. 그들은 역사에 대한 개혁주의 개념을 철학적 결정주의로 생각한다.[29]

---

28 "비유"(analogy) 및 "비유적인 것"(analogical)에 대한 반틸의 개념은 지식과 "단언"(predication, 이 단어는 반틸이 바빙크가 사용한 개념을 사용한 것이다)에 적용할 때, 그의 신학과 변증학의 중심에 있다. 이 용어 자체는 아퀴나스 철학의 상당 부분을 함축하는 것처럼 보인다는 의미에서 혼란스럽기는 하지만, 비유에 대한 아퀴나스의 이해와 혼동해서는 안 된다.
아퀴나스는 존재의 비유(*analogia entis*)를 말했지만, 반틸에게 있어 비유의 개념은 하나님과 인간 사이에 있는 존재론적 및 인식론적 차이를 전달하기 위한 것이다. 비유적으로 생각하는 것은 '하나님의 생각을 하나님의 방식으로' 이해하는 것이다. 따라서 '존재', '원인' 그리고 '필요성'과 같은 개념은 하나님이나 피조물에 대한 언급이라는 올바른 맥락에서 이해해야 한다. 하나는 원본이고 (하나님), 또 하나는 파생된 것이다(창조물). 이 차이는 역사적으로 전형적-모형(archetypal-ectypal) 관계로 표현했다. 후자에 대한 자세한 내용은 Willem J. van Asselt, "The Fundamental Meaning of Theology: Archetypal and Ectypal Theology in Seventeenth-Century Reformed Thought", *Westminster Theological Journal* 64 (2002): 319-336을 참조하라.

29 이 문단에서 반틸은 역사에 대한 칼빈주의 관점과 알미니안주의 관점의 차이점을 설명

우리는 훅스마가 자주 사용하는 본질적으로 '중립적' 논리가 중립적 인간은 일반 은총으로 '선한 행위'를 할 수 있다는 주장에 대항한 그의 '결정론'의 배경을 장식한다고 믿는다. 이 주장은 본질적으로 알미니안 신학자들이 개혁주의의 구원하는 은혜 교리를 비판하는 데 사용한 결정론적 주장과 동일하다.

또한, 더 일반적으로 우리는 훅스마가 중립적 논리를 본질적으로 사용한다. 그렇기에 하나님이 유기된 자들에게 베푸신 어떤 호의적 태도에 대한 가능성을 부인하고, 유기된 자가 일정 부분 선한 행동을 할 수 있다는 능력을 부인하게 되었다고 믿는다.[30]

쉴더는 개혁주의 그리스도인들에게 어떻게 구체적으로 생각하는지 가르치기 위해 여러 가지 일을 해 왔다. 그러나 일반적으로 평가해서 그는 일반 은총 논쟁에 대해 그가 세운 높은 목표에 가까이 접근하지는 못했다. 그는 논리와 관련해 성경에 대해 말한 것을 통해 사람들이 구체적으로 생각하도록 돕지 못했다.

그리고 그는 세 가지 요점을 유지하기 위해 총회가 제시한 성경 자료에 관해 말했는데, 이를 통해 그도 역시 훅스마처럼 자주 추상적으로 추론했음을 알 수 있다.

이제 그가 관련 일부 성경 구절을 분석한 것을 간단히 살펴볼 것이다.

한다. 칼빈주의는 하나님이 역사를 세심하게 계획하시고 통제하신다고 보고(엡 1:1), 알미니안주의는 하나님보다는 사람의 선택이 역사를 결정한다고 본다. 따라서 어떤 사람은 칼빈주의가 역사의 의의를 파괴한다고 생각한다.

30 다시 말해서, 훅스마는 (모든 칼빈주의자가 채택하는) 영원한 선택과 유기에 근거해, 하나님은 선택받지 않은 자들에게 어떤 호의도 베풀지 않으신다고 주장한다. 그런 결론은 하나님의 영원할 작정으로 인한 필요한 결과처럼 보이지만, 성경적이지 않으므로 하나님의 선택 교리로부터 그런 결론을 추론할 수 없다.

1) 시편 145:9

첫 번째 구절은 시편 145:9이다.

> 여호와께서는 모든 것을 선대하시며 그 지으신 모든 것에 긍휼을 베푸시는도다 (시 145:9).

쉴더는 이전과 마찬가지로 이 구절이 존재에 대한 하나님의 기쁨을 표현한다고 주장한다. 하나님은 형이상학적 상황을 유지하시고 그렇게 하심으로써 "인간에게 존재와 발전의 즐거움을 주신다."

쉴더는 여기에 일반성에 대해 하나님이 호의적 태도를 보이신다는 증거가 없다고 주장한다. 하나님의 속성 안에 있는 그분의 모든 존재는 항상 하나님의 태도에 포함된다. 그러므로 하나님의 공의는 항상 고려되어야 한다.[31]

우리는 쉴더의 마지막 표현에 동의한다. 균형을 맞추기 위해 역사의 어느 특정 시점에서 사람에게 있는 모든 요소를 고려해야 한다고 덧붙일 수 있다. 그것은 우리 앞에 있는 역사의 문제이다. 우리가 시기를 구분하지 않는다면, 우리도 역시, 하나님은 모든 사람을 무조건 동일하게 대하신다는 알미니안주의의 입장에 서 있다고 할 수 있다.[32]

쉴더처럼 창조성과 직분 사이에 단 하나의 구분만 사용해서 하나님은 자기 창조에 대해 호의적 태도를 보이신다고 말한다면, 적그리스도와 마귀들도 하나님 호의의 대상이 될 것이다. 비록 쉴더는 총회가 사탄에게 호의를 베풀게 되는 입장을 고수한 것에 대해 총회를 비난하지만, 실제로 그 자신도 시편 145편을 보통 말하는 단순한 형이상학적 상황으로 해석할 때

---

31 Klaas Schilder, "De scheuring in Amerika (XV.): Intermezzo: antwoord aan ds. D. Zwier [II.]", *De Reformatie* 20 (October 27, 1939): 28-29.
32 즉, 구원이나 유기를 위한 특별한 선택은 없다. 오히려 하나님의 행동은 사람의 선택에 달려 있다.

같은 입장을 취하는 것이다.³³

시기에 대해 좀 더 많은 구분이 추가될 때 더욱 적절하고 완전한 진술에 접근할 수 있을 것이다.³⁴ 역사가 끝났을 때 하나님은 더는 유기된 자들에게 호의를 베풀지 않으실 것이다. 그들은 여전히 존재할 것이고, 하나님은 그들이 존재한 것에 대해 기뻐하시지만, 그들이 단순히 존재한다는 사실 때문에 기뻐하시는 것은 아니다.

하나님은 그들이 역사 속에서 패배한 존재라는 사실로 기뻐하신다. 충분한 시간이 지나자 하나님의 공의는 그들의 불의를 이긴다. 그러므로 하나님은 더는 어떤 식으로든 그들을 선택받은 자와 같은 선상에 놓지 않으신다. 하나님이 어떤 의미로든 그들을 선택받은 자들과 같이 분류하실 때는 그들의 사악한 노력이 완성되기 전 시기인, 이전 시기일 뿐이다.³⁵

우리가 이 시점을 역사의 시작으로 보면 그 주제에 대해 더 많이 이해할 수 있다. 하나님이 아담에게 처음으로 말씀하셨을 때, 그분은 모든 사람의 대표자인 아담에게 말씀하신 것이다. 그렇다고 해서 하나님이 각 사람의 길을 이미 결정하지 않으셨다는 뜻은 아니다. 하나님은 분명히 그렇게 하셨다. 그러나 하나님은 선택받은 자와 유기된 자를 어떤 의미에서는 분명히 일반적으로 다루셨다.³⁶

아담은 완벽하게 창조되었다. 그가 타락했을 때 모든 인류가 '타락했다.' 모든 인류는 아담 안에서 하나님 진노의 대상이 되었다(롬 5:12-21).

---

33 반틸이 위에서 말했듯이 "형이상학적 상황과 같은 것은" 특정한 상황이나 역사적 상황을 고려하지 않은 채 존재를 향한 하나님의 호의를 말한다. 이것은 추상적이며, 따라서 비성경적 사고방식이다. 편집자 서문의 "구체적인 사고"에 대한 논쟁을 참조하라.

34 *Heidelbergsche Catechismus*, 4 vols. (Goes: Oosterbaan & Le Cointre, 1939-1940), 1:66에서 쉴더 자신은 역사에서 전개된 시기의 중요성을 매우 강조했다. "시기는 철저하게 언약적-역사적이다!"(Het is overal foederaal-historische dateering!).

35 반틸은 하나님이 유기된 자를 선택된 자와 같이 분류하신다고 했는데, 이 의미는 하나님은 모든 자에게 호의와 선을 베푸신다는 뜻이다.

36 "어떤 의미에서는 일반적으로 다루셨다"는 말의 뜻은 아담이 선택받은 자와 유기된 자 모두의 언약적 머리가 된다는 의미이다.

그들은 '모두' 죄인이 되었다. 그들은 '인류 대표가 저지른 불순종의 행위로 한날한시에 죄인이 되었다.'

그들은 모두 같은 조건적 제안에 직면했다. 선택받은 자와 유기된 자 모두는 그 동일한 제안에 대한 한 번의 행동으로 그들의 독특한 목적지에 더 가깝게 되었다. 확실히 이것은 이후에 나타난 사건들의 관점에서만 사실이 되며, 그 주요 사건은 선택받은 자를 향한 그리스도의 구속이다. 바로 이런 이유로 일반적이라는 말을 신자와 불신자에게 함께 적용할 때, 이 말의 진정한 의미를 찾을 수 있다.

모든 사람이 하나님의 호의를 잃어버리고 하나님의 '일반적' 진노의 대상이 된 이유는 하나님이 동일하게 '제공한' 것을 동일하게 부정했기 때문이다. 모든 사람이 아담 안에서 완전했지만 그들에게는 차이점과 동일한 점이 있었다. 그래서 모든 사람이 아담의 죄를 통해 죄인이 되었을 때, 마찬가지로 그들에게는 차이점과 동일한 점이 있었다.[37] 이 점이 바로 이 상황에 해당한 '역사적 발전의' 본질이다.

하나님이 선택하신 자는 궁극적 의미에서 항상 하나님 호의의 대상이다. 타락 전에 그들은 아담 안에서 완전했고, 그들이 완전했을 때 하나님은 그들에게 호의를 베푸셨다. 따라서 그들의 역사적 상황은 그들의 영원한 예정과 부합한다. 하나님의 궁극적 호의와 그분의 근접한 호의(proximate favor)는 부합하는 것 같다. 그러면 선택받은 자는 아담 안에서 죄인이 되었고 따라서 하나님 진노의 대상이 되었다.

그러나 호의에 대한 하나님의 궁극적 태도는 바뀌지 않는다. 따라서 유기된 자와 마찬가지로 선택받은 자도 하나님 진노의 대상이다. 그러나 여

---

[37] 아담의 완전성과 관련해 "차이점과 동일한 점이 있었다"는 말의 의미는 모든 사람은 아담 안에서 완전했다는 의미이다. 하지만 유기된 자는 아담이 그들의 머리가 된다는 의미에서만 완벽했다. 모든 사람이 죄인이 되었다는 점에서 "차이점과 동일한 점이 있었다"는 의미는 모든 사람이 죄인이 되었지만, 선택받은 자는 하나님 사랑의 대상이라는 뜻이다.

전히 차이점이 있다. 선택받은 자는 단지 하나님의 '특정한 진노의' 대상이다.

이 진노는 진정한 진노가 아닌가?

만약 그렇지 않다면, 그리스도는 '우리가 하나님과 화목하게 하기 위해' 죽지 않으셨을 것이다.

선택받은 자가 구원받을 때, 역사적 상황은 하나님의 궁극적 태도와 다시 한번 부합하는 것처럼 보인다. 그러나 그들은 이전보다 하나님께 더 가까이 있다. 여기에는 진전이 있었다. 특정화(particularization)의 과정이 빠르게 진행되었다.[38] 반면 여전히 '옛사람'이 활동하는 한 그들은 하나님 진노의 대상이다.[39] 성도는 성령을 슬프게 하지 말아야 한다(엡 4:30). 따라서 선택받은 자가 각자의 특정한 목적지로 향하는 과정에는 진정한 역사적 '등락'이 발생한다.

선택받지 못한 자들의 경우도 비슷하게 그들 각자의 특정한 목적지로 향하는 과정에서 '등락'이 있다. 이는 두 집단의 운명이 고정되어 있다는 사실 때문에(사실에도 불구하고가 아닌) 두 과정 모두 참되다. 우리 그리스도인은 하나님의 계획이 역사 뒤에 있고 역사를 통해 실현되기 때문에 역사는 진정한 의미가 있다고 믿는다. 그러므로 하나님의 불변하는 계획이 역사 뒤에 있기 때문에, 사람과 하나님의 관계에는 진정한 진보와 따라서 진정한 변화(variation)가 있다.

---

[38] 선택받은 자가 구원받으면, 이전보다 하나님께 더 가까이 있게 된다. 이는 역사 속에서 발생한 실체 때문이다. 선택 교리가 역사를 무의미하게 만들지 않는다. 진전이 실제로 역사 속에서 발생한다. 그 진전의 일부는 "특정화의 과정"(process of particularization)이다(반틸은 다른 곳에서 "차별화의 과정"[process o differentiation]이라고 부른다). "특정화의 과정"이란 역사 속에서 구원받은 자는 "선택받은" 특정한 개인들이라는 것을 의미한다.

[39] 반틸은 불신자와 신자들을 가리키는 표현으로 "옛사람과 새사람" 은유를 종종 사용한다. "옛사람"으로 표현되는 불신자는 하나님에 관한 지식을 유지한다. 옛사람으로 불리는 이유는 그것이 하나님의 형상대로 창조된 자신의 존재를 기억하기 때문이다. 불신자에게 있는 "새사람"은 죄에 빠진 존재를 가리킨다. 새사람은 아담의 타락을 기억하는데, 아담의 타락은 하나님의 형상을 전제로 한다. 신자에게 있는 "옛사람"은 거듭난 사람에게 남아 있는 "사망의 몸"을 가리킨다(롬 7:7-25 참조).

그렇다면 하나님이 각 집단을 특정한 목적지로 인도하는 일반성(generality)에 왜 진정한 의미가 없어야 하는가?

모든 역사적 일반성은 역사의 절정에 이르는 마지막 '특정 은총'(particularism)을 향한 디딤돌이다.⁴⁰

2) 마가복음 5:44-45; 누가복음 6:35-36

우리는 지금 총회가 인용한 다른 성경 구절들을 간단히 설명하려고 한다. 마태복음 5:44-45과 누가복음 6:35-36을 보자.

쉴더는 하늘에 계신 아버지가 악한 자에게 선을 베푸신 것처럼 우리도 역시 악한 자에게 선을 베풀어야 한다는 이 구절들의 일반적 해석을 부정한다. 그는 이런 식의 해석이 부당하다고 말한다. 비와 햇빛이 우리 모두에게 공통으로 주어진다는 사실에 따라, 하나님이 자신의 원수에 대해 호의적 태도를 보여 주신다고 결론 내려서는 안 된다고 말한다. 쉴더는 묻는다.

"어떻게 비와 햇빛의 존재로 하나님의 태도가 드러나리라고 기대할 수 있단 말인가?"

이에 우리는 그리스도의 말씀이 부정적일 뿐만 아니라 긍정적이라고 응답한다. 하나님이 행동을 통해 자신의 태도를 보여 주신 것처럼 우리도 행동을 통해 우리의 태도를 보여 주어야 한다. 쉴더가 하나님의 태도에 대한 것을 그런 사실들로부터 결론을 내릴 수 없다고 주장할 때, 우리는 하나님의 태도가 그런 사실들에서 계시된다고 응답한다. 그렇다고 해서 이 말이 비와 햇빛이 악한 자들이 마지막 심판을 증폭하는 수단이 된다는 사실을

---

40 다시 말해서, 선택받은 자의 '일반성'과 유기된 자의 '일반성'은 개인의 '특정 은총'(particularism)을 향해 역사 속에서 움직이는데, 개인의 종착역은 그들의 일반성과 함께 간다. 예를 들어, 선택받은 자의 일반성은 그리스도 안에서 자신의 역사적 구원에서 특정화되었다(particularized).

절대로 부정하지는 않는다.

다시 말하지만, 그리스도께서 '감사할 줄 모르고 사악한 자들'에게 '크레스토스'(χρηστός, 이 단어는 보통 '친절'로 번역된다)하신다면(눅 6:35), 쉴더는 이 단어를 회심하지 않은 죄인인 선택받은 자들로 제한할 것이다. 그는 단순히 계속되는 형이상학적 상황을 모든 불신자에게 암시된 것으로 다시 이야기한다. 그는 그런 '사실들'이 하나님의 태도와 관련해 결론 내릴만한 근거가 되지 못한다고 다시 한번 경고한다.

우리는 사실의 해석과 관련해, 하나님의 태도에 관한 직접적 진술이 여기에 있다고 응답한다.[41] 역사의 모든 사실은 사람에 대한 하나님의 태도를 나타낸다. 그렇지 않다면 하나님과 관련이 없으므로 어떤 의미도 없다.

3) 사도행전 4:16-17

다음 구절은 사도행전 14:16-17이다. 이 구절은 과거에는 증인을 통해 자신을 나타내고 선물을 주는 하나님에 대해 말한다. 쉴더는 바울이 이런 선물을 하나님이 사람에게 요구하시는 증거로 본다는 점을 지적한다.[42] 쉴더는 하나님이 사람들에 대한 심판을 준비하신다고 말한다. 따라서 자연의 선물에서 우호적인 면을 보아서는 안 된다고 주장한다.

우리는 왜 이 둘 모두가 사실이 될 수 없는지 이해할 수 없다. 하나님 전체의 증인이 되기 위해서는 이런 선물들이 하나님의 진노뿐만 아니라 자비를 나타내야 한다. 사람들이 하나님의 자비를 거부하기 때문에 하나님의 심판은 위협을 받는다.

---

41 이것은 쉴더가 '추상적으로' 추론하고 이에 따라 누가복음 6:3을 해석하려고 한다는 것을 나타낸 명확한 예라고 할 수 있다. 반틸의 요점은 이 구절이 하나님의 친절한 태도를, 심지어 하나님의 진노 아래에 있는 자들에게조차 베푸신 하나님의 친절한 태도를 구체적으로 말한다는 것이다.

42 Klaas Schilder, "De scheuring in Amerika (XVI.): Intermezzo: antwoord aan ds. D. Zwier [III.]", *De Reformatie* 20 (November 3, 1939): 36-37.

4) 디모데전서 4:10 "하나님께 둠이니 곧 모든 사람 특히 믿는 자들의 구주시라"

사람들은 '구주'라는 단어가 일반적으로 보존자(Preserver)를 의미한다는 데 동의한다. 쉴더는 이것이 단순히 지속적인 형이상학적 상황을 의미한다고 다시 한번 주장한다. 츠비어(Zwier)는 하나님이 불의한 자를 보존하신다는 사실로 그들에게 호의를 베푸신다는 증거를 찾을 수 있고 따라서 이 세상을 보존하신다는 사실을 통해 최소한 불의한 자들에게 하나님이 일정 부분 호의를 베푸신다고 대답한다.

하나님은 모든 사람, 특히 의인의 보존자이시다. '특히'(especially)라는 단어를 '즉'(namely)으로 번역해서는 안 된다. 그러므로 '특히'라는 단어를 통해, 하나님이 불의한 자에게 어느 정도 작은 호의를 베푸신다는 점을 알 수 있다.[43]

논쟁의 여지가 많은 또 다른 성경 구절이 있지만, 마지막 부분에서 그 내용을 다룰 것이다.

2. 미래를 위한 제안

우리는 앞으로의 일반 은총 문제에 대한 유익한 논의를 기대할 수 있는 방향을 제시함으로써 몇 가지를 대담하게 그리고 조심스럽게 제시하려고 한다. 그리고 우리는 카이퍼, 바빙크, 헵, 쉴더, 훅스마, 츠비어 및 다른 학자들의 연구에 깊이 감사하며 우리의 입장을 이야기하고자 한다.

---

[43] 이 구절에 대한 유용하고 정확한 분석 및 일반 은총과의 관계에 대한 자세한 내용은 Steven M. Baugh, "'Savior of All People': 1 Timothy 4:10 in Context", *Westminster Theological Journal* 54 (1992): 331-340을 참조하라.

1) 추상적 사고의 위험

우리가 일반 은총 문제에 대해 추상적으로 생각하지 않는다면, 모든 신학적 및 철학적 문제도 역시 추상적으로 생각하지 말아야 한다. 아마도 우리가 먼저 자신에게 물어봐야 할 첫 번째 질문은 일반 은총 토론에 참여한 거의 모든 사람이 (전부는 아니더라도) 카이퍼-바빙크(Kuyper-Bavinck) 형태의 신학적 진술에 연관되었는데, 이 진술이 최소한 어느 정도는 추상적 사고라는 질병 때문에 고통을 받았는지에 관한 것이다.

아마도 의사들은 다른 사람들에게 예방 접종한 질병을 완전히 피하지는 못했을 것이다. 환자로서 나는 그들의 노고에 감사하며, 그럴 가능성이 있다고 겸손히 판단하는 것이 나의 의무라고 생각한다.

이 문제를 길게 토론하는 것은 지금 우리의 현재 목적을 위해 가능하지도 않고 필요하지도 않을 것이다. 중요한 사례를 지적함으로써 우리가 생각하는 것을 충분히 나타낼 수 있다. 우리는 불신자의 지식에 대한 문제를 다룰 것이다. 보다 구체적으로 우리는 자연신학 문제를 간단히 언급할 것이다. 로마가톨릭의 반(semi)아리스토텔레스 인식론은 반아리스토텔레스 윤리에 영향을 미치고 그것과 일치한다.[44]

신자와 불신자 사이에 있는 이성의 공통 영역을 설명하는 로마가톨릭의 개념은 공통 기본 덕목(cardinal virtues)에 대한 개념을 통제한다. 또한, 카이퍼와 바빙크가 하나님에 대한 유기된 자의 지식을 생각하는 방식은 유기된 자의 하나님 앞에서의 행위에 관한 생각에 영향을 줄 것이다. 우리는 카이퍼, 바빙크 그리고 헵의 인식론에서 일반 은총에 대해 토론할 때 경계해야 할 추상적 사고방식이 남아 있다는 것을 간단하게나마 언급할 것이다.

---

44 즉, 아리스토텔레스가 아퀴나스에 미치는 영향으로 인해, 로마가톨릭은 지식(인식론) 및 도덕(윤리)과 관련해 자율적 이성을 주장한다.

(1) 카이퍼

우리가 카이퍼에 관해 이야기할 때, 『카이퍼의 사상 안에』(*In Kuyper's Lijn*)라는 C. 벤호프(C. Veenhof)의 [45] 소책자를 먼저 참조할 수 있다.

벤호프는 암스테르담자유대학교(Free University of Amsterdam) 교수인 H. Th. 볼렌호벤(H. Th. Vollenhoven)과 H. 두예어드(H. Dooyeweerd) 박사가 개발한 법사상에 대한 철학(Philosophy of the Law Idea)이[46] 이 대학교의 설립자인 카이퍼가 제안한 내용을 따르고 있다는 데 관심을 둔다. 그가 설명하는 과정에서, 그는 모든 창조-작정이 하나님의 뜻에 종속된다는 사실을 카이퍼가 강조했다는 점을 이야기한다.[47] 하나님의 작정이나 법은 사람의 죄를 인정하지만, 폐기(abrogation)는 인정하지 않는다.[48]

카이퍼는 세상을 통제하는 법-유기체(law-organism)를 명확히 보았다.[49]

더욱이 벤호프는 카이퍼가 중립이라는 개념에 반대한다고 지적했다. 그는 사람 활동의 중심인 마음의 태도가 모든 과학적 해석에 진정으로 관여한 것으로 보았다.[50] 중생의 기초를 제공한 전체 과학 사상은 그의 『백과사전』(*Encyclopedia*)에서 출발했고,[51] 이 문제에 대한 벤호프의 주장이 정확

---

45 캄펜에서 신학 박사 학위를 받은 C. 벤호프(C. Veenhof, 1902-1983)는 1946년부터 1968년까지 캄펜에서 목회신학 교수로 지냈다. 그는 바빙크뿐만 아니라 카이퍼에게도 빚을 졌고 두예어드와 볼렌호벤의 철학에서도 많은 것을 배웠다. 벤호프는 "카이퍼의 사상"(Kuper's line)을 따르기 위해, 반틸이 언급한 책을 썼을 뿐만 아니라, 여러 가지 책 중에서, 특히 『영역 주권』(*Souvereiniteit in eigen kring*)이란 책을 썼다.
46 두예어드와 볼렌호벤의 철학은 네덜란드어로 "데 비즈베게르테 데르 벳시디"(*de wijsbegeerte der wetsidee*)라고 하는데, '법사상 철학'(the philosophy of the law-idea)으로 번역할 수 있다.
47 Veenhof, *In Kuyper's lijn*, 29.
48 Veenhof, *In Kuyper's lijn*, 32.
49 Veenhof, *In Kuyper's lijn*.
50 Veenhof, *In Kuyper's lijn*, 32ff.
51 카이퍼의 세 권짜리 책, *Encyclopaedie der heilige godgeleerdheid* (Amsterdam: J. A. Wormser, 1894)의 첫 번째 권의 일부와 두 번째 권 전체는 영어로 번역되었다. *Principles of*

함을 증명한다.

우리가 구체적으로 생각하도록 배우게 된 공로는 다른 어떤 근대 신학자들보다도 카이퍼에게 있음을 강조한다. 카이퍼는 보편적 문제와 특정한 문제를 다룰 때 우리 자신의 전제를 바탕으로 해야 한다고 가르쳤다. 그러나 카이퍼는 자신이 세운 이 높은 기준대로 하지 않았다는 것을 알아야 한다.

카이퍼는 자신이 세운 보편성 개념을 항상 따르지는 못했다.[52] 두예어드는 자신의 글 "카이퍼의 인식론"(Kuyper's Wetenschapsleer)에서 이 사례를 보여 주었다.[53] 두예어드는 카이퍼가 보편적인 것과 특정한 것 사이의 문제에 대한 현대 철학적 진술을 지나치게 무비판적으로 도입해 왔다는 점을 보여 준다. 우리는 이 부분에 대해 두예어드가 실수하지 않았다는 일부 증거를 제시할 것이다.

카이퍼는 사실과 법 또는 특정한 것과 보편적인 것에 대해 말한다. 전자는 우리의 인식(perception)에 해당하고 후자는 우리의 추론(ratiocination)에 해당한다.[54] 카이퍼는 우리의 추론 과정 전체가 보편성에 대한 관심으로 소진되었다고 말한다.[55] 여기서 플라톤주의가 영향을 미쳤다는 증거가 있다. 추론 과정은 개념만을 다룬다고 카이퍼는 주장한다.

다시 말하면, 그것은 보편적인 것만을 다룬다. 우리가 나무, 사자 또는 별의 개념을 형성한다면, 그런 나무 또는 사자 또는 별이 다른 대상과 어떻게 연관되는지 또는 그런 나무, 사자 또는 별의 부분이 서로 어떻게 연관되는지 아는 것 외에는 다른 지식은 확보할 수 없다고 카이퍼는 말한다.[56]

Sacred Theology (Grand Rapids: Baker Book House, 1980)(이후 *PST*).
52 '카이퍼는 관찰의 목적이 "순간들"과 "관계들"을 포함한다고 말한다'는 점을 주목하라.
53 Dooyeweerd, "Kuyper's wetenschapsleer"("카이퍼의 인식론"), 193.
54 Kuyper, *Encyclopaedie der heilige godgeleerdheid*, 2:21, note(*PST*, 75, n. 1).
55 Kuyper, *Encyclopaedie der heilige godgeleerdheid*, 2:21(*PST*, 75-76).
56 Kuyper, *Encyclopaedie der heilige godgeleerdheid*, 2:22(*PST*, 76).

이 주장이 일관성 있게 펼쳐진다면, 우리 앞에는 플라톤의 두 세계가 놓여 있게 된다. 즉 단순히 특정한 세상과 단순히 보편적인 세상이 서로에 대해 절망적 이중성으로 대립한다.⁵⁷

이 주장이 펼쳐진다면, 우리의 해석 '체계'는 기독교적 의미라기보다는 플라톤적 의미에서 '근접한 해석'(approximation)으로 전락할 것이고, 우리의 제한적 개념은 칼빈주의보다는 칸트주의가 될 것이며, 우리의 '마치'(as if)는 『기독교 강요』가 아닌 『순수 이성 비판』(Critique of Pure Reason)의 형태를 따르게 될 것이다.⁵⁸

물론 카이퍼는 추론과 인식을 뚜렷이 분리하지 않는다. 그러나 그는 기껏해야 불일치라는 수단이 가져온 악한 결과를 피할 수 있다. 이 불일치의 본질에 주목하자.

그는 지적 과정과 보편성에 대한 관계를 계속 논쟁하면서 두 가지 개념을 추가로 도입했다.

첫째, 보편성 자체는 시스템으로 존재한다.

이것들은 유기적으로 서로 관련이 있다. 우리의 추론화 과정은 이 관계 시스템 침투에 적합하다. 특히, 우리의 지성은 더 높은 관계를 통해 볼 수 있게 되어 있다. 관계 체계를 설명하는 과정에서 주제가 단계적으로 논의된다. 이것은 또다시 추상화에 대한 비기독교적 형태를 보여 준다. 시스템이 추상적으로 출발하면, 계층 구조가 아닌 다른 형태로는 존재할 수 없다.⁵⁹

---

57 플라톤의 "형태 이론"(theory of Forms)은 우리의 일상 경험을 포함한 실제와 우리가 경험하는 완벽한 형태인 이상으로 구성된다. 그러므로 나무에 대한 우리의 '실제' 경험은 나무 뒤의 '이상'을 (즉, 형태를) 불완전하게 반영한다. 그것은 단순한 근사치이다.
58 본체적인 것에 대해 칸트는, 비록 우리가 그런 본체적 요소들에 대해 몰랐더라도 "마치"(as if) 그런 본체적 요소들이 결정적인 영향을 미쳤던 것처럼 우리가 실제로 운영한다고 주장하기 때문에, 어떤 사람들은 칸트의 철학을 "'마치'(as if)의 철학"으로 불렀다.
59 즉, 추상적 시스템에서 우리가 할 수 있는 최선은 그것들 사이의 우선순위를 정하는 것이다. 우리에게는 다양한 요소를 구별할 수 있는 실제적이고 구체적인 경험이 없다.

둘째, 수동적 지성뿐만 아니라 능동적 지성이라는 개념으로 안내한다.

> 우리의 사고는 전적으로 그리고 배타적으로 이 (가장 높은) 관계에 적응되어 있고, 이런 관계는 우리 사고의 객관화이다.[60]

하지만 여전히 이 모든 것은 플라톤적이다.[61] 사실 그 이상의 것, 즉 칸트주의와 관련된다. 카이퍼 자신도 우리가 이 길을 따라가면 곧 주관주의에 빠질 것이라고 느낀다. 카이퍼는 한 관계에서 다른 관계로 점진적으로 전환하는 것과 같은 것이 있기 때문에 우리가 주관주의에서 벗어날 수 있다고 주장한다. 점진적으로 변화하는 이런 보편성에 대한 결과는 인류의 눈으로 식별할 수 없었던 시대에 처음으로 관찰되었다.[62]

이런 방식으로는 주관주의를 지혜롭게 피할 수 없다. 플라톤 자신도 그것을 피하려고 시도했지만 실패했다. 그는 보편적인 것이 서로 겹치도록 시도했다. 그가 그 목적을 달성할 수 있는 길은 단 한 가지뿐이다. 즉, 보편적인 것들과 아담슨(Adamson)의 말처럼 "변화에 대한 추상적 본질"을 혼합하는 것이다.[63] 그러나 보편적인 것들을 궁극적 변화와 혼합하는 것은 사실상 보편적인 것들의 보편성을 부정하는 것과 같다.[64]

그러나 카이퍼는 보편적인 것들을 생각하고 그것들을 존재하게 한 본래 주제(original Subject)에 대한 개념을 갑자기 가져온다. 우리가 인간으로서 자신을 우주와의 관계에 대해 생각할 때, 우리는 단순히 하나님을 따라 하

---

60 Kuyper, *Encyclopaedie der heilige godgeleerdheid*, 2:23(*PST*, 77).
61 일반적으로 말해, 수동적 지성은 사물의 형태를 받아들이고 능동적 지성은 그 형태를 취해 지식에 '실제화'(actualizes) 한다.
62 Kuyper, *Encyclopaedie der heilige godgeleerdheid*, 2:23(*PST*, 77).
63 반틸은 아마도 여기에서 Robert Adamson, *The Development of Greek Philosophy*, ed. W. R. Sorley and R. P. Hardie (Edinburgh: W. Blackwood and Sons, 1908)을 언급하는 것 같다.
64 보편적인 것은 정의상 변할 수 없다. 이것은 정적으로 추상적이다. 그렇지 않으면 변화에 대한 신뢰할 만한 지식을 줄 수 없다.

나님의 사고를 생각한다.[65]

러나 하나님이 보편적인 것들을 생각하지 않았다면 보편적인 것들은 존재할 수 없을 것이다. 이것이 바로 기독교의 입장이다. 그러나 그것이 지금까지 플라톤적 사상이었던 것으로부터 어떻게 추론되었는지는 분명하지 않다. 우리는 "관계들의 세상과 함께 우리의 자각하는 정체성"을 강조해야 한다고 카이퍼는 주장한다. 또한, 그는 이렇게 말했다.

> 보편적인 것들을 생각해 내고, 그의 생각의 산물이 우주를 지배하게 한 힘을 소유한 본래 주제(original Subject)가 없다면, 보편적인 것들은 존재할 수 없다.[66]

여기에서 관계들의 존재는 하나님에 명령에 의한 창조에 달려 있다.[67] 명령에 의한 창조가 관계들의 원천이 된다면 그리고 하나님의 계획이 그 관계들 존재 및 타당성의 근원이 된다면, 카이퍼가 지금까지 자기주장의 배경으로 삼은 플라톤적 과정은 삭제되어야 한다. 최종 형태의 플라톤주의와 기독교는 보편적인 것들은 그것들 안에서 변화해야 한다고 주장한다. 그러나 순간적 창조를 믿지 않은 플라톤주의는 이런 변화를 궁극적 기회라는 추상적 개념의 결과로 간주한다.

이를 바탕으로 인간 지식의 이상은 객관적으로 보편적인 것들과의 주권자의 지식에 대한 정체성의 이상이어야 한다. 보편적인 것들은 추상적으로 불변하고 추상적으로 변화해야 한다.[68]

---

65 Kuyper, *Encyclopaedie der heilige godgeleerdheid*, 2:23(PST, 77).
66 Kuyper, *Encyclopaedie der heilige godgeleerdheid*(PST, 77).
67 즉, 하나님은 창조와 그 안에 포함된 모든 것을 '생각한다.' 그리고 권위 있는 명령으로 자신이 생각한 것을 창조했다.
68 반틸은 여기에서 플라톤 철학 및 헬라 철학의 상당 부분에 대한 비평을 요약한다. 그는 인식론(*wetenschapsleer*)의 기본 문제를 다룬다. 무엇이 사고 주체(thinking subject)와 대상의 관계를 결정하는가. 하나님이 아니라면 단지 순수 "우연"(chance)일 뿐이다. 그뿐

다른 한편으로, 기독교는 순간적 창조를 믿으며, 보편적인 것의 전환을 하나님 계획의 결과로 간주한다. 추상적 정점(abstract staticism)은 없으므로 추상적 변화도 없다. 이를 바탕으로 인간 지식에 대한 개념은 하나님을 따라 하나님의 사고를 유추적으로 생각하는 것이다. 그러므로 인간의 지적 노력은 관계에 완전히 연관된다고 말할 수 없다. 관계는 '사실'과의 상관관계를 벗어나서 존재하지 않는다. 모든 지적 노력은 관계의 사실과 사실에서의 관계를 다룬다.[69]

따라서 '관계의 세상에 대한 우리의 사고 의식(thinking consciousness)' 식별에 대한 이상은 완전히 없어져야 한다. 그것은 플라톤적 이상의 잔재이다. 카이퍼는, 불일치의 대가를 치르지 않고는, 우리가 관계의 창조주인 하나님에 관해 기독교의 입장을 보증하기 위해 지금까지 이런 이상적 정체성을 유지할 것이라고 말할 수 없다. 하나님이 관계의 창조주이시라면 우리는 플라톤과 완전히 단절해야 한다. 사실과 관계 사이에 있는 추상적 분리는 사라져야 하고, 관계의 세계와 함께 사고 의식 식별에 대한 이상도 반드시 없어져야 한다.

카이퍼 인식론의 기초는 약하다. 그는 존재론적 삼위일체의 전제에서 명백하게 시작하지 않았다. 그는 어느 정도까지 현대화된 플라톤주의 형태에 따라 자신의 문제를 표현했다. 카이퍼에 대한 비평에서 우리는 카이퍼 자신이 때때로 인식과 추론을 합한다는 사실을 알아야 한다. 그의 엄격한 분석은 우리가 '전적으로 기본적 대상'을 다루는 경우에만 적용된다고

만 아니라 보편적인 것에 따라 추론하는 주체(subject)와 항상 변하는 대상(object)을 같이 묶기 위해서는, 보편적인 것은 (대상에 대한 참된 지식을 제공하기 위해) 변하지 말아야 하고 동시에 (변하는 대상에 적용하기 위해) 변해야 한다. 이런 구도에서는 주체와 대상 간에 어떤 참된 연결이 있을 수 없다.

69 이것은 통일성과 다양성이 동등하게 중요하다는 주장에 대해 반틸이 앞에서 요약한 것에 대한 인식론적 적용이다. 관계에서의 사실(즉, 보편적인 것과 연관된 사실)과 사실에서는 관계(즉, 다양한 사실) 사이에는 지속적 움직임이 있다고 생각한다.

그는 주장한다.[70] 그러나 우리는 그런 기본적 대상의 존재를 부정한다. 그러므로 추론과 인식은 제한적 개념의 형태로 구분되어야 한다. 그러나 이 제한적 개념이 기독교식 용어의 의미로 취해질 것인지 플라톤적 용어의 의미로 취해질 것인지 다시 한번 물어야 한다.

그리고 카이퍼는 제한적 개념에 대한 기독교 생각과 비기독교 생각 사이를 명확히 구분하지 못한다. 때때로 그는 이상주의자의 포괄적 지식에 대한 이상이 그 자체로 피조물이 취할 합법적 이상인 것처럼 주장한다. 죄가 세상에 들어오지 않았다면, 우주 전체를 철저하게 해석하려는 과학적 이상은 타당할 것이라고 카이퍼는 말한다.[71] 이에 따라 그는 보편성과 필요성이 우주적 법칙에 대한 지식의 바로 그 본질이라고 말한다.[72]

그러나 이 모든 주장은 적어도 우리와 마찬가지로 낙원에 있는 아담도 하나님을 이해할 수 없었다는 사실을 반영하지 못한다. 이 이해할 수 없는 하나님은 우주 역사에서 자신에 관한 무언가를 계시하신다. 그분은 이 일을 자발적으로 그리고 정확하게 자신을 기쁘게 하는 정도까지 하신다.

하나님 계시를 찾을 때, 완벽한 사람조차도 쉴더가 치명적이라고 부르는 것을 허용해야 한다. 그는 인간이 단순히 자신을 위해 모형을 만들려고 노력해야만 하고 이미 완전히 표현된 일련의 사상을, 우주가 포함한다는 것을 당연시할 수 없다. 하나님과 사람 사이에는 양적 차이만 있지 않고 질적 차이도 있다.[73] 카이퍼는 기독교와 비기독교 지식의 이상(ideal)을 명확히 구분하지 않았다. 그가 지지하는 보편성은 플라톤의 보편성과 매우 가깝다.

---

70 Kuyper, *Encyclopaedie der heilige godgeleerdheid*, 2:27(*PST*, 81).
71 Kuyper, *Encyclopaedie der heilige godgeleerdheid*, 2:38(*PST*, 92).
72 Kuyper, *Encyclopaedie der heilige godgeleerdheid*, 2:36(*PST*, 90).
73 즉, 하나님은 사람보다 단순히 양적으로 "더 거대하거나, 더 크지" 않으시다. 그분의 성품은 질적으로 완전히 다르다. 그분은 영이시다. 즉, 그분은 무한하시고, 영원하시며, 불변하시다.

보편성 문제가 명확하지 않다는 것은 사실이 명확하지 않다는 뜻이다. 우리가 주목한 인식과 추론 사이의 추상적 분리로 인해, 우리는 그럴 것으로 예상한다. 카이퍼에 따를 때, 사실은 지적 범주별로 이해하기에 적합하지 않은 특성을 가진 것으로 보인다. 카이퍼는 칸트와 유사한 일종의 물자체(Ding an sich)를 주장한다.[74]

지식 과정에 관해 그는 이렇게 말한다.

> 당신은 형태(morphe)를 인식한다. 당신은 당신의 생각과 함께 관계(anaphoroi)를[75] 따른다. 그러나 본질(ousia)은 당신이 도달할 수 없는 곳에 있다.[76]

개성(individuality)은 본질적으로 일반화에 적대적이고 과학의 진보를 방해하는 것으로 알려져 있다. 개성이 가장 두드러질 때 과학은 가장 큰 어려움을 겪는다. 그는 결론적으로 말한다.

> 개성이 강할 때 결론을 도출하는 것은 거의 불가능하다.[77]

이 현상론에서, 우리는 완전한 이해에 대한 반플라톤주의(semi-Platonic) 개념에 대응할 것이 있다.[78] 우리가 지식 안에서 절대적 이해에 대한 이상(ideal)을 유지한다면, '사실'이 이 이상에 적합하지 않은 한, 이해 불가능

---

[74] 칸트의 "아 딩 안 지히"(A Ding an sich)는 "자체에 있는 것"(thing in it)을 의미한다. 칸트에게 있어 그런 것들은 알 수 없는 것들이지만, 그것들을 이해할 수 있는 이성의 범주가 없기 때문에 본체 영역으로 들어간다.
[75] "*Anaphoroi*"는 (카이퍼의 본문에 있는 대로) "*anaphorai*"로 써야 하고, 그 의미는 '관계들'을 뜻한다. 이 절은 '당신은 당신의 생각과 함께 관계를 따른다'로 번역되어야 한다.
[76] Kuyper, *Encyclopaedie der heilige godgeleerdheid*, 2:39(*PST*, 93).
[77] Kuyper, *Encyclopaedie der heilige godgeleerdheid*, 2:40(*PST*, 94).
[78] 즉, 보편성을 통한 완전한 이해에 대응하는 것은 사실들의 다양성, 즉 현상론(phenomenalism)이다.

하다고 결론 내려야 한다.[79] 자율적인 사람에게는 완전한 이해의 이상과 완전히 비이성적 사실에 대한 개념을 동시에 유지한다.

이와는 반대로 그리스도인은 포괄적 지식의 이상과 비이성적 사실에 대한 개념 모두를 혐오해야 한다. 포괄적 지식에 대한 이상이 실현된다면, 그것은 우주의 모든 독특한 사실과 하나님 자존성을 희생하면서 실현될 것이다.[80]

사실들이 비합리적이고 하나님이 포괄적으로 모르신다면 인간들은 절대로 알 수 없을 것이다. 기독교인은 비기독교 절차를 완전히 버리면서, 자신의 과학적 연구를 하나님 본체 안에 있는 보편적인 것과 특별한 것을 전제로 해서 시작해야 한다.[81]

칼빈의 사상을 도입한 워필드(Warfield)를 따라 우리는 이렇게 말할 수 있을 것이다.

> 하나님 한 분만이 있으시다. 성부, 성자, 성령은 이 하나님의 각 분이시고 전체 신적 본질이 각 위에 있다. 이 세 분은 비공유적 성질(incommunicable property)로 서로 구분되는 세 인격이시다.[82, 83]

79　앞의 에딩턴(Eddington) 인용문을 기억하라. "나의 그물 안에 없는 것은 물고기가 아니다." 만약 사실이 나의 보편적 범주들에 '들어맞지' 않거나 '들어맞을' 수 없다면, 그것들은 이해 불가능하다.
80　다시 말해서, 우리가 포괄적 지식에 대한 이상(ideal)을 유지한다면, 우리는 모든 것을, 심지어 하나님까지 철저하고 완전하게 알 것이다. 그러므로 우리가 그분을 철저하고 완전하게 알게 될 것이기 때문에 그분은 독립적일 수 없을 것이다.
81　"하나님 본체 안에 있는 보편적인 것과 특별한 것"은 하나이자(통일성) 셋인(다양성) 삼위일체 하나님을 가리킨다.
82　Benjamin B. Warfield, *The Works of Benjamin B. Warfield*, vol. 5: *Calvin and Calvinism* (New York: Oxford University Press, 1932), 232.
83　"비공유적 성질"은 태어나시지 않은 성부, 태어나신 성자 그리고 진행하시는 성령을 뜻한다. 이런 성질은 삼위일체 내에서 공유할 수 없다. 이것들은 삼위 각자의 정체성을 설립하고 구분 짓는다. 그런데도 그분들 각각은 함께하시는 하나님이다.

이런 존재론적 삼위일체 개념에 기초해, 우리는 창조된 우주 안에 있는 보편적인 것들이 서로 상관관계를 유지하며 존재한다는 사실을 주장해야 한다.[84] 과학적 이상(ideal)은 이 상황을 할 수 있는 한 많이 묘사해야 한다. 지적 노력으로 추상적이고 보편적인 관계와 접촉하려 해서는 안 된다. 또한, 개성을 추상적 관계로 줄일 수 없다는 이유로 패배감을 느끼지 않아야 한다.

과학으로는 인간의 개성을 수치적 관계로 환원할 수 없다는 것을 알았을 때, 왜 그 노력에 실패했다고 간주해야 하는가?

카이퍼는 영역 주권에 대한 개념을 가르쳐 주었지만, 자신도 일종의 칸트주의 형상론을 유지하고 있어서 이 개념을 일관되게 전개하지 못한다.

카이퍼의 일반 은총에 대한 해석은 본질적으로 모호한 면이 있다. 그는 신자와 불신자에게 있는 공통점이 무엇인지에 대해 확신이 없는 것 같다. 우리는 이런 모호함이 우리가 지금까지 말한 모호함에서 비롯할 수 있다고 생각하는 경향이 있다.[85]

카이퍼는 자기 자신의 기본 입장에 포함된 개인성과 보편성의 상관관계를 분명하게 보고 유지하지 않았다. 따라서 그는 과학적 절차를 설명하려고 할 때 어려움을 겪었다. 그는 기독교 원칙에 따라 그것을 하기를 희망하면서도 추상적 비기독교적 사고의 요소들을 가져온다.

그가 보편적인 것과 특정한 것에 대한 기독교적 개념을 일관성 있게 발전시키지 못했다는 점을 간략히 논의했으므로 이제 그가 과학적 절차를 제대로 설명하지 못했다는 점을 주목하자.

---

84 삼위일체 하나님 안에는 한쪽이 다른 쪽보다 더욱더 귀하지 않기 때문에 그리고 창조는 하나님 성품을 반영하기 때문에, 창조에서도 한쪽이 다른 쪽보다 더욱더 귀하지 않다.
85 반틸의 생각에서 인식론과 일반 은총 사이의 밀접한 관계에 다시 주목하라. 그는 카이퍼의 인식론에서 문제점들을 분석한 후, 일반 은총에 대한 카이퍼의 개념과 관련된 문제로 옮겨갔다.

기독교적 관점에서 가장 기본적인 설명은 기독교 또는 비기독교 전제에서 실행된다고 언급한 바 있다. 카이퍼 자신의 가장 기본적 관점을 따른다면 우리는 이것을 유지해야 한다. 그는 우리에게 중생에 자신을 신학을 기초로 놓은 사람들과 그렇지 않은 사람들 사이에 존재하는 출발점의 차이가 얼마나 중요한지 우리에게 가르쳐 주었다.[86]

그러나 그는 반칸트주의(semi-Kantian) 현상론을 유지하기 때문에, 과학에 대한 기독교 방법론과 비기독교 방법론 사이를 구분하는 직선을 그리려고 하지 않는다. 이것을 말할 때, 우리는 그가 과학적이고 과학적이지 않은 것을 정확하게 구분했다고 생각하지 않는다. 카이퍼는 말한다.

> 박테리아와 미생물을 관찰하는 것 자체는 초장에 있는 말과 소를 관찰하는 것처럼 사소한 과학적 해석 문제에 불과하다.[87]

우리는 이 점의 타당성을 쉽게 허용할 수 있다. 우리는 카이퍼가 또 다른 구분을 염두에 둔다고 생각하지 않는다. 그는 자연 및 영적 과학을 다루는 독일 철학자들과 이야기를 나눈다. 전자는 광범위하게 말해서 현상적인 것(ponderabilia, 즉 우리가 인식하고 반영할 수 있는 세상의 '사실들')[88]에 해당하고 후자는 광범위하게 말해서 무형의 것(intangibles)에 해당한다. 우리는 이 구별도 어느 정도는 타당하다고 생각한다.

그러나 카이퍼가 나눈 이런 구분은 이해하기 쉽지 않다. 그는 이 차이를 자신의 주장을 방어하기 위해 사용하는 것으로 보인다. 그는 중생에 기초해서 해석하는 사람과 그렇지 않은 사람 간의 차이를 밝힐 필요도 없고 밝힐 수도 없다고 주장한다. 그의 주장은 다음과 같다.

86　Kuyper, *PST*, 150ff. 또는 Kuyper, *Encyclopaedie der heilige godgeleerdheid*, 2:100ff을 참조하라.
87　Kuyper, *Encyclopaedie der heilige godgeleerdheid*, 2:81(*PST*, 134).
88　Kuyper, *PST*, 93 참조하라.

카이퍼는 중생으로 인해 과학이 이중적으로 전개될 수밖에 없음을 보여 준다. 그러나 "두 집단의 차이가 대수롭지 않은 매우 넓은 영역" 외에 다른 이유가 없다면, 이 두 가지 발전은 과거에 명확할 수 없었다.[89] 이런 이유로 인해, 카이퍼는 중생이 우리의 감각이나 우리에 관한 세상의 모습을 바꾸지 않는다고 주장한다.

따라서 그는 판단하고 측정하며 수를 헤아리는 더욱 원시적 관찰이라는 영역 전체가 두 가지 모두에 공통적이라는 결론을 내린다.

> 관찰 가능한 물체를 우리의 감각으로 (보조 장비 여부에 상관없이) 경험한 전 연구 분야는 두 집단을 분리하는 주요한 차이를 극복한다.[90]

그러나 카이퍼는 우리가 이것으로부터 그런 자연 과학이 논쟁의 여지가 없다고 결론 내리기를 원하지 않는다. 그는 이런 과학이 시작되는 시점에서 그 차이는 배제될 것이라고 말한다.

> 무게가 2밀리그램이든지 3밀리그램이든지 간에 측정할 수 있는 사람만이 그 무게를 안다.[91]

우리는 자연 과학에서 과학적 해석이 시작될 때 "출발점의 차이와 관점을 고려하지 않는 '공통 영역'이 있다"는 사실을 감사히 받아들여야 한다.[92] 차이점을 밝힐 필요가 없는 두 번째 영역으로서, 카이퍼는 영적 과학의 하부 측면을 언급한다. 여기에서도 카이퍼는 간단하게 측정하고 계

---

[89] Kuyper, *Encyclopaedie der heilige godgeleerdheid*, 2:104(*PST*, 157). 카이퍼의 논증을 영어 번역본으로 보기 위해서는 *PST*, 157ff을 참조하라.
[90] Kuyper, *Encyclopaedie der heilige godgeleerdheid*, 2:104(*PST*, 157).
[91] Kuyper, *Encyclopaedie der heilige godgeleerdheid*, 2:105(*PST*, 157).
[92] Kuyper, *Encyclopaedie der heilige godgeleerdheid*, 2:106(*PST*, 158).

량할 수 있는 것을 처리한다고 말한다. 마지막으로 카이퍼는 모두에게 공통적인 세 번째 영역, 즉 논리에 관해 이야기한다.

> 두 가지가 아니라 하나의 논리가 있다.[93]

그는 이것이 두 집단 해석가들 사이에 상호 작용을 허용한다고 말한다. 카이퍼는 이 세 가지 공통 영역을 바탕으로 다음과 같은 일반화를 수행한다.

> 결과적으로 호라타(ὁρατά, 보여지는 물체)만을 다루거나 또는 변화를 겪지 않았던 주관적 요소로 수행한 모든 과학적 연구는 양쪽 모두에 공통적으로 있다.[94]

우리는 이 주장에서 두 가지 모호성에 주의를 기울인다.

첫째, 카이퍼는 계량하고 측정하는 것이 과학적 방법이 아니라고 주장하는 것처럼 보인다. 그는 도구의 도움을 받아 미생물을 관찰하는 것은 엄격한 의미에서 말과 소를 관찰하는 것보다 더욱더 과학적이라고 말하지 않았다.

둘째, 카이퍼는 계량하고 측정하는 것이 신자와 불신자가 공통으로 소유하는 과학적 방법이라고 말한다.

이 두 가지 입장 중 어떤 것이 카이퍼의 입장을 대표하는 것이라고 할 수 있을까?

---

93 Kuyper, *Encyclopaedie der heilige godgeleerdheid*, 2:107(*PST*, 159).
94 Kuyper, *Encyclopaedie der heilige godgeleerdheid*, 2:116(*PST*, 168).

두 번째라고 생각한다.

우리가 두 번째 입장을 취하지 않으면, 우리가 공통적으로 갖고 있는 세 가지 영역 중 무엇이 남겠는가?

그렇다면 만약 우리가 두 번째 입장, 즉 계량 및 측정이 과학적 절차의 일부라는 입장을 택한다면, 두 번째 모호성에 직면하게 된다. 카이퍼는 해석상의 무의미함을 이유로 공통 영역을 주장한다. 계량과 측정의 외적 요소 때문에 그리고 논리의 형식성 때문에 이 세 가지 영역이 신자와 불신자에게 공통적이라고 한다.

카이퍼의 주장에 따르면, 죄가 형이상학적 상황을 바꾸지 않았다면 신자와 불신자 사이의 차이를 앞당길 필요는 없다. 이 말은 객관적 상황이 변하지 않는 한 주관적 변화는 고려할 필요조차 없다는 것이다. 따라서 논쟁에서 모호성을 지적하는 것은 동시에 그것의 무효성을 지적하는 것과 같다.

죄 때문에 형이상학적 상황이 변하지 않았다는 것은 무슨 의미인가?

타락 이후에도 인간은 여전히 이성적이고 도덕적인 피조물이라는 말은 무슨 의미인가?

우리는 전적 타락을 부정하지 않는다. 따라서 거듭나지 않는 한 실제로 자신과 우주를 하나님 없이 해석하지 않으려는 죄인은 없다. 본성의 사람은 자신의 논리적 힘을 사용해 창조의 사실을 설명하는데, 마치 이런 사실이 하나님 없이 존재하는 것처럼 설명한다. 그는 공통 명령을 거부한다.

그러므로 우리는 죄인이 주관적으로 하나님으로부터 멀어졌다는 것과 함께, 단순한 제한적 개념으로서 죄가 파괴하지 않는 어떤 영역이 있다고 말할 수 있다. 해석적으로 말하면, "객관적 상황"은 "주관적 상황"에서 절대로 추상화될 수 없다. 그것을 추상화한다면, 스콜라주의 입장에 빠지게 된다.⁹⁵ 그렇다면 우리는 로마가톨릭의 에티엔 질송(Étienne Gilson)처럼,⁹⁶ 아리스토텔레스는 본성적 이성을 사용하므로 하나님을 상상할 수 있다고 말해야 한다. 아리스토텔레스가 생각한 하나님은 이렇다.

> 제일 존재, 궁극적 원리이자 자연의 원인, 모든 이해할 수 있는 것의 원천, 모든 질서의 원천, 모든 아름다움의 원천, 영원한 행복을 주는 분이다. 이 신은 바로 다른 신이 없기 때문에 반드시 하나님이어야 하고, 자기 생각에 대한 영원한 사색이다.⁹⁷

공통 영역을 더 작은 비율로 줄여서는 스콜라주의에 대해 올바로 반박할 수 없다. 공통 영역, 즉 어떤 조건도 없는 공통 영역은 아무리 작아도, 마침내 오직 하나의 공통 영역이 있을 때까지 더욱 큰 공통 영역을 위한 정당화라고 할 수 있다.

로마가톨릭에 대한 유일하고도 올바른 대답은 전체 해석적 노력에서 주관적 차이가 그 영향을 느끼게 한다고 말하는 것이다. 계량 및 측정과 공식적 추론은 통일된 해석 행위의 측면일 뿐이다. 그것은 추상적 및 비인격적 원리를 통해 엄연하고도 명백한 사실을 계량하고 측량하는 자율적 인간일 수도 있고, 자신이 하나님의 피조물임을 알고 하나님이 창조하신 법으로 하나님이 창조하신 사실들을 계량하고 측량한 신자일 수도 있다.⁹⁸

---

95 반틸이 바빙크를 따라 "스콜라주의" 또는 "스콜라주의 입장"이라고 말할 때, 이는 중세 스콜라 철학을 의미한다. 그는 스콜라주의가 이성에 대해 중립을 허용하는 비이성적 자연 은혜 변증법에 묶여 있었던 것으로 보았다.
96 에티엔 질송(1884-1978)은 중세 철학신학 전문가였고, 20세기에 이 분야에 대한 관심을 되살린 것으로 유명하다. 그는 수십 년 동안 활동했다.
97 Étienne Gilson, *Christianity and Philosophy*, trans. Ralph MacDonald (New York: Sheed & Ward, 1939), 35-36.
98 이것은 반틸 주장의 한 예이다. 그는 인식론과 윤리(언약)는 불가분의 관계라고 주장한다. 계량하고 측정하며 세는 사람은 아담이나 그리스도 안에 있다. 따라서 그는 언약의 머리를 따라서 그런 일을 한다. 반틸이 계속해서 말하듯이, 이것은 신자와 불신자의 협력을 배제하지는 않는다. 그러나 이것은 카이퍼(그리고 중세 스콜라주의)의 관점에서

따라서 이 문제를 살펴보면, 비기독교 과학자들과 합법적으로 협력할 수 있다. '마치 ~것처럼'(as if)을 통해 협력할 수 있다.[99] 따라서 이 문제를 살펴보면, 카이퍼가 허용하는 것보다 더 큰 '공통' 영역이 허용되지만, 이 더 큰 영역은 일정한 조건으로 공통적이다.

따라서 이 문제를 살펴보면, 카이퍼가 강조한 '대구'(antithesis)에 대해 정의(justice)를 실행할 수 있다. 그렇게 할 때 우리는 카이퍼가 거절한 토마스 아퀴나스(Thomas Aquinas)를 따라 자연신학 같은 것에 빠지지 않을 것이다. 우리가 성경이 가르치는 일반 은총 교리를 고수하려면, 스콜라주의에서 탈출한 후에 그것을 세워야 한다.

(2) 바빙크(Bavinck)

이제 조직신학에 대한 바빙크의 걸작으로 알려진 『개혁 교의학』(Gereformeerde Dogmatiek)으로 우리의 시선을 돌리자. 그는 하나님에 대한 인간의 지식을 제시해야 할 원칙이 단 하나뿐이라는 점을 지적하는 데 많은 관심을 보인다. 그는 이것이 스콜라주의와 반대 입장에 있다고 분명히 밝힌다. 합법적 자연신학은 분명히 있다. 그것은 믿음의 기초 위에서 성경을 통해 깨닫는, 자연에서 발견하는 신학이다.

그러나 로마가톨릭의 자연신학은 불법이라고 그는 주장한다. 가톨릭의 자연신학은 성경과는 상관없이 자연적 근거로 이루어진다. 그런 입장에 대항해서, 바빙크는 신학은 오직 성경 위에서만 세워져야 한다고 단언한다. 신학에는 오직 하나의 원리만 있어야 한다.

나타나지 않는 방식으로, 어느 시점에서든지 변증법적 도전(계량하고 수를 헤아리며, 측정하는 도전)을 허용한다.

[99] '마치 ~것처럼'(as if) 협력이란, 마치 불신자가 하나님 앞에서 자신의 신분을 하나님의 형상으로 인정하는 '것처럼'(as if) 신자와 불신자가 협력할 수 있다는 것을 의미한다. 그러나 이것은 어느 정도까지만 적용할 수 있다.

자연을 통한 하나님에 관한 지식이 있더라도, 두 가지 원칙의 교의학이 있다는 것을 의미하지는 않는다. 교의학은 오직 하나의 외적 원칙(principium externum), 즉 성경과 오직 하나의 내적 원칙(principium internum), 즉 믿는 이성만이 있을 뿐이다.[100, 101]

바빙크가 항상 이 개념에 부응한 것은 아니다. 과학을 통제해야 할 원칙을 개발할 때,[102] 그는 온건한 사실주의를 채택한다.[103] 그는 이 작업을 수행할 때, 적어도 어느 정도는 경험주의의 장점과 합리주의의 장점을 받아들이고, 그것들의 단점은 제거한다. 다시 말해서, 그의 합리주의에 대한 비판은 비기독교 현실주의자들에 의해 형성되었을 수 있고, 그의 경험주의에 대한 비판은 비기독교 합리주의자들에 의해 형성되었을 수 있다.

합리주의자에 대항해 모든 사람이 자연적 현실주의자라고 주장하고,[104] 합리주의는 많은 사실에 의해 좌초될 수밖에 없다고 주장한다.[105] 그는 경험주의자에 대항해, 모든 과학은 경험으로부터 도출되지 않은 입증되지 않은 가정으로 시작해야 한다고 주장한다.[106] 그리고 그 과학은 그 사건의

---

100 H. Bavinck, *Gereformeerde dogmatiek*, 3rd ed. (Kampen: Kok, 1918), 1:74(*RD*, 1:88).
101 '프린시피아'(*Principia*)는 우리가 이해할 수 없는 곳 뒤에 있는 가장 근본적인 토대, 또는 원천을 의미한다. 일반적으로 개혁주의 신학에는 두 가지 주요 범주, 즉 하나님을 의미하는 "프린시피움 에센디"(*principium essendi*), 또는 존재의 토대와 하나님의 계시를 의미하는 "프린시피움 코그노센디"(*principium cognoscendi*), 또는 지식의 토대가 있다. 바빙크(Bavinck)는 성경을 의미하는 "프린시피움 엑스테르눔"(*principium externum*), 또는 객관적/외적 토대인 "프린시피움 코그노센디"(*principium cognoscendi*)와 거듭남의 이유를 가리키는 "프린시피움 인테르눔"(*principium internum*), 또는 주관적/내적 토대에 대한 두 가지 관점을 말한다.
102 Bavinck, *Gereformeerde dogmatiek*, 1:214ff(*RD*, 1:207ff.).
103 온건한 사실주의는 다양한 형태를 취한다. 바빙크의 해석에서 보편적인 것의 존재를 인정하려고 하지만, 이런 보편성은 세상에서의 특정한 것들에 대한 경험에 어느 정도는 달려 있다.
104 Bavinck, *Gereformeerde dogmatiek*, 1:217(*RD*, 1:217).
105 Bavinck, *Gereformeerde dogmatiek*, 1:218(*RD*, 1:218).
106 Bavinck, *Gereformeerde dogmatiek*, 1:222(*RD*, 1:220-221).

본질상 "일반적인 것, 필요한 것과 영원한 것, 논리적인 것, 개념"에 관심이 있다.[107] 그러나 우리는 이에 반대한다. 합리주의의 추상적 원리를 경험주의의 엄연한 사실들과 관계를 맺게 해도 구체적일 수 없고, 경험주의의 엄연한 사실들을 합리주의의 추상적 원리와 관계를 맺게 해도 이해할 수 없다.[108]

바빙크는 신학의 토대로 필요하다고 생각한 사실주의를 뚜렷이 제시했을 때, 경험주의에 대항해 지성의 특정 독립성을 유지하고, 합리주의에 대항해 감각에 대한 지성의 의존성을 유지한다고 말한다.[109] 따라서 그는 스콜라주의와 철저히 단절하지는 않는다. 스콜라주의에 대한 그의 비판은 정도의 문제에 지나지 않는다.

> 개신교 및 가톨릭 스콜라주의의 문제는 성급한 관찰과 유클리드(Euclid), 아리스토텔레스(Aristotle), 교회 교부들에게 너무 독점적으로 의존한 신앙고백에 있다.[110]

결과적으로 바빙크의 온건한 현실주의는 그가 주장한 유일한 합법적 신학 원리로 획득한 구체적 기독교 입장이 아니다.[111] 바빙크 자신은 우리가 우리에 관한 현실적 생각을 옳게 할 수 있는 유일한 이유는 로고스(Logos)가 우리의 생각과 우리에 관한 세상의 토대로 있기 때문이라고 말

---

107 Bavinck, *Gereformeerde dogmatiek*(RD, 1:221).
108 다시 말해서, 두 가지 잘못된 접근 방식을 취해 이를 사실적이고 정확한 것과 합성하려는 노력은 불법이다. 다양한 '주의'(isms)의 전제를 주목하지 않는 이상, 그것들의 일부만을 사용하려고 하더라도 그것들은 여전히 잘못된 상태로 남는다.
109 Bavinck, *Gereformeerde dogmatiek*, 1:228(RD, 1:226).
110 Bavinck, *Gereformeerde dogmatiek*, 1:229(RD, 1:226).
111 반틸은 인식론에서 "우리의 프린시피아(principia)는 성경(externum)과 거듭난 이성(internum)"이라는 바빙크의 주장을 지적한다. 온건한 사실주의는 이런 프린시피아 중 어느 것에서도 비롯되지 않는다.

한다.¹¹² 그러나 이것이 사실이라면, 합리주의와 경험주의의 조합에 근거한 온건한 현실주의는 신학의 근거가 될 수 없다. 바빙크는 자기 인식론의 일반적 원칙에 대한 구성에서 이 점을 염두에 두지 않았다.¹¹³

온건한 사실주의를 도출하는 그의 방식은 하나님에 대한 불가해성(incomprehensibility) 문제를 다루는 그의 방식과 일치한다. 그의 교의학 두 번째 책은 "미스터리는 모든 교의학의 삶이다"라는 문장으로 시작한다. 유한한 피조물에 대한 무한하신 하나님의 계시는 하나님의 존재를 완전하게 나타낼 수 없다고 그는 지적한다.

여기서 바빙크는 하나님에 대한 불가해성을 미스터리에 대한 비기독교적 개념과 더욱더 명백히 구별해야 했었다. 미스터리에 대한 기독교 개념과 비기독교 개념은 극과 극이다. 기독교 개념은 인간이 근접할 수 없는 빛에 거하시는 자급자족하시는 존재론적 삼위일체 하나님의 존재를 전제로 한다.¹¹⁴

비기독교 개념은 궁극적 우연의 영역을 아직 완벽하게 이해하지 못한 자율적 인간의 존재를 전제로 한다. 그리스인들은 후자의 개념을 고수했다. 하나님에 대한 아리스토텔레스의 개념은 공허한 개념에 최종적으로 도달할 때까지 추상화를 통해 얻을 수 있다. 아리스토텔레스는 가장 공허한 부정을 하나님의 이름을 빌려 장식했다.¹¹⁵

---

112 Bavinck, *Gereformeerde dogmatiek*, 1:235(*RD*, 1:233).
113 For an extended discussion of Bavinck's realism and its attendant problems, see K. Scott Oliphint, "Bavinck's Realism, the Logos Principle, and *Sola Scriptura*", *Westminster Theological Journal* 72 (2010): 359-390.
114 다시 말해서, 하나님께는 미스터리가 없기 때문에, 궁극적 미스터리는 존재하지 않는다는 것이 기독교인의 입장이다.
115 아리스토텔레스의 신은 변할 수 없으므로 물질적일 수 없다("물질"은 변하기 때문에). 그러므로 그의 신은 반드시 "생각"이어야 한다. 그렇다면 그 신은 자신 이외의 다른 것을 생각할 수 없거나, 자신이 생각하는 것에 의존할 것이다. 아리스토텔레스의 신은 "자신을 생각하는 생각"이다. Aristotle, "Metaphysics", 12.9, 1075b 34, in *The Basic Works of Aristotle*, ed. Richard McKeon (New York: Random House, 1968)을 참조하라.

그런데도 바빙크는 때때로 기독교 신학에서 도출한 하나님에 대한 이해할 수 없는 개념과 이교 철학에서 도출한 개념이 사실상 같다고 말하기도 한다.[116] 그리스 철학은 이해할 수 없는 하나님을 자주 가르쳤다고 그는 말한다.[117] 그는 이 불가해성이 기독교 신학의 출발점이자 기초가 되었다고 한다.[118] 스콜라신학도 같은 고백을 한다.[119]

> 개혁주의 신학은 이 입장을 변함없이 지지했다.[120]

신학이 "하나님은 이해할 수 없는 분이라는 진리를" 잊어버릴 때마다, 근대 철학은 이를 다시 상기시켜 주었다.[121]

어떤 사람들은 이 모든 것에서 바빙크가 단순히 역사를 이야기한다고 주장할 수 있을 것이다. 그는 일어나야 하는 일이 아닌 단순히 일어났던 일을 진술한다고 할 수 있을 것이다. 하지만 이런 주장은 그 근거가 약하다. 바빙크는 자신을 개혁주의 신학의 추종자라고 확신한다. 더욱이, 그는 하나님에 대한 불가해성 교리를 긍정적으로 제시할 때부터 이렇게 말했다.

> 하나님에 대한 불가지론 교리는 어느 정도는 감사한 마음으로 찬성하고 받아들일 수 있다.[122]

말하자면, 바빙크는 성경과 교회는 불가지론 전제를 받아들였고 칸트나 스펜서(Spencer)보다 훨씬 더 깊이 인간의 한계와 하나님의 위대함에 깊

---

116 Bavinck, *Gereformeerde dogmatiek*, 2:10ff.(*RD*, 2:36ff.).
117 Bavinck, *Gereformeerde dogmatiek*, 2:8(*RD*, 2:34).
118 Bavinck, *Gereformeerde dogmatiek*, 2:10(*RD*, 2:36).
119 Bavinck, *Gereformeerde dogmatiek*, 2:14(*RD*, 2:40).
120 Bavinck, *Gereformeerde dogmatiek* (*RD*, 2:40).
121 Bavinck, *Gereformeerde dogmatiek*, 2:16(*RD*, 2:41).
122 Bavinck, *Gereformeerde dogmatiek*, 2:23(*RD*, 2:47).

은 인상을 받았다고 말한다.[123] 그다음 바빙크는 교회가 불가지론의 결론을 받아들이지 않았다고 지적했다. 인간은 계시에 의해 하나님에 관한 어떤 것을 알 수 있다.

바빙크는 자신의 건설적 주장에서도 여전히 기독교 및 비기독교 사이에 있는 하나님에 대한 불가지론적 개념의 차이는 정도의 차이인 것처럼 말한다. 이것은 한편으로 이성에 대한 기독교적 원리들과 또 한편으로 비기독교적 원리들에 의해 영향을 받은 '온건한 사실주의'의 부정적 현상이라고 할 수 있다.

이 이후에 우리는 바빙크가 '유신론적 증거들'을 다루는 방법에 놀라지 않는다.[124] 그는 그것들을 충만하게 설정한 후, 그것들이 증거(proofs)로 취급된다는 사실에 비통해한다. 그것들은 증언(testimonies)이 되어야 한다고 그는 말한다.

> 그것들은 증거(proofs)로서 약하지만, 증언(testimonies)으로서는 강하다.[125]

그것들은 불신자들이 하나님을 믿도록 강요하는 주장이 될 수 없다. 개별적으로 취급할 때, 그것들은 모든 곳에서든지 공격받을 수 있고(그는 그것들이 분명히 반박받을 수 있다고 생각한다), 신앙의 자발성을 방해하는 경향이 있다.

결론적으로 유신론적 증거들은 하나님이 우리가 필연적으로 생각해야만 하고, 필연적으로 존재한다고 생각해야만 하는 신적 존재이심을 보게 한다. 즉, 하나님은 모든 피조물의 유일한, 처음의, 절대적 원인이고, 모든 것을 자의식적으로 그리고 목적론적으로 통치하시며, 믿는 자에게는 누구든지

---

[123] Bavinck, *Gereformeerde dogmatiek*, 2:24(*RD*, 2:48).
[124] "유신론적 증거"(theistic proofs)는 일반적으로 아퀴나스에서 비롯되었고 (움직임, 인과관계, 우발성, 존재 및 설계를 배경으로 삼은 주장), 때로는 안셀름(Anselm)에서 비롯되기도 한다(소위 말하는 존재론적 논증).
[125] Bavinck, *Gereformeerde dogmatiek*, 2:73(*RD*, 2:91).

거룩한 분으로 양심 안에서 자신을 모든 것 위에 계시하시는 분이다.[126]

그것들을 통해 신자는 자신의 종교적 및 윤리적 의식(consceiouness)에 대해 설명할 수 있다. 그것들은 신자에게 "신자가 가지는 무기보다 더 나은 무기를 갖고 있지 않은" 불신자들로부터 자신을 방어하는 무기가 된다.[127]

바빙크는 자신의 소책자, 『믿음의 확실성』(*The Certainty of Faith*)에서 비슷한 맥락으로 말한다. "증거"는 신자가 과학의 공격으로부터 자신을 방어할 수 있게 해 주며 이렇게 주장한다.

> 불신자보다 신자가 할 말이 훨씬 더 많다는 사실을 증명한다.[128]

기독교 계시의 비역사적 특성이 확립될 수 있다면 믿음은 존재할 수 없다. 이런 증거로 인해 사람들이 믿지는 않지만, 믿음은 그들의 노력을 높이 평가한다고 그는 덧붙인다.[129]

바빙크는 비기독교적 형태의 추론으로부터 자신을 완전히 단절하지 않았다는 것이 '증거들'에 대한 이런 처리 과정을 통해 새롭게 알 수 있다. 역사적으로 언급된 증거는, 비기독교적 추리 방식이 유일하게 사용 가능한 추리 방식이라는 가정에 근거한다. 자율적 인간을 지망하는 사람은 지식에 대한 보편적 이해의 이상(ideal)을 스스로 제시한다.

따라서 그는 모든 합리적 존재가 쉽게 동의할 수 있는 보편적 타당성을 언급한다. 그가 이 보편적 타당성을 확립할 수 있다면, 모든 합리적 피조물은 그의 결론을 기꺼이 받아들이고 받아들일 수 있어야 한다. 이 '증거들'로서 하나님의 존재에 대한 보편적 타당성을 확립할 수 없어서, 이 증

---

126 Bavinck, *Gereformeerde dogmatiek*(*RD*, 2:91).
127 Bavinck, *Gereformeerde dogmatiek*(*RD*, 2:91).
128 H. Bavinck, *De zekerheid des geloofs* (Kampen: Kok, 1903), 64(*The Certainty of Faith*, trans. Harry der Nederlanden [St. Catharines, Ontario: Paideia Press, 1980] [이후 *CF*, 58).
129 Bavinck, *De zekerheid des geloofs*, 65(*CF*, 59).

거들은 다소 가치가 없다고 할 수 있다. 그러나 여전히 어느 정도는 적절하다고 할 수 있다. 바로 이것이 증거를 처리하는 일반적 절차이다.

바빙크의 입장은 이 절차가 기본적으로 잘못되었다는 것을 보여 주지 못했다. 그는 과학의 이상이 모든 합리적 피조물이 받아들이고 받아들일 수 있는 추상적 보편적 타당성이라는 것을 사실상 인정한다. 그는 과학적 확실성과 믿음의 확실성 사이의 차이점을 발견한다. 전자는 보편적으로 받아들이지만, 후자는 그렇지 않다.

> 과학적 확실성은 모든 합리적 피조물이 받아들일 수 있는 발판 위에 있다. 합리적 피조물의 타당성은 합리성을 지닌 모든 피조물에 나타날 수 있다.[130]

> 종교적 확실성은 계시를 기초로 한다.

> 이런 점에서 과학적 확실성은 실제로 믿음으로 얻을 수 있는 것보다 더욱 더 일반적이고 강하다.[131]

한편, 바빙크는 과학적 확실성이 지금까지 믿어 왔던 것을 반증할 수 있는 미래의 연구에 의존한다는 것을 인정한다.

> 따라서 믿음의 확실성은 과학적 확실성과는 본질적으로 달라야 한다. 과학적 확실성은 아무리 견고하고 신뢰할 수 있다고 해도 인간의 추론에 의지하고 나중에 나타나는 더 좋은 연구에 의해 항상 전복될 수 있다.[132]

---

130 Bavinck, *De zekerheid des geloofs*, 26(*CF*, 23-24).
131 Bavinck, *De zekerheid des geloofs*(*CF*, 24).
132 Bavinck, *De zekerheid des geloofs*(*CF*, 24).

과학에서 우리는 인간의 확실성에 만족하지만, 종교에서는 신적 확실성이 필요하다.[133] 바빙크는 증거와 그 가치에 대해 말하면서, 소수의 사람만이 그것들을 사용할 수 있기 때문에 적용에는 한계가 있다고 주장한다. 그다음 그는 덧붙였다.

> 이 외에도 그것들은 추가 조사 및 더 깊은 성찰에 의해 언제라도 완전히 또는 부분적으로 무효가 될 수 있다.[134]

바빙크의 이런 입장은 구프린스턴의 입장과 매우 비슷하고,[135] 두 입장 모두 다 스콜라 입장과 매우 비슷하다. 이 세 가지 입장 간에는 차이가 있지만, 기독교 유신론에 대한 모든 추론은 "공통적 토대"(common ground)에서 이루어져야 한다는 데 동의한다.[136] 바빙크의 입장과 길슨(Gilson)의 입장을 구분하기란 쉽지 않다.

길슨의 입장은 우리가 앞에서 인용한 것처럼, 자연적 이성은 어느 정도의 가능성으로 하나님의 존재를 확립할 수 있고, 다른 신이 없기 때문에 우리는 그 하나님을 믿어야 한다는 것이다.

이에 대해 반박하려는 그의 모든 노력 때문에, 바빙크는 때때로 로마 교회가 제공하는 것과 비슷한 종류의 자연신학을 우리에게 제시하는 것처럼 보인다. 여기에서의 어려움은 본질적으로 카이퍼의 경우에 관해 이미 언급한 것과 같다.

---

133 Bavinck, *De zekerheid des geloofs*, 56(*CF*, 51).
134 Bavinck, *De zekerheid des geloofs*, 66(*CF*, 60).
135 반틸이 언급한 "구프린스턴 입장"은 유신론적 증거와 관련해 추론의 중립을 허용한다. 반틸은 여기에서 가설적으로 말하지 않는다. 반틸은 프린스턴의 학생이었던 시절에 이 입장을 여러 학자, 그중에서도 윌리엄 브렌튼 그린 주니어(William Brenton Greene Jr.)에게서 배웠다.
136 "공통적 토대"(common ground)라는 개념은 여기에서 처음으로 언급되었지만, 일반 은총 논쟁에 대한 더욱 중요한 관점이 될 것이다. 반틸은 구프린스턴의 바빙크 및 중세 스콜라주의가 때때로 호소한 "공통적 토대"를 중립적 이성(reason)으로 간주한다.

우리는 유신론적 증거에 대한 바빙크의 입장이 칼빈의 『기독교 강요』 정신과 일치한다고 믿을 수 없다. 칼빈은 그의 첫 번째 책 전체에서 사람들이 하나님을 믿어야 한다고 주장한다. 이는 그분의 존재와 성품에 대한 증거가 풍부하고 처음부터 있었기 때문이다. 객관적 증거가 풍부하게 있고, 충분히 명확하다.

우리가 올바르게 사고한다면 하나님이 존재하신다는 결론에 도달해야 한다. 다시 말해서, 이론적 증거가 올바로 구성된다면, 그것을 다루는 사람들의 입장이 어떻든 간에 객관적으로 유효하다. 유신론적 증거가 올바로 구성되기 위해서는 존재론적 삼위일체를 전제로 해야 하고, 이것을 전제로 하지 않는다면 모든 인류의 확신은 아무런 의미도 없다고 주장해야 한다.[137]

자족하는 하나님을 전제로 하지 않는 이상, 경이로운 세상에서 보편적으로 사용한 "원인", "목적", "존재"라는 단어는 아무런 의미가 없다.[138]

이런 식으로 논증을 진행하면, 모든 주장은 다 건전하다고 할 수 있다. 사실, 각 주장은 다른 주장과 관련이 있다. 또한, 모든 논쟁의 단점은 없어

---

[137] 이 진술은 반틸이 자신의 경력 초기에 언급한 "초월적"(transcendental) 접근 방식의 한 예이다. 여기에서 그는 이 접근 방식의 일부인 "반대의 불가능"(impossibility)을 진술한다. "초월적 방법"에 대한 간결한 설명은 Cornelius Van Til, *In Defense of the Faith*, vol. 2: *A Survey of Christian Epistemology* (Philadelphia: Presbyterian and Reformed, 1969), 10-11을 참조하라. 반틸 방식의 논증에 대한 더 자세한 내용은 K. Scott Oliphint, "The Consistency of Van Til's Methodology", *Westminster Theological Journal* 52 (1990): 27-49을 참조하라. 존재론적 삼위일체를 전제로 하지 않는 이상, 어떤 제안도 실행할 수 없다. 이것은 반틸이 위에서 주장했듯이 어떤 전제된 주장에서도 통일성과 다양성에 대한 설명이 없기 때문이다.

[138] 반틸은 이 세 가지 "보편성"이 유신론적 증거의 본질이기 때문에 이것들을 사용한다. 예를 들어, 아퀴나스의 다섯 가지 방법에서, 그의 두 번째 방법은 "인과관계"를, 네 번째 방법은 "존재"를 그리고 다섯 번째 방법은 "목적"(설계)을 기반으로 한다. 예를 들어, Brian Leftow and Brian Davies, eds., *Aquinas: Summa Theologiae, Questions on God*, Cambridge Texts in the History of Philosophy (Cambridge: Cambridge University Press, 2006), 24-27을 참조하라. 반틸이 이미 주장했듯이, 이런 "보편성들"은 한 분과 세 분이 동등하게 궁극적이라는 존재론적 삼위일체를 전제로 하지 않으면 "특정성들"과 관련해 올바로 이해할 수 없다. 비기독교 철학은 이들의 관계를 의미 있게 이해할 수 없었다.

진다. 그리고 미래의 연구도 그 유효성을 바꿀 수 없다.

이것이 맞는다면 기독교인이 이런 논증을 증거로는 아니지만, 증인으로 채택할 수 있다고 할 수 없다. 그것들이 그동안 사용되었던 것처럼 너무 자주 사용될 경우 증거도 될 수 없고 증인도 될 수 없다. 또한, 확실하지 않은 타당성을 인정하는 주장으로는 우리의 입장을 방어할 수 없다. 그리고 그것은 창조된 우주가 어디에서나 하나님에 대해 말하는 점을 강조하고(시 19:1, 2; 롬 1:18-20 참조), 기독교의 논리는 다른 논리만큼이나 탄탄하다고 말한, 바울과 바울의 추종자 칼빈의 생각과 일치하지 않는다.

우리는 비기독교 과학자와 같은 다른 사람들도 자기들만의 전제를 가지고 있다는 점에서 약간의 위안을 찾아야 한다. 우리는 오히려 다른 사람들이 가지고 있는 동일한 전제를 인정하지 않는다고 주장해야 한다. 모든 사람은 어떤 전제를 가지고 있다. 그러나 우리의 전제는 거짓되지 않다. 모든 사람이 전제를 가지고 있다는 사실 자체는 순전히 심리적이고 형식적인 문제이다. 문제는 누구의 가정이나 전제가 올바르냐는 것이다. 이 점에 대해서는 의심의 여지가 없다.

그러므로 우리는 본성의 사람이 하나님을 진정으로 안다는 로마가톨릭 개념에 대해 담대하게 도전해야 한다.[139] 그리고 우리는 로마가톨릭의 자연신학이 나타나는 과정에 도전해야 한다. 우리는 진정한 과학적 확실성이 모든 이성적 피조물에 보여 줄 수 있다는 주장을 부인해야 한다. 진정한 과학적 확실성은 진정한 종교적 확실성과 마찬가지로 존재론적 삼위일체 전제에 기초해야 한다. 두 가지 형태의 확실성은 심리적 현상이며 인간이 경험할 수 있는 것이다.[140]

---

[139] 반틸이 여기에서 의미하는 바는 모든 사람이 신학적 증거를 통해 하나님을 진정으로 알 수 있다는 로마가톨릭 개념에 도전해야 한다는 것이다. 반틸은, 하나님이 자신을 나타내셔서 지식은 어떤 중립적 개념이 아닌 하나님의 자연계시를 통해 오기 때문에 모든 사람은 하나님을 안다는 바울(그리고 칼빈)의 가르침을 따른다.
[140] 확실성은 개별 주체에 의존하는 주관적 상태이기 때문에, 그 개별 주체가 아담이나 그리스도 안에 언약적으로 있는지에 따라 확실성에 대한 차이가 나타날 것이다.

그러나 두 가지 형태의 확실성이 사실이 되기 위해서는 동일한 기초가 필요하다. 우리는 기독교를 기반으로 하지 않는 과학이나 신학의 가능성에 도전해야 한다.

우리는 바빙크가 자연신학 문제에 관해 다른 곳에서 말한 것에만 집중하면 된다. 그는 사람이 자신을 성경 안에 정확하게 두지 않으면 자연을 올바로 이해할 수 없다고 말한다.

> 바로 그런 이유로 인해 기독교인이 성경과 성령의 조명 없이 자연신학(theologia naturalis)을 다룬다면 잘못된 길로 가게 된다.

기독교인은 자연을 연구할 때 특별 계시라는 반석 위에 두 발로 서야 한다. 그것이 바로 바빙크의 주장에 대한 올바른 적용일 것이다. 하지만 바빙크는 자신의 주장을 온전히 이행하지 못했다.[141]

바빙크의 신학에 대해 언급할 것이 하나 더 있다. 바빙크의 유신론적 증거에 관해 토론할 때, 우리는 소위 말하는 하나님에 대한 "획득된 지식"(*cognitio Dei acquisita*)을 다루었다. 우리는 이제 그가 하나님에 대한 "이식된 지식"(*Cognitio Dei insita*)을 설명한 것에 대해 몇 마디를 추가하려고 한다. 여기에 객관적 계시와 주관적 해석 사이의 관계에 대한 질문이 다루기에 가장 어렵다. 이 둘은 서로 매우 가까운 곳에 있기 때문에, 신중하게 구별하지 않으면 서로 섞일 수 있다.

여기서 고려해야 할 질문은 모두에게 공통된 개념(κοιναὶ ἔννοιαι), 인상 깊은 개념(impressed notions) 그리고 이식된 지식(implanted knowledge)이다. 자연적 이성으로 하나님에 관한 어떤 진리를 발견할 수 있다고 주장하는 로마가톨릭 신학이 신자와 불신자가 공유하는 하나님에 관한 개념이 있다고 주장하는 것은 당연하다. 길슨(Gilson)은 아리스토텔레스가 특별한 계시에

---

[141] Bavinck, *Gereformeerde dogmatiek*, 2:47(*RD*, 2:74).

의해 뒷받침되지 않는 이성으로 발견한 진리를 우리도 발견할 수 있다고 주장할 때 이런 관점을 표현했다.[142]

칼빈은 "신성에 대한 인상" 또는 "공통 개념" 또는 "선천적 사상" 또는 "종교적 적성"이 사람 안에 있다고 주장하고, 하나님이 종교에 대한 선천적 씨앗을 모든 사람의 마음속에 심어놓았다는 사실을 "경험"을 통해 증명한다고 말했는데, 이는 사실상 로마가톨릭의 입장과 같다고 길슨은 주장한다. 그는 칼빈주의자가 이 시점에서 스스로 이율배반에 직면한다고 생각한다.

> 얼핏 보기에는 더 나은 해결책이 없는 것 같다. 그러나 이 주장이 하나님 존재에 대한 아퀴나스의 증거가 달성한다고 주장하는 합리적 확실성만큼 확실하게 어려움에 봉착하는 것은 사실이다. 순수 철학을 억누르는 가톨릭의 입장을 비판할 권리가 상실된 것은 당연하다. 또는 이 경우에 하나님에 대한 자연적 지식을 찾는 것이 불가능하게 될 것인데, 바로 그들은 이것을 막으려고 했었다.[143]

문제는 이제 바빙크가 말한 타고난 지식이 길슨이 칼빈주의 앞에 던진 딜레마를 피할 수 있는지다. 길슨은 일반적으로 개혁주의 신학이 자연신학에 대한 개념을 자의식적으로 방어해야 한다고 주장했는데, 이는 충분히 공평한 일이라고 믿는다. 로마가톨릭 신학의 자연신학의 영역을 축소하거나 가치를 다소 줄이는 것으로 이 문제를 해결할 수 없다. 개혁주의 자연신학이 로마가톨릭과 같은 입장을 취하는 한, 길슨이 말한 딜레마를 피하기는 어렵다.

---

142 아리스토텔레스에 대한 길슨의 해석은 독창적이지 않고 아퀴나스에게서 기원한다.
143 Gilson, *Christianity and Philosophy*, 41.

이제 칼빈에 이어 카이퍼와 바빙크는 로마가톨릭의 자연신학을 무너뜨려야 한다고 거듭 주장한다. 참된 자연신학은 성경을 바탕으로 한 해석 원리로 자연을 진솔하게 해석해야 한다고 그들은 주장한다.[144]

그러나 카이퍼와 바빙크는 자기 자신의 원리와 어느 정도는 상충한다고 우리는 지적했다. 그들 중 누구도 비기독교적 방법론에서 완전히 자유로울 수 없었다. 둘 다 경험주의의 엄연한 사실과 합리주의의 추상적 보편성에 대한 개념을 어느 정도까지는 합리화할 수 있다. 이것은 바빙크의 경우처럼 비록 합리주의-비합리주의 선을 따라 구성되었음에도 불구하고, 유신론적 논증에 특정한 진리를 더할 수 있다.[145]

우리는 유신론적 증거들에 대한 주관적 대응 개념인, 그의 '공통 개념' 구성에서 어떤 비슷한 것을 찾을 수 있을까?

이 질문에 답하기 위해, 우리가 단지 지나가는 말로 말했던 차이점을 주의 깊게 살펴보아야 한다. 그것은 심리학과 인식론 사이에 있는 차이점이다.[146] 심리학적인 면에서 '공통 개념'과 같은 것이 있다면, 인식론적인 면

---

144 이것은 개혁주의 신학과 관련해 매우 중요한 핵심이다. 반틸은 자신의 독자가 이 주제에 익숙하다고 가정하기 때문에 더 진행하지 않는다. 자연신학을 통해 무엇을 얻든지 간에, 개혁주의 신학은 성경에 기록된 하나님의 계시에 기초할 때만 올바로 이해할 수 있다. 그러므로 자연신학은 초자연신학보다 우선하지 않는다. 오히려 그것은 초자연신학에 달려 있다.
145 반틸에 따르면, 결말이 나지 않은 이성적-비이성적 변증법은 모든 비기독교적 사고의 기초이다. 이런 맥락에서, 이성적인 것은 적절하게 이해할 수 있는 것을 의미하고, 비이성적인 것은 인간의 마음이 사실을 이해할 수 없을 때 반드시 상정되어야 하는 '본체적'(noumenal) 미스터리를 의미한다.
146 이것은 반틸 사상에서 발견할 수 있는 또 다른 중요한 차이점이다. "심리적인 것"(psychological)은 인간의 영혼(psyche, sould)과 관계된 것을 의미한다. 이것은 모든 사람에게 있는 하나님에 대한 지식, 또는 하나님에 대한 감각이다. 반틸은 때때로 이 단어를 "형이상학적"(metaphysical)이란 말과 교대해서 쓰는데, 이는 이 단어가 모든 사람은 하나님의 형상이고 하나님의 형상으로 남아 있다는 사실을 가리키기 때문이다(하나님에 대한 참된 지식이 '형상' 개념에 포함된다). "인식론적인 것"은 사람이 생각하고 추론하는 영역을 의미한다. 그러므로 "심리적인 것"은 그 뿌리에 하나님의 활동이 있지만(하나님은 자신이 누구인지에 대해 우리에게 계시하고, 따라서 우리는 그를 안다는 점에서), "인식론적인 것"은 우리 자신이 하나님이 주신 지식으로 생각하고, 분석하며,

에서는 '공통 개념' 같은 것이 없게 된다.[147] 하나님의 계시는 모든 곳에 있다고 바빙크는 지적한다. 즉, 하나님의 계시는 자연뿐만 아니라 사람 안에도 있다.

> 무신론 세상, 무신론 백성, 무신론 인간은 없다.[148]

바빙크의 무신론 백성도 없고 무신론 인간도 없다는 표현은 인식론적으로 이해해서는 안 되고 심리학적으로 이해해야 한다.

한마디로 말해 하나님의 계시는 모든 곳에 있을 뿐만 아니라 인간 마음의 활동 속에도 존재한다.

> 이는 하나님을 알 만한 것이 그들 속에 보임이라 하나님이 이를 그들에게 보이셨느니라(롬 1:19).

사람은 하나님의 계시를 재해석해야 할 수도 있다. 바울은 하나님의 보이지 않는 것들이 분명하게 알려졌다고 말한다(롬 1:20). 우리가 이것을 그저 명백하게 나타난다고 해석하든지, 아니면 명백하게 나타나기 때문에 명백하게 관찰할 수 있다고 해석하든지 간에, 우리는 여전히 하나님의 계시 영역을 다룬다.[149] 우리는 아직 윤리적 반응(ethical reaction)에 도달하지 않았다.[150]

이해하고, 알기 위해 노력한다는 것을 의미한다.
[147] 즉, 모든 사람은 하나님을 알기에, "그 공통" 지식을 (심리적으로 또는 형이상학적으로) 알지만, 아직 아담 안에 있는 사람은 그 지식을 (인식론적으로) 취해 그것을 불의하게 억압한다(롬 1:18).
[148] Bavinck, *Gereformeerde dogmatiek*, 2:30(*RD*, 2:56-57).
[149] 로마서 1:18-20에 있는 바울의 요점은, 우리가 비록 타락했을지라도 하나님은 우리에게 계시하기 때문에 우리는 명확하게 알고 이해한다는 것이다.
[150] '윤리적 반응'이란 우리가 하나님이 주신 진리를 억압한다는 것을 의미한다(롬 1:18). 이 표현보다는 '언약'(covenantal) 반응이라는 표현이 더 나을 수 있다.

아담이 맨 처음 창조되었을 때, 그는 하나님 일들에 대해 생각하고 그것들을 생각함으로 그것들을 해석했다. 그 해석은 여전히 계시적이었다. 확실히 그의 경우에 이 계시적 해석은 믿음과 함께했다. 사람이 타락한 후에도 동일한 계시적 해석이 계속되었다. 그러나 타락 후 이 계시적 해석은 항상 적대감을 수반했다.

바울에 의하면, 심리학적으로 말해서 이방인은 해석 활동에 참여하므로 하나님을 알고, 이를 통해 하나님을 영화롭게 하기는 한다. 그러나 그는 하나님을 하나님으로 영화롭게 하는 것은 아니라고 말한다(롬 1:21).

그렇다면 로마가톨릭 유형의 자연신학에 빠지지 않으려면 인간의 해석 활동에 있어 단순히 심리적인 것과 인식론적인 것을 구분해야 한다. 심리적인 것과 인식론적인 것이 공존해야 한다고 단순히 강조하기 위해서는 분리도 역시 중요하다고 강조해야 한다. "공통 개념"은 사람을 통해 사람에게 오는 계시일 뿐이다. 윤리적 주체인 사람은 타락 이후 이 계시와 관련해 부정적으로 행동한다.

하나님의 형상에 따라 창조된 사람은 그분의 지식과(롬 1:20) 도덕적 의식에서(롬 2:14-15) 하나님 일반 계시의 해석 매체가 되는 것을 피할 수 없다. 어떤 라디오 버튼을 누르든 항상 하나님의 음성을 듣는다. 죄인이 최후의 수단으로 다른 목소리를 듣기 희망하며, 자신의 심리적 및 자기 의식적 활동을 일깨우려 할지라도 그는 여전히 하나님의 음성을 듣는다.

스올에 내 자리를 펼지라도 거기 계시니이다(시 139:8).

이런 의미에서 우리는 적어도 무신론을 믿는 민족과 개인은 없다는 말을 들을 때, 이 말의 의미를 이해해야 한다. 심리학적으로 말해서 무신론을 믿는 사람은 존재하지 않는다. 인식론적으로 말해 모든 죄인은 무신

론자이다.[151]

바빙크는 이 점을 염두에 두었을까?

바빙크에 의하면, 키케로(Cicero)는 모든 사람이 공통 특성으로 인해 동의하는 것은 틀릴 수 없다고 했다. 키케로는 의심의 여지 없이 심리학적 및 인식론적으로 모든 사람이 동의하는 어떤 기초가 있다는 것을 의미했다. 즉, 키케로는 아무리 작든지 모든 사람이 인식론적으로 동의하는 어떤 공통 해석 영역이 있다고 주장했다.

로마가톨릭의 자연신학이 바로 이 키케로의 개념 위에 세워졌다. 바빙크는 이 점을 항상 염두에 두지는 않았다. 그가 키케로에 관해 판단할 때, 단순한 심리학적 공통성과 인식론적 동의(agreement)를 구별하지 못한다.

더욱이 그는 사람들이 하나님 존재와 본성에 대해 크게 차이를 보이지 않는다고 덧붙이면서, 사실상 사람들은 이에 대해 단순히 심리학적으로 동의할 뿐만 아니라 인식론적으로도 동의한다고 주장한다.[152]

하나님 본질과 존재 사이에 있는 구분은 로마가톨릭의 자연신학에 적합한 구분이다. 우리는 그것이 개혁주의 자연신학에 적합하지 않다고 믿는다. 어떤 분야에서건 순수한 저것과 무엇 사이를 완전히 구분하는 것은 현명하지 못하다. 우리는 무언가에 대해 지적으로 말한 후에 우리가 말할 것을 결정할 수 없다.

우리는 우리가 말한 내용을 계속해서 명확하게 할 수 있지만, 우리의 마음으로 묘사할 수 없는 것을 말할 수는 없다. 또한, 바울은 유일하게 존재하는 참하나님의 음성은 사실 어디에나 있다고 알려준다. 그는 확실히 이 하나님이 자기 계시의 충만함 가운데 존재한다고 말하지 않는다.

---

[151] 하나님의 계시가 창조 안에 그리고 창조를 통해 전달된다는 점을 고려할 때, 무신론자는 없다. 그러나 아담 안에 있는 모든 사람이 그 지식을 억압하고 그 지식을 거짓으로 바꾼다는 점을 고려할 때(롬 1:23, 25), 아담 안에 있는 모든 사람은 무신론자이다. 그들은 자신이 아는 참된 하나님께 영광을 돌리지도 않고 감사하지도 않는다.

[152] Bavinck, *Gereformeerde dogmatiek*, 2:31(*RD*, 2:57).

그러나 우리가 무엇을 하든지 간에, 바로 그 참하나님의 음성을 (많은 하나님 가운데 한 하나님이 아닌) 어느 곳에서나 들을 수 있다. 이방인에게 깊은 인상을 준 것은 단순히 하나님 존재에 대한 그것이 아니라 하나님 존재에 대한 무엇이다. 이를 위해 그들은 해석적 표현을 함으로써, 윤리적 반응력에 대한 하나님 요구의 압력을 증가한다.[153]

우리는 포괄적 신적 개념(포괄적 유신론)과 같은 언급에 대해 주의를 기울여야 한다. 그것은 그 자체로 공허한 개념이다. 엄밀히 말해서, 포괄적 유신론을 부정하는 사람은 없기 때문에 무신론자는 없다고 말하는 것은, 로마가톨릭의 자연신학으로 쉽게 내려갈 수 있는 근거를 마련하는 행위가 된다.

우리는 오히려 자신 안에 있는 참하나님의 계시 활동을 부정할 수 있는 사람은 아무도 없기 때문에 무신론자는 없다고 말해야 한다. 무신론자란 자신 안에 있는 참하나님의 계시에 맞서 싸우는 사람이다. 무신론자가 되기 위해서는 포괄적 유신론을 부인할 필요가 없다.

그러나 바빙크는 추상적 존재에 대한 믿음에 너무 많은 가치를 투자하는 것처럼 보인다. 그는 경험주의자들의 도움으로 합리주의자들에 대항해 논하는 것과 같은 맥락으로, 또한 합리주의자들의 본질적 사상에 반대한다. 그는 인간이 자신이 필요로하는 정보를 가지고 있다는 생각에 기초한 자연신학은 완전히 배제되어야 한다고 말한다.[154] 그러나 이것은 이야기의 한 측면일 뿐이라고 덧붙였다.

> 모든 과학은 그 자체로 존재하는 일반적인 원칙을 전제로 한다. 모든 지식은 믿음을 기초로 한다. 모든 증거는 마지막 분석에서 아르케 아포데이케오스(ἀρχὴ ἀποδείξεως, 시연의 원리)를 전제로 한다. 논리적이고, 수학적이며,

---

153 앞에서 명시적 의미와 함축적 의미에 대해 말한 것을 회상하라.
154 Bavinck, *Gereformeerde dogmatiek*, 2:47(*RD*, 2:71).

철학적이고, 윤리적이며 또한 종교적 및 신학적 원칙이 있는데, 이는 물론 일반적이고 추상적인 원칙이지만, 모든 세대의 모든 사람이 자연스럽게 그리고 반드시 받아들인다. 사고의 법칙은 모두 같다. 숫자 교리는 어디에서나 같다. 선과 악의 구별은 모두에게 알려져 있다.

종교와 하나님에 대한 지식이 없는 사람은 없다. 이것은 인간의 영혼에 원래 새겨진 원칙인 '프린시피아 페르 세 노타'(*principia per se nota*, 자명한 원칙), '코이나이 에노이아이'(κοιναὶ ἔννοιαι, 모두에게 공통된 원칙), '베리타테스 애테르내'(*veritates aeternae*, 영원한 진리) 원칙 외에 다르게 설명되어서는 안 된다. 종교의 경우, 우리는 우리 의사와는 관계없이 항상, '세멘 레리기오니스'(*semen religionis*, 종교의 씨앗),[155] '센수스 디비니타티스'(*sensus divinitatis*, 신성), '인스팅투스 디비누스'(*instinctus divinus*, 신적 본능), '코그니티오 인시타'(*cognitio insita*, 인지적 통찰력]) [156, 157] 개념으로 돌아가야 한다.

성경은 인간이 하나님의 형상대로 창조되었고, 그의 마음으로(νοῦς) 하나님의 역사를 볼 수 있는 능력이 있으며, 율법의 역사가 그의 마음에 기록되어 있음을 가르친다고, 바빙크는 말한다.[158] 올바르게 이해한다면, 바빙크는 코이나이 엔노이아이(κοιναὶ ἔννοιαι)의 개념을 다음과 같이 정의한다.

---

155 칼빈은 "종교의 씨앗"(*semen religionis*)과 "신적 본능"(*sensus divinitatis*)을 같은 것으로 보았다. 이 두 가지 다 참된 하나님이 태초에서부터 영원토록 모든 인류에게 주신 참된 하나님에 관한 명확하고 참된 지식을 의미한다. 칼빈의 관점에 관한 자세한 내용은 K. Scott Oliphint, "A Primal and Simple Knowledge", in *A Theological Guide to Calvin's Institutes: Essays and Analysis*, ed. David Hall and Peter A. Lillback (Phillipsburg, NJ: P&R Publishing, 2008), 16-33을 참조하라.
156 영어로는 "선천적 지식"(innate knowledge)으로 번역된다; 나는 바빙크를 따라 "심긴 지식"(implanted knowledge)이란 표현을 선호한다.
157 Bavinck, *Gereformeerde dogmatiek*, 2:47(*RD*, 2:71).
158 Bavinck, *Gereformeerde dogmatiek*.

사람은 잠재적 능력(*potentia*, 소질 또는 능력[*aptitudo, vis, facultas*])과 성향(습관 [*habitus*], 기질[*dispositio*])을 가지고 있어서, 일반적 발달 과정과 하나님이 살게 하신 환경 가운데서, 강요받지 않고, 과학적 논증이나 증거도 없이, 자신의 의사대로, 선천적 및 직감적(ἐμφύτως καὶ ἀδιδάκτως)으로, 하나님에 관한 구체적이고 확실하며 의심의 여지 없는 지식에 도달한다.[159]

정상적인 경우 모든 사람은 그런 지식에 도달해야 한다.

사람은 눈을 떠서 태양을 보며 빛 가운데서 자신을 비추는 세상의 사물을 본다. 그래서 사람은 하나님이 존재하고 선과 악이 있다고 들을 때, 자신의 본성에 따라 이를 받아들인다. 그는 그것을 피할 수 없다. 그는 이 진리들이 올바르기 때문에 누가 강요하지 않고 증거가 없어도 부지불식간에 받아들인다.[160]

이 모든 것에서 자연신학에 관한 기독교 개념과 비기독교 개념에는 차이가 있었다. 한편으로 바빙크는 참하나님이 어느 곳에든지 증인 없이 자신을 노출하지 않고, 자신의 깊은 자의식 행동을 통해 사람에게 말씀하셨다는 주장으로 돌아온다. 전체 단락의 마지막 문장은 이렇다.

증인을 통해 모든 사람에게 자신을 나타내신 분은 하나님 자신이다.

"코이나이 에노이아이"(κοιναὶ ἔννοιαι, 모두에게 공통된 원칙)가 이런 관점으로 일관성 있게 설명된다면, 우리는 심리학적인 것과 인식론적인 것 사이를 구분해야 한다. 그런 다음, 우리는 유일한 참하나님이 태초부터 어디

---

159 Bavinck, *Gereformeerde dogmatiek*, 2:48(*RD*, 2:71).
160 Bavinck, *Gereformeerde dogmatiek*, 2:49(*RD*, 2:72).

에서나 사람에게 말씀하신다고 주장해야 한다. 그러므로 누구도 자신 안과 자기 주위에 있는 참된 하나님의 계시를 억누를 수 없다는 의미에서 무신론자는 없다.[161]

한편, 바빙크는 하나님 존재와 하나님 본질의 구별에 관한 것을 연구한다. 이 구별과 조화를 이루어 그는 보편적 원리에 관해 이야기한다. 그는 '코이나이 에노이아이'라는 개념에 기초해, 모든 사람이 하나님의 존재와 선악 간의 차이를 들을 때 이 진리에 동의해야 한다고 말한다.

그러나 어떻게 바빙크는 순전히 공식적 진술인 하나님의 존재와 선악 간의 차이와 같은 공식적 추상이 '진리'라고 말할 수 있는가?

그것들은 그 자체로 형태가 가장 공허하고 아무런 의미도 없다. 그것들이 내용을 가지고 있다면(그리고 바빙크는 그것들이 진리라고 말할 때 그런 것처럼 이야기한다), 이 내용이 어디에서 나올 것인지가 문제이다. 만약 그것이 하나님의 계시에서 온다면, 만약 하나님이 존재하신다는 계시가 하나님에게서 온다면, 만약 그것이 하나님의 계시가 '무엇인가'(the what)로부터 오기 때문에 '저것'(the that)에 대한 개념이 중요하다면, 모든 사람이 자연적으로 그것을 수용해 결과적으로 하나님에 관한 특정한 양의 참된 정보를 가지고 있다고 말할 수 없다.

인간은 죄의 본성으로 인해 하나님의 계시를 미워한다. 그러므로 죄인이 하나님에 대해 행하는 모든 구체적 표현은 하나님에 대한 증오를 더욱 증가할 것이다. 그의 인식론적 반응은 그의 전체 해석적 노력과 함께 언제나 부정적일 것이다.[162] 변질되지 않는 참하나님(그리고 이 하나님이 모든 사람이 실제로 직면하는 유일한 하나님이시다)에 대한 일반적 원칙이나 진리는 없

---

[161] 즉, 바울이 진리의 억압에 대해 말하지만(롬 1:18), '완전한' 억압의 가능성은 없다. 그런 사람은 자신이 하나님의 피조물이고 하나님께 달려 있다는 것을 알지 못한다. 바울은 그 억압에 대해 로마서 1:23 이하에서 설명한다.
[162] 그러나 반틸의 경우 인식론은 심리학적인 것을 전제로 해 인식론적 부정적 반응은 하나님의 자연계시로 알려진 진리에 뿌리를 두고 있음을 명심해야 한다.

다. 추상적 진리가 존재한다는 바로 그 개념은, 모든 사람이 자신 안에서 변함없이 발견하는 참하나님에 대한 지식을 곡해하는 행위이다.

전체적으로 볼 때, '하나님에 대한 심어진 지식'(Cognitio Dei insita)을 다루는 부분은 바빙크의 과학 원리(principia)에[163] 대한 일반적 논의, 그의 미스터리에 대한 개념 그리고 그의 유신론적 증거들에 대한 개념에서 발견되는 모호성을 벗어나지 못했다. 그것은 우리가 계속해서 발견하는 동일한 모호성이다. 또한, 카이퍼의 작품에서도 동일한 모호성이 발견된다. 이들이 근대를 진정한 개신교 신학으로 이끌었던 것은 확실하다.

그러나 그들은 우리에게 제시한 길을 지속해서 따라갈 용기가 없었다. 그들의 노력에는 추상적 추론의 요소들이 있는데, 그것은 모든 시점에서 로마가톨릭의 자연신학에 일관적으로 대항하지 않는 자연신학으로 이어진다. 그들이 문제의 객관적 측면을 다룰 때, 즉 계시적 질문을 다룰 때, 그들은 일정 부분 확률적 입장을 설명한다.[164]

이 확률적 입장이란 객관적 원리들을 엄연한 사실들과 결합해, 추상적 방식으로 진리를 추구한 결과이다. 그들이 공통적 개념으로 문제의 주관적 측면을 다룰 때, 심리학적 계시와 인식론적 해석 사이를 명확히 구분하지 않는다.

(3) 헵(Hepp)

헵은 개혁주의 인식론에 대한 논쟁을 잘 설명한다. 이를 잘 설명한 그의 책 이름은 『성령의 증언』(Het Testimonium Spiritus Sancti)이다. 첫 번째 권에서 그는 소위 말하는 성령의 일반적 증거를 다룬다. 이어서 성령의 특별한 증언을 다룬다.[165]

---

[163] 프린시피아(principia)란 기초적, 근원적 원리를 말한다.
[164] 즉, 유신론적 증거를 바탕으로 신은 존재할 수 있다는 것이다. 이성을 중립적으로 사용해서 이런 증거를 발견한다면, 이것이 우리가 생각할 수 있는 최선의 결론이다.
[165] V. Hepp, *Het testimonium Spiritus Sancti* [The testimony of the Holy Spirit] (Kampen: J. H.

헵은 바빙크과 다른 개혁주의 신학자들이 세워 왔던 신학을 바탕으로 해서 자신의 업적을 쌓고 싶어 한다. 근대에 바빙크는 다른 어떤 사람보다도 성령에 대한 일반적 증거 교리에 더 가까이 왔다. 그런데도 그는 심지어 그것에 대한 이름조차도 언급하지 않았다. 그는 단지 그 개념을 소개했을 뿐이다.[166]

헵 작품의 긍정적 부분을 살펴보면, 그가 주장하는 논증은 다음과 같이 펼쳐진다. 성령의 특별한 증언이 우리 안에서 성경의 진리를 증언하는 것처럼, 성령의 일반적 증언은 우리 안에서 일반적 진리를 증언한다.[167]

우리 앞에 펼쳐진 전 세계는 하나님의 진리를 나타낸다. 우리 앞에 이 충만한 계시를 펼쳐 놓으시는 분은 성령이시다. 이것은 '성령의 외적 증언'(*testimonium Spiritus Sancti externum*)이라고 불릴 수 있다. 이 외적 증언은 사람에게 드러난다. 그러나 이 계시를 사람들이 확신하기 위해서는 이것에 내적 증거가 추가되어야 한다.

왜 그런가?

모든 계시는 수단으로 발생한다. 이는 계시가 하나님과 관련이 있거나 창조물과 관련이 있든지 상관없이 항상 사실이다. 하나님은 자신을 절대로 우리에게 직접 계시하지 않으시고, 자신과 우리 사이에 있는 어떤 것을 통해 전달하신다. 그렇지 않다면, 우리는 하나님의 바로 그 본질을 들여다 볼 수 있어야 하고, '하나님 본질의 비전'(*visio Dei per essentiam*)에 합당해야 한다.[168]

그런 계시는 우리에게 확실성을 줄 수 없다. 만일 우리가 계시 외에 아무것도 없다면, 우리는 사물을 자기 눈에 좋을 대로 믿어야 한다고, 헵은 말한다. 그러므로 오히려 우리는 사물이 성령의 전달자일 뿐이라고 말해

Kok, 1914). 두 번째 책은 출판된 적이 없다.
[166] Hepp, *Het testimonium Spiritus Sancti*, 98.
[167] Hepp, *Het testimonium Spiritus Sancti*, 140.
[168] Hepp, *Het testimonium Spiritus Sancti*, 147.

야 한다. 피조물로서 나는, 사물로부터 확실히 독립적이신 성령께서 계시가 나에게 진리를 가져다준다고 믿게 하실 때만 절대적 확신을 가질 수 있다. 그리고 그것은 우리가 '일반적 내적 증언'(*testimonium generale internum*)을 받을 때 발생한다.[169] 이것이 바로 성령께서 증언하시는 것의 본질이라고 헵은 말한다. 그것은 보장하지만 나타내지는 않는다. 그것은 나에 관한 계시의 진리를 나에게 보장한다.

그러나 이 일반적 증언이 모든 진리를 보증하지는 않는다. 그것은 단지 핵심이 되는 진리만을 보증한다.[170] 이 몇 가지 진리는 위계질서의 구성 요소로서 서로 관련이 있는 것은 아니다. 이것들은 서로에 대해 상대적으로 독립되어 있다.[171] 하나님과 관련된 것들, 인간과 관련된 것들, 세상과 관련된 것들로 구성된 세 가지 핵심 진리 그룹이 있다.

첫 번째 일반적 진리 그룹은 하나님과 관련된 것들이다.

헵은 하나님에 관한 진리와 관련해 유신론적 증거의 가치에 대해 논의한다. 그의 생각은 바빙크의 생각과 매우 비슷하다. 그는 이런 증거들이 우주에서 우리에게 오는 공식들을 정립한다고 주장한다. 그것들은 우리의 의식을 힘으로 압박하지만 확신을 줄 수는 없다.[172] 이런 증거들에 집중되어 있는 일반적 계시는 성령의 증거가 아니라면 추측으로 이어질 것이다.[173]

헵은 계시와 확신이라는 두 가지 개념을 엄격하게 분리해야 한다고 강력히 주장한다. 에덴의 아담도 그런 계시로 살 수 없었다. 일반적 증언이 없다면 확실성도 없었을 것이다. 의심은 죄이며, 에덴에는 죄가 없었다.

---

169 Hepp, *Het testimonium Spiritus Sancti*, 148.
170 Hepp, *Het testimonium Spiritus Sancti*, 149.
171 Hepp, *Het testimonium Spiritus Sancti*, 151.
172 Hepp, *Het testimonium Spiritus Sancti*, 153
173 Hepp, *Het testimonium Spiritus Sancti*.

그러므로 우리는 낙원에서도 일반적 계시 외에, 그 계시에 대한 성령의 일반적 내적 증언이 있었다는 것을 기억해야 한다.

두 번째 일반적 진리 그룹은 인간에 관한 것이다.

인간은 어떻게 자신의 존재를 확신하는가?

오직 성령의 일반적 내부 증언을 통해서만 가능하다.

우리는 자신의 감각, 생각의 공리, 도덕 및 미학적 평가 규범에 의존할 수 있다는 것을 어떻게 알 수 있는가?

오직 성령의 일반적 내부 증언에 의해서만 가능하다.[174]

세 번째 일반적 진리 그룹은 세상에 관한 것이다.

이 세상은 '제 일 원리'(prima principia)에 따라 움직인다.

이것이 사실임을 어떻게 알 수 있는가?

오직 성령의 일반적 내부 증언에 의해서만 가능하다.[175]

그러므로 성령의 일반적 내부 증언은 모든 과학, 종교, 도덕 및 예술의 초석이라고 할 수 있다.[176]

우리는 이제 가장 중요한 부분에 도달한다.

> 일반적 증언과 계시(여기에서는 하나님에 대한 계시, 인간에 대한 계시 그리고 우주에 대한 계시라는 넓은 의미에서 쓰인다)가 결혼해 '믿음'이 태어난다. 내부 증언이 외부 증언을 증명하면, 인간은 동의하지 않을 수 없다. 그리고 믿음은 항상 이성을 사용해 어떤 증인이나 다른 사람에게 동의한다.[177]

---

174 Hepp, *Het testimonium Spiritus Sancti*, 155.
175 Hepp, *Het testimonium Spiritus Sancti*, 156.
176 Hepp, *Het testimonium Spiritus Sancti*.
177 Hepp, *Het testimonium Spiritus Sancti*, 157.

헵은 이 믿음을 '일반적 믿음'(*fides generalis*)이라고 부른다. 그는 근대 철학이 이런 '일반적 믿음'을 상당히 일반적으로 허용했다고 말한다.[178] 그러나 근대 철학의 믿음과 우리가 붙잡아야 할 일반적 믿음 사이에는 큰 차이가 있다고 덧붙인다.[179] 그는 근대 철학자들에게 믿음은 결국 지식에 뒤진다고 말한다. 반면에 기독교의 경우 믿음은 과학보다 훨씬 더 확실하다.

> 확실히 지식은 '일반적 믿음'의 그림자 역할을 할 수 없다. 이는 이것이 주관적 및 객관적 근거보다 위에 있고, 성령의 직접적 운용보다 위에 있으며, 모든 사람의 마음속에 역사하시는 하나님의 증언보다 위에 있기 때문이다.[180]

계시와 일반적 증언의 결합으로 인한 이 '일반적 믿음' 때문에 인간은 하나님, 사람 그리고 세상에 대한 일반적 진리를 받아들인다.

> 일반적으로 인류는 핵심 진리를 부정하지 않는다. 훨씬 더 많은 사람이 자신보다 더 강한 힘을 인식하고 자신 안팎에 있는 실체를 의심하지 않는다.[181]

여기에서 우리는 전체 문제의 절정에 이른다. 성령의 내적 일반 증언으로 인한 불가항력적 힘 때문에, 인류가 보편적으로 반드시 받아들여야 하는 핵심 진리가 존재한다.

헵의 이 입장에 대한 우리의 비판과 바빙크의 주장에 대한 우리의 비판은 당연히 비슷할 것이다. 그가 기독교 노선을 따라 독점적으로 주장하지 않는다면, 로마가톨릭 유형의 자연신학에서 벗어날 수 없을 것이다. 그는

---

[178] Hepp, *Het testimonium Spiritus Sancti*, 158ff.
[179] Hepp, *Het testimonium Spiritus Sancti*, 161.
[180] Hepp, *Het testimonium Spiritus Sancti*.
[181] Hepp, *Het testimonium Spiritus Sancti*, 165.

합리주의와 경험주의에 반대해 여러 가지 탁월한 부정적 비판을 한다.

그러나 그는 비기독교 입장에 대한 부정적 비판조차도 기독교 전제에서 취해야 한다는 사실을 완전히 의식하지는 않는 것 같다. 그가 자연신학에 대한 스콜라식 방법론으로 로마가톨릭의 자연신학에 대항한다면 효과적으로 비판할 수 없다. 그는 거짓 철학에 대한 두 가지 방법의 논리를 추구한다. 하나는 중립적 전제에 기초를 두고, 다른 하나는 기독교 전제에 기초를 둔다.[182]

헵은 '유신론적 증거들'을 다룰 때, 바빙크와 마찬가지로 그것들이 비기독교적 논증을 따름에도 불구하고 특정한 가치를 부여한다. 헵은 칸트가 이런 주장의 가치를 과소평가했다고 말한다. 증거들에 대한 그의 전체 논증에서, 헵은 중립에 기초 위에서 진행된 논증이 특정한 타당성이 있음을 허용한다. 중립적 기초, 따라서 비기독교적 뿌리에 바탕을 둔 이런 증거들은 하나님의 존재를 밤낮으로 증명한다고 헵은 말한다.[183]

이에 우리는 이 증거들이 하나님의 존재를 부정하기 위해 밤낮으로 울부짖는다고 대답한다. 이는 이 증거들에 바탕을 둔 논증은 하나님이 유한하시다고 말하기 때문이다. 이 증거들의 구성된 방식에서는 이것 이외에 더 이상 아무것도 나올 수 없다. 이 증거들은 사람으로서 우리가 유한하지만, 궁극적 세상에서 출발할 수 있다는 가정 위에 세워졌다. 이 증거들은 우리가 이 경이로운 세상을 하나님의 공로로 돌렸는지 여부와 관계없이, 이 경이로운 세상에 대한 우리의 연구로부터 '원인', '존재' 그리고 '목적'과 같은 단어의 의미를 이미 알고 있음을 전제로 한다.

로마가톨릭의 자연신학과 같은 종류의 것을 피하기 위해서는, 자연에 나타난 하나님의 계시와 관련해 기독교와 비기독교적 논증을 명백히 구분해야 한다. 하나님은 처음부터 자연과 인간의 의식 속에 계시되었다. 우리

---

182 Hepp, *Het testimonium Spiritus Sancti*, 133.
183 Hepp, *Het testimonium Spiritus Sancti*, 153.

는 하늘이 하나님의 영광을 '선언할 수도 있다'고 말할 수 없다. 참된 전제에서 합리적 논쟁이 이루어지면, 참하나님이 존재하신다는 것 외에 다른 결론을 내릴 수는 없다.

또한, 인간이 죄인이 아닌 이상 하나님 존재에 대한 확실성이 직관이 아닌 추론적 과정을 통해 이루어질 때 줄어든다고 말할 수 없다. 성령의 증언은 아담의 직관력과 추론력을 처음부터 통제한다면 잘 나타날 것이다. 다른 한편으로, 인간이 죄인이 되었을 때 그의 직관력은 그의 추론력만큼이나 타락했다. 직관보다 연쇄 논법(sorites, 논리적 논증의 한 형태)에 더 많은 오류가 있을 수 있지만, 죄의 타락은 인간의 모든 활동에 침투했다.

따라서 심리적 해석과 인식론적 해석의 차이를 다시 한번 염두에 두어야 한다. 하나님은 여전히 사람의 의식 속에서 말씀하신다. 인간 자신의 해석 활동은 다소 확장된 형태이든 합리적이든 직관적이든 관계없이, 성령이 인간에게 하나님의 뜻을 전달하는 가장 관통력 있는 수단임이 틀림없다. 하나님의 존재와 기독교의 진실성에 관한 주장은 객관적으로 유효하다.

이 논증의 유효성을 확률 수준으로 낮추지 말아야 한다. 논증은 어설프게 진행될 수 있고, 매번 적절하게 진행되지 않을 수도 있다. 그러나 그 논증 자체는 절대적으로 건전하다.[184] 기독교 논증만이 유일하게 합리적이다. 기독교 논증이 단지 다른 입장들만큼 합리적이거나 조금 더 합리적이라는 말이 아니다. 기독교 논증만이 사람이 취할 수 있는 가장 자연스럽고 합리적인 입장이라는 말이다.

우리가 할 수 있는 한 분명하게 그 주장을 진술함으로써, 우리는 사람들에게 하나님의 뜻을 전달하는 성령의 대리자가 될 수 있다. 우리가 단순히

---

184 증거 자체는 본질적으로 잘못되지 않는다고 반틸은 말한다. 예를 들어, (아퀴나스의 "두 번째 방법"을 사용하면) 확실히 하나님이 모든 것의 첫 번째 원인이다. 그러나 문제는 "객관적인 것"이 대상과 대면하면, 그 밖의 유효한 증거의 용어와 개념이 진실의 억압으로 인해 왜곡된다는 것이다.

기독교 유신론의 확률적 진리의 수준으로 내려가면, 사람에 대한 하나님의 뜻을 그 수준으로 떨어뜨리는 꼴이 된다. 이것이 바로 칼빈의 『기독교강요』에서 다루는 내용이다.

반면에 모든 사람은 자신의 '죄성'으로 인해 '창조된 자연'을 통해 사람 안에서 계속 말씀하시는 하나님의 음성을 맹렬히 억압하려고 한다. 죄악된 인간 본성이 그 자체 안에서 하나님의 요구를 억제하는 한 가지 방법은 하나님의 존재에 대한 객관적 주장이 의심스럽다고 말하는 것이다. 죄악된 인간 본성은 진리, 선하심, 아름다움에 대한 추상적 원리를 말하기를 좋아한다. 그것은 그 하나님을 싫어하기 때문에 다른 신에 대해 말하기를 좋아한다.[185]

우리가 원초적 인간 본성(original human nature)과 죄악된 인간 본성(sinful human nature)이 모든 곳에서 활동하고 있다는 사실을 깨달으면, 로마가톨릭의 자연신학과 관련된 내용을 단번에 처리한 것이다.[186]

기독교 입장에 대한 진술이 절대적으로 타당하다고 주장하는 한, 우리는 그 일을 객관적으로 실행한 것이다. 신학뿐만 아니라 과학과 철학을 위해서도 우리는 우리의 기본 전제를 성경에서 취한다. 자연보다 성경에서 자신을 더 완전히 드러내신 하나님은, 창조된 우주에서 우리에 관한 내용을 우리에게 말씀하신다고 성경은 가르친다.

하나님은 '처음부터' 그곳에서 말씀하셨다고 성경은 가르친다(롬 1:20). 인간은 이 사실을 알고 있고, 왜곡된 노력으로 계시의 음성을 거의 묵살하려고 노력한다. 그러나 마음 깊은 곳에서는 이 계시를 알고 있다. 따라서 인간은 이에 대한 책임이 있다. 이런 주장을 확률의 수준으로 낮추면 안

---

[185] 기독교 유신론이 아닌 모든 유신론은 우상 숭배이다. 포괄적 유신론(Generic theism)은 무신론과 마찬가지로 진리와 전혀 가깝지 않다. 그것은 단지 또 다른 형태의 우상 숭배이며 따라서 불신의 형태일 뿐이다.
[186] 즉, "원초적 인간 본성"은 하나님의 형상 안에 있는 사람(남성과 여성)으로 하나님을 아는 인간을 의미한다. "죄악된 인간 본성"은 항상 그리고 어디에서나 자신이 아는 것을 억압하는 사람이다. 그러므로 자연신학에 대한 중립적 개념은 존재하지 않는다.

된다. 우리는 죄의 본성이 모든 곳에서 활동한다는 것을 깨닫기 때문에, 주관적 측면에서 로마가톨릭 유형의 자연신학을 처리했다. 신자와 불신자가 온전히 동의할 수 있는 '일반적 원리들'(capita communissima)이란 존재하지 않는다. 모든 사람이 동의할 수 있는 중심 진리들은 존재하지 않는다. 의견 불일치는 근본적이며 문제의 핵심이다.

따라서 우리는 더 이상 길슨이 칼빈주의자에게 던진 딜레마에 직면하지 않는다. 우리가 로마가톨릭주의를 줄임으로써 로마가톨릭주의로부터 도망가고자 하는 한, 길슨의 검을 피할 수 없을 것이다. 중심 진리의 내적 요새를 철회하고, 심지어 객관적 분야에서 이것들을 그저 가능하게만 만들며, 주관적 분야에서 심리적으로 원시적인 것(즉, 직관적인 것[beseffen])으로 철수해서는 전혀 문제를 해결할 수 없다. 우리는 여전히 길슨을 피할 수 없을 것이다. 길슨은 언어를 희석함으로 이 문제를 해결할 수 없다고 옳게 주장한다.

우리가 신적 의미와 종교의 씨앗에 대해 말하고 이것으로 인해 신자와 불신자에게서 오는 공통된 인식론적 응답을(이렇게 서로 동의하는 영역이 비록 작다고 할지라도, 응답의 성질이 원시적이라고 해도) 어느 정도 인정하면, 길슨이 우리 앞에 전진 딜레마를 피해갈 수 없다. 이 딜레마를 피하기 위해서는, 카이퍼, 바빙크 그리고 헵이 이곳저곳에서 우리에게 행하라고 말한 것을 해야 한다고 우리는 믿는다. 즉, 성경이 제안한 원리 위에 삶 전체를 해석하는 것이다. 이 원리가 바로 존재론적 삼위일체이다.

그의 도전에 대한 응답으로 그가 우리처럼 자연과 다른 모든 것을 존재론적 삼위일체라는 용어로 해석하려 하지 않으면, 인간의 경험에 관해 아무 의미도 부여할 수 없다고, 우리는 길슨에게 말할 수 있을 것이다.

추상적 원리와 엄연한 사실이라는 도움으로 만들어진 자연적 이유에 대한 해석은 그 성격상 합리주의(Parmenides)로 시작해 내용이 공허한 보편적 타당성으로 끝나게 되거나, 경험주의(Heraclitus)로 시작해 보편성이 없는 개별주의(Particularism) 또는 이 두 입장 사이의 타협이자 두 입장이 가지고 있는 모든 약점을 공유한 현상주의(phenomenalism)[187]로 끝나게 된다.

2) 구체적 사고의 긍정적 입장

카이퍼, 바빙크 그리고 헵의 추상적 사고의 잔재에 대한 비판으로 말한 것은, 사실상 일반 은총 문제에 접근할 때 따라야 할 생각의 방향을 가르쳐 주었다. 존재론적 삼위일체는 모든 곳에서 사용할 수 있는 우리의 해석적 개념이 될 것이다. 하나님은 우리의 구체적 보편주의이다. 그분 안에서 사고와 존재는 거의 동일하고, 그분 안에서 지식의 문제가 해결된다.[188]

따라서 우리가 존재론적 삼위일체를 우리의 구체적 보편성으로 시작한다면, 우리는 결론뿐만 아니라 출발점과 방법에서도 모든 철학자 및 모든 과학자와 솔직히 다를 것이다. 존재론적 삼위일체에 대한 공통적 의존성 때문에 사실은 있는 그대로의 사실로 존재하고, 보편성은 있는 그대로의 보편성으로 존재한다. 따라서 앞에서 논의한 것처럼 사실은 보편성과 상관관계가 있다. 이 상관관계로 인해 역사에는 진정한 진전이 있다. 이로 인해 그 순간(the Moment)은 의미가 있다.[189]

우리의 토론에서 진보하기 위해서는 지금까지 해 왔던 것보다 더욱 진지하게 시간을 두고 고민해야 할 것 같다.

시간을 갖고 더욱 진지하게 고민한다는 것은 무슨 의미인가?

---

[187] 이 문맥에서 "현상주의"란 위에서 기술된 대로 칸트식 접근을 말한다.
[188] 반틸이 언급한 지식의 문제는, 그가 말한 대로, 보편적인 것과 특정한 것, 즉 하나와 다수 사이의 관계에 대한 문제에 내포되어 있다. 이 문제는 삼위일체 하나님 안에서 '해석'되는데, 이는 우리가 그 관계를 완전해 이해할 수 있기 때문이 아니라, 하나와 셋이 거의 동일하고 하나님 안에서 똑같이 궁극적 이유로 인해 실체는 그 동일한 궁극성을 반사할 것이기 때문이다. 이 점에 대한 자세한 내용을 알기 위해서는, H. G. Stoker, "On the Contingent and Present-Day Western Man", in *The Idea of a Christian Philosophy: Essays in Honour of D. H. Th. Vollenhoven*, ed. K. A. Bril, H. Hart, J. Klapwijk (Toronto: Wedge Publishing Foundation, 1973)을 보라.
[189] 각주 35를 참조하라.

그것은 한편으로 우리가 일반 은총 문제를 완전히 풀 수 없다는 것에 대한 깨달음이다. 우리는 이미 미스터리에 대한 많은 기독교 개념을 다루었다. 우리는 바빙크에게 찬사를 보내지만, 그가 하나님을 이해하는 방식에 있어 여전히 그리스 이상주의의 영향을 받았음을 인정하지 않을 수 없다. 그리스 이상주의는 진정한 개혁주의 신학에 혼란을 가져온다. 아마도 우리는 여기서 가장 위대한 신학자 존 칼빈에게서 새롭게 배울 수 있을 것이다.

칼빈은 이해할 수 없는 하나님의 뜻을 매우 강조한다. 그의 이런 의지는 특히 하나님의 예정에 대한 그의 논문에서 더욱더 그러하다. 칼빈은 피기우스(Pighius),[190] 게오르기우스(Georgius)[191]에게 답장할 때, 이 점을 계속해서 강조한다. 책의 첫 부분에서 칼빈은 선택 교리를 '약하게' 다룬다. 그러나 이렇게 약하게 다룰 때도 그는 로마서 9:20을 언급한다.

> 그 사도는 이를 호소할 때, 모든 경건한 자가 굳게 잡아야 할 뿐만 아니라 상식의 가슴에 깊이 새겨야 하는 공리 또는 보편적으로 인정해야 할 것을 채택한다. 하나님의 불가해한 심판은 인간이 이해할 수 있는 것보다 훨씬 더 깊다.[192]

---

[190] 알버트 피기우스(Albert Pighius, 1490-1542)는 로마가톨릭 신학자, 수학자, 천문학자였다. 루터와 칼빈에 대항한 그의 주요 작품은 『인간의 자유의지와 신적 은혜』(*De libero hominis arbitrio et divina gratia*)이다(1542).

[191] 칼빈이 예정론에 대한 논문을 썼을 때 피기우스는 이미 죽었기 때문에, 칼빈은 또한 자신의 논문에서 게오르기우스에 대항해서도 썼다는 것을 밝힌다. 시쿨러스(Siculus)라는 성을 가진 조르조 리올리(Giorgio Rioli, 1517-1551경)는 로마가톨릭 수도사로서, 종교재판에 의해 이단으로 정죄되어 처형되었다. 그는 요한일서 2:2을 해석하면서 칼빈의 예정론에 반박했다.

[192] John Calvin, *A Treatise on the Eternal Predestination of God*, in Calvin's Calvinism, trans. Henry Cole (Grand Rapids: Eerdmans, 1950), 32.

칼빈은 피기우스의 주장에 대해 논쟁해야 할 때, "하나님의 정의가 존재하지 않는지, 아니면 우리가 단지 그렇게 상상하는 것인지" 물어야 한다고 말한다.

> 인간은 하나님이 행하시는 역사에 대한 이유를 찾지 못할 때, 즉시 하나님께 따지려고 한다.[193]
> 하나님의 영광스러운 이름에 대해 어떻게 생각하는가?
> 그리고 그 사도가 하나님을 자신의 보좌에서 끌어내리지 않고 당신보다 우선시하기 때문에, 그 사도에게는 질문이나 조사할 합리적 이성이 결핍되어 있다고 당신은 호언장담할 것인가?[194]

칼빈은 계속해서 보편적 개념이 하나님을 통치하게 내버려 두지 않는다. 우리는 하나님의 뜻, 불가해한 하나님의 뜻이 "옳은 것을 판단하는 가장 높은 법칙"임을 인정해야 한다.[195]

하나님의 뜻은 "다른 모든 원인 위에" 세워져야 한다.[196] "자기 자신의 본성과 이해"를 따르는 사람들은, "하나님의 심판을 그들 자신의 심판보다 아래에 두기 때문에" 추상적 정의에 호소한다.[197] 우리는 오히려 하나님의 말씀에 만족해야 한다. 우리의 귀를 하나님의 말씀에 열어 두고 낯선 사람들의 목소리에는 귀를 닫기를 기원한다.[198]

칼빈이 논의하는 것은 예정론에 관한 문제이다. 예정론 교리에 대해 제기된 반박은 당연히 예정론이 부차적 원인을 무의미하게 만든다는 것이다.

---

193 Calvin, *A Treatise on the Eternal Predestination of God*.
194 Calvin, *A Treatise on the Eternal Predestination of God*, 33.
195 Calvin, *A Treatise on the Eternal Predestination of God*.
196 Calvin, *A Treatise on the Eternal Predestination of God*, 34.
197 Calvin, *A Treatise on the Eternal Predestination of God*.
198 Calvin, *A Treatise on the Eternal Predestination of God*, 36.

칼빈은 피기우스가 "'원거리'(remote) 원인과 '근거리'(proximate) 원인 사이의 구분을 최소화하는 방법을 알지 못한다"고 말한다.[199] 피기우스는 하나님의 계획이 발생하는 모든 일의 궁극적 원인이라는 칼빈의 주장을 완강히 거부한다.[200]

이에 대해 칼빈은 인간의 죄를 인간의 마지막 형벌에 대한 근거리 원인으로 하나님의 계획을 인간의 마지막 형벌에 대한 궁극적 원인으로 해석한 것은 상당히 합법적이라고 주장한다.[201]

그는 피기우스가 도입한 논리의 요구를 충족할 수 있는 궁극적 원인과 근거리 원인 사이의 관계를 설명할 수 있을까?

그렇지 않다. 그는 피기우스에게 현상적 기초 위에 있는 그의 논리를 버리라고 촉구한다.

> 이와는 반대로, 피기우스는 기초가 전혀 없는 평평한 땅의 표면 위에 자신의 논리를 시작한다.[202]

피기우스는 왜 하나님이 죄가 발생할 줄을 알면서도 그렇게 창조했는지 묻는다. 피기우스는 삼단논법을 어떻게 사용해야 하는지 안다. 그의 반박을 피할 길은 없다. 하나님이 발생하는 모든 일에 대한 궁극적 원인이라면, 하나님은 또한 죄의 원인이 될 수밖에 없다는 피기우스의 반박이 타당해 보인다.

당연히 칼빈은 이것을 알았다. 그는 비기독교적 방법론으로 대답하려고 하지 않는다. 그는 오거스틴처럼 사람이 도대체 무엇이며 무엇을 할 수 있

---

199 Calvin, *A Treatise on the Eternal Predestination of God*, 90.
200 Calvin, *A Treatise on the Eternal Predestination of God*, 85.
201 Calvin, *A Treatise on the Eternal Predestination of God*, 76.
202 Calvin, *A Treatise on the Eternal Predestination of God*, 74.

는지 생각하라고 촉구한다.²⁰³

> 이 사람아 네가 누구이기에 감히 하나님께 반문하느냐(롬 9:20).

이것이 사람과 '사람으로 인한 모든 것의' 이유이다. 이것이 바울의 대답이고 오거스틴의 대답이었다. 이것이 또한 칼빈의 대답이다.

> 바울은 여기서와 마찬가지로 하나님과 사람을 비교하면서, 사람을 선택하고 유기하는 하나님의 계획은 인간이 상상할 수 있는 것보다 훨씬 더 심오하고 더욱더 깊이 감추어져 있다는 것을 보여 준다. 그러므로 사람은 인간이 누구이며 무엇인지 깨달아야 하고(그 사도가 충고한 대로) 자기 본성이 측정하고 판단하는 것보다 하나님을 더 많이 인정해야 한다.²⁰⁴

그러므로 우리는 역사와 하나님 계획의 관계를 생각할 때, "그리스도의 지혜는 사람이 측정하고 이해할 수 없을 만큼 너무 높고 깊다는 사실을" 알아야 한다.²⁰⁵

> 인간의 능력을 크게 능가하지 않고 사람을 어리둥절하게 하지 않는 영적 교리는 없다.²⁰⁶

예정론과 같은 주제를 다룰 때, "불경스럽고 터무니없는 생각이 수없이 많이 떠오르게 된다."²⁰⁷

---

203 Calvin, *A Treatise on the Eternal Predestination of God*, 70.
204 Calvin, *A Treatise on the Eternal Predestination of God*, 71.
205 Calvin, *A Treatise on the Eternal Predestination of God*, 82.
206 Calvin, *A Treatise on the Eternal Predestination of God*.
207 Calvin, *A Treatise on the Eternal Predestination of God*, 86.

우리 자신과 다른 사람들에게서 나오는 이 불경스러운 생각과 논쟁에 어떻게 대처해야 하는가?

부차적 원인이 궁극적 원인이라고 가정하는 논리에 근거해 그런 교리를 방어하려고 하지 말아야 한다. 명백한 사실들로 시작해 추상적이고 보편적인 원리들에 따라 처리하는 논리에 근거해 그런 교리를 다루지 말아야 한다. 우리는 우리의 해석적 개념으로서 존재론적 삼위일체를 내세움으로 그것을 다루어야 한다. 물론 이런 과정에서 큰 어려움에 부딪힐 것이다. 그러나 모순을 대면하게 될 때 두려워하지 말아야 한다.

> 그러나 나는 이런 깊은 것들이 얼마나 많은 불합리와 양립할 수 없는 모순을 가졌는지 완전히 인식하고 있다고 다시 한번 반복할 것이다.[208]

우리의 주장이 모순이라는 혐의에 대해, 우리가 바로 부차적 원인의 참다운 의미를 진정으로 방어하는 자들이라고 주장할 것이다. 하나님의 계획이 역사를 뒷받침하기 때문에 역사는 의미가 있다.

인간은 "파멸에 적합했기"(롬 9:22) 때문에 죄가 인간 파멸의 이유로 주어질 수 있고, 신자는 "영광 받기로 예비되어 있기"(롬 9:23) 때문에 믿음은 신자의 마지막 영광의 이유로 주어질 수 있다. "경건한 양심"은[209] 합리주의자들, 또는 비합리주의자들, 또는 합리주의-비합리주의자들의 추론에 의해 방해받을 필요가 없다.

사실 원거리 원인과 근거리 원인 사이에는 아름다운 조화가 있다. 그 조화는 존재한다고 믿는다. 믿음은 합리적이라고 확신한다. 믿음만이 합리적이라고 점점 더 확신한다. 믿음은 진짜 모순을 혐오한다. 하나님을 부인하는 것이 진짜 모순이다. 하지만 믿음은 현상적 모순을 좋아한다. 현상적

---

[208] Calvin, *A Treatise on the Eternal Predestination of God*, 88.
[209] Calvin, *A Treatise on the Eternal Predestination of God*, 93.

모순을 좋아한다는 것은 하나님이 모든 것의 창조자이시고 마지막 해석자이시라는 사실을 좋아한다는 의미이다.
칼빈은 이렇게 말한다.

> 그렇다면 파멸의 첫 번째 기원이 아담으로부터 온 것임을 인정하지 못하게 할 것은 아무것도 없다.
>
> 각 사람이 자기 파멸의 '근거리'(*proximate*) 원인을 자신에게서 발견한다면, 인간의 타락을 예정한 하나님의 '원거리'(*remote*) 비밀스러운 계획을 진지하고 겸손하게 인정하고 흠모하는 우리의 믿음을 무엇이 방해할 수 있단 말인가?
>
> 그리고 무엇이 안에 있는 '근거리' 원인을 동시에 바라보는 우리의 믿음을 방해할 수 있단 말인가?
>
> 무엇이 온 인류는 아담으로 인해 발생한 영원한 죽음의 죄책과 버림에 각각 구속되어(be bound) 있다는 우리의 믿음을 방해할 수 있단 말인가?
>
> 따라서 무엇이 모든 사람은 사망, 영원한 사망을 맞이해야 한다는 우리의 믿음을 방해할 수 있단 말인가?
>
> 그러므로 피기우스는 이런 '근거리' 및 '원거리' 원인이 신적 조화를 이루는 탁월하고 가장 아름다운 대칭을 찢고, 흔들거나 변경하지 못했다(비록 그는 그렇게 했다고 생각했지만).[210]

"이 세상의 영이 아닌 하나님의 영을 선물로 받은 하나님의 학자들"은 하나님이 그들에게 값없이 주신 것들을 알 수 있을 것이다.[211] 그러나 그들은 이해할 수 없는 하나님 앞에서 자신은 단지 피조물에 불과하다는 것을 인정했기 때문에 이것을 알 수 있는 것이다.

---

210 Calvin, *A Treatise on the Eternal Predestination of God*, 91.
211 Calvin, *A Treatise on the Eternal Predestination of God*, 96f.

일반 은총에 대한 논의에서 칼빈의 신비에 대한 개념을 더욱 정확하게 이해한다면, 서로에 대해 이해하기 위해 시간과 정력을 쏟을 필요가 없을 것이다. 우리가 합리주의-비합리주의 논리보다는 칼빈주의 논리를 따라 생각했다면, 합리주의 및 비합리주의에 대한 비난은 훨씬 더 줄어들었을 것이다. 합리주의나 비합리주의에 대한 선호는 역사의 진정한 의미를 갉아먹는다.[212]

어떤 문제에 관해서든지, 특히 일반 은총 문제와 관련해 미스터리에 대한 기독교적 개념과 비기독교적 개념은 명백히 구분해야 한다. 일반 은총 문제는 다음의 질문을 다룬다.

언젠가 서로 온전히 다르게 될 독립체들이 최종적으로 분리되기 전에 공통으로 갖는 것은 무엇인가?

우리의 사고가 추상적인 것에 의해 통제되는 한, 이 문제에 대해 구체적인 답을 줄 수 있으리라고 감히 상상해서는 안 된다. 그러나 미스터리에 대해 기독교적 개념과 비기독교적 개념을 구분하지 않는 이상 우리는 추상적 방법론에서 벗어날 수 없을 것이다.

우리는 미스터리에 대한 두 가지 개념을 혼동할 때, 결과적으로 기독교 유신론적 입장의 객관적 타당성을 낮추게 된다는 사실을 이미 관찰했다. 유신론적 증거들은 객관적으로 볼 때 약하다고 말한다. 그것들은 가치가 있기는 하지만 그렇게 크지 않다고 한다.[213]

기독교인으로서의 우리의 입장은 최소한 우리를 반대하는 자들의 '입장만큼은' 객관적이라고 할 수 있다. 결과적으로 우리는 창조된 인간에게 부여된 하나님의 요구 압력을 완화할 것이다. 객관적 증거에 관한 한, 만약 인간이 일반적 의미에서 신의(a God) 존재를 깨달으면 그 객관적 증거가

---

212 "역사의 진정한 의미"는 삼위일체 하나님의 계획과 뜻에 뿌리를 두기 때문이다.
213 즉, 유신론적 증거가 '증거'로 채택되는 중립적 개념에 기초한다면, 신이 존재할 가능성이 있다고 결론 내리는 것이 최선일 것이다. "하나님이 아마도 존재하실 것이다"라는 명제는 거짓일 뿐만 아니라 진리를 억압하는 또 다른 예다.

요구하는 것에 부응한다고 우리는 말한다. 만약 참하나님(the true God)의 존재를 의심한다고 해도, 그는 최소한 그 기준 아래로 떨어진다고 느끼지 않아도 된다.

이제 이것을 하나님을 향한 인간의 도덕적 태도에 적용하라. 일반 은총에 관한 논쟁의 양 당사자는 하나님 율법의 요구 사항이 아담과 하와의 마음속에 기록되어 있었다는 주장에 기꺼이 동의해야 한다. 우리는 여기서 '율법의 행위'와 '율법'을 구분하려고 애쓸 필요가 없다.[214]

우리는 지금 하나님에 대한 인간의 도덕적 반응에 대해 말하는 것이 아니다. 우리는 단지 인간에 대한 하나님의 계시적 관계에 대해 말할 뿐이다. 그리고 우리는 모두 그 시점에서 하나님은 원래 '자연의 책'과 '양심의 책'을 통해 사람에게 분명히 말씀했다는 것을 알아야 한다.

인간은 살아 계신 하나님과 하나님의 요구 사항을 어느 곳에서건 발견할 수 있다. 그가 자연에 대해 추론했든지 또는 그 내면을 보았든지, 그것이 빛나는 별로 가득 찬 하늘인지 또는 그 안에 있는 도덕법이었든지,[215] 이 모든 증거는 하나님이, 그 참하나님이 그 앞에 나타나셨다고 한결같이 주장한다.

또한, 인간은 처음부터 자연적 및 긍정적 계시와 직면했다. 보스 박사(Dr. Vos)는[216] 이것을 가리켜 선제적-구속적(pre-redemptive) 특별 계시라고

---

214 로마서 2:15에서, 바울은 "율법의 행위"가 모든 사람의 마음에 새겨져 있다고 말한다.
215 임마누엘 칸트(Immanuel Kant)는 자신의 저서 『실천이성 비판』(*Critique of Practical Reason*)에서 "별이 빛나는 하늘과 그 안에 있는 도덕법"이 그를 놀라게 했다고 주장했다.
216 게르할더스 보스(Geerhardus Vos, 1862-1949)는 네덜란드에서 태어나 1881년 도미했다. 그는 프린스턴신학교에서 공부하고 슈트라스부르크(Strassburg)에서 박사 학위를 받았다. 보스는 프린스턴신학교에서 새로 창설된 성경신학 학장직을 최초로 맡았다. 그는 성경신학, 바울의 종말론, 구속사 및 성경 해석학을 연구했다. 프린스턴신학교에서 반틸과 그의 스승 보스와의 관계가 얼마나 친밀했는지는 보스가 죽기 전에 반틸에게 자기 장례식 설교를 맡겼다는 점에서 여실히 드러났다. 보스가 반틸에게 미친 영향력은 상당했다.

부른다.[217] 하나님은 인간과 같이 걸으시고 대화를 나누셨다.[218]

자연계시는 이 초자연적 계시와 분리해서는 안 된다. 두 가지 계시를 분리하는 것은 하나의 구체적 상황 대신 두 가지 추상적 상황을 처리하는 것과 같다. 즉, 객관적이든 주관적이든지, 자연계시는 그 자체로 제한적 개념이다. 인간에 관한 한, 자연계시는 그 자체로 존재한 적이 없다. 그러므로 인간 도덕 생활의 모든 단계에서 같은 방식으로 다룰 수 있는 것을 똑같이 고려하기란 불가능하다. 사람은 본래 하나님 앞에서 언약적 개인으로 존재했다.

칼빈이 죄인을 언약을 깨뜨리는 사람이라고 말한 것은 의심의 여지가 없다.[219] 이 표현은 개혁주의 신학자들 사이에서 공통으로 사용되었다. 그러나 이 구절은 우리가 좀 더 강조해야 할 것 같다. 모든 사람은 언약적 관계와 자연계시가 상당히 구분되고 독립적이라고 생각하기 쉽다. 그러나 이 두 가지는 함께 가야 한다.

하나님에 대한 인간의 관계가 항상 언약적이라고 말하는 것은 단순히 인간이 모든 곳에서 하나님과 개인적으로 교제한다고 말하는 것과 같다. 인간이 죄인이 되기 전, 창조된 사실에 대한 모든 연구는 언약을 확인하는 활동이었다. 인간이 죄인으로 전락하자마자, 창조된 사실에 대한 모든 연구는 언약을 깨는 활동으로 바뀌었다.[220]

---

217 Geerhardus Vos, *Notes on Biblical Theology of the Old Testament* (Philadelphia: Westminster Theological Seminary, [1933]).
218 이것이 바로 반틸의 말하는 "긍정적" 계시이다. 죄와는 관계없었던 에덴동산에서도 아담과 하와가 하나님이 그들에게 요구하시는 것을 알기 위해서는 하나님이 그들에게 말씀하실 필요가 있었다. 따라서 특별 계시와 자연계시는 항상 같이 간다.
219 Calvin, *A Treatise on the Eternal Predestination of God*, 65.
220 다시 말해서, 창조를 통해 인간에게 주는 하나님의 계시로 인해, 인간은 하나님의 세상에서 자기 행동에 대해 항상 하나님 앞에 책임을 져야 한다. 모든 사람은 하나님의 형상이기 때문에 언약적 피조물이다. 그들은 하나님과 아담 안에서 진노의 관계를 맺거나 그리스도 안에서 은혜의 관계를 맺는다. 이것이 반틸이 진행하는 변증학 전체의 핵심에 해당한다. 언약과 관계된 변증학에 대한 자세한 내용은, K. Scott Oliphint, *Covenantal Apologetics: Principles and Practice in Defense of Our Faith* (Wheaton, IL: Crossway

이와 관련해, 하나님의 태도에 관한 결론을 사실에 대한 관찰로부터 도출할 수 있는지에 대해 이미 다룬 질문이 있다. 쉴더(Schilder)는 1924년 기독교개혁교회(Christian Reformed Church) 총회에서 나온 증거 문서에 관해 토론할 때 "그와 같은 사실들"에 대해 이야기한다. 쉴더는 "그와 같은 사실들"로부터 유기된 자에 대한 하나님의 태도와 같은 것을 결론 내려서는 안 된다고 경고한다.

> 사실과 믿음을 분리하지 않도록 조심하라.[221]

그는 이 점을 반복해서 강조한다. 로마가톨릭 유형의 자연신학에 대항한 쉴더의 이런 경고는 적절하다. 그리고 개혁주의 신학자로서 우리는 아직 로마가톨릭의 자연신학을 완전히 능가하지 못했다고 인정한다. 우리는 엄연한 사실에 대해 이미 비판했다. 그러나 이 이야기에는 또 다른 면이 있다.

엄연한 사실(brute facts)이 없다면, 엄연한 사실이 무언의 사실(mute facts)이라면,[222] 모든 사실은 참하나님에 대한 계시라는 것을 주장해야 한다. 사실이 믿음과 분리되지 않으면, 믿음도 사실과 분리될 수 없다. 그러므로 모든 창조된 사실은 인간에 대한 하나님의 태도를 어느 정도 표현해야 한다. 이는 로마가톨릭의 자연신학으로 다시 돌아간다는 의미가 아니다.

그것은 결국 엄연한 사실을 받아들이는 것이다. 그리고 엄연한 사실에 대한 개념은 중립적 이유에 대한 개념과 어울린다. 하나님의 계시와 관계없는 사실은 그 자체적으로만 계시적이다.

Books, 2013)을 참조하라.
221 Klaas Schilder, "De scheuring in Amerika (XVII.): Intermezzo: antwoord aan ds. D. Zwier [IV.]", *De Reformatie* 20 (November 10, 1939): 44. 또한, *The Standard Bearer* 15 (1938-1939) and 16 (1939-1940)을 참조하라.
222 즉, 엄연한 사실이 존재한다면, 그것은 아무 말도 하지 않는 사실이 될 것이다. 그러나 모든 사실은 하나님의 영광을 선포한다(시 19:1ff 참조).

쉴더는 또한 우리가 그분의 영원한 뜻을 아는 정도까지만 하나님의 태도가 계시된다고 말한다. 그는 엘리 아들들의 이야기와 관련해 이것을 이야기한다. 하나님의 최종 목적에서, 하나님은 엘리의 아들들을 죽이기로 하셨다. 그러나 엘리는 그의 아들들에게 하나님이 그들의 죽음을 원치 않으신다고 말하라는 지시를 받았다.

> 아버지 엘리는 자기 아들들에게 다음과 같이 말할 수 있고, 반드시 그렇게 말해야 한다.
> "엘리의 자녀들이여, 회심하라. 여호와는 너희들의 죽음을 원치 않으신다. 이것이 바로 너희가 순종해야 할 하나님의 계시된 뜻이자 명령이다. 그분은 죄를 미워하신다."
> 그러나 이에 더해, 우리는 하나님의 비밀스러운 뜻에 관한 한 여호와께서 정당한 형벌로 그들의 죽음을 원하셨다는 사실을 나중에 알게 되었다. 부분적으로는 이것 때문에 그들은 하나님의 경고에 대해 자신의 마음을 강퍅하게 한다. 사악함은 오염일 뿐만 아니라 하나님의 처벌이기도 하다. 그리고 이 감추어진 뜻 안에 하나님의 태도가 나타난다.[223]

쉴드가 엘리의 아들들에 대한 요점을 일반화하기를 원한다면, 엄연한 사실이라는 개념으로 끝날 것이다. 가능한 한 분명하게 우리 앞에 문제를 설정하기 위해서는 에덴의 아담과 관련해 그 문제를 생각하는 것이 좋다.

하나님의 최종 목적에 대한 이후의 계시를 통해서만 인간에 대한 그분의 태도를 알 수 있다고 주장할 수 있을까?

그렇다면 아담은 처음에 자신에 대한 하나님의 태도를 전혀 알지 못했을 것이다. 하나님의 최종 목적에 대한 계시는 아직 없다. 아담의 지식에

---

[223] Klaas Schilder, "De scheuring in Amerika (XVIII.): Intermezzo: antwoord aan ds. D. Zwier [V.]", *De Reformatie* 20 (November 17, 1939): 52-53.

관한 한, 전체 미래는 그의 순종 또는 불순종으로 좌우되었다. 그러나 이 순종이나 불순종의 행동이 의미를 갖기 위해서는, 그가 아는 하나님에 대한 순종이나 불순종이어야 했다. 그의 도덕적 행동은 공허한 행동이 될 수 없었다. 그는 하나님의 최종 목적에 대한 무조건적 계시 없이 하나님과 그분을 향한 하나님의 태도에 대한 것을 알았다.

우리는 여기에서 더 나아가야 한다. 사람은 본래 선하게 창조되었다. 즉, 사실상 인간 쪽에서는 윤리적 반응이 있었으며, 이 윤리적 행동은 하나님의 승인을 받았다. 하나님은 인간을 선한 본성으로 창조하셨지만, 이 선한 본질을 자발적으로 따라 살 것인지 아닌지에 대한 시험은 아직 실행되지 않았다고 말할 수 있다.

그러나 분명히 아담은 매 순간 도덕적으로 살았다. 아담에게 있는 '선한 본성'은 제한적 개념이 아닌 다른 것으로 받아들일 수 없다. 객관적 및 주관적 관점은 서로 상관관계가 있다. 더욱이 대표성을 띤 그 결정적 행동은 여전히 아직 실행하지 않았다.

아담의 본성은 활동적 본성이므로, 이 활동적 본성 자체는 시험적 명령(probationary command)과 관련해 발생한 매우 중요한 윤리적 반응과 관계된 제한적 개념으로 취해야 한다. 이것은 순종이나 불순종을 대표하는 행동이, 모든 것에 대한 계시적 성격이 만들어 낸 가능성을 전제한다는 것을 증명한다.

더 나아가 인간의 선한 윤리적 반응은 모든 것에 대한 계시적 성격이 만들어 낸 것의 한 관점으로 취해져야 한다는 것을 증명할 것이다. 확실히 이 선한 반응은 영광에 있을 사람들이 달성할 최종적인 것은 아니었다. 그러나 그것은 선한 윤리적 반응이었다. 그것은 '이전'(earlier) 의미에서와 같이 '낮은'(lower) 의미에서 선한 것은 아니었다.

'이전'(earlier) 개념과 '이후'(later) 개념을 강조해야 한다. 물론 우리는 하나님이 선택할 자와 유기할 자를 염두에 둔다는 것을 안다. 이 사실이 드러남에 따라, 어떤 사람들은 마침내 거부되고 어떤 사람들은 마침내 받아들여질 것을 우리는 안다. 그리고 이 차이와 관련해 궁극적 원인이 무엇인지에 대한 논쟁은 없다. 피기우스(Pighius)와의 논쟁에서 논쟁의 양 당사자는 칼빈을 따라 하나님의 계획이 궁극적으로 결정적 요소라는 것에 진심으로 동의한다.

그러나 차이는 역사적 의미와 관련된다. 그리고 좀 더 구체적으로 말해서, 문제는 이후 개념이 이전 개념을 어느 정도까지 통제하게 허용하는가이다. 우리는 이전 개념이 지금까지보다 더욱더 강조되어야 한다고 생각한다.

이전 개념을 나중 개념을 위한 출발점으로 삼는다면 신자와 불신자가 공통으로 가지고 있는 것으로 시작한다. 즉, 그들은 아직 존재하지 않기 때문에 공통으로 가지고 있는 것이 있다. 그러나 그들은 존재한다. 그들은 공통 대표자인 아담 안에서 존재한다. 그들은 하나님의 증거를 함께 보았다. 그들은 이 증거, 즉 하나님의 공통 명령에 대해 공통으로 선한 윤리적 반응을 나타냈다. 그들은 모두 들어야 할 의무가 있는 자들이고 언약을 지켜야 할 자들이다.

하나님의 태도는 모든 사람에게 동일하다. 하나님은 모든 자에게 호의적 태도를 보이신다. 그분은 자신의 손으로 만든 모든 것을 보니 좋으셨다. 하나님은 그것들로 인해 기뻐하셨다.

그러나 이전 공통의 완전한 본성에 대한 하나님의 이 호의적 태도는 아담의 대표적 도덕 행동과 상관관계가 있어야 한다. 우리는 모든 사실이 계시적이라고 주장할 수 있고, 주장해야 한다. 모든 사실은 요구사항의 전달자였다. 그러나 그렇다고 해도, 그것은 인간을 향한 하나님의 호의적 태도를 나타냈다. 이 모든 것이 없다면 윤리적 대표 행위는 공허한 것이 되어야 했었다.

동시에, 이 원래 상황은 역사적으로 완료되지 않은 상황이었다. 그것은 상관관계가 있는 윤리적 행동을 필요로 했다. 인간 편에서 상황의 지속은 하나님으로서 하나님의 대표적 확인이 필요했다. 그리고 이 상관관계는 어떤 경우라도 상황이 바뀔 것이라고 암시했다. 아담이 순종하든 불순종하든 상황은 바뀔 것이다. 따라서 하나님의 태도가 바뀔 것이다.

우리는 이 시점에서 다른 곳에서처럼 '두려움 없는 의인화'(fearlessly anthropomorphic)를 추구해야 한다. 존재론적 삼위일체 교리인 우리의 기본 해석 개념은 우리가 그렇게 해야 한다는 것을 요구한다. 우리는 모든 일어날 일을 통제하시는 하나님의 계획 때문에 역사는 의미가 있다고 주장함으로써 큰 어려움에 봉착했다.

비기독교적 논리에 비추어 볼 때 개혁주의 신앙은 단일 삼단논법의 치명적인 공격에 노출되어 있다. 하나님은 일어날 모든 일을 결정하셨다. 사람의 도덕적 행동은 발생할 일이다. 그러므로 인간의 도덕적 행동은 결정되었고 인간은 이 행동에 대한 책임이 없다고 피기우스는 칼빈과 논쟁했다.[224]

이에 대해 칼빈은 하나님이 모든 것을 결정하셨기 때문에, 부차적 원인은 진정한 의미가 있다고 대답했다. 이것을 현재 문제에 적용할 때, 우리는 신인동형설을 변증법적이 아닌 두려움 없이 사용할 권리가 있고 또 그렇게 해야 한다고 말할 수 있다.[225] 우리는 인류에 대한 하나님의 태도가 바뀌었다고 담대히 말할 수 있다. 우리는 하나님 자신이 변하지 않으신다는 것을 충분히 안다. 그러나 우리는 우리의 말을 유추적으로 사용하기 때문에 의미가 있다고 확신한다.

그러므로 우리는 언제 어디서나 하나님의 사랑에 대해 말하지 않을 것이다. 쉴더는 이 개념을 사용한다. 그는 하나님이 술주정뱅이건 적그리스

---

[224] 이것은 증거와 마찬가지로 세상에서 하나님과 그분의 길을 이해하기에는 논리만으로는 충분하지 않다는 것을 보여 주는 좋은 예이다. 논리와 그 증거에서 중요한 것은 그런 것들이 사실로 상정되는 토대이다. 모든 도덕적 행위에 대한 하나님의 결정은 각 행위에 대한 우리의 책임을 감소시키지 않는다. 사실, 하나님의 결정은 그런 책임을 확립한다.
[225] "신인동형론"(Anthropomorphism, 문자적으로 '인간의 형태')은 인간의 특성으로 하나님을 묘사하는 방법이다. 자세한 내용은 편집자 서문을 참조하라.

도건 마귀이건 상관하지 않고 모든 피조물을 무척 사랑한다고 말한다.[226]

피조성(Creatureliness)은 마치 어디에서나 동일하고 항상 그 자체로서 발견되는 것처럼 정적으로 여겨야 한다. 그러나 피조성은 제한적 개념으로 사용되어야 한다.[227] 그것은 윤리적 반응과 관련된 것을 제외하고는 인간이든 천사든, 긍정적이든 부정적이든, 도덕적 존재에서는 절대 발견되지 않는다.

우리는 하나님이 마귀 안에 있는 피조성을 사랑하신다고 지적으로 말할 수 없다. 하나님의 선한 기쁨은 의심할 여지 없이 마귀에게도 있다. 그러나 그것은 마귀가 하나님에 대항한 행위로 인해 좌절했기 때문이다. 옛날 옛적에 하나님은 마귀를 사랑하셨다. 그러나 그것은 마귀가 되기 이전의 일이었다. 추상화로는 일반 은총 문제를 발전시킬 수 없다.

그러므로 우리는 하나님이 처음에 인류를 일반적으로 사랑하셨다고 담대히 주장해야 한다. 그런데 그것은 인류가 하나님께 죄를 짓기 전의 일이었다. 잠시 후 하나님은 인류를 일반적으로 미워하셨다. 그것은 인류가 하나님께 죄를 지은 후의 일이었다.

선택받은 자와 유기된 자 모두 하나님의 진노 아래에 있었다는 사실을 의심하는가?

칼빈은 이렇게 말한다.

> [인류 전체가] 아담에게서 비롯된 영원한 죽음의 죄책과 황량함에 각각 묶여 있다.[228]

---

226 Zwier, "Syllogismen, die we onmogelijk kunnen aanvaarden", 723-724을 참조하라.
227 즉, 보편적이고 추상적인 독립체인 "피조성"(creatureliness)은 특정한 개별적 피조물이라는 맥락에서 구체적으로 생각해야 한다.
228 Calvin, *A Treatise on the Eternal Predestination of God*, 91.

선택받은 자와 유기된 자는 모두 일반 진노 아래에 있다. 이것에 어떤 의미가 있다면(누가 부인할 수 있겠는가?), 일반 호의(common favor, '일반 은총'-역주)에 대한 이전 태도가 있을 수 있고 반드시 있어야 공평하다. 참으로 "일반 진노"(common wrath)의 실체는 이전 "일반 은총"(common grace)의 실체에 달려 있다.[229] '각각의 경우 일반 일반(common)이라는 표현 뒤에는 조건이 붙는다.'

역사는 차별화 과정이다. 따라서 선택받은 자와 유기된 자 사이에 있는 공통성이라는 개념은 항상 제한적 개념이다. 당분간 공통적이다. 그것 뒤에는 신적 조건부가 놓여 있다. 비기독교 가정에 근거한 단일 삼단논법은 이런 논리가 정직하지 못하다고 평가할 것이다. 피기우스는 그런 삼단논법을 어떻게 이용하는지 알았다. 그러나 칼빈은 그것들에 대해 어떻게 대답하는지 알았다. 그는 항상 바울의 말을 빌려 대답했다.

"오 사람아, 인간이 무엇인가?"

그는 엄연한 사실과 추상적 보편성에 근거한 비기독교적 방법론 전체를 거절함으로 그것들에 대답했다. 피기우스는 어떤 인간도 근거리 원인과 원거리 원인 사이의 관계를 이해할 수 없다고 쉽게 증명할 수는 있어서, 근거리 및 원거리 원인이 신적으로 조화를 이루는 균형을 흔들 수는 없다. 사람은 참하나님께 죄를 지었는데, 그는 하나님이 누구신지 알았었다.

사람이 처음 죄를 지었을 때, 그는 우리가 지금 그분을 아는 것처럼 그렇게 하나님을 완전히 알지 못했지만, 그가 하나님을 알 수 있는 정도로는

---

[229] 반틸은 칼빈이 주장하는 것을 지적하고 있다. 아담이 모든 인류를 대표했기 때문에 아담이 타락했을 때 인류도 함께 타락했다. 그러나 아담의 타락 안에 있는 모든 인류를 향한 하나님의 진노는 아담 안에 있는 모든 인류를 향한 하나님의 호의를 전제로 했다. 반틸은 이것을 타락 전 "일반 은총"(pre-fall favor 'common grace')이라고 부른다. 여기에서 "일반 은총"을 인용부호로 감싼 이유는 타락 후에 오는(그리고 타락 때문에 오는) 일반 은총과 구분하기 위해서이다. 타락 전 "일반 은총"은 실제로 아담 안에 있는 모든 사람을 향한 하나님의 호의적 태도였다. 하나님이 아담에게 은혜로 주시는 영생은 모든 인간을 포함한다. 이에 대한 자세한 내용은 편집자 서문을 참조하라.

알았다. 그리고 하나님에 대해 죄를 지은 자는 일부 선택받은 자나 유기된 자가 아닌 전체 인류였다. 그러므로 하나님 호의의 대상이었던 전체 인류가, 이제는 하나님 진노의 대상이 되었다.[230]

우리는 각 경우, 공통 이후에 조건적인 것이 따른다고 말했다.

그렇다면 조건적인 것은 무엇을 의미하는가?

이 질문은 많은 문제를 일으켰다. 1924년에 열린 기독교개혁교회 총회는 앞서 언급한 바와 같이 복음의 일반적 제공을 일반 은총의 증거로 삼았다. 반면에 훅스마(Hoeksema)는 선택받은 자 및 선택받지 못한 자를 포함한 일반인에게 구원을 제공하는 것과 같은 것은 있을 수 없다고 했다. 그는 예정과 관련한 칼빈의 일반적 구원을 다루는 방식에서 분명한 지지를 얻는다고 생각한다.

가장 당혹스러운 일반 은총 문제에 대해 진전을 이루기를 원한다면, 우리는 겸손한 마음으로, 우리가 지금까지 해 왔던 것처럼, 이전과 이후에 대한 개념, 즉 보편적이고 특정한 것에 대한 역사적 상관관계성을 강조할 필요가 있다. 일반 은총을 주장하고 부정하는 사람들이 자신들의 입장을 방어하기 위해 엄연한 사실과 추상적 법칙 개념으로 구성된 주장을 도입하려는 과정에서 우리는 자주 불필요한 어려움을 당한다. 채택된 전형적 주장은 다음과 같은 헵의 말로 표현된다.

> 선택받지 않는 자들이 복음을 들을 때 어떤 종류의 은혜도 없단 말인가? 하나님은 그들의 멸망을 기뻐하지 않고 오히려 그들이 회심하고 살기를 바란다고, 그들은 듣는다. 그 말씀(the Word)은 이 세상 사는 동안 믿는 자들에게 기쁨을 준다.

---

[230] 다시 한번 반틸은 우리가 아담 안에 있는 것처럼 전체 인류를 언급한다. 아담 안에서 우리는 하나님의 호의를 받았다. 아담이 죄를 지었을 때, 우리는 하나님의 진노 아래에 놓이게 되었다.

믿는 자들은 말씀을 통해 기쁨을 얻을 수 있다. 여기에 헵은 유기된 자에게도 비구원적 은혜가 있을 수 있다는 증거 구절로 사용될 수 있는 히브리서 6:4을 의역해서 삽입한다.²³¹ 그는 이렇게 덧붙인다.

> 우리는 회중 안에서 선택받지 못한 사람들에게 임할 심판만을 바라보아서는 안 된다. 진실로 심판은 분명히 임한다. 그러나 복음이 전파될 때, 비록 일시적이라고 해도 그들은 때때로 기쁨을 누렸다. 이것은 성령께서 역사하신 비구원적 사역(non-saving work)이다.²³²

여기에서 헵은 누가 선택받고 누가 선택받지 않았는지 이미 알려진 것처럼 말한다. 이는 마치 설교자가 유기된 자를 미리 알고 그에게 접근해 하나님은 그의 멸망을 기뻐하지 않으신다고 말하는 것처럼 헵은 이야기한다. 그러나 이런 태도는 이전과 이후의 차이점을 간과한 데서 비롯된다.

일반적 제시(presentation)는 보편성과 관련된다. 그것은 하나님의 마음에 합당한 대로, 누구는 선택받고 누구는 유기된 차별화된 '죄인들에게' 확실하게 임하는데, 수용이나 거절로 구분되는 그들의 행동 이전에 발생한 보편적인 것이다. 이것을 잊는 행위는 하나님의 달력을 앞으로 당기는 꼴이 된다.

헵처럼 주장하는 것은 사실상 모순을 받아들이는 것이다. 그것은 적어도 하나님의 동일한 궁극적 뜻이 죄인들이 구원받기를 원하고 동시에 원하지 않는다는 생각에 접근한다. 그렇지 않다면 그것은 마치 의도되지 않은 것처럼 일반 은총과 특별 은총을 기계적으로 정렬한다. 모든 사람은 일반 은총이 작은 양의 특별 은총이 아니라는 데 동의한다.

---

231 헵은 성경이 일반 은총에 관해 가르친다고 증명하기 위해, 일련의 기사에서 일반 은총에 관한 귀중한 자료를 제공한다. 여기에서는 V. Hepp, "Het genadebegrip conform de Schrift (XV)", Credo 1 (July 1, 1938): 227에서 인용했다.
232 Hepp, "Het genadebegrip conform de Schrift (XV)".

그러나 조건적 제시(conditional presentation)를 헵처럼 다루면, 양적 개념
(quantitative idea)을 벗어나는 데 큰 어려움을 겪게 된다. 그러므로 일반 은
총은 오직 이생에서만 의미가 있는 더 낮은 종류의 은총이라고 분명히 주
장할 수 있지만, 이 낮은 은총이 어떻게 구원하는 은총인 더 높은 은총을
다루는 복음 제시의 결과가 될 수 있는지 이해하기란 쉽지 않다.

이 시점에서 이전과 이후 개념을 사용하면 어려움은 상당 부분 줄어든
다는 것을 믿어야 한다. 칼빈은 인류가 원래 "구원의 길에 놓여 있었다"라
고 담대히 말한다.²³³

그리고 인류가 일반적 의미에서 구원의 길에 있는 동안, 모든 사람에게
구원이 제공되었다. 칼빈은 이것을 역사적 사실로 설명한다. 그는 이 구원
이 절대적으로 제공되었는지 아니면 조건적으로 제공되었는지를 놓고 피
기우스와 논쟁하지만, 이것이 아담 안에 있는 모든 사람에게 제공되었다
는 사실에 대해서는 논쟁하지 않는다.

> 사실, 인간이 원래 있었던 무죄 속에 남아 있는 상태가 아닌 다른 상태에
> 있으면 구원은 제공되지 않는다.²³⁴

칼빈은 하나님이 역사의 가장 초기에 모든 사람에게 영생을 제공하셨다
는 사실에서 출발한다. 피기우스처럼 주장하는 사람은 이것이 상당히 불
가능하다고 쉽게 이의를 제기할 수 있을 것이다. 그는 선택 교리에 의할
때, 하나님이 모든 사람을 구원하려고 의도하지 않으셨다고 말할 것이다.

그러면 모든 사람에게 영생을 제공한다는 것은 무슨 의미인가?

그리고 하나님이 사람을 구원의 길에 놓으셨다고 어떻게 자신 있게 말할
수 있는가?

---

233 Calvin, *A Treatise on the Eternal Predestination of God*, 92.
234 Calvin, *A Treatise on the Eternal Predestination of God*.

그러나 칼빈은 비기독교 가정에 근거한 추론으로 자신의 주장을 몰고 가지 않는다. 사실 참다운 추론에 따르면, 일반적 제공은 의미가 있고 그것이 실제로 하나님에 의해 이루어졌기 때문에 가능하다고 칼빈은 말한다. 그리고 구원의 보편적 제공에 대한 모든 질문은 '믿음으로만 완전히 이해하거나 인식할 수 있지만', 우리는 궁극적 원인과 근접한 원인 사이에 있는 조화를 다름 아닌 솔직한 계시적 근거를 통해 볼 수 있다.

칼빈은 이런 근거로 모든 사람에게 동일하게 복음을 전하라는 그리스도 명령에 관한 질문을 공격한다. 피기우스는 명령의 보편성에서 하나님이 모든 사람을 구원해야 한다는 결론을 끌어냈다. 이에 대해 칼빈은 약속이 조건적이라고 주장한다. 하나님이 당신의 율법을 그들의 마음에 쓰실 것이라는 예레미야 31:33의 약속에 대해 그는 이렇게 말한다.

> 이 약속은 모든 사람에게 일반적으로 그리고 차별 없이 주어졌다고 주장하는 사람은 완전히 미쳤음이 틀림없다.[235]

하나님은 분명히 자신의 계획 속에서 모든 사람에게 영생을 주기로 작정하지 않으셨다. 그러나 그리스도의 명령은 여전히 유효하다.

> 모든 사람은 회개하고 믿도록 동일하게 '외적으로 부름을 받고' 초대받는다.[236]

피기우스는 여기에서 모순을 발견한다. 그리고 비기독교 전제로 볼 때, 모순은 존재할 것이다. 그러나 궁극적 원인과 근접한 원인 사이의 기독교적 구분에 의할 때, 비록 지적으로 그 질문에 철저히 답할 수는 없지만, 진

---

[235] Calvin, *A Treatise on the Eternal Predestination of God*, 100.
[236] Calvin, *A Treatise on the Eternal Predestination of God*, 95.

정한 조화가 있다고 우리는 주장한다. 상반되는 하나님의 두 가지 궁극적 뜻은 없다고 펠라기우스에게 말할 수 있다.

그러나 우리는 명령과 비밀스러운 계획이라는 두 가지 뜻에 대한 개념이 필요하다. 우리는 이해 불가능한 하나님을 포함하는 개념을 조화시킬 수 있는 한, 이 두 가지도 상관관계와 이율배반이라는 개념으로 조화시킬 수 있다. 이 두 가지 개념 자체는 하나님에 대한 개념에 의해 그 의미가 결정된다.

복음 제시, 초대, 약속, 또는 명령의 보편성은(이 모든 것은 다 같은 개념이다. 칼빈은 이 단어들을 구분하지 않고 사용한다) 모든 인류에게 일반적으로 임한다. 그것은 예전에, "구원의 길에 놓였을 때" 구원을 제시받았던, 범죄한 인류에게 임한다. 그것은 예전에, 함께, 한순간에, 한 사람 안에서, 아담을 통해 영생을 거절한 보편적 인류에게 임한다. 이전 단계(earlier stage)에 해당하는 말로 표현하면, 인류는 이제 사망의 길에 놓여 있다.[237]

그동안 그리스도의 구속 사역은 약속과 성취라는 형태로 등장했다.[238] 그리스도는 모든 사람을 위해 죽지 않으셨다. 그분은 오직 자기 백성만을 위해 죽으셨다(예를 들어, 마 1:21; 요 10:11, 14-16, 엡 5:25을 참조하라). 그러나 그분의 백성은 하나님의 마음속에서만 자기 백성일 뿐 실제로는 아직 자기 백성이 아니다. 그들은 여전히 타락한 인류의 구성원이다. 그 접촉이 발생할 때 그들은 여전히 타락한 인류 가운데 있다. 복음 제공(offer)이나 제시(presentation)는 신자나 불신자 모두에게 동등하게 발생한다.

복음은 지금까지 믿었든지 그렇지 않았는지 상관하지 않고 제공된다. 그것은 차별화가 발생하기 전에 임한다. 따라서 그것은 일반적으로 임해서 차별화를 의미 있게 만든다. 그리스도는 어떤 사람에게 생명에서 생명

---

237 반틸이 "이전"(earlier)과 "이후"(later) 개념을 사용한 데 대한 설명은 "편집자 서문"을 참조하라. 반틸은 이에 대해 언약적으로 말한다. 이전 단계는 아담이 불순종했을 때 아담 안에 있는 인류의 단계를 가리킨다. 그때 우리는 모두 하나님의 진노 아래에 있었다.
238 Christ's work "comes into the picture" at Gen. 3:15.

에 이르고 또 어떤 사람에게는 사망에서 사망에 이른다. 끝까지 믿지 않는 자들은 변명할 수 없을 것이다.[239]

여기에서 우리는 원래(original) 일반 계시에 대한 칼빈의 주장을 유추할 수 있다. 칼빈이 말한 것처럼 하나님의 일반 계시, 자연적 및 긍정적 계시 그리고 시험적 명령(probationary command)은 본래 모든 사람을 영생으로 초대했다. 그리고 영생을 상속받지 못하도록 하나님이 영원에서 결정하신 자들은 하나님의 초대를 거절했기 때문에 변명치 못할 것이다.

이제 그들은 결국 구원받지 못한다. 역사적으로 말해, 그들은 자기 죄로 인해 스스로 영원한 사망의 길에 들어섰다. 그들은 복음에 의한 초대를 거절했기 때문에 더욱더 변명할 수 없고, 하나님을 또다시 거절했기 때문에 더욱 크게 저주를 받는다.

피기우스는 이 모든 것이 하나님을 조롱하는 자로 만든다는 이유로 반대한다.

그러나 칼빈은 다시 일차적 원인과 이차적 원인을 구분한다. "하나님을 알지 못하는" 인간은 이해하지 못한다. 칼빈은 사실상 그들이 "아무런 기초가 없는 평평한 땅에서 나오는" 삼단논법을 사용한다고 말한다. 반면에 신자들은 존재론적 삼위일체를 근거로 삼단논법을 사용한다. 그들은 모든 사람이 스스로 죽음의 길을 택했다는 것을 안다.

> 이는 온 인류의 본성이 아담 안에서 타락했기 때문이다.[240]

어떻게 하나님이 그들을 영생으로 선택하셨는지, 누가 영광 받도록 하나님이 비밀스럽게 계획하셨는지 그리고 간단히 말해서 선택받은 자가 (역사적 및 대표적 불순종을 통해서) 어떻게 하나님의 진노 아래에 놓이게 되었는

---

[239] Calvin, *A Treatise on the Eternal Predestination of God*, 95.
[240] Calvin, *A Treatise on the Eternal Predestination of God*, 76.

지, 그들은 이해할 수 없다.

우리는 계시된 하나님의 뜻에 따라 그들에게 임한 하나님의 진노가 하나님의 실제 태도를 알려 주지 않는다고 말해야 하는가?

그들에 대한 하나님의 실제 태도는 하나님의 선택하는 사랑에서만 드러난다고 말해야 하는가?

선택된 자는 하나님의 비밀스러운 뜻에 따라 결국 구원받을 것이기 때문에 선택받은 자는 영원한 사망에 대한 위협을 느낄 필요가 없다고 말해야 하는가?

선택받은 사람은 영원한 하나님의 사랑 안에 있지만, 여전히 하나님의 말씀에 실제로 불순종했고 하나님의 진노 아래에 있었다.

여기에서 피기우스는 (만약 원한다면) 하나님 안에 있는 두 가지 궁극적 뜻에 대한 그의 주장을 전개할 수 있다. 그는 만약 예정(forordination) 교리가 일관되게 전개된다면, 역사는 단지 꼭두각시 인형의 춤일 뿐이라고 주장할 수도 있다.

우리는 성경이 가르친 대로, 선택받은 자의 불순종은 실제 불순종이었고, 그것 때문에 그들은 하나님의 진노 아래에 놓이게 되었다고 주장한다. 선택받은 자가 유기된 자와 공유하는 진노의 태도와 선택받은 자에게만 주시는 하나님 호의에 대한 영원한 태도 사이에는 조화가 있다. 그들은 일차적 원인과 이차적 원인을 구분한다. 그들은 하나님의 두 가지 뜻을 주장한다.[241]

---

[241] 일반적으로, 하나님의 "두 가지 뜻"은 발생할 모든 것을 명령하시고 작정하신 하나님의 법령과 하나님의 계시를 통해 우리에게 전달하신 하나님의 나타난 뜻인 교훈으로 설명할 수 있다. 이 두 가지는 비록 우리가 항상 지적으로 조화를 이해할 수 없지만, 사실 완전한 조화를 이룬다.

이 두 가지 뜻 사이에는 갈등이 없다는 것을 안다. 그들은 이 둘 사이의 관계를 지적으로 간파할 수 있었기 때문이 아니라는 것을 안다. 그들은 믿음으로 안다. 하나님 안에서만 조화를 유지할 수 있다고 주장하지 않으면, 인간의 모든 경험은 웃음거리가 된다는 것을 인정하는 만큼 그들은 지적으로 그것을 안다. 그들은 비록 기독교가 이성적으로 사람의 생각에 침투할 수 없지만, 그런데도 오직 기독교만이 이성적이라고 피기우스주의자들에게 담대히 말한다.

칼빈은 이런 추론 방식을 유기된 자의 경우에 적용한다. 그들의 경우는 선택받은 자의 경우보다 본질적으로 더 어렵지 않다.

우리는 그들이 선택받은 자들과 먼저 일반화되었고 하나님이 그들에게 선하다고 말씀하셨다는 것을 어떻게 이해할 수 있는가?[242]

그들에 대한 하나님의 태도가 그런 경우에 나타나지 않았는가?

물론 하나님의 생각에는 항상 차이가 있었다. 그들은 그들 역사의 가장 초기 단계에서 하나님이 선하다고 선언하셨을 때조차 진노의 자녀였다. 하나님 호의의 대상이었던 것은 인간 안에 있는 창조성과 같은 어떤 추상적인 것이 아니었다. 구체적 존재로서 유기된 자들은 결국 하나님이 미워하시는 자가 될 것이지만, 역사 속에서는 아직 하나님이 미워하시는 자가 아니고, 여전히 아담 안에서 하나님 앞에 선한 자이다. 이런 사람들이 바로 하나님 호의의 대상이다.

그러나 이 모든 것은 조건적이었다. 말하자면, 하나님은 그들이 아담 안에서 대표적으로 순종한다면 그들의 것이 될 수 있는 본보기를 그들에게 주었다. 말하자면, 그것은 "무기 대여"(lend-lease) 제안이었다.

만약 하나님이 유기된 자들에게 영생을 주기로 의도하지 않으셨다면, 어떻게 아담 안에서 유기된 자들에게 영생을 제안할 수 있으셨단 말인가? 피기우스는 하나님이 그렇게 하셨다고 말하는 것은 하나님을 조롱자로

---

[242] 반틸은 아담 안의 언약적 인류를 다시 언급한다.

만드는 것이라고 충고한다.

칼빈은 하나님이 그렇게 하셨다고 대답했고, 그것은 선택받은 자에 대한 하나님의 영원한 죽음 위협과 정확히 동등하다고 대답했는데, 이는 같은 시험적 명령에 포함되었다. 그것이 바로 역사이다. 그 순간은 의미가 있고, 하나님 계획에서만 의미를 가질 수 있다.

위협과 약속은, 역사의 배후에 있는 하나님의 계획 때문에, 하나님의 태도에 대한 진실하고 실제적인 계시가 된다. 따라서 "중상 비방(calumny)은 단숨에 사라진다." 우리는 구원 초대의 일반성에 대해 놀라지 않아야 한다. 하나님의 특별한 뜻이 모든 것 뒤에 있다는 이유로, 일반적 초대는 하나님의 태도에 대해 아무것도 밝히지 않는다고 주장해서는 안 된다.

> 그러므로 하나님은 회개를 기뻐하는 것만큼 이 영원한 생명을 기뻐하고 이것을 주기를 원한다. 하나님은 회개를 기뻐하여 당신의 말씀(His Word)으로 모든 사람이 회개하도록 초대한다. 이 모든 것은 하나님의 비밀스럽고 영원한 계획과 완전한 조화를 이루는데, 하나님은 이 영원한 계획에 의해 오직 자신이 선택한 자들에게 회심하라고 명령하신다. 그러므로 오직 하나님이 선택한 자들만이 자신의 악한 행동에서 돌이킨다. 그런데도 사랑스러운 하나님은 이런 사건에서 가변적이거나 변하는 분으로 간주되지 않는데, 이는 법을 주는 분인 하나님은 '조건적'(conditional) 삶이라는 외적 교리로 모든 사람을 깨우치기 때문이다. 이런 기본 방식으로 하나님은 모든 사람을 영생으로 부르거나 초대한다. 그러나, 후자의 경우 하나님은 자신의 영원한 목적에 따라, 영원한 아버지로서, '자신의 자녀들'만을, 성령으로 '거듭나게' 해서, 자신이 미리 계획한 자들에게만 영생을 주신다.[243]

---

[243] Calvin, *A Treatise on the Eternal Predestination of God*, 100.

그러므로 우리는 플라톤의 추상적 개념을 피해야 한다. 우리는 복음의 일반적 제안을 추상적 개념으로 사용해서는 안 된다. 쉴더(Schilder)는, 일반적으로, 우리가 적그리스도 또는 마귀에게 믿는 자는 누구든지 구원을 받을 것이라고 말할 수 있다고 주장한다.

그러나 적그리스도나 마귀에 대한 그런 진술이 개인적이라고 주장하는 것은 아무런 의미가 없다. 적그리스도와 마귀는 역사적으로 완성체이다. 그들은 마침내 믿지 않는 자들이다. 복음의 일반적 제안은 그들에게 아무런 영향도 미치지 못한다. 그들에 대한 조건은 끝났다. 그들은 마침내 하나님을 부정했으며 하나님에 의해 좌절을 당했거나 당하고 있다.

하나님을 거부할 때, 그들은 인식론적으로 완전히 깨어있다. 하나님은 마귀가 타락하기 전에 그를 사랑했었다. 하나님은 적그리스도가 아담 안에 있을 때 그를 사랑했고 영생을 제안했다. 이제 그들은 마귀 및 적그리스도가 되었고, 하나님은 그들을 매우 미워한다. 일반적 제안은 역사의 초기 단계에 있는 사람들에게만 의미가 있다. 그것은 선택받은 자와 유기된 자가 아직 차별화되지 않았던 일반인이었을 때만 그들과 관련해 의미가 있다.

비기독교적 사고 체계에서, 추상적 보편성(universals)과 특정성(particulars)은 화해할 수 없는 방식으로 서로 대립한다.[244] 플라톤의 철학이 그랬다.

아리스토텔레스는 보편성이 특정성 안에 존재한다고 가르치면서 문제를 해결하려고 했다. 그러나 그에게 가장 낮은 보편성(infima species)[245]이 결국 특정성에서 나온 추상적 개념이었던 것을 고려하면, 그는 그것들 사이의 진정한 접촉점을 발견하지 못했다. 그러므로 상정된 특정성은 보편성과 접촉할 길이 없는 헐벗은 특정성에 불과했다. 그리고 특정성이 일반성

---

[244] 반틸은 단일(예를 들어, 보편성) 및 다수(예를 들어, 특정성)에 대한 문제가 철학사에서 결코 해결된 적이 없다고 지적할 때, 이 점을 일찍이 지적했다.
[245] 더욱 일반적인 것에서 가장 덜 일반적인 것으로의 이동에서, 하한 종(infima species)은 우유성(accidental quality)을 고려하기 전 종의 최저 한계를 의미한다.

과 접촉한다면 (거의 불가능하지만) 개성을 잃게 될 것이다.[246]

피기우스는 그런 플라톤-아리스토텔레스 가정에 근거하여 추론했다. 그러므로 그는 구원에 대한 일반적 제안은 모든 차별화를 파괴하고 보편성을 자연스러운 효과로 삼아야 한다고 결론 내렸다. 그는 일반적인 것이 어떤 의미를 가지기 위해서는 특정성을 삼켜야 한다고 주장했다. 그리고 만약 특정한 것이 의미를 가지기 위해서는 일반적인 것의 의미가 부정되어야 한다고 했다.[247]

칼빈의 생각의 전체 요지는 이것과 반대이다. 그에게 있어 일반성과 특정성은 하나님 안에서 거의 같다. 이런 생각은 존재론적 삼위일체 교리에 함축되어 있다.[248]

그리고 이 존재론적 삼위일체와 하나님의 계획을 역사의 배경으로 삼을 때, 특정한 것을 파괴하지 않으면서 일반적인 것에 참된 의미를 부여할 수 있다. 사실 일반적인 것은 특정한 것을 실현하는 수단이다. 차별화에 대한 가능성은 상관관계 일반성의 수반을 전제로 한다.

율법을 주신 분으로서 하나님은 자신의 영원한 계획을 실행한다. 하나님은 인간의 창조된 원 본성을 좋아한다. 각 개인은 이 일반성에 포함된다. 그들은 믿는 자 또는 믿지 않는 자로서 이 일반성과 대립하지 않는다. "이 외부의 일반적 메시지의 내용은 구체적이며 선택받은 자에게만 적용된다"라는 원래 약속에 대해서는 말할 수 없다.[249]

---

[246] 여기에서 반틸이 제시하는 요점 뒤에는 복잡한 주장이 있다. 그러나 요약하면, 보편성이 마음에 있고 특정성이 물질에 있을 때, 철학 역사에서 마음속에 있는 것과 물질에 있는 것을 절대로 하나로 합한 적이 없었다.
[247] 이것은 보편적이고 특정한 문제에 대한 독특하지만 독창적 적용이라는 점에 유의해야 한다. 반틸은 추상화에 반대하면서 보편적인 것이 특정한 것과 아무런 관련이 없다고 가정하는 모든 관점은 비성경적 추론으로 가득 차 있다고 주장한다.
[248] 하나님 안에 '하나와 셋'이 있기 때문이다.
[249] H. Hoeksema, *Calvin, Berkhof and H. J. Kuiper: A Comparison* (개인적 출판, 1928?), 32 (www.prca.org에서 온라인으로 가능).

또한, 이 약속이 조건적이므로 "그것은 또한 구체적이고 하나님은 실제로 영생을 오직 선택된 자들에게만 주기로 약속한다"라고 말할 수 없다.[250] 이런 주장은 칼빈이 약속에 대한 조건적 성격을 강조한 의도를 제대로 파악하지 못한 결과로 나온 것이다.

문제의 핵심은, 조건적인 것이 플라톤 또는 반플라톤적(semi-platonic) 기초 위에서는 아무런 의미도 없다는 것이다. 조건적인 것은 오직 기독교적 기초 위에서만, 더욱 구체적으로 말해 일관된 기독교적 기초 위에서만 의미가 있다. 우리는 이것이 사실이라고 확신한다. 우리는 기독교가 객관적으로 타당하고 기독교만이 우리가 의지할 수 있는 합리적 입장이라고 확신한다. 우리는 무한한 것과 유한한 것의 관계를 완전히 설명할 수 없다고 확신한다. 무한한 것과 유한한 것의 관계를 완전히 설명하려고 할 때, 하나님 존재에 대한 이해를 제한하게 될 것이다.

워필드는 예정에 관한 자신의 글에서 칼빈은 하나님의 자유를 믿었기 때문에 하나님에 대한 완전한 지식을 추구하는 사람의 자유는 믿지 않았다고 말한다.[251] 교의학의 핵심은 미스터리라고 바빙크는 말한다.[252] 그러나 이 핵심을 구성하는 것은 플라톤적 미스터리가 아닌 기독교적 미스터리이다.

따라서 칼빈이 제안한 내용대로 생각한다면, 구원에 대한 보편적 제안을 일반 은총에 대한 증거로 생각할 수 있다. 그것은 낮은 은총(lower grace)의 증거보다는 이전 은총(earlier grace)의 증거이다. 모든 일반 은총은 이전 은총이다. 일반성(공통성)은 이전에 있다. 그것은 단순히 더 낮은 차원의 삶에 관한 것이 아니다. 그것은 모든 차원과 관련되고, 역사의 모든 단계에서 같은 방

---

250 Hoeksema, *Calvin, Berkhof and H. J. Kuiper.*
251 반틸은 Benjamin B. Warfield, *The Works of Benjamin B. Warfield, vol. 9: Studies in Theology* (Bellingham, WA: Logos Research Systems, 2008), 177에 있는 글을 언급하는 것 같다. 워필드는 칼빈이 피기우스(Pighius) 및 게오르기우스(Georgius)와 나눈 논쟁을 언급한다.
252 Bavinck, *RD*, 2:29.

식으로 이런 차원들과 관련된다. 그것은 삶의 모든 차원에 관한 것이지만, 역사의 시간이 지남에 따라 점점 감소하는 모든 차원에 관한 것이다.

역사의 시작 단계에는 많은 일반 은총이 있다. 하나님의 공통된 호의 (common favor) 아래에는 공통된 선한 본성이 있다. 그러나 이 창조-은총은 반응이 필요하다.[253] 그것은 그대로 남아 있을 수 없다. 그것은 조건적이다.[254] 차별화는 시작되어야만 하고 확실히 시작된다. 그것은 하나님에 대한 공통적 거부의 형태로 먼저 나온다. 그것은 사람을 회개로 인도하는 인내이다.[255]

하나님은 여전히 자연과 구속사에서 자신을 있는 그대로 나타내신다. 그러는 동안 차별화는 진행된다. 일반적으로 말해, 선택받은 자는 선택받지 못한 자와는 다른 조건을 갖고 있다. 그들은 특별한 사람들로 분류된다.

신약 시대에는 그들이 주위의 기독교적 환경에 영향을 받는다. 선택받지 못한 자는 일반적으로 말해 그들의 황량한 마음에 의해 좌우된다. 그들 대부분은 복음의 외적 부름에 귀를 기울이지 않으며 기독교적 환경이 그들에게 아무런 영향을 미치지 못한다. 따라서 무엇이 공통적인지 관찰하

---

[253] 반틸은 여기서 칼빈이 피기우스와 게오르기우스를 상대로 영원한 예정에 대해 언급한 것을 염두에 둔다. 칼빈은 그 논문에서 말한다. "사실, 구원은 그들이 원래의 무죄한 상태에 남아야 한다는 조건 이외의 다른 조건으로는 모든 사람에게 주어지지 않았다." Calvin, *A Treatise on the Eternal Predestination of God*, 92을 참조하라. 그러므로 하나님이 은혜로 아담에게, 따라서 모든 사람에게 주신 영생이라는 관점에서 "일반 은총"은 타락 전부터 있었다. 일반 은총은 죄의 존재를 가정하기 때문에 타락 전의 일반 은총은 일반적으로 이야기하지 않는다. 그러나 반틸은 하나님의 영원한 작정에 비추어 역사 및 역사 철학의 중요성과 의미를 나타내려고 시도한다. 그러므로 창조와 타락 전에 있었던 "일반 은총"은 아담 안에서 선택받은 자와 유기된 자 모두에게 보여 주시는 하나님의 공통적 호의이다.
[254] 반틸은 Calvin, *A Treatise on the Eternal Predestination of God*, 96-100에 있는 칼빈의 논쟁 덕분에 여기에서 조건적 측면을(conditionality) 강조하는 것 같다.
[255] "낮은' 단계"는 아담 안의 "공통적 선한 본성"(common good nature)이 파멸되어서 발생한다. 아담의 죄 이전에는 인내가 필요하지 않았다. 이제 타락으로 인해 일반 은총은 대한 하나님의 인내를 전제로 한다.

기란 점점 더 어려워진다. 우리는 그것을 단순히 어떤 형식적인 것으로 생각하기 쉽다.

우리는 참을성 없는 제자들처럼 역사의 과정을 예상하고 마치 사람들이 하나님의 영원한 명령으로 이루어질 미래의 상태가 이미 이루어진 것처럼 사람들을 대할 수 있다. 그러나 하나님은 차별화의 과정과 관련해 우리에게 시간을 갖고 공통성에 대해 잘 생각하라고 말씀하신다(마 13:24-30).

피기우스는 구원에 대한 보편적 제안을 모든 사람의 마음에 자신의 율법을 쓰시겠다는 하나님의 무조건적 약속으로 받아들여야 한다고 말하고, 보편적 제안은 형식적이고, 조건적이기 때문에 결국 특정한 것이 될 뿐이라고 우리는 대답하고 싶을 것이라고 말한다.

그러나 성경에 의하면 일반성에 대한 개념은 여전히 제한적 개념으로 여겨야 한다. 역사가 진행됨에 따라 일반 은총은 더욱더 감소할 것이다. 모든 조건적 행위와 함께 나머지 조건적 행위 역시 감소한다.

하나님은 사람들이 하나님을 거절하기로 자발적으로 선택한 길을 따르게 내버려 두어 최종 결론을 향해 더 빠르게 따라가도록 허용하신다. 시간이 지나서 역사가 끝날 때까지, 유기된 자의 상태가(condition) 그들의 상황(state)과 맞물려 있을 때까지 하나님은 유기된 자에 대한 진노를 계속 증가하신다.

다른 한편으로 하나님은 마지막으로 역사가 완성될 때까지, 선택받은 자의 상태가 그들의 상황과 맞물려 있을 때까지 선택받은 자에 대한 당신의 호의적 태도를 계속 증가하신다.[256] 선택받은 자는 이 세상에서 그리스도 안에서 구원받아 완전한 사람이 되었음에도 불구하고, 그들의 옛 본성 때문에 하나님의 마음을 상하게 한다.

---

[256] 다시 말해서, 역사가 진행함에 따라 하나님은 점점 더 자신의 백성을 자신에게 부르시고 다른 자들은 넘겨주심으로 영원한 법령에 따라 그들을 차별화하신다. 이런 차별화가 증가함에 따라 점점 더 많은 조건을 얻는 조건성이 감소한다. 선택받은 자는 효과적으로 부름을 받고 유기된 자는 결국 하나님을 거절한다.

추상화는 피해야 한다는 점을 다시 한번 강조한다. 하나님이 자신의 백성을 사랑하지만, 죄를 미워한다고 말하는 것은 문제를 피해 가는 것이다. 이생에서 신자들은 하나님의 호의(favor)와 비호의(disfavor) 아래에 있고 있을 것이다. 죄란 어떤 추상적인 것이 아니다. '새사람'은 '옛사람'이 지은 죄에 대한 책임이 있다.

바울이 특정한 죄를 짓게 하는 것은 더 이상 자신이 아니라 자신 안에 있는 죄라고 말할 때, 그는 '새사람'이 '옛사람'이 짓는 죄의 책임과 관련이 없다고 말하지 않는다. 그가 증명하고 싶은 것은 단순히, 겉으로 보기에는 어떠하든지 '새사람'은 실제라는 것이다(롬 7:9-25).

옛 본성이 선택받은 자가 선택받지 못한 자와 공유하는 일반적인 것이라는 개념은 현재 상황에서 여전히 중요한 요소이다. 그러므로 일반 진노와 일반 은총은 하나님의 말씀에 의해 현재의 역사적 상황을 논할 때 구성 요소로 유지되어야 한다.

또한, 그동안 논의된 내용은 불신자들을 향한 신자들의 태도에 대한 지적 토론에서 우리에게 어느 정도는 도움을 줄 수 있다. 우리의 일반적 접근 방식이 모두 정확하다면, 그런 태도는 조건적 '가정'(as if) 태도이다. 그리스도를 따르는 사람들의 태도는, 그리스도께서 우리에게 말씀하신 것처럼 하나님의 태도를 긍정적으로 본받는 것이다.

그러므로 우리는 '일반적 인류'(mankind in general)라는 개념을 실용적으로 활용해야 한다. 우리는 이 개념을 제한 개념으로 사용해야 한다. 우리는 그런 것이 순수한 상태에서는 존재하지 않는다는 사실을 항상 기억해야 한다. 그러므로 우리는 그들 자신이 하나님의 원수라는 것을 사람들에게 증거해야 한다. 우리는 그들에게 이런 적대적 관계가 세속적 차원에서도 나타난다는 것을 그들에게 증언해야 한다.[257] 다른 무엇보다도 우리가

---

[257] 이것은 카이퍼의 접근 방식과 상반된다. 이것은 믿지 않는 사람이 제대로 수를 세고 무게를 측정할 수 없다는 말이 아니다. 이것은 그들이 수를 세고 무게를 측정하는 일에서 조차, 하나님에 대해 반역한다는 의미이다. 그들은 그런 일이 하나님의 도움과 하나님

별도의 기독교 학교를 세움으로써 그렇게 할 수 있다.[258]

그리고 우리는 사람들이 인식론적으로 스스로 의식할 때까지 더 분명하게 대항해야 한다. 하나님이 죄인들을 사랑하고 따라서 그를 사랑할 수 있다고 적그리스도에게 말하는 것은 돼지 앞에 진주를 던지는 것과 마찬가지이다. 이 모든 것에는 여전히 "일반적 인류"라는 개념이 필요하다.

우리는 불신자들을 아직 차별화의 과정이 완료되지 않은 인류 집단의 구성원으로 생각해야 한다. 하나님은 아직 완전히 차별화되지 않는 의로운 자와 불의한 자 모두에게 당신의 비와 햇빛을 주신다. 우리는 완전한 자의식으로 믿지 않는 자들에게 우리의 선물을 주어야 하는 것이 아니다. 우리는, 하나님이 제한적 개념에 기초하여 그들에게 주시는 것처럼, 우리의 "비와 햇빛"을 아직 차별화되지 않거나 최소한 완전히 차별화되지 않는 인류에게 주어야 한다.

이처럼 이전과 이후의 개념을 더 낮고 더 높은 개념으로 대체함으로써 우리는 영역 문제에 대한 해결책에 접근할 수 있는 무언가를 얻을 수 있다.[259] 신자와 불신자가 모든 것을 공통으로 갖는 단일 영역이나 차원은 없다. 위에서 언급했듯이 가장 낮은 차원의 사실에 대한 설명조차 형이상학 및 인식론적 체계를 전제로 한다. 따라서 중립적 협동 영역이 있을 수 없다. 그러나 불신자들은 수학의 차원보다 종교의 차원에서 인식론적으로 스스로 깨닫는다. 차별화 과정은 더 낮은 차원에서는 더 큰 차원에서만큼 진행되지 않았다.

이 사실이 우리의 실제 태도를 어느 정도 설명해 주지 않는가?

의 영원한 계획과 작정 없이 존재하고 "그것들 스스로" 가능하다고 가정한다.
258 기독교 교육에 대한 반틸 관점의 자세한 내용은 Cornelius Van Til, *Essays on Christian Education* (Phillipsburg, NJ: Presbyterian and Reformed, 1979)을 참조하라.『개혁주의 교육학』(*Foundations of Christian education*, 루이스 벌코프, 코넬리우스 반틸 공저, CLC 刊)
259 "영역 문제"는, 생각과 행동에 관한 특정 영역(즉, 무게를 재고, 수를 세며, 측정하고, 논리적으로 생각하는 영역)이 종교적으로 중립적이라는 카이퍼의 관점에 대한 내용이다.

우리는 한편으로 사람들이 이런 방식을 따라 인식론적으로 자의식을 갖도록 노력한다. 개혁주의 기독교인으로서 우리는 우리 자신의 교육 기관을 세우거나 다른 방법으로, 사람들이 소위 말하는 중립적 관찰이 하나님 앞에서 끔찍한 죄임을 알도록 하기 위해 최선을 다한다. 어느 곳에서건 하나님을 무시하는 태도는 먹든지 마시든지 무엇을 하든지 간에 하나님의 영광을 위해 하라고 말씀하신 하나님을 조롱하는 행동이다.

그러나 모든 유기된 자가 인식론적으로 자의식을 가질 때, 최후의 심판을 고하는 천둥소리가 들린다. 완전히 자의식을 가진 유기된 자는 하나님의 백성을 멸하기 위해 모든 차원에서 그가 할 수 있는 모든 것을 다할 것이다.

따라서 우리는 모든 차원에서 차별화의 과정을 서두르기 위해 최선을 다하면서도, 아직은 "은혜의 날", 아직 발전하지 않은 차별화의 날에 대해 감사한다. 우리가 일부 세상에서 받는 그런 관용은 우리가 역사의 후기 단계가 아닌 초기 단계에 살고 있기 때문에 발생한다. 그리고 사회에서든 국가에서든 우리가 영향을 미칠 수 있는 공공 상황에 대한 그런 영향은 차별화되지 않은 개발 단계를 전제로 한다.

한편으로 이 관용과 다른 한편으로 영향력은 모든 차원까지 다양하게 확장된다. 차별화 때문에 우리는 무게를 재고 측정하는 분야에서 용납될 때 종교생활에서도 용납된다. 그리고 우리는 더 낮은 차원에서 영향을 미치는 것처럼, 종교생활에서도 영향을 미친다. 아직 지옥에 가지 않은 사람은 때때로 말씀의 씨앗을 기쁨으로 받는다. 그들의 믿음은 일시적이다(마 13:20, 21 참조).

카이퍼가 구리 선 예화를 통해 논의한 인간의 내적 자아 및 더욱 완곡한 측면에 대한 문제는 우리가 크게 걱정할 필요가 없다.[260] 그것은 심리학에 대한 문제가 아니다. 심리학적으로 모든 사람은 심지어 그의 존재의 깊이

---

[260] Kuyper, *PST*, 481ff을 참조하라.

까지 관여한다. 사람이 자신의 본성을 통해, 자신 안에 있는 자기 양심을 통해 그리고 복음 전파를 통해, 살아 계신 하나님에 대한 증거를 받을 때, 그는 심리학적으로 깊이 해석하려고 노력한다. 그러나 수많은 형태의 하나님 음성에 관여함으로 발생한 심리적 및 해석적 노력은 단순히 하나님의 계시적 음성에 불과하다. 그의 윤리적 반응에 대한 문제는 아직 밝혀지지 않았다.

진짜 문제는 인식론과 하나님에 대한 인간의 윤리적 태도에 관한 것이다. 사람이 인식론적으로 완전히 스스로 의식하고 있다면, 자기 안에 내재한 해석적 음성을 심리학적으로 난폭하게 억압할 것이다. 그러나 그들이 인식론적으로 스스로 의식하지 않는 한 하늘의 선물을 맛보고, 성령의 참여자가 되며, 하나님의 복음과 오는 세상의 권능을 맛보고, 반역하지 않을 수 있다(히 6:4-7 참조).

그들은 어느 정도 그것에 의해 영향을 받을 수 있다. 그것은 아버지의 집을 떠나서 불안해하는 탕자의 향수라고 할 수 있다. 멀리 떨어진 나라로 가는 도중에 그는 멈추어 서서 뒤돌아보며 아들은 아버지의 집에 있는 것이 좋고 자연스럽다고 생각할 것이다. 머지않아 그는 하나님의 아들을 자기 자신 위에 다시 한번 못 박을 것이지만, 지금은 하나님의 음성이 그의 음성보다 우세하다. 그 순간 그는 전혀 자신이 아니다. 그는 아직 완전히 자신이 아니다.

그러므로 우리는 결국 시민의 의(civil righteousness) 문제나 거듭나지 않는 사람들의 문제에 대한 유익한 통찰력을 얻게 된다.[261] 이는 어떤 낮은 차원에서는 인식론적이건 심리학적이건, 신자들이 아무런 차별화도 만들 필요가 없다는 의미가 아니다. 심지어 어떤 작은 중립적 영역이 있다는 의미도 아니다. 또한, 시민사회나 정의의 분야에서 인간은 어떤 특정한 차원 이상

---

[261] 이것은 일반 은총에 1924년 총회 성명서의 세 번째 요점이며, 카이퍼가 취한 요점이기도 하다.

으로 인식론적으로 스스로 의식하고 있는 정도 만큼 의로움을 나타낼 수 있다는 의미가 아니다. 이미 논의한 것처럼 우리는 모든 차원에서 문제에 봉착한다.

불신자들도 교회에 다니고, 선교 사역을 하는 사람도 교회에 다닌다. 적절하게 말하면, 그들은 위선자가 아니다. 위선자는 인식론적으로 자의식이 있는 사람이다. 위선자는 어떤 유익을 위해 '교회에 가입한다.' 그는 율법의 행위를 외적으로 잘 수행한다. 딜린저(Dillinger, 미국의 유명한 은행 강도 살인범-역주)는 잘 차려입고 상류 사회에서 활동했다.

범죄자는 내일 살해하려는 사람들에게 오늘 훌륭한 크리스마스 선물을 듬뿍 줄 수 없을까?

그는 율법의 행위를 시행한다. 쉴더는 율법의 행위가 외적으로 실행될 수 있다고 상당 부분 설명한다.

그러나 이런 방식으로 문제를 해결할 수는 없다. 위선자가 존재하기 때문에 위선자가 되어야 한다. 위선자로서 행동하기 위해서는 사회의 요구 사항을 철저히 간파하고 있어야 한다.

사회의 요구 사항을 그는 어떻게 아는가?

그는 사회에 섞여 살고 있고 그 사회의 요구 사항을 마음속에 새겼기 때문이다. 자의식적 위선이 있을 수 있다는 가능성은 차별화되지 않는 이전 상태를 전제로 한다.[262] 우리는 차별화 되지 않는 단계에서 시작해야 한다.

쉴더는 로마서 2:14에서 바울의 말을 이방인이 자신의 본성에 따라 율법의 행위를 실행할 수 있는 것으로 해석해서는 안 된다고 주장한다.[263] 이것은 사실이다.

그러나 일반 계시의 문제가 바울의 말을 이해하는 데 기본적으로 중요하다는 것도 마찬가지로 사실이다. 일반 계시는 아마도, 반드시 그리고

---

[262] 다시 말해서, 사회 규범을 어기려면 그 규범에 대한 일반적 지식이 있어야 한다.
[263] Schilder, *Heidelbergsche Catechismus*, 1:87.

항상 전제된다. 쉴더 자신도 이 가능성을 허용한다.²⁶⁴ 그는 이 구절을 설명하려고 할 때, 하나님 형상의 남은 자 개념과 하나님의 일반 섭리에 대한 개념을 사용한다. 그러나 그는 유기된 자의 입장에서 볼 때, 율법의 행위를 실행하기 위한 일차적 이유는 그들의 악한 본성에서 발견해야 한다고 주장한다.²⁶⁵ 죄인은 율법의 행위를 위선적으로 실행한다고 쉴더는 말한다.

다시 말해서, 쉴더는 우리에게 불신자의 인식론적 자의식에 가장 먼저 집중하라고 한다. 낮은 단계의 인식론적 자의식으로 시작하면, 바울이 말하고자 하는 의미를 더 자세히 파악할 수 있을 것이다.

바울은 우리가 하나님 율법의 가장 높은 요구 사항에 접촉한 전문가 집단과 "가장 좋은 옷을 입은" 집단을 대하고 있다고 말하지 않는다. 이와는 반대로 그는 유대인들에게 주어진 하나님 신탁의 특별 계시를 받지 않은 사람들조차도 여전히 죄인, 즉 언약을 깨는 사람으로 여김을 받아야 한다고 주장한다.

모든 사람은 죄인이기 때문에, 하나님의 공의가 필요하다. 그러나 범법이 없다면 죄가 없고 율법에 대한 지식이 없으면 범법이 없다. 이방인은 외적으로 공포된 법을 가지고 있지 않지만, 율법에 대한 지식과 하나님의 뜻에 대한 지식을 충분히 가지고 있기 때문에 변명할 수 없다.

이방인이 하나님 뜻에 대한 지식을 가지고 있지 않기 때문에 그들에게 하나님이 진노한다면 불공평하다고 생각하는가?

바울은 사실상 하나님의 계시가 모든 곳의 모든 사람에게 나타났다는 것을 깨달으라고 한다. 역사의 시작부터 이 지식은 모든 곳의 모든 사람에게 해당한다는 것을 깨달으라고 한다. 모든 사람은 그들을 여전히 둘러싼 자연계시뿐만 아니라 인류를 향한 하나님의 본래 긍정적 계시에 대해서도

---

264 Schilder, *Heidelbergsche Catechismus*, 1:89.
265 Schilder, *Heidelbergsche Catechismus*, 1:90.

책임이 있다.

하나님의 계시가 지속적이고 꾸준한 것인지 궁금해하는 사람들이 있는가? 그 계시는 모든 사람에게 심리적으로 그들과 하나가 될 만큼 그렇게 가깝다는 것을 깨달아야 한다. 그 계시는 그들에게 너무 가깝게 있기 때문에, 그것을 파묻기 위한 그들의 모든 노력에도 불구하고 그 계시는 그들 자신의 도덕적 양심을 통해 말씀한다. 하나님이 요구한 하나님의 율법은 그들의 마음에 기록되어 있다.

웨스트민스터 신앙고백서는 율법의 행위뿐만 아니라 율법 자체도 원래부터 사람의 마음에 쓰였다고 말하기를 주저하지 않는다. 그리고 이 진술에 대한 증거는 로마서 2:14-15에서 찾는다. 이에 더하여 인간은 하나님의 이 계시에 대해 인식론적으로 본래 참되게 반응했다고 신앙고백서는 말한다. 사람은 '지식, 의 그리고 참된 거룩함'으로 창조되었다. 낙원에서 원래부터 있었던 이 참된 인식론적 반응은 계시적이고 따라서 죄인들이 마땅히 취해야 할 자세이다.

죄는 인간 의식이 요구한 이 모든 자료를 지울 수 없었다. 인간 의식의 바로 그 활동은 그에게 하나님의 뜻을 매일 상기하게 한다. 그는 하나님의 음성을 없애기 위해 계속해서 시도하지만 실패한다.

그의 사악한 본성은 창조된 세계에서 오는 본성의 목소리를 약화할 것이지만, 완전히 그렇게 할 수는 없다. 무의식적으로 인간은 탕자처럼 아버지의 집을 그리워한다. 탕자가 아버지의 집을 향해 잠시 얼굴을 돌릴 때, 받아 준다는 음성을 듣는다. 그는 비록 깊이가 없지만 '기쁨으로' 복음을 받아들일 수 있다.

다른 한편으로 그는 자신의 참된 자아, 돼지 여물통으로 가는 길에 있는 자아를 재확인할 때, 여전히 그를 좇는 목소리, 그를 비난하는 목소리를 만난다. 그래서 그는 미완성의 작품으로 흔들린다. 그는 마귀나 적그리스도처럼 율법의 행위를 하지는 않는다. 그들은 그리스도와 그분 백성에 대한 큰 모의실험 장치(arch-simulators)로서 율법의 행위를 실행한다. 마귀는 빛의 천사처럼 보인다. 위선자들이 그를 본받는다. 따라서 보통의 불신자가 그렇게 하는 것은 아니다. 만약 그렇다면 세상의 종말이 왔을 것이다. 만약 모든 불신자가 주로 자의식에서 발전한 악한 본성으로부터 율법의 행위를 한다면, 그들은 자신의 원리에 따라, 모든 신자를 땅에서 제거할 것이다.

그러나 "신이라고 불리는 모든 것과 숭배함을 받는 것에 대항하는 불법의 사람", "멸망의 아들"은 제지된다(살후 2:3, 4). 그를 더 제지하지 않으면 모든 불신자에게 최면을 걸려고 시도할 것이다. 그는 "불의의 모든 속임으로 멸망하는 자들"을 유혹할 것이니, "이는 그들이 진리의 사랑을 받지 아니하여 구원함을 받지 못함이라"(살후 2:10). 그들의 죄에 대한 형벌은 이것이다.

> 하나님이 미혹의 역사를 그들에게 보내사 거짓 것을 믿게 하심은 진리를 믿지 않고 불의를 좋아하는 모든 자로 하여금 심판을 받게 하려 하심이라 (살후 2:11, 12).

"멸망의 아들"이 자유의 힘을 얻지 못할 때까지 그리고 하나님이 그것과 관련해 강한 망상을 보내지 않으실 때까지 인류는 일반적으로 완전한 자의식으로 하나님께 본질적으로 대항하지 않는다.

사람들을 향한 하나님 계시의 압력은 너무 높아서 자신의 관점에서 바라볼 때 일종의 혼란에 빠지게 된다. 탕자처럼 그들은 돼지 여물통으로 가는 길에 있지만, 탕자처럼 그들은 아버지의 집을 떠난 잘못이 있다. 이방인에게는 그런 잘못이 있다. 복음을 듣는 사람들은 오는 세대의 권능을 맛보면서 그런 잘못을 상당히 저지를 수 있다.

이런 식으로 하나님의 일반적 섭리, 그의 일반 계시, 사람 안에 남아 있는 하나님의 형상, 복음의 일반적 및 외적 부름 그리고 인간의 악한 본성은 조화로운 연합으로 이어질 수 있다. 모든 일은 하나님의 섭리에 따라 일어난다. 이것이 기본이다. 이 섭리에 따르면 악의 방향으로 발전하는 것이 있고 선의 방향으로 발전하는 것이 있다. 이 두 가지는 서로 연관성 있게 상관관계를 가지며 발전한다. 그러므로 우리가 다루어야 할 모든 문제에서 모든 요소를 고려해야 한다.

언급된 두 가지 발전이 세분된 역사의 일반적 발전은 사람을 향한 다양한 수준의 자기 계시 안에서, 하나님 자신의 제시와 이 제시에 대한 인간의 반응을 통해 이루어진다. 하나님은 항상 자신을 있는 그대로 나타내신다. 사람이 하나님을 대면할 때 그분의 속성과 대면하신다.

하나님의 계시는 항상 객관적으로 유효하다. 사람의 죄가 본성과 자기의식의 표면에 설치될 수 있는 가장 큰 장애물이라도 계시의 타당성을 파괴할 수 없다. 허영과 부패는 분명히 본성에서 발견할 수 있다. 그러나 칼빈은 인간이 이것을 하나님의 임재와 심판 날에 있을 하나님의 임재에 대한 증거로 보아야 한다고 주장한다.

인간의 마음에는 악이 있다. 다시 말하지만, 이것도 역시 하나님 임재의 증거이다. 사람은 양심을 고발하는 목소리에 쫓긴다. 고발하는 양심이 하나님을 거절하려는 결정에 도전장을 내밀 때, 하나님의 음성이 다시 한번 들린다. 탕자는 잠깐 돌아서서 그 자리에 선 다음, 몇 걸음 뒤로 물러선다. 그의 양심은 이를 승인하고 그의 감정은 기쁨으로 반응한다. 하나님의 형상은 그가 타락의 길로 향하는 도중에도 여전히 남아 있다.

어떤 경우에는 복음의 소리가 들린다. 이 복음을 듣는 사람 중 일부는 뒤로 더 물러나는 경향이 있다. 그 아래에는 온갖 종류의 사악한 본성이 작동하기 때문이다. 그 본성은 이 모든 돌아섬과 갈망이 일시적이며 하나님에 대한 참된 믿음에서 나온 것이 아니라는 사실을 설명한다.

그 본질은 죄인이 곧 돼지 여물통을 향하여 갈 때보다 더욱 큰 결심으로 되돌아설 것이라는 사실을 설명한다. 그가 율법의 행위를 계속 행하더라도 보상을 위해 점점 더 자의적으로 그것을 행할 것이다. 드디어 그는 가능하다면 하나님이 선택하신 자마저도 속이려는 빛의 천사로 나타난 사탄의 합당한 제자가 될 수 있다. 이런 식으로, 우리는 아마도 일반 은총과 전적 타락 간의 관계를 좀 더 명확하게 보게 될 것이다.²⁶⁶

만약 일반 은총이 이전 은혜라는 사실을 강조한다면, 그것은 전적 타락이 일반 은총의 중요성을 충만하게 비추는 어떤 것과 관련된 것처럼 보인다. 부정적 시각에서 볼 때, 전적 타락 교리를 누그러뜨리기란 불가능하다.

호의적 태도는 인간의 사악한 본성과 같은 것을 절대로 지향하지 않는다. 그것은 인식론적으로 말해서, 자신이 밟는 길의 중요성을 진실로 의식하지 못하는 사람에게로 향한다. 이는 그가 하나님의 섭리로 차별화 과정의 절정에 이르지 못한 인류 집단의 구성원이기 때문이다.

긍정적 입장에서 볼 때, 일반 은총은 전적 타락 교리와 상관관계가 있어야 한다. 전적 타락에는 원리와 정도라는 두 가지 측면이 있다. 인간의 첫 번째 대표 행위는 역사적으로 인류의 전적 타락을 가져오는 행위였다. 이 첫 번째 행위는 전 인류에게 내린 하나님의 명령에 대항한 행위였다.

'공통 명령'(common mandate)이 없었다면 그것은 일어나지 않았을 것이다. 공통 명령이 없었다면 '부정적 사건'(negative instance)은 발생하지 않았을 것이다. 그리하여 인류는 하나님의 일반 진노(common wrath) 아래에 놓이게 되었다.

그러나 차별화 과정은 완성되지 않았다. 이 일반 진노는 또한 무언가로 더 나아가는 디딤돌 같은 것이었다. 선택받은 사람들은 하나님을 선택하게 되었고, 유기된 자들은 자기 스스로 사탄을 선택한 것을 재확인하게 되었다. 유기된 자들은 역사적으로 극도의 사악한 죄를 짓게 되었다.

원리적인 면에서 전적으로 타락한 그들은 자신의 마음을 통제하는 원리

---

266 일반 은총과 전적 타락 간의 관계는 신학적으로 매우 중요한데, 종종 잘못 이해한다. 이 두 교리는 한 동전의 양면이 아니다. 오히려 일반 은총은 전적 타락을 전제로 한다. 아담 안에서 모든 사람은 전적으로 타락했다. 하나님의 일반 은총은 그런 맥락에서 다가와서 다양한 시간 안에서 다양한 방법으로 적용되고 드러난다.

에 사실상 점점 더 순응하게 되었다. 그들은 공통 소명(common call), 즉 하나님의 일반 은총을 거절함으로써 그렇게 한다. 다시 말해서, 그들은 하나님이 그들에게 자신을 얼마나 많이 계시하든지 상관하지 않고 하나님을 거절함으로써 그렇게 한다.

어떤 경우에는 복음의 부름이 포함되지만, 대부분의 경우 그렇지 않다. 그러나 모든 경우에 하나님의 일반 은총을 더 많이 경험한 사람에게는 악이 자라고 있다. 따라서 역사적 과정의 모든 경우에 일반 은총은 전적 타락과 상관관계가 있는 것으로 보인다.

따라서 우리는 '절대적 악' 안에 '상대적 선'을 가지고 있고, '절대적 선' 안에 '상대적 악'을 가지고 있다. '절대적 악'이나 '절대적 선'은 현재, 인식론적으로 자의식(self-conscious)과 관계없다. 그러나 미래에는 있다. 하나님의 호의(favor)는 유기된 자에게 달려 있고 하나님의 비호의(disfavor)는 선택받은 자가 인식론적 자의식이 없는 정도까지 달려 있다. 두 경우 모두 그것은 하나님의 궁극적 태도나 마지막 태도는 아니지만, 두 경우 모두 그것은 실제 태도이다.

신자 안에 '옛사람'이 있는 것처럼, 불신자 안에도 '옛사람'이 있다. 신자 안에 죄의 남은 것이 있는 것처럼, 불신자 안에도 하나님 형상의 남은 것이 있다. 그리고 신자 안의 '옛사람'이 최소한 믿는 자로서의 자신의 지위를 떨어뜨리지 않는 것처럼, 불신자 안에 있는 '옛사람'도 최소한 믿지 않은 자로서 자신의 지위를 떨어뜨리지 않는다. 각 사람은 움직인다. 개혁주의 의미와 관련된 바르트의 문구를 빌려 말하면, 사람은 의사결정 존재이다(Entscheidungswesen).

또 다른 유사점이 그 자체를 제안한다. 우리가 자연을 생각할 때 자연의 사람을 생각해야 한다. 또는 오히려 우리는 인간을 생각할 때 자연을 생각해야 한다. 이 둘 사이에는 유사한 점이 있다. 그것들은 비슷한 역사를 겪는다. 그것들은 같은 역사를 통해 함께 나아간다. 그것들은 종말의 위대한 결정을 향해 나아가는 사건들의 한 과정에 대한 두 가지 관점이다. 이 둘은 원래 선하게 창조되었다. 그러나 그것은 활동적 선이었다. 인간의 타락을 통해 이 둘은 하나님의 진노 아래 놓이게 되었다. 사람뿐만 아니라 자연도 허영과 부패의 대상이다(롬 8:19, 22).

그러나 하나님의 저주로 인해 인간과 자연에 놓이게 된 허영과 타락도 또한 움직인다. 우리는 그것이 무엇인지 설명하고자 한다면 이 둘의 '경향'(tendency)을 관찰해야 한다. 사람은 창조자께서 창조 세계에서 후하게 주시는 것을 볼 수 있어야 한다고 칼빈은 말한다.[267] 인간은 두 번째로 자연에 대한 하나님의 진노를 볼 수 있어야 한다.

> 하나님의 진노가 불의로 진리를 막는 사람들의 모든 경건하지 않음과 불의에 대하여 하늘로부터 나타나나니(롬 1:28).

> 피조물이 다 이제까지 함께 탄식하며 함께 고통을 겪고 있는 것을 우리가 아느니라(롬 8:22).

따라서 창조는 하향하는 경향이 있다.[268] 칼빈은 역사가 심판으로 끝날 것이라고 결론 내려야 한다고 주장한다. 인간은 자신이 형벌을 받아야 함에도 아직 자신의 죗값을 치르지 않고 있음을 볼 때, 형벌이 다가오지 않을 것이라고 결론 내려서는 안 되고 형벌이 연기되었다고 결론 내려야 한다. 따라서 진노는 그 절정을 향해 달려가고, 이 절정이 모든 과정의 종말로서 절정다운 절정이 되게 하려고 연기된다.

한편, 영광을 향한 움직임이 있다.

---

267 John Calvin, *Institutes of the Christian Religion*, ed. and trans. Henry Beveridge (Grand Rapids: Eerdmans, 1957), 1.5.1.
268 이것은 다음 단락이 명백히 밝히는 바와 같이, 반틸의 전천년설적 사상의 일종으로 해석해서는 안 된다. 오히려 그는 창조나 나타난 악의 활동과 관련해 "하향적 경향"(downward tendency)에 대해 말한다. 그것의 목적(telos)은 최종적이고 완성된 하나님의 진노가 될 것이다.

피조물이 고대하는 바는 하나님의 아들들이 나타나는 것이니(롬 8:19).

만물이 새롭게 될 때(마 19:28).

승리가 허영과 부패를 삼킬 것이다. 자연을 본질에 대해 묘사하는 사람은 그것이 가는 방향을 묘사해야 한다. 그리고 사람의 본질에 대해 묘사하는 사람은 사람이 가는 방향을 묘사해야 한다.

복음의 부르심을 듣고 사는 불신자들에게 이것을 적용하면 다음과 같다.

- 원래부터 선했던 일반성(generality) 구성원
- 원리상 전적으로 타락하여 파멸의 절정을 향해 달려가는 일반성의 구성원
- 초자연적 구속 과정 가운데 있는 일반성의 구성원 그래서 회개로 이끌기 위한 하나님의 오래 참음 아래에 사는 일반성의 구성원
- 때때로 하나님의 아들을 십자가에 다시 못 박는 일반성의 구성원
- 십자가 처형의 과정이 아직 끝나지 않은 가운데 있는 일반성의 구성원

이 모든 일반성은 비신자들이 복음과 개별적으로 대면하는 모든 의미의 전제가 된다. 이 모든 일반성은 복음을 듣는 각 사람이 직면하는 조건적 의미와 상관관계가 있다. 이 모든 일반성은 모든 개인의 진정한 운영 요소로 전제되어야 한다. 모든 역사가 끝날 때까지 우리는 그중 하나도 버릴 수 없다.

형이상학적 및 인식론적 상관주의(correlativism)에 근거한 추상적 추론보다 존재론적 삼위일체 교리에 근거한 두려움 없는 신인동형론이 우리의 개념을 모든 방향으로 통제해야 한다. 두려움 없는 신인동형론에 의할 때, 그 탕자는 심지어 돼지 여물통으로 가는 길에서조차도 때때로 아버지의 집을 갈망하고, 그 아버지는 여전히 자기 아들을, "자기 존재의 법칙"을

깨뜨린 그 아들을 갈망한다고 담대하게 말할 수 있다.[269]

지금까지 말한 것을 요약하면, 우리는 다른 모든 신학적 논쟁처럼 일반 은총에 관해 토론할 때 스콜라식 사고방식으로 쉽게 돌아가려는 경향이 있다. 자연신학과 자연윤리에 대한 개념에서 스콜라주의를 넘어설 방법을 점점 더 많이 배울 수 있다면, 우리는 아마도 일반 은총과 관련한 우리의 확신과 부정을 조금은 더 조심하게 될 것이다.

우리는 정적으로 덜 생각하고 역사적으로 더 많이 생각하는 법을 배울 것이다. 우리는 존재론적 삼위일체와 일시적 창조 교리에서 시작해 하나님과 사람 사이의 상관관계에서 영원히 벗어나기 때문에 신인동형론을 과감히 주장해야 한다.[270]

우리는 역사 뒤에 하나님의 계획이 있기 때문에, 역사적 조건적 행동에 진정한 의미를 담대히 부여할 수 있다. 따라서 우리는 인류의 일반성을 향한 하나님 편에서의 특정한 호의적 태도와 역사적으로 미개발된 불신자의 인생에서 하나님이 판단하시는 특정한 선이 있다고 담대히 주장해야 한다.

이런 주장은 죄인의 전적 타락에 대한 주장을 과소평가하지 않고, 오히려 조건을 부여한다. 선택받은 자는 자신 역사의 한 시점에 완전히 타락했다고 말할 수 있다면, 유기된 자도 자신의 역사의 한 시점에서 어떤 선한 행동을 했다고 말할 수 있다.

---

[269] 즉, 두려움 없는 신인동형론은 하나님이 사람들의 구원을 간절히 원한다는 사실을 확언할 것이다.
[270] 다시 말해서, 존재론적 삼위일체는 하나님만이 절대적 독립체라는 의미를 수반하고, 시간적 창조는 하나님에 대한 전적 의존을 수반한다고 확신한다. 그러므로 하나님과 피조물에 대한 존재론적 상관성은 있을 수 없다. 하나님은 스스로 존재하신다. 하나님이 계시기에 창조가 있다. 이런 식으로 생각할 때, 두려움 없는 신인동형론은 절대적 독립체로서 하나님의 존재론적 성격이 아닌, "우리와 함께"하는 언약적 성격을 나타낸다. 이에 대한 자세한 내용은 서문을 참조하라.

지금까지의 설명을 전반적으로 요약하면, 우리는 일반 은총 문제를 전체 역사 철학의 한 측면으로 보아야 한다고 강조한다. 그리고 우리 시대에는 변증론의 문제를 재편성해야 한다고 겸손히 주장한다. 아마도 우리는 이 시점에서 칼빈에게 돌아가는 것에 관해 이야기할 것이다.

적어도 우리는 그의 『기독교 강요』와 일치해 자연과 역사에 대한 기독교식의 객관적 타당성을 최근에 이루어진 것보다 더 많이 강조한다고 주장한다.[271] 만약 특별 은총이 그것을 드러내지 않았다면, 분명히 자연과 역사에 대한 기독교적 해석을 생각해 낸 사람은 없었을 것이다. 그러나 이에 대한 주된 이유는 본성의 사람이 맹인이기 때문이다.

우리는 자연과 역사가 기독교 해석만큼이나 비기독교 해석에도 도움을 준다고 감히 말하지 않는다. 비기독교적 해석이 자연에 대한 그럴듯한 견해를 제시할 수 있다는 것은 상당히 맞는 말이다. 비기독교인이 비기독교적 가정에서 추론하는 한, 그를 기독교적 입장의 진리로 설득하기란 불가능하다는 주장도 또한 사실이다.

황달이 걸린 눈에는 모든 것이 노랗게 보인다. 그러나 이 모든 것에 대해 우리는 여전히 자연을 올바르게 읽는 사람은 기독교인이 자연을 읽는 것처럼 그렇게 읽을 것이라고 주장한다. 바로 이 점이 본질적으로 칼빈의 관점이라고 우리는 믿는다.

그러므로 우리가 모든 시점에서 기독교 주장의 객관적 타당성을 주장할 때만, 본성의 인간과 그의 성취와 관련해 '관대할 수' 있다. 우리 자신이 완전히 자의식으로 충만할 때, 우리가 그 소유권을 가진 건물에 사는 사람과 협력할 수 있다. 하나님의 비와 햇빛은 그분의 형상대로 창조된 그분의 피조물에게 온다. 그것은 죄악된 인류가 구원받을 수 있도록 그들에게

---

[271] 반틸이 여기에서 말하는 "변증론 문제에 대한 재편성"(reorientation on the question of Apologetics)에는 적어도 기독교적 입장만이 참이며 따라서 기독교 진리의 전달만이 유효한 유일한 전달이라는 인식이 포함된다. 비기독교인이 가지고 보유하는 모든 진리는 기독교 진리를 전제로 한다. 그것은 그 자체로 소유되거나 보유되지 않는다.

임한다. 그것은 아버지의 손에서 오는 자비로서 신자들에게 내려온다. 그것은 믿지 않는 자가 하나님의 아들을 십자가에 새롭게 못 박을 수 있도록 내려온다. 비와 햇빛이 내려온다는 사실은 그 자체로 증거가 되고, 이 모든 것에 대한 동시적이며 점진적인 증거가 된다.

그렇다면 우리가 이 세상에 속하지 않는 사람과 협력하면서, 왜 이 세상에 속한 사람과는 협력하지 않겠는가?

우리의 협력은 지금까지 그랬던 것처럼 계속될 것이다. 역사적 상황이 보증하는 한 우리는 그들과 협력할 것이다.

우리는 실질적인 어려움이 항상 상당히 크다는 것을 안다. 우리는 또한 이론적으로 그 문제가 지나치게 복잡하다는 것을 안다. 그리고 우리는 갈 길이 멀다는 것을 안다. 그러나 우리가 나아가야 할 방향은 합리적으로 명확하다고, 우리는 겸손히 말한다.

제2부

제1장 특정 은총과 일반 은총

제2장 일반 은총과 증인

제3장 일반 은총에 대한 서신

제4장 비판에 대한 답변

제5장 헤르만 훅스마의 "개혁주의 교의학"

제6장 최종적 고려 사항

제1장

특정 은총과 일반 은총[1]

이 시리즈 첫 강의에서 로버트 K. 루돌프(Robert K. Rudolph) 박사는[2] 하나님에 대한 개혁주의 교리를 제시했다. 그는 자신의 존재와 지혜와 능력과 거룩함과 정의와 선함과 진리에 있어 무한하시고, 영원하시며, 불변하신 하나님이라는 "웨스트민스터 소교리문답"이[3] 제시한 정의를 설명했다.

이 자급자족하시는 분은 자신의 절대 주권적 뜻으로 세상을 창조하셨다. 하나님이 그것들을 창조하신 이래, 이 세상에 있는 것은 무엇이든지 섭리로 통치하신다. 하나님은 '발생하는 모든 일을' 통제하신다.[4]

이 절대 주권을 가지신 하나님은 사람에게 수행할 임무를 주셨다. 그 임무는 땅을 경작하고 땅의 소산을 끌어내며 하나님이 만드신 이 세상에서 선지자와 제사장과 왕으로서 활동하는 것이었다. 그는 상상할 수 있는 모든 종류의 과학적, 예술적, 철학적 일에 참여해야 했다. 그것은 인간이 수

---

[1] 1951년 9월, 제1차연례개혁주의신앙기관(the First Annual Institute of the Reformed Faith)은 필라델피아의 그리스도성경장로교회(Christ Bible Presbyterian Church of Philadelphia)의 후원으로 개최되었다. '특정 은총과 일반 은총'(Particularism and Common Grace)에 관한 내용은 L. J. 그로테뉴스(L. J. Grotenhuis, Phillipsburg, NJ.)가 별도로 재출판했다.

[2] 로버트 K. 루돌프(Robert K. Rudolph)는 펜실베이니아대학교(the University of Pennsylvania), 개혁성공회신학교(Theological Seminary of the Reformed Episcopal Church, TSREC) 그리고 웨스트민스터신학교(Westminster Theological Seminary)에서 공부했다. 웨스트민스터신학교의 J. 그레샴 메이천(J. Gresham Machen)과 반틸 아래에서 공부했다. 그는 오랜 기간(4년), TSREC에서 조직신학과 윤리학 교수로 재직했다. .

[3] "웨스트민스터 소교리문답", 4번.

[4] 웨스트민스터 신앙고백서, 3.1.

행해야 할 문화 명령으로 전체 인류에게 주어졌다.

그러므로 그것은 모든 사람이 공통으로 해야 할 일이었다. 인류는 첫 번째 대표인 아담을 통해 이 임무와 관련된 지시를 받았다. 그것을 충실히 수행할 경우 보상이 기다리고 있었다. 영생을 받는 보상이었다.

그리고 그가 처음 받았을 때 그의 삶은 완전한 우주에서의 완전한 삶이었으므로, 그가 받을 영원한 생명은 그에게 주어진 문화 노동을 실행함으로 주어지는 보상으로서의 충만한 인생이었을 것이다.

지금까지 우리는 다음 네 가지를 고찰했다.

첫째, 절대 주권을 가지신 하나님
둘째, 하나님이 창조하시고 통제하시는 우주
셋째, 모든 사람을 위한 문화 명령에 직면한 인류의 대표자
넷째, 하나님에 대한 사랑과 순종이라는 조건으로 그를 기다리는 영생의 보상

두 번째 강의에서 존 W. 샌더슨(John W. Sanderson) 교수는[5] 아담이 모든 인류에게 영향을 미치는 죄를 어떻게 지었는지 말했다. 그는 인류를 대신해서 하나님과 맺은 언약을 깨뜨렸다.

> 그러므로 한 사람으로 말미암아 죄가 세상에 들어오고 죄로 말미암아 사망이 들어왔나니 이와 같이 모든 사람이 죄를 지었으므로 사망이 모든 사람에게 이르렀느니라(롬 5:12).

---

[5] 존 W. 샌더슨(John W. Sanderson, 1916-1998)은 휘튼대학교(Wheaton College), 페이스신학교(Faith Theological Seminary) 그리고 펜실베이니아대학교(University of Pennsylvania)를 졸업했다. 1940년, 그는 성경장로교회(Bible Presbyterian Church)에서 안수받았다. 그는 웨스트민스터신학교에서 목회 사역과 교수로 섬겼지만(1957-1963), 그의 생애 대부분은 커버넌트신학교와 관련된 사역을 하며 보냈다.

따라서 모든 사람은 언약을 파기하는 자로서 이 세상에 태어난다. 그리고 그들은 하나님의 '공통' 저주 아래에 있다.

세 번째 강의에서 조지 S. 크리스천(George S. Christian) 목사는[6] 은혜 언약에 관해 우리에게 말했다. 그는 측량할 수 없는 하나님의 사랑, 세상, 죄악된 세상, 타락한 인류를 너무나 사랑하신 나머지 자신의 독생자를 세상에 보내 누구든지 그분을 믿는 자는 구원을 얻도록 하신 하나님에 관해 말했다. 거기에는 공통성에 대한 개념이 있었다.

첫째, 먼저 땅을 정복하라는 공통의 임무를 부여받은 단위로서의 인류가 있었다.
둘째, 인류는 언약을 어겼고, 하나님은 모든 사람을 저주, 즉 공통 저주 아래에 두셨다.
셋째, 세상'을 구하기 위해 오셨던 분은 다름 아닌 그리스도였다. 그리고 그분을 믿는 사람은 누구든지' 구원받을 수 있다.

1. 특정 은총

그러나 세 강의 모두 강조한 것은 하나님의 절대 주권과 복음의 '특정 은총'(particularism)이었다. 절대 주권을 가진 하나님은 모든 사람을 구원하는 것을 적절하지 않다고 여겼다. 복음은 모든 곳의 모든 사람에게 보편적으로 제공되지 않는다. 수백만 명의 사람이 복음을 들어본 적이 없다. 그리고 그리스도를 믿는 사람은 누구든지 구원받는다는 것은 사실이지만,

---

6 조지 S. 크리스천(George S. Christian, 1917-2008)은 뉴저지 위패니의 임마누엘장로교회(Emmanuel Presbyterian Church [OPC] in Whippany, New Jersey) 목사였다. 그는 자신의 수필, Let's Not Talk about *a Split in the Bible Presbyterian Church* (privately printed, 1955)로 유명하다.

인간은 자기 스스로 믿을 수 없다. 인간은 빛보다는 어두움을 더욱 좋아한다(요 3:19). 그들은 불법과 죄로 죽었다(엡 2:1).

그들이 믿기 위해서는 그리스도의 것들을 취해 자기 백성에게 주시는 하나님의 영으로 살아나야 한다. 그리스도는 오직 그들만을 위해 죽으셨다. 영원 전부터 영생을 받도록 작정된 자들은 오직 그들뿐이다.

이 특정 은총 복음은 바로 하나님의 원래 계획으로 돌아간다. 하나님이 아담을 통해 인류에게 공통된 임무를 맡겼을 때, 자신이 소유할 사람들을 구원하기 위한 궁극적 목적으로 그렇게 하셨다. 하나님은 한 사람, 아담을 통해 모든 인류에게 다가갔고, 이 방법으로 미래의 특정 사람들에 대한 자신의 목적에 영향을 미쳤다.

이 복잡한 방식으로 특정한 것과 보편적인 것은 서로 얽혀 있는 역사의 발단에서 나온다. 하나님은 한 사람을 대표자로 해서 전 인류에게 다가간다. 그리고 하나님은 한 사람을 통해 다가갔던 전 인류를 통해 역사 속의 각 개인에게 다가간다.

존 브라운(John Brown)은 아프리카나 유럽에서 태어날 수 있다. 백인이나 흑인으로 태어날 수도 있다. 소아마비에 걸려 다른 아이들과 공놀이를 못 할 수도 있고, 이와는 반대로 공놀이에 더 재능 있는 아이로 태어날 수도 있다. 그의 상속과 환경의 모든 요인은 처음부터 하나님이 인류와 맺은 언약 관계를 통해 전달되고 나타난다.

그에 관한 인생의 모든 사실은 인류에게 내린 하나님의 명령, 따라서 그에게 내린 하나님의 명령에 관해 말한다. 그리고 이 모든 사실은 또한 인류가 아담을 통해 하나님과 맺은 언약을 어겼다는 사실에 관해 이야기한다. 따라서 존 브라운의 자의식(self-consciousness)은 언약 의식(covenant-consciousness)과 동일하다. 존 브라운은 진정으로 무엇을 안다면, 자신이 언약 파기자임을 알 것이다(롬 1:18-20, 32; 2:14-15 참조).

1) 이의 제기

이에 대해 사람들은 끊임없이 이의를 제기한다. 이의를 제기하는 자의 말을 들어보자. 그는 승리에 도취해 이렇게 말한다.

> 그렇다면 존 브라운이 하는 모든 일은 헛짓거리에 지나지 않는가?
> 그가 무엇을 하든지 상관없이, 구원을 받든지 그렇지 않든지 운명지어진 것이 아닌가?
> 아담은 타락했어야 하거나 당신의 그리스도께서 구원하실 사람은 아무도 없거나 해야 한다. 당신은 당신의 그리스도께서 '특정한' 사람을 구원하기를 원하신다. 그리스도께서 처음부터 염두에 두신 사람은 바로 이 '특정한' 사람들이다. 그분은 나머지 인류에 관해서는 아무 관심이 없으시다. 사실, 당신의 하나님은 영원부터 나머지 인류를 미워하셨음에 틀림없다. 당신이 삶이라는 공통 선물과 영광에서 공통된 영생을 주시겠다는 약속하에 내린 공통 명령에 관해 이야기할 때, 그것 모두는 또한 허튼소리보다 더 나쁜 허튼소리다.
> 그렇지 않은가?
> 하나님은 당신이 말하는 유기된 자들에게 영생을 주기로 절대 작정하지 않으셨다.
> 하나님은, 그들이 무엇을 하든지 상관없이, 자기 자신의 즐거움을 위하여 그들을 지옥에 보내기로 처음부터 작정하셨다.
> 그리고 당신이 말하는 선택받은 사람들에 관해서는 하나님이 그들을 영원부터 구원하기로 계획하지 않으셨던가?
> 그렇다면 그들이 행하는 모든 행위는 또한 아무런 의미도 없는 행동이 된다. 그리스도는 그들이 무슨 죄를 짓든 간에 그들의 죄를 없애기 위해 죽으실 것이다. 그리고 그들이 지을 죄는 꼭 필요할 것이기 때문에 정말로 죄가 되지 않을 것이다.

그렇다면 선택받은 자들이 유기된 자와 같이 일반 진노 아래에 놓여 있다고 말해야 하는가?

또는 모든 사람이 하나님의 필요에 의해 죄를 짓는다면 왜 인간에게 저주가 임해야 하는가?

선택받는 자가 필요에 의해 구원받을 것이고 유기된 자는 필요에 의해 저주받을 것이라면, 당신의 그리스도께서 이 땅에 오실 이유가 있는가?

당신의 기준에서는 인간의 도덕적 기준 전체가 파괴된다. 당신의 하나님은 문명화된 사람들의 표준이 말하는 도덕적인 것과는 아무런 관련도 맺지 못한다.[7]

이 반대자는 보편적이고 모든 사람에게 호의적인 '복음'을 원한다는 사실을 그의 말에서 명백히 알 수 있다. 그가 하나님을 믿어야 한다면, 모든 사람을 구원하기 위해 최선을 다하는 그런 하나님일 것이다. 그는 사랑의 하나님, 좋은 하나님, '선'의 원인이고 '악'의 원인이 되지 않는 하나님을 원한다. 그러나 이 반대자는 다음과 같이 말할 때 플라톤을 따르고 있다는 사실이 드러날 것이다.

그렇다면 하나님이 선하다면, 그는 모든 것의 조성자가 아니고 오직 몇 가지 일에 대한 원인일 뿐이다. 그는 사람에게 일어나는 대부분 일의 조정자가 아니다. 이는 인간의 삶에 좋은 일은 거의 없기 때문이고, 많은 일은 악하며, 선한 일만 그에게 귀속되기 때문이다. 악에 관해서는 다른 원인을 발견해야 한다.[8]

---

7 이것은 성경적 선택 교리에 대한 전형적 반박이다. 반틸은 성경에 근거하고 제한된 생각과 불신앙에 기초를 둔 생각의 차이점을 보여 주기 위해 이것을 사용한다.

8 Plato, *The Republic, in The Dialogues of Plato*, trans. B. Jowett, 4 vols. (New York: Charles Scribner's Sons, 1885), 2:202.

그렇다면 이 '반대자'는 유한한 신을 믿는 것이다.[9] 그는 절대 주권을 가진 성경의 하나님을 이 신으로 대체한다. 그의 신은 발생하는 모든 일을 통제하지 않고, 오히려 우연의 일치에 의해 통제받는다.[10]

성경에 따르면 하나님의 계획과 일치하는 것만 발생할 수 있다. 반대자에 따르면 가능성은 하나님을 초월하기에 무엇이든지 가능하다. 그러나 무엇이든지 가능하다고 말하는 것은 우연으로 시작하는 것과 같다.

그 반대자는 모든 실체의 본성에 관한 어떤 것을 가정하거나 전제로 하는 행위를 피할 수 없었다. 그는 하나님에 관한 성경의 교리를 제거할 수 있는 발판이 필요했고, 그가 서 있는 발판은 우연의 일치라는 개념이었다. 그리고 우연의 일치라는 관점에서 인간 경험을 해석하는 것은 아무런 의미가 없다.[11]

그러나 이 모든 것이 깔끔하게 보호되었다. 반대자 자신은 일반적으로 자기의 입장이 우연이 일치라는 개념을 포함한다는 사실을 완전히 인식하지 못한다. 이 경우 복음에 대해 반대를 제기할 때 그가 호소하는 것은 '경험'과 '논리'이다. 그는 자유를 경험한다고 말한다. 그는 이 자유로 이 세상에서 완전히 새로운 것을 시작할 수 있다고 주장한다. 이것이 사실이라면, 하나님이 '모든 발생하는 일을' 통제하신다고 말하는 것은 비논리적이거나 모순이 된다.

기독교인은 하나님이 항상 영광스럽다는 입장을 고수하신다고 반대자는 주장한다. 하나님은 물로 가득 찬 양동이처럼 영광으로 가득 차 있다.

---

9 이 신은 악의 원인에 의해 제한받는다는 의미에서 '유한하다.'
10 반틸은 불확실성을 가리키는 말로 "우연의 일치"를 사용한다. 이 신은 '우연의 일치로 둘러싸여' 있을 것이다. 이는 그가 대응하거나 행동할 때 자신이 통제할 수 없는 악의 원인에 의존할 것이기 때문이다..
11 예를 들어, 나의 인간 경험이 이웃의 자전거를 훔친 것이라고 가정해 보라.
   우연의 일치가 통제한다면 이 경험은 어떤 의미가 있는가?
   완전한 불확실성이 지배할 경우 어떻게 해석해야 하는가?
   그것은 아무런 의미나 가치 없이 "단순히 일어난 일"에 지나지 않는다.

동시에 인간은 역사에서 자신의 행동으로, 자기 자신의 선택에서 나온 노력으로 하나님을 영화롭게 해야 한다. 이는 마치 그가 이미 물로 가득 찼다고 선언한 그 양동이에 물을 추가해야 하는 것처럼 보인다.

이런 주장에 대한 기독교의 대답은 무엇인가?

아마도 그는 도움이 필요하다고 느낄 것이다.

그리고 위에서 언급한 반대 의견이 모든 기독교인과 전체 기독교에 관한 것이 아닌가?

분명히 모든 그리스도인은 인간의 자유와 책임을 공평하게 다루기를 원한다. 그러므로 누구도 결정론자가 되기를 원하지 않는다. 만일 반대자가 경험과 논리를 공정하게 다루기 위해서는 모든 사람을 포함하는 복음을 전파해야 한다고 말한다면, 그의 말이 올바른 것처럼 들린다.

ㅋ그렇다면 복음은 어떤 의미에서든지 특정 은총이 될 수 없다. 그렇다면 하나님은 단순히 복음을 모든 곳의 모든 사람에게 제시할 뿐만 아니라, 모든 사람을 구원하려는 의도를 가지고 있어야 한다. 만약 모든 사람이 구원받지 못한다면, 이는 결론적으로 하나님이 최선을 다해 행하는 의지와 노력에 반하는 것을 행할 자유가 인간에게 있기 때문이다. 하나님의 노력은 차별 없이 공통적이고, 사람 사이의 차별화는 사람의 궁극적 선택으로 인해 발생한다.

그러나 이것이 비결정론으로 이어지지 않겠는가?

2) 모든 기독교 신학자의 회담

모든 기독교 신학자, 로마가톨릭 및 개신교, 정교회 개신교 및 현대 개신교, 전통 개신교 및 변증론적 개신교 신학자들의 회담을 소집해서 반대자에게 어떤 대답을 해 주어야 하는지 물어보자. 이들 중에서 우리는 특히 토마스 아퀴나스, 루터, 칼빈, 알미니안, 슐라이어마허(Schleiermacher),[12] 리츨(Ritschl)[13] 그리고 바르트를 대변하는 사람들을 주목한다.

3) 첫 번째 회담

이 기독교 신학자들은 놀라울 만큼 서로 동의하는 것 같다. 그들은 하나님을 우연의 우주에 종속하지 않을 것이라는 반대자에 대해 반대한다.
"얼마나 끔찍한가!"
그들은 소리쳤다. 그들은 우리가 하나님을 인간의 창조자이자 주님으로 받아들여야 하고 오직 그리스도를 통해서만 사람이 구원받을 수 있다는 점에 대해 동의한다. 그들은 또한 하나님과 그리스도가 인간의 경험과 논리를 통해 해석되어야 하는 것이 아니라, 인간의 경험과 논리가 하나님과 그리스도의 관점으로 해석되어야 한다는 점에도 동의한다.
얼마나 큰 일치와 조화를 이루었는가!
그러나 우리는 소크라테스가 옳았다는 것을 다시 한번 깨달을 수 있다. 인간과 신들은 일반적 원칙에 관해 이야기하는 한 동의한다.

그러나 그들이 특정한 문제에 관해 이야기할 때는 논쟁을 벌인다.[14]

---

12 프리드리히 D. E. 슐라이어마허(Friedrich D. E. Schleiermacher, 1768-1834)는 "근대 신학의 아버지"라고 불리는데, 그 이유는 부분적으로 그가 칸트 철학을 자신의 신학에 접목한 가장 유명한 사람이기 때문이다.
13 알브레히트 리츨(Albrecht Ritschl, 1822-1889)은 독일 자유주의 개신교 신학자로서, 그의 신학은 윤리적 차원의 문제에 집중되어 있다.
14 이것은 소크라테스가 에우튀프론(Euthyphro)와 대화한 내용을 다룬, 플라톤(Plato) *Euthyphro*, 8E에 나온다. Plato, *Euthyphro; Apology; Crito; Phaedo; Phaedrus*, trans. Harold North Fowler, Loeb Classical Library (Cambridge, MA: Harvard University Press, 1966), 130-131을 참조하라.

언급된 일반성에 대해서는 반대자도 동의할 수 있다. 심지어 그는 플라톤처럼, 우리가 사람들이 행하는 선과 악의 구별보다 하나의 선(a Good)을 사실로 상정해야 한다고 기꺼이 말할 것이다. 그러나 반대자는 이 선(this Good)은 "인간이 그것에 관해 말할 수 있는 모든 것보다 위에" 있다고 덧붙일 것이다. 그것은 선과 악보다 위에 있다. 그것은 쉽게 가늠할 수 없다. 그것은 플라톤의 경우처럼 실체화되고 따라서 '실제'가 될 때도 주관적 이상(subjective ideal)이다.[15]

칸트는 이론적 이유로 그분에 관해 아무 말도 할 수 없다면, 사람들은 세상의 창조주이자 통치자로서 하나님에 대한 개념을 사실로 상정해야 한다고 말할 것이다.[16] 그런 하나님은 실체적 이유의 이상임이 틀림없지만 이론적, 과학적 이유의 개념을 통해서는 알 수 없다. 그런 하나님으로 우리는 인간의 경험 및 논리에 대해 공평하게 평가할 수 있다. 그러므로 인간의 마음은 그 자체를 법으로 간주하므로 자유의 '경험'은 궁극적인 것으로 간주한다.

그리고 논리는 이 궁극적 인간 경험에 놓여 있다고 가정한다. 그러므로 칸트는 인간이 일시적이고 영원을 경험할 수 없기 때문에 그 자체보다 위에 있는 것에 관해서는 절대로 아무 주장을 할 수 없고, 하나님이 영원하다고 말하는 것은 아무런 의미도 없다고 말할 것이다. 존재하는 모든 신은 사람에게 있는 한계와 동일한 한계의 대상이 되어야 한다.

또한, 칸트는 만약 신이 그렇지 않다면 그는 인간에게 알려지지 않고 알려질 수 없으며, 따라서 사람에게는 아무런 의미가 없다고 주장할 것이다.

---

15 플라톤의 "선"(Good)은 세상과 연관될 수 없으므로 궁극적 "이상"이다. 그래서 그것은 다른 모든 선의 토대이며 따라서 "실제"의 토대가 되어야 하지만, 이 세상의 특정한 "선한 것들"과 연결할 길은 없다.
16 칸트와 그의 추종자들에 따르면 신은 "본체"에 있기 때문에, 신에 대한 지식은 존재하지 않는다.

4) 두 번째 회담

따라서 반대자가 일반성에 대한 형식적 토론에서 벗어나서 특정성에 대해 논의하자고 도전할 때, 토마스 아퀴나스의 추종자에게 발언권을 먼저 주었다. 협회의 선임 회원으로서 그는 이 우선권을 가졌다.

하나님이 인간을 자신의 형상대로 창조하셨기 때문에, 반대자와 기독교 대표자로서의 우리 사이에는 통합할 수 있는 부분이 분명히 있다고 아퀴나스는 주장했다.

우리는 모두 이 점에 대해 동의하지 않는가?

그러므로 하나님이 주신 인간의 이성은 각자의 분야에서 진리를 말할 수 있기에 소중히 여김을 받아야 한다. 따라서 지금까지 존재해 온 사람 중에 이성에 대한 가장 위대한 대표자인 아리스토텔레스의 이야기에 귀기울여 보자. 그는 하나님을 믿는 것이 모순되지 않다고 말했다. 사실 그는 최초의 제1 운동자(unmoved mover)를 우주의 원인으로 믿는 것이 합리적이라고 말했다.

그러나 그는 철학적 연구에 참여할 때 자율적 경험에서 시작했다. 그러나 아리스토텔레스는 '본질' 이외의 다른 방법으로는 이것을 다룰 수 없었다. 그리고 신학은 인격적 하나님을 하나의 존재로 다룬다. 그러므로 모세는 아리스토텔레스에 추가되어야 한다.[17] 신학은 기독교 경험이 인간의 경험과 논리에 어긋나는 것이 아니라 위에 있는 것임을 가르쳐야 한다.

믿음에 대한 초자연적 진리와 이성에 대한 자연적 진리 사이의 관계에 관한 모든 문제를 존재의 비유에 대한 아리스토텔레스의 생각으로 해결할 수 있다. 아리스토텔레스는 하나의 존재가 있다고 말하지만, 하나님은 이 존재의 충만함을 나타내며 인간은 이 동일한 존재를 더 낮은 정도로 표현

---

17 아퀴나스는 철학적 신학을 수행하는 그의 방법에 대해 분명했다. 그는 보편적이고 중립적이라고 여겨지는 이성의 개념으로 시작했다. 그래서 그는 아리스토텔레스의 사상에서 많은 것을 빌려온 다음, 필요할 때 "모세"(즉, 계시)로 그것을 보충하는 것에 만족했다.

한다고 말한다. 단계적 개념과 잠재적 개념이 실제로 발전하면 하나님과 인간 사이의 모든 어려움을 해결할 수 있다. 그것은 이성이 요구하는 통일성을 제공하고(일의성 [univocism]), 또한 자유의 경험이 요구하는 다양성을 제공한다(다의성 [equivocism]).[18]

여기에는 상당히 놀라운 권위와 이성이 결합하여 있는 것 같다. 여기서 그리스도의 살아 있는 음성의 권위와 아리스토텔레스의 이성은 서로 완전히 조화를 이룬 것 같다. 반대자는 이 기독교 교회의 대표자에게 매우 만족했다. 그는 우리의 기독교 신학자 회담의 첫 연설에서 표현된 정서가 우세할 경우 복음이 모든 사람에게 공통적이 될 수 있다는 것을 알았다.

그렇다면 반대자는 왜 일반성에 대한 찬양을 반대하는가?

일반성에 대해 찬양하는 것은 하나님에 대한 찬양뿐만 아니라 사람에 대한 찬양을 노래하는 것이 된다. 그것은, 하나님이 사람을 창조하셨다는 개념을 인간이 하나님 안에 참여하고 하나님이 인간 안에 참여하신다는 개념으로 대체하는 것이다.

따라서 인간은 하나님이 우주 법칙에 관해 충고하신 것을 제외하고는 하나님의 지시에 따라 살 필요가 없을 것이다. 따라서 권위에 대한 개념(즉, 절대적 권위에 대한 것이 아닌 좋은 충고에 대한 것)은 극찬을 받을 것이다. 그러므로 하나님은 또한 은혜나 자신을 위한 세상의 행운이 필요하기 때문에, 모든 은혜는 공통적이 될 것이다.[19]

---

18 이 설명에는 많은 내용이 들어 있다. 토마스는, 보편적인 것은 특정한 것 안에 있어서(플라톤과 반대), 사물로부터("사물"은 형태와 물질로 구성되어 있다) 보편적인 것을 (형태) 추상화함으로 특정한 것을 알 수 있다는 개념을 아리스토텔레스의 사상에서 빌려왔다는 것이 문제의 핵심이다. 보편적인 것과 관련된 정체성이 있지만, 특정한 것과는 아무런 관련이 없다.
19 즉, 사람이 구원에 대한 하나님의 제안을 받아들일 것인지의 여부는 하나님이 아니라 사람에게 달려 있었고, 하나님은 사람의 선택을 절대로 주권적으로 통제할 수 없고 자유롭게 할 수도 없었다.

여기에 반대자가 처음부터 찾고 있었던 보편주의가 있다. 아퀴나스신학의 대표가 연설한 후 은혜에 관해 남은 것은 구원의 가능성에 대한 개념 외에 아무것도 없다. 아퀴나스 사상에 있는 가능성은 결국 하나님께 완전히 의존하지 않고 우연의 일치에 의지했다.

개신교 신학자들은 반대자에게 답변하는 문제에 있어 토마스 아퀴나스 대표와 합류하는 것이 옳지 않다는 데 동의했다. 그들은 복음의 본질에 대한 가르침과 반대자에 대한 답변을 얻기 위해 교황에게 가서는 안 되고 성경으로 돌아가야 한다는 데 의견의 일치를 보았다. 개신교가 성경을 회복하지 않았는지 그들은 물었다.

모든 개신교가 이것에 동의하지 않는가?

성경과 성경이 가르치는 것이 모든 논쟁을 종결하지 않는가?

5) 모든 개신교 신학자의 회답

반대자에게 줄 수 있는 기독교의 표준 대답이 없다는 것이 실망스럽다. 이런 상황이 무척 슬프다. 기독교 교리의 원천과 관련해 개신교와 로마가톨릭 사이에는 기본적 차이가 있어서, 반박자가 기독교에 대해 가지고 있는 기본적 오류가 무엇인지 그에게 명확하게 말할 수 없었다. 로마가톨릭은 하나님의 말씀과 사람의 말을 믿음의 규칙으로서 전통적 형태로 결합하려고 했다고 개신교 신학자들은 말했다.

그러면 오직 사람의 말을 믿음의 법칙으로 받아들인 반대자의 입장이 무엇이 문제인지 명확하게 드러낼 수 있는가?

그들은 물었다. 그래서 그들은 반대자에게 줄 대답을 마련하고 그도 역시 하나님의 은혜가 필요하다고 말하기 위해 함께 모였다. 다시 한번 선임이라는 이유로 루터교의 대표자가 먼저 발언권을 받았다. 그는 성경이 하나님의 말씀이라고 웅장한 말로 강조했다.

성경이 무엇을 가르치든지, 오직 성경의 권위에 의해 인간 경험을 해석해야 한다. 성경에는 인간이 살아야 할 영원한 진리 체계가 제시되어 있다.

그는 그 체계의 내용을 광범위하게 말했다. 그는 영원토록 그 자체로 충만한 삼위일체 하나님, 자신 뜻의 행위로 세상이 존재하게 하신 하나님에 관해 말했다. 그는 낙원에 있었던 아담과 하와에 관해 말했고, 그들이 하나님의 명백한 명령을 어긴 죄로 인해 어떻게 하나님의 면전에서 쫓겨나게 되었는지 말했다.

그는 하나님의 영원한 진노 아래에 놓이게 된 죄인으로서의 인간에 관해 말했고, 그들이 하나님의 율법을 어긴 죄로 인해 영원한 형벌로 향하고 있다고 말했다. 그는 이 세상에 와서 살고 죽고 죽은 자 가운데서 다시 사신 그리스도에 관해 말했다. 그리스도를 믿는 사람은 오는 진노를 피할 것이고 하나님과 그들 구원자와 함께 하늘에게 영원히 살 것이라고 그는 말했다.

이 시점에서 슐라이어마허(Schleiermacher), 리츨(Ritschl) 그리고 바르트(Barth)의 대표자들은 손을 들어 발언권을 요청했다. 그리고 그들 각자가 차례로 말했을 때, 이 '개신교' 집단에는 성경에 대해 기본적으로 반대되는 두 가지 개념이 있는 것처럼 보였다.

그들은 성경이 개신교의 공식적 원칙이라는 주장에 대해 일반적으로 동의했다. 그러나 성경이 어떻게 공식적 원칙이 되는지에 대한 세부 사항에 대해서는 동의하지 않았다.

슐라이어마허, 리츨 그리고 바르트의 대표자 세 사람은 루터, 칼빈 그리고 알미니안의 대표자 세 사람에 반박했다. 뒤의 세 사람은(루터, 칼빈 그리고 알미니안의 대표자들) 성경이 인간에게 내린 하나님의 직접 계시이고 모든 사람을 위해 단번에 주신 진리 체계를 포함한다고 말했다. 앞의 세 사람은 이 개념에 대항했다. 그들은 그런 입장을 고수하는 것은 로마가톨릭

주의보다 더 나쁘다고 말했다.[20]

그들은 성경은 하나님이 인간에게 직접적으로 계시하신 것으로서, 인간이 반드시 따라서 살아야 할 진리 체계를 포함한다는 개념은 하나님과 인간 사이의 개인적 관계를 율법의 비인격적 체계로 대체한다고 주장했다. 그것은 세상을 이성이라는 관점으로 개인적으로 설명한다기보다는 원인이라는 관점으로 결정론적으로 설명한다고 그들은 주장했다.

원인은 기계적 개념이다. 확실히 과학은 원인과 같은 개념이 필요하다. 그러나 과학은 본질적으로 세상에 있는 물질들의 관계를 다룬다. 과학은 세상 전체와 하나님의 관계에 대해서는 아무것도 말할 수 없다.

만약 사람들이 세상 전체 또는 사람과의 관계에 대해 하나님과 이야기하고 싶다면 이론적 이성 개념을 사용하지 말아야 한다. 그들이 이 개념을 사용한다면 항상 이원론으로 귀결된다. 그런 다음 사람들은 플라톤이 했던 것처럼 '선한 것'이라고 부르는 것을 세상의 뒤에 있는 선한 하나님께 돌리고, '악한 것'이라고 부르는 것을 세상의 뒤에 있는 악한 하나님께 돌린다.[21]

그런 이원론을 피하고자 우리는 실천적 이성이라는 이상을 사용해야 하고, 이론적 이성에 대한 '선'과 '악'이 '어떻게든' 연합되어 있는 선하신 하나님을 사실로 상정해야 한다.

그리고 무엇보다도 성경이 개념적으로 언급된 진리의 체계를 포함한다고 생각하는 것은 속죄를 율법론적으로 생각하는 것이다. 그것은 하나님을 사람에게 율법을 주시는 분으로 여기고, 사람을 이런 율법을 어기고 결

---

20 슐라이어마허(근대 신학의 아버지), 리츨(영향력 있는 자유주의 신학자) 그리고 바르트(신정통주의 신학자)는 모두 성경의 완전축자영감설(plenary, verbal inspiration)과 무오성을 부정했다. 그들은 그런 견해가 성경을 '종이 교황'(paper pope)으로 만드는 합리주의를 도입하는 것으로 생각했다.
21 '이론적 이성'(theoretical reason)은 경험으로 시작해야 하므로, 오직 선하시기만 한 하나님을 사실로 상정할 길은 없다. 경험에서 추론하기 위해서는 선한 신과 악한 신이 필요하다.

과적으로 영원한 형벌에 대한 책임이 있는 자로 여기는 것이다. 그것은 그리스도의 고난과 그분의 공로를 기계적으로 여기는 행위이다.[22] 그러면 돈을 합법적으로 다른 사람에게 줄 수 있는 것과 같은 방식으로 그리스도의 공로가 그들에게 전가된다고 말할 것이다.

슐라이어마허, 리츨 그리고 바르트의 대표자들은 진정한 개신교는 성경이 하나님의 계시라는 믿음에서 시작해야 한다고 주장했다.

그러나 이 성경의 하나님은 자신이 믿음의 구성(faith-construct)이어야 한다. 그분은 인간의 철학, 과학 또는 심지어 신학으로 고안한 사고 체계와는 독립적으로 이해되어야 한다. 그분은 인간 이성에 의한 상대적 구별과 차별화를 초월하여 이해되어야 한다. 그러므로 우리는 그리스도를 통하지 않고서는 하나님의 존재를 더 잘 규명할 수 없고, 더 잘 알 수도 없다.

하나님은 자신 안에 없고, 세상 역사의 존재와 통제에 좌우되는 하나님은 없다. 그러므로 하나님을 알고 이 하나님이 그와 맺으신 계약을 깨뜨린 아담이라고 불리는 최초의 사람은 존재하지 않았다. 인간은 그리스도와의 관계를 제외하고는 비존재(non-being)의 가장자리를 맴돈다. 인간의 실체는 그리스도와 연관된다는 사실에 있는데, 첫째 아담은 그리스도의 그림자일 뿐이다.

특히, 슐라이어마허, 리츨 그리고 바르트의 대표자 세 사람은 루터, 칼빈 그리고 알미니안의 입장에 대항해 두 가지를 특히 강조하려고 했다. 둘 다 그리스도의 인격과 사역의 중심, 따라서 그리스도의 인격과 사역의 독특성과 관련이 있다.

첫째, 루터, 칼빈 그리고 알미니안의 대표자들이 과학, 철학 또는 신학에 의한 조직적 해석에 개방되어서, 예수 그리스도를 역사의 영역에 빠뜨

---

22 현상적 세상에서 발생한 것은 자유에 따라서 발생하지 않고 법에 따라 발생하기 때문에, 이런 것들을 '기계적으로' 생각하는 것은 '영적' 의미를 없애는 것과 같다고 근대 신학자들은 단언할 것이다.

림으로, 그들이 그렇게 주장하기를 원했던 그리스도의 독특성을 실제적으로 부인했다고 주장했다. 거룩한 역사나 본래 역사에 대한 개념을 세속 역사나 보통 역사에 반대해 소개하는 경우에만 예수 그리스도의 독특성 및 권위를 주장할 수 있다.[23]

거룩한 역사에서 하나님은 사람을 위한 하나님이고 사람은 예수 그리스도를 통해 하나님을 위한 사람이다. 거룩한 역사에서 하나님은 참으로 자유로우시고, 자유롭게 자신과 정반대로 변할 수 있으시며, 사람과 동일하게 되실 수도 있다. 거룩한 역사에서 인간은 참으로 하나님을 위해 자유롭고, 하나님의 속성에 자유롭게 참여할 수 있다.

따라서 그 무엇도 하나님이 사람을 자유롭게 선택하지 못하게 하실 수 없는데, 이는 하나님이 선택하신 사람이 예수 그리스도이시기 때문이다. 예수 그리스도는 선택하신 하나님이시며 동시에 선택받으신 인간이시다. 하나님 은혜의 대상은 사람 안에 있는 하나님 자신이다.

둘째, 이 세 사람은 예수 그리스도 인격의 중심을 강조하면서 온 인류를 위한 온전하고 포괄적인 하나님의 사랑을 기술했다고 주장했다. 만일 성경의 개념을 교리 체계를 포함하는 하나님의 직접 계시로 고수한다면, 궁극적으로 구원받은 일부와 궁극적으로 구원받지 못한 일부로 나누는 융통성 없는 이원론을 피할 수 없다고 그들은 말했다.

그런 근거로 하나님의 사랑이 하나님의 의나 공의보다 더 궁극적이지 않다. 그러므로 그런 근거에 따라 하나님 심판의 대상인 사람들과 하나님 사랑의 대상인 사람들이 있다.

다른 한편으로 슐라이어마허, 리츨 그리고 바르트의 순수한 기독론적 기초 위에서, 인간의 유기는 그리스도 안에서의 유기라고 그들은 주장했다. 인간은 그리스도 안에 있지 않으면 그리스도를 거절할 수 없다. 그들

---

23 이것은 칸트의 '차원주의'(dimensionalism)인데, 여기에서(예를 들어, 반틸이 염두에 둔 사람은 바르트이다) 역사의 사건들은 그 자체적으로 아무런 의미가 없다. 사건들은 달력에서 사건들의 현상을 초월하는 "차원"을 확인한 경우에만 의미가 있다.

은 그리스도 안에서 용서받은 죄를 알지 못하면 죄를 지을 수 없다. 이 견해만이 개신교의 영원한 안전(eternal security) 교리에 대한 참다운 기초를 제공할 수 있다고 그들은 주장했다. 하나님의 영원한 사랑에 깊이 박혀 있는 안전이 여기에 있다. 그 사랑 안에서 모든 사람은 영원토록 구원을 받았다. 그들은 그리스도의 구원 사역에 영원토록 참여한다.

따라서 어떤 사람을 임의로 선택해 영생에 이르게 하고 다른 사람을 선택해 영원한 형벌로 내던지는 하나님에 대한 개념은 사라진다. 모든 사람은 영원부터 그리스도 안에서의 사람이었어야 했다. 그들은 그리스도와 동일한 하나님의 계시 행위에 참여해야 했다. 하나님의 은혜를 분배하는 주체는 하나님 안에 있는 자신과 하나님과 함께하는 자신이다.[24]

이와 같은 방식으로 슐라이어마허, 리츨 그리고 바르트의 대표자 세 사람은 자신이 참다운 개신교주의를 대변한다고 주장했다. 그들은 그들 사이에 차이점이 있으며, 이런 차이점도 중요하다고 생각했다. 그러나 그들은 루터, 칼빈, 알미니안주의와의 차이점을 고려할 때 그들의 내부 차이는 아무것도 아니라고 주장했다.

그들에게 개신교는 예수 그리스도를 통한 하나님과의 대면을 의미했다. 그리고 성경을 진리 체계를 담고 있는 율법적 개념으로 바라보는 한, 하나님을 개인적으로 만날 수 없다고 주장했다. 심지어 존재 유추에 대한 로마 가톨릭의 개념조차도 성경에 대한 정통 개신교 교리와 비교해 볼 때 그렇게 비인격적이지 않다고 주장했다.

루터, 칼빈, 알미니안의 대표자들이 정말로 개신교도가 되고 싶다면, 진리 체계에 대한 개념을 "믿음의 유추"(analogy of faith)에 대한 인격적 개념으로 완전히 바꾸는 것은 어떤가?[25]

---

24 반틸은 현대 신학, 자유주의, 신정통주의의 주요 신조 중 일부를 하나로 모으고 있다.
25 칼 바르트는 하나님과 사람의 진정한 관계는 우리가 개인적 하나님과 대면하는 "믿음의 유추"(analogy of faith)라고 주장했다. 그는 "존재의 유추"(analogy of being)라는 아퀴나스주의에 부분적으로 반대했다.

그러면 그들은 과학의 공격에서 벗어날 수 있을 것이고 하나님과의 인격적 관계를 온전히 맺을 수 있을 것이다.[26] 그러면 그들은 반대자에게 대답할 수 있을 것이고 동시에 은혜 교리, 심지어 보편적 은혜 교리를 유지할 수 있을 것이다.

6) 반대자의 두 번째 승리

슐라이어마허, 리츨 그리고 바르트의 대표자 세 사람의 연설이 끝난 후, 반대자는 토마스 아퀴나스의 대표자가 말했을 때보다 훨씬 더 기뻤다. 이는 그가 로마가톨릭의 "존재의 유추"(analogy of being)에 대한, 대체로 이 사람들이 제안했던 "믿음의 유추"가 그의 입맛에 맞는다는 것을 알았기 때문이다. 그는 "믿음의 유추"라는 순전히 '신학적' 개념이 나온 칸트의 철학이 "존재의 유추"가 나온 아리스토텔레스의 철학보다 기독교에 훨씬 더 적대적이라는 것을 알았다.

이 세 사람이 제안한 바와 같이 하나님과 사람에 대한 개념이 서로 상관관계를 맺는다는 생각은 "믿음의 유추"의 본질이기 때문이다.

그러면 하나님은 그리스도를 통한 인간과의 관계를 제외하고는 아무것도 아니고, 사람은 그리스도를 통한 하나님과의 관계를 제외하고는 아무것도 아니다. 하나님과 사람 사이의 상관관계 개념이 "존재의 유추"에 이미 포함되어 있다면 그것은 "믿음의 유추"에 대한 개념에서 최종적으로 완전히 표현되었다.[27]

---

26 그들은 "과학적 문제에 대한 모든 공격으로부터 자유로울 것"이다. 이는 그들이 주장한 "진리"가 현상적 및 과학적 영역을 초월할 것이기 때문이다. 그 진리는 "본체적"(noumenal) 및 영적 영역의 진리일 것이다.

27 한 가지 예는 브루스 맥코맥(Bruce McCormack)의 진술에 나타난다. "Christ and the Decree: An Unsettled Question for the Reformed Churches Today", in *Reformed Theology in Contemporary Perspective*, ed. Lynn Quigley (Edinburgh: Rutherford House, 2006), 139. "하나님의 자기 동일적 요소가(self-identical element) 하나님이 하시는 모든 행위에 의

"믿음의 유추"에 따르면, 그리스도와 떨어져 있는 하나님은 전적으로 불확실하다고 반대자는 스스로 생각했다.

그렇다면 하나님은 어떻게 인간을 통제할 수 있단 말인가?

그는 사람에게 어떤 의미가 있는가?

사람은 자신의 형상대로 하나님을 만들 수 있다. 그리고 그것에 따르면 사람은 그리스도를 제외하고는 완전히 불확실하다.

그가 그리스도 안에서 이미 용서받지 않았다면 어떻게 하나님께 죄를 지을 수 있단 말인가?

이런 방법으로 사람은 모든 사람을 존중하시는 하나님을 자신에게 제안할 수 있지만, 여전히 하나님의 자녀로서 하나님의 계명을 위반할 수 있다. 요컨대, 인간은 적대적 우주의 불행한 상황에서 할 수 있으면 모든 사람을(사람들과 자기 자신을) 구원하시는 하나님을 제안할 것이다.

반대자는 모든 개신교 신학자가 모인 이번 회담에 대해 생각하면서 혼자 웃었다. 그는 이 회담에서 절대 주권을 가지신 하나님의 은혜 복음이 세상에서 가장 효과적으로 파괴될 수 있는 길을 발견했다.

그가 루터, 칼빈, 알미니안의 대표자와 다른 세 사람이 동의할 수 있게만 한다면, 그리스도 교회 자체는 모든 곳의 모든 사람에게 공통적 은혜, 사람을 위한 은혜이자 하나님을 위한 은혜, 우연의 일치로 가득 찬 우주에서 모든 신과 모든 사람을 위한 은혜로 정의되는 일반 은총 개념을 받아들일 것이다.

해 훼손되지 않고 영향을 받지 않은 상태에 있게 한 고대 교회의 실재론(essentialism)에 대항해, 바르트는 하나님이 예수 그리스도 안에서 '우리를 위해' 이미 하나님이 되지 않으신 하나님 존재 안에는 높이와 깊이가 없다고 말했다. 그러므로 하나님 자신을 위한 하나님 존재와 '우리를 위한' 하나님 존재 사이에 쐐기를 박을 필요도 없다." 그러나 하나님이 본질적으로 '우리를 위해' 존재하신다면, 반틸이 말하듯이, 하나님과 인간 사이에는 절대적 상관관계가 있다. 이런 견해는 하나님의 본질적 자존성을 부정하기 때문에 그 뿌리의 정통성이 없다.

7) 모든 정통 개신교 신학자의 회담

　루터, 칼빈 그리고 알미니안의 대표자들은 반대자에게 답변할 때 다른 세 명과 함께 갈 수 없다는 것을 깨달았다. 그들은 다른 세 사람이 그런 은혜만을 일반 은총으로 설교할 것이라는 점에 대해 점차 느끼기 시작했다. 본성의 사람은 죄로부터 회개를 포함하지 않는 그런 은혜를 기꺼이 받아들인다. 만일 하나님과 사람이 공통 우주에 상호 의존적이거나 일반적으로 의존한다면, 인간을 위한 하나님의 은혜는 있을 수 없다.

　칼빈의 대표자가 이 사실을 지적했다. 그는 어떤 형태로든 하나님과 사람 사이의 상호 의존성을 유지하는 한 은혜는 언급할 수 없다고 간단히 설명했다. 사람은 하나님의 피조물이기 때문에 하나님께 전적으로 의존할 수밖에 없고, 우리는 성경 체계로 돌아가야 하며, 하나님이 모든 일을 통제하신다는 개념으로 돌아가야 한다고 말했다. 성경에 대한 바로 그 개념이 그런 하나님의 음성이 아니라면 아무런 의미가 없다고 그는 말을 이어 갔다.

　만약 하나님께 절대 주권이 없다면 성경이 무오하고 절대적인 하나님의 말씀이라고 어떻게 말할 수 있겠는가?

　만약 하나님이 자신 밖의 어떤 힘에 부분적으로 의존하신다면, 어떻게 성경은 하나님의 계획과 목적을 예언할 수 있었는가?

　우주가 우연에 의해 운영된다면 하나님이 미래를 예측하실 수 있다고 말하는 것은 전적으로 무의미할 것이다.

　그는 이렇게 말했다.

> 특히, 우리는 인간의 의지와 모든 행동이 하나님의 계획 안에서만 진정으로 중요하다는 점을 강조해야 한다. 이것은 우리의 신학 체계가 하나님의 말씀을 전제로 한 성경과 성경의 하나님을 전제로 한 하나님에 기초를 둔 체계라는 것을 보여 준다.

이는 우리가 인간의 의지는 하나님의 계획 안에서 진정으로 중요하다는 것을 반대자가 요구하는 일관성의 원리로 연역적으로든 귀납적으로든 "증명할 수" 없기 때문이다. 만약 우리가 그것을 증명하려고 시도한다면 인간의 이 의지는 하나님 존재 안으로 엮어져야 할 것이다. 그것과 함께 우리는 로마가톨릭의 "존재의 유추"나, 세 명의 신사가 우리에게 남겨 준 근대 개신교의 "믿음의 유추"로 돌아가야 한다.

다른 한편으로, 우리는, 반대자를 만족시키는 방식으로, 인간의 뜻이 하나님의 계획과 관련해서만 진정한 의미가 있다는 것을, 경험에 호소해 보여 줄 수는 없다. 우리가 이렇게 반대자를 만족하게 하려고 노력한다면 우리는 하나님의 계획 자체가 사람의 뜻에 의존한다는 것을 보여 주어야 하고, 그러면 성경적 의미에서 하나님의 계획은 사라질 것이다.

그러므로 우리는 "존재의 유추"에 대한 개념과 "믿음의 유추"에 대한 개념에 반하는 우리의 진리 체계가 모든 것을 통제하시는 하나님의 말씀인 성경에 기초하고 있다는 것을 주장해야 한다.[28]

그러나 반대자가 그의 입장을 철회하고 하나님의 성경에 우리와 합류하고 성경의 하나님을 붙잡지 않으면, 그의 경험은 아무런 의미도 없다는 것을, 우리는 부정적으로 나타낼 수 있다.

따라서 모순율(law of contradiction)은 삶에 대한 상호 배타적인 두 가지 견해를 서로 분리할 수 있는 도구로서 부정적으로 사용될 수 있다. 따라서 이 법칙을 반대자가 사용하는 방식으로 사용한다면, 이 법칙은 아무것에도 적용되지 않을 것이다. 반대자의 입장에 포함된 인간 경험의 궁극적 가정에서 우주는 우연한 우주이다. 그리고 우연한 우주에서 모순율은 지렛

---

28 이 마지막 문장은 반틸이 계속해서 보여 주듯이 칼빈주의 대표와 다른 대담자들 사이의 결정적이고 뚜렷한 차이점을 간결하게 요약한다. 우리는 우리의 신학 체계를 귀납, 연역 또는 경험만을 바탕으로 구축할 수 없다. 오히려 그것은 오직 하나님의 말씀에만 근거를 두고, 제한되고, 확립되어야 한다.

목을 가지고 있지 않다.²⁹ 그러면 그것은 움직일 수 없다는 사실을 제외하고는 헛것을 헛것으로 옮기는 우연의 일치에 의지하는 회전문과 같다.

> 반대자에게 이것을 설명했을 때, 성경의 하나님이 그의 환경과 그의 유전 형질을 실제로 통제해 오셨다는 사실이(그가 그것을 받아들이든지 받아들이지 않던지) 객관적으로 보일 것이다. 그렇지 않으면 어떤 세상도 존재하지 않을 것이다. 다시 말해서, 인간 자신의 의식과 자신의 환경에 대한 사실을 포함해 이 세상의 모든 사실은 우리가 지적한 것처럼, 오직 성경이 가르치는 언약적 관점에서 볼 수 있어야 한다.³⁰
>
> 그러므로 모든 사실은, 하나님이 한때 공통 창조와 대립에 대해 인류에게 일반적으로 말씀하신 것에 관해 모든 곳의 모든 사람에게 이야기한다. 모든 사실은 역사가 시작될 때 일어난 한 가지 사건과 하나님이 인류에게 호의적이셨다는 사실과 인간이 온 마음으로 하나님을 사랑하고 순종하면 그들에게 영생을 주겠다는 조건에 관해 말한다.

따라서 그는 모든 인류를 위한 일반 은총에 대한 참다운 성경적 개념은 역사의 시작에 '그 기초를 둔다'고 주장했다. 또한, 그렇기 때문에 인간 개인이 선택한 것의 진정한 중요성은 역사 시작에 참다운 기초가 있다고 주장했다. 아담 한 개인의 선택은 매우 중요해 모든 사람의 영원한 행복과 비애가 그것에 달려 있었다.

그런 중요성은 절대 주권을 가지신 하나님이 모든 것을 통제하셨다는 사실의 배경에 대항해서만 인간의 의지와 관련을 맺는다. 그런 배경 없는

---

29 즉, 모순율이 법칙이 되기 위해서는 우주는 안정적이고 어떤 의미에서는 예측 가능해야 한다. 그러나 우연이 궁극적 원칙이라면 안정성이나 예측 가능성이 없기 때문에 법칙은 존재하지 않는다.
30 반틸이 다음과 같이 설명하는 "언약적 관점"은 적어도 존재론적 삼위일체 및 창조 그리고 모든 인류에 대한 아담의 언약적 대표성의 차이를 포함한다.

인간의 의지는 헛된 것이었다. 그것은 인류 전체를 위해서는 물론 자기 자신에게도 아무런 의미가 없었을 것이다.

그는 이렇게 덧붙였다.

> 하나님의 통제하시는 계획 없이, 어떻게 모든 사람에게 있는 죄의식이, 즉 하나님의 율법을 어겼다는 의식이, 그대로 나타날 수 있겠는가?
>
> 성경이 가르친 대로 하나님이 원래 인류에게 호의적이시며 아담 안에 있는 모든 인류가 그들에게 주어진 하나님의 호의에 대항한다는 사실에 비추어 볼 때만, 이 의식의 실체를 정확히 볼 수 있다.

사람의 환경은 너무 사악하여 내적 사막과 같다는 사실을 어떻게 설명할 수 있는가?

하나님은 여전히 하나님으로부터 영원히 분리되어 지옥에 떨어지는 것 외에는 아무것도 받을 자격이 없는 자들에게 호의를 베푸신다.

심지어 인간이 완전한 악행을 저지르지 못하게 막으시는 하나님의 형벌이 하나님 호의의 증거라는 것 외에 달리 무엇이라고 할 수 있는가?

그는 계속해서 말했다.

> 확실히 말해서 이 일반 은총 또는 공통 은총은 모든 의미에서 공통적이지는 않다. 하나님의 임재와 함께할 자들과 하나님의 임재에서 결국 쫓겨날 자들에 대해 하나님이 다루시는 방법은 결코 아무런 차이 없이 일반적이지 않다. 처음부터 하나님의 호의는 사람에게 자신의 임무와 책임을 설정하기 위한 목적으로만 일반적이었다. 공통점은 처음부터 하나의 공통된 하나님 계획 안에 있는 차이와 상관관계가 있었다.
>
> 그러면 죄인들에게 주어진 일반 은총은 사람이 중요한 결정을 하도록 하기 위한 목적을 위한다는 사실을 얼마나 더 많이 암시하겠는가?

8) 비와 햇빛

따라서 하나님이 사람들에게 계절에 따라 비와 햇빛을 선물을 주실 때, 이 선물들은 사람에게 명령하시는 하나님의 수단이다. 하나님은 사람들에게 창조주 하나님을 사랑하고 죄를 회개하며 하나님께 용서를 구하라고 명령하신다.

하나님은 오래 참으시면서, 이런 선물을 사용하셔서 사람들을 자신에게로 부르신다. 하나님이 인간들을 그렇게 생각하지 않으신다면, 이 선물들도 하나님의 계획에서 그것들의 기능에 따라 사용하려고 하지 않을 것이다.

비와 햇빛 자체가 우리에게 하나님 은혜에 관한 그 어떤 것도 말하지 않는다고 말하는 것은, 세상과 그 안에 있는 것이 하나님의 계시를 말하지 않는다고 말하는 것과 같다.

그러나 이 세상에 있는 어떤 사실이 어떻게 인간에 대한 하나님 뜻의 계시를 제외하고 사실과 사실의 종류가 될 수 있는가?

이 세상의 사실은 그것이 하나님의 계획에서 수행해야 할 기능에 따른 것이다. 모든 사실은 그것의 기능을 위해 있다. 그러므로 모든 사실에는, 다른 모든 사실과 함께, 사람에 대한 하나님 언약의 주장이 담겨 있다.

> 일반 은총 개념은 이 언약적 주장의 일부로 볼 때 그것의 의미를 알 수 있다.[31]

우주의 모든 사실을 통해 그에게 오는 도전에도 불구하고, 죄인이 하나님께 향하지 않을 때 그의 형벌은 크게 증가한다. 불신자가 비와 햇빛의

---

31 "언약적 주장"은 삼위일체 하나님이 모든 사실을 통해 자신을 계시하신다는 점에서 보편적이고 개인적이다. 그러므로 일반 은총은 창조 이후로 모든 인류에게 자신을 명확히 계시하시는 하나님의 관점에서 볼 수 있기 때문에, '있는 그대로 보인다.'

선물을 잘못 사용해 결국 유기된 자로서 받아야 할 형벌을 받게 된다는 점이, 이런 선물은 하나님이 그에게 베푸신 호의였다는 사실을 무효로 만들지 않는다. 이와는 반대로 이런 사실들이 받을 자격이 없는 자에게 주시는 하나님 호의의 증거라면 그에 관한 사실들을 조작할 때 그의 형벌은 증가한다.

처음부터 역사 과정 전체에서 사람을 둘러싼 모든 사실은 하나님이 사람과 맺으신 언약의 틀 안에서 정해졌다. 그들이 그 틀에서 분리되어 있다면, 그들은 배교한 사람의 잘못된 논리적, 경험적 요구 사항에 대한 교묘한 조작에 속고 있는 것이다.

9) 세상을 위한 그리스도

따라서 인간 환경에 관한 모든 사실을 언약적 관점에 둠으로 요한복음 3:16의 의미는 일반적인 것으로 그리고 주권 안에 있는 특정한 것으로 해석해야 한다.

> 하나님이 세상을 이처럼 사랑하사 독생자를 주셨으니 이는 그를 믿는 자마다 멸망하지 않고 영생을 얻게 하려 하심이라(요 3:16).

그리스도는 세상의 죄인을 위해, 죄인을 구원하기 위해 보내심을 받으셨다. 이 죄인들은 결국 선택받은 자인지 유기된 자인지 드러낼 것이다. 그들은 그리스도와 대면하는 날, 그리스도를 받아들였는지 거절했는지에 따라 그들이 선택받은 자인지 유기된 자인지 명확히 드러날 것이다.

죄인은 그리스도를 받아들이도록 도전받는다. 하나님은 그들이 모든 인류가 원래 아담을 통해 하도록 주어진 문화적 임무를 수행하도록 그리스도를 통해 도전하신다. 따라서 모든 죄인이 도전받는 것은 아니다. 그리스도는 모든 사람을 위해 오지 않으셨다. 이 두 번째 도전과 부르심을 받지 않는 사람이 많다. 이렇게 하나님이 사람을 이렇게 구분하시는 이유는 하나님의 주권적 즐거움 때문이다.

모든 사람은 문화적 과제에 직면했고 역사가 시작될 때 하나님과의 영원한 생명의 약속에 직면했다. 모든 사람이 하나님을 거절하고 언약을 어겼을 때, 하나님은 그들 중 누구에게도 두 번째 부름을 빚지지 않으셨다. 확실히 그분은 모든 사람이 사람에 관한 그리고 사람 안에 있는 모든 사실을 통해 회개하도록 계속 부르셨다.

그러나 그분은 모든 사람에게 새로운 삶에 대한 두 번째 기회를 주지 않으셨다. 많은 사람이 아담의 타락에서 발생한 첫 불순종을 통해 빠지게 된 비참함에 남겨졌다.

그러나 그리스도는 포괄적 의미에서 죄인들을 위해 오셨다. 그분은 이미 자신이 유기된 자나 선택받은 자로 지정하신 사람을 위해 오지 않으셨다. 하나님은 복음 전파를 통해 말씀하시는 이 죄인들에게 그들이 회개하고 하나님께 돌아오게 하신다고 말씀하신다. 그리고 모든 것을 그리스도 안에 있는 하나님 왕국의 도래에 복종하게 하신다.

사도 바울은 그리스도의 오심을 통해 하나님이 생각하신 것을 우리에게 말한다. 그리스도는 모든 피조물의 장자라고 그는 말한다. 그분으로 말미암아 만물이 창조되었다. 그분으로 말미암아 만물이 구성된다. 하나님은 교회 몸의 머리로서의 그리스도 안에 하늘과 땅의 모든 것이 하나님과 화목하게 된다는 사실에 기뻤다(골 1:15-20).

일반 은총은 하나님의 프로그램 안에 있으며, 하나님의 저주를 받은 세상이 하나님의 더 큰 영광을 위해 그분과 화목하도록 하는 그리스도의 이 사역과 관련이 있다. 역사의 모든 것은 이 영광스러운 완성에 기여해야 한다. 심지어 사탄과 그의 모든 군대조차도 그리스도에게 패배를 당하므로 하나님을 영화롭게 한다.

만일 인간이 그리스도를 받아들이지 않고 거절한다면, 그래서 하나님의 아들을 십자가에 다시 한번 못 박으면 그들의 죄는 가중된다. 그들은 아담 안에서 그리고 다시 그리스도와 직접 관련해 하나님이 주신 문화적 임무를 하나님을 위하여 수행하기를 두 번 거부했다. 그들은 하나님의 궁극적인 계획을 망치려는 사탄의 계획에 두 번이나 합류했다. 그들은 두 번 이상 그들의 목적을 달성하지 못했다.

하나님은 첫 번째 아담과 두 번째 아담과 관련해 자신을 거부한 그들의 선택에도 불구하고 자신의 목적을 이루실 것이다.

10) 하나님의 선물에 대한 인간의 반응

그러나 하나님은 일반적으로 사람들에게 좋은 선물을 주실 뿐만 아니라, 복음의 좋은 소식으로 그들에게 원래 부여된 임무를 다시 한번 받아들이도록 그들을 부르신다. 또한 그들의 분노를 제지하신다. 그는 부정적이고 따라서 파괴적인 죄의 힘이 충만하지 않도록 제지한다.

하나님은 모든 곳에 있는 모든 사람이 언약을 깨는 자와 진노의 자녀로서 자신이 채택한 행위를 자의식적으로 하지 못하게 막으신다. 그러나 누구도 죄의 충만함에 아직은 도달하지 않았다. 만약 그들의 죄가 충만함에 도달했다면, 자신이 아무리 악한 행위를 한다고 하더라도 양심의 가책을 전혀 느끼지 못할 것이다.

그리스도를 거절하는 사람들과 그리스도에 대해 들어 본 적이 없지만 아담 안에서 죄를 지은 사람들은, 의식하지 않는다 하더라도 여전히 인간에게 부여된 과제를 수행해야 한다. 죄의 노예인 그들은 또한 사탄의 패배에 동참해 하나님과 그리스도의 종이 되고 싶어 하지 않는다. 사탄이 최선을 다해 노력하지만 그의 추종자들은 모든 피조물의 장자인 그분을 통한 하나님의 위대한 계획에 기여한다.

철과 놋쇠로 일하는 숙련공, 화가와 조각가와 시인과 같은 예술가의 모든 기술은 하나님이 처음부터 사람에게 주신 문화적 임무를 그리스도의 율법을 따라 새롭게 시작하는 사람들을 돕고 있다.

11) 구원의 은혜를 받는 자

죄와 사탄의 노예이지만 인류의 문화적 임무 수행을 하지 않으려는 사람들과는 달리, 성령께서 역사하시는 거듭남의 능력으로 죽은 자로부터 살아난 사람들이 있다.

그들은 하나님의 능력으로 그리스도를 대속의 구주로 믿는 사람들이다. 그들은 이제 그분을 통해 더는 진노의 대상이 되지 않는다. 그들은 이제 그분을 통해 영생의 상속자들이 되었다. 하나님이 인류에게 주신 약속, 영화롭게 된 땅과 하늘로 충만한 영원한 생명의 약속이 그들에게 성취될 것이다.

그러므로 그들은 큰 열정으로 인류의 문화적 임무를 수행한다. 산에서 그들에게 보여 준 비전에 따라 주님의 성전을 짓는 자는 바로 그들이다. 그들은 하나님이 인간에게 주신 문화적 임무를 완수하기 위한 위대한 계획에 자의적으로 동참하기 위해 비와 햇빛의 선물을 사용한다.

그러므로 그들 삶의 기본 설계는 여전히 언약을 깨는 사람들의 기본 설계와는 매우 다르다. 언약을 지키는 사람과 언약을 깨는 사람 사이에는 공통 사업이 없다. 다시 말해서, 목적의 차이가 없는 공통 프로젝트가 없다는 뜻이다.[32]

언약을 지키는 사람들은 상황을 통제한다. 그들은 그리스도의 종이기 때문에 상황을 통제할 수 있다. 비록 적들이 잠시 창조의 지배자인 것처럼 보일지라도 이것은 사실이다. 온유한 자가 땅을 상속받는다. 땅과 그것의 충만함은 주님과 그분의 주권적 은혜로 그것을 받은 사람들에게 속한다.

그러므로 인류에게 주신 하나님의 모든 공통 선물은 그들에게 속한다. 그러나 발전한 것은 땅과 땅의 '충만함'일 것이다. 언약 유지자는 언약 파

---

[32] 반틸의 한정적 진술을 주목하라. "목적의 차이가 없는 곳에는 신자와 불신자가 함께하는 공동체 프로젝트가 없다는 의미에서 공통 사업은 존재하지 않는다."

괴자가 수행할 수 있었고, 수행해야만 하는 것들을 이용한다.

솔로몬이 언약 파괴자에게 온 비와 햇빛의 산물인 레바논의 백향목(왕상 5:8-10)을 사용했듯이 그리고 언약 파괴자의 기술을 사용해 하나님의 성전을 건축했듯이 하나님의 영으로 그리스도를 믿게 된 자들은 모든 곳의 모든 사람에게 있는 모든 선물을 수단으로 사용해 인류에게 주어진 문화적 사명을 수행해야 한다.

칼빈의 대표자는 말했다.

> 하나님의 계획에 따라서 조화를 이루는 만물이 어찌 그리 아름다운가!
> 앞서 언급한 것처럼 우리가 이렇게 구성한 체계는 여전히 유추적 체계일 뿐이므로 하나님 말씀의 계시를 실제로 재진술하는 정도까지만 사실이지만, 여전히 하나님 진리에 대한 대칭적인 어떤 것을 볼 수 있다.
> 그리고 우리는 성경의 체계가 반대자의 체계와 얼마나 근본적으로 다른지 볼 수 있다. 두 체계 모두 특수성 측면과 보편성 측면을 가지고 있다. 반대자의 체계와 현대 개신교의 체계는 하나님과 인간의 정체성과 관련된 보편성을 가지고 있다. 반대자의 체계는 일반성은 있지만, 은총이 결여된 일반 은총이다.
> 동시에 이 체계는 단일성 또는 체계적 일관성이라는 개념을 같이 파괴할 수 있는 특수성을 가지고 있다. 그것은 공통성이 없는 일반 은총을 가지고 있는데, 이는 그것들이 완전히 고립되어 있기 때문이다.
> 그런 체계와는 대조적으로, 하나님의 말씀과 말씀의 하나님을 믿는 우리 신자들은 이 말씀과 이 하나님을 전제로 한다.[33]
> 그러므로 우리는 내적으로 스스로 완전한 하나님 안에 있는 단일성과 다양성 사이의 내적 및 외적 조화를 전제로 한다. 창조된 세상의 진정한 개

---

33 반틸의 방법은 기독교의 두 가지 원칙, 즉 기본 원칙을 인식한다. 존재의 기초(*principium essendi*)는 하나님이다. 지식의 기초(*principium cognoscendi*)는 하나님의 계시이다.

성과 진정한 보편성은 하나님과 하나님 말씀을 전제로 한다. 이 전제의 기초 위에서만, 단일성과 개성은 서로를 파괴하지 않으면서 서로 간에 관계를 맺을 수 있다.

인간에게 주어진 문화적 과제의 공통성을 강조할 때 그리고 인간에게 임하신 하나님 저주의 공통성을 강조할 때, 하나님의 구원하지 않는 은혜에 대한 공통성, 사람에게 제공된 복음의 공통성 그리고 하나님이 신자 및 그들의 후손과 맺으신 구원하는 은혜 언약에 태어나면서부터 있는 모든 사람의 공통성은 최소한 특수성의 진정한 중요성을 감소하려 하지 않는다. 이와는 반대로, 이런 공통성은 특수화 과정이 달성되기 위해 요구된다.

공통성은 하나님이 인류와 맺은 언약의 두 가지 필수 요소 중 하나이다. 다른 요소는 사람 선택의 진성(genuineness)이다.

그리고 하나님은 서로 의존해 작용하는 두 가지 요소를 통해 그리고 사람의 행위를 통해 당신 자신을 영화롭게 하시는 그분의 위대한 목적을 성취하신다. 그것은 차별화의 과정에서 역사의 과정이 발생하는 것과 관련한 그분의 포괄적 계획이다. 그러므로 인간의 선택은 하나님이 인류 전체에게 맡기신 임무와 관련해 일어나고 의미가 있다. 이런 선택은 이 작업을 수행하는 책임을 수락하거나 거절하는 것이다. 그러나 수용과 거절은 모두 같은 일과 관련해 발생한다.

그리고 발생하는 모든 일에 따른 하나님의 계획이 없다면, 인간의 선택이 진정한 의미를 가질 수 있는 것과 관련된 공통적 일과 같은 것은 없을 것이다. 반대자의 관점에서 볼 때, 역사 속의 참된 공통성은 없을 것이다.

다른 한편으로, 이런 선택이 하나님의 한 계획에 종속되지 않는 한, 인류의 공통 과제를 받아들이든지 거부하든지 간에 사람의 선택은 정말로 중요하지 않을 것이다. 인간의 선택이 모든 것 뒤에 있는 하나님의 공통 계획을 위하지 않는다면 그리고 그것이 하나님이 이 한 가지 계획에 따라 인간을 위해 세운 공통 과제가 아니라면 인간의 선택이 발생하는 것과 관련된 것은 아무것도 없을 것이다.

이것이 없으면 모든 것이 불확실할 것이다. 문화, 문명, 역사가 없을 것이다.[34]

그러므로 우리는 다른 강의에서 강조한 복음의 특정 은총설로 돌아간다. 우리가 일반 은총을 다루었던 이유는 이 특정 은총설을 깎아내리기 위함이 아니라 오히려 지원하고 그것의 중요성의 넓이와 기초의 깊이를 보여주기 위함이다.

먼저 자급하시고 영원히 자족하시는 하나님이 계신다. 그분의 주권적 의지로 하나님은 세상을 창조하시고 자신의 섭리로 이 세상을 통제하시며 세상 창조의 목적으로 이끄신다. 이 세상 역사의 시작에, 그분은 한 인간 부부를 창조하셔서 모든 인류가 이들을 통해 태어나게 하셨다. 그리고 첫 사람 아담을 통해 전체 인간 종족을 조건적으로 다루셨다. 아담을 통해 전체 인간 종족을 하나의 문화적 과제로 대면하셨다.

모든 사람을 대표하는 아담이 선택한 것은 이 한 가지 과제와 관련이 있었다. 그러므로 그의 선택이 중요한 이유는 그것이 바로 그런 상황과 환경에서 발생했기 때문이다. 따라서 반대자에게 결정론인 것처럼 보이는 것은 자유와 중요한 결정을 위한 바로 그 조건이었음이 드러났다.

인간에 대한 결정적 경험이 있다면, 그것은 아무것도 없는 상태에서 일어날 수 없었을 것이다. 그 경험은 모든 역사 뒤에 있는 통일 원칙과의 관계에서, 즉 하나님 뜻과의 관계에서 발생할 수 있고, 역사 안에 있는 통일 원칙과의 관계에서, 즉 인간 앞에 놓인 공통 문화 과제와의 관계에서 발생할 수 있다.[35]

---

34 문화, 문명 및 역사는 비결정론(기회)이 제공할 수 없는 인과관계의 진보를 요구하기 때문이다.
35 반틸은 웨스트민스터 신앙고백서 3:1에서 확인된 내용을 다음과 같이 진술한다. "하나님은 영원 전부터, 자기 자신의 뜻으로 세우신 지극히 지혜롭고 거룩한 계획에 의해, 원하시는 대로, 앞으로 일어날 모든 일을 변치 않게 정하셨다. 그러나 그 때문에 하나님이 죄의 창시자가 되시거나, 피조물의 의지가 강압되거나 하지 않는다. 또한, 제2원인들의 자유나 우발성은 제거되지 않고, **오히려 보장된다**"(강조 첨가).

따라서 시대 전체에 걸쳐, 인간 의지가 기능할 것을 요청받을 때마다, 인류 전체에게 주어진 원래 문화적 과제와의 관계에서 그것은 기능한다. 그 문화 과제는 인간 환경의 모든 사실을 통해 계속해서 이야기한다. 그것은 모든 사람에게 항상 말한다. 그것은 구원하는 은혜의 복음이 제공된 자들에게 더욱 면밀하고 강하게 말한다. 여전히 그것은 구원하는 은혜 언약 영역에서 태어난 자들에게 더욱더 면밀하고 강하게 말한다.

그리고 최초의 도전에 대한 인간의 반응이 주권자 하나님의 손에 궁극적으로 달려 있었기 때문에, 사람들이 이 과제를 수용할 것인지 말 것인지에 대한 것은 여전히 하나님의 주권적 의지에 달려 있다. 사람이 뜻을 정하고 자신에게 요구된 것을 행하게 하는 것은 결국 하나님의 의지이다.

공통 과제, 공통 저주, 공통 은혜(일반 은총), 복음에 대한 공통 소명 그리고 은혜 언약 약속에 대한 공통 참여는, 인간의 처음 불순종과 그의 안에 있는 사실들과 그에 관한 사실들을 직면하고도 하나님을 계속해서 거절하는 것, 그리스도에게 부름을 받았을 때 그리스도를 거절하는 것 그리고 언약을 깨는 행위가 중요한 의미를 가진다는 것과 관련된 배경의 역할을 한다. 따라서 참된 성경적 공통성은 하나님 복음의 참된 특정 은총에 연루된 것으로 보인다.

12) 루터주의자들과 알미니안주의자들의 퇴장

이 시점에서 칼빈 대표자가 긴 연설을 하는 동안, 루터주의와 알미니안주의를 지지하는 사람들은 항의하면서 목소리를 높였다. 한동안 그들에게는 상황이 그렇게 나쁘게 흘러가지 않은 것처럼 보였다. 그러나 복음의 궁극적 특정 은총에 맞도록 그런 공통성만 허용하는 것처럼 보였을 때 그들은 더 침묵을 지킬 수 없었다.[36]

---

36 반틸이 위에서 말한 것을 기억하라. "하나님은 한 사람 아담을 통해 모든 인류에게 다

그런 공통성 개념이 특정 은총과 상관관계가 있다는 입장, 따라서 특정 은총에 반드시 함축되어 있다는 입장을 고수하지 않으면 차이점이 없는 공통성과 공통성이 없는 차이점을 주장하게 된다는 것을 명백히 보여 주었는데도 그들은 만족하지 않았다. 루터교 대표자가 말했다.

> 칼빈주의는 은혜가 사실상 없어지는 방식으로 하나님의 주권을 일방적으로 강조한다.[37]

현대 칼빈주의자들은 칼빈을 따라 "글로 쓰인 말씀의 목적이 모든 사람을 믿음과 구원으로 인도하는 것이 아니라, 대부분 청중의 마음을 강퍅하게 하는 것이다"라고 가르친다.[38]

> 그러나 우리도 역시 하나님의 주권을 믿지만, 이에 반대해, 우리는 사람의 자유에 대한 균형 잡힌 개념을 고려해야 한다. 그러므로 우리는 하나님이 그리스도를 통해 모든 사람을 구원하려 하시고, 모든 사람을 구원하기 위해 그리스도께서 돌아가셨다고 말해야 한다. 어떤 형태로든, 특정 은총은 하나님의 말씀이 아니라 하나님의 뜻과 사역에 대한 인간의 추측에 근거를 둔다.[39]
>
> 그러나 우리는 하나님이 모든 사람을 그리스도 안에서 구원하려 하시지만, 하나님의 목적은 일부 인류에게서는 성취되지 않는다는 것을 안다(요 3:18, "그를 믿는 자는 심판을 받지 아니하는 것이요 믿지 아니하는 자는 하나님 독생자의 이름을 믿지 아니하므로 벌써 심판을 받은 것이니라").[40]

가가셨으며, 이 방법은 미래의 특정 사람들에 대한 그분의 목적에 영향을 미쳤다."
37 Franz Pieper, *Christian Dogmatics*, 4 vols. (St. Louis: Concordia, 1950), 1:463.
38 Pieper, *Christian Dogmatics*, 1:275.
39 Pieper, *Christian Dogmatics*, 2:26.
40 Pieper, *Christian Dogmatics*, 2:27.

알미니안주의 대표자는 이 입장에 동의했다. 그는 그것을 균형 잡힌 입장, 즉 하나님과 사람 모두에게 공의가 이루어진 입장이라고 말했다. 루터주의자와 알미니안주의자 모두 이런 입장을 반대자에게 제시할 때 반대자는 자신의 반박을 포기하고 기독교를 자신을 위해 받아들일 것이라고 확신했다.

그들은 반대자도 결국은 합리적인 사람이고, '합리적인 사람은' 성경이 하나님의 말씀이고 가르치는 것은 진리라는 사실을 인정하기를 거부할 수 없다고 주장했다.[41]

반대자는 다시 기뻐했다. 칼빈 대표자가 말했을 때 그는 매우 슬펐다. 그는 은혜를 주어야 하는 하나님이 사람에게 의존해야 한다면 은혜는 더는 은혜가 아니고, 인간의 자유가 기능할 수 있는 유일한 환경으로서의 하나님 계획으로부터 독립할 때 인간의 자유는 더 이상 자유가 아니라는 주장에 대해 루터교 대표 및 알미니안주의 대표자보다 더 잘 깨달았다.

루터주의자와 알미니안주의자는 특정 은총을 원하지 않았다. 그들은 특정 은총 대신에 그리스도께서 모든 사람을 구원하고자 모든 사람을 위해 죽으신 일반 은총으로 대체했다. 그러나 이런 기초 위에서는 사람이 하나님의 목적을 저지할 수 있다.

이런 기초 위에서 하나님 자신은 가능성의 영역에 들어온다.

그러면 모든 사람의 구원을 가능하게 하기는커녕, 어떻게 어떤 한 사람의 구원이라도 가능하게 할 수 있는가?

하나님이 가능성의 근원이 아니라면 사람들의 구원을 가능하게 할 수 없다. 그리고 만약 그가 가능성의 근원이라면, 모든 것을 실제로 통제하기 때문에 그가 바로 근원이다.[42]

41　Cf. Pieper, *Christian Dogmatics*, 1:310.
42　다시 말해서, 사람의 자유로운 선택이 절대로 하나님 계획의 일부가 될 수 없다고 주장하면(만약 그렇다면 그것은 자유로운 선택이 될 수 없기 때문에) 하나님이 하신 일에 누군가가 응답하는지 아닌지는 하나님께 달려 있지 않다는 것이다. 결국에는 우연이라

반대자는 루터주의자와 알미니안주의자가 로마가톨릭의 "존재의 유추"와 현대 개신교의 "믿음의 유추"를 다시 한번 따르는 것을 보고서 기뻐했다. 확실히 그는 그들이 무심코 그렇게 하고 있다는 것을 깨달았다. 그는 그들이 하나님의 은혜를 붙잡으려 했다는 것을 깨달았다. 그는 그들이 하나님의 존재와 사람의 존재 사이의 차이점을 없애고 싶어 하지 않다는 것을 깨달았다.

로마주의에서는 부분적으로 이 둘 사이의 차이점을 없애고, 현대주의에서는 완전히 없앤다. 그렇더라도 그는 알미니안주의자와 루터주의자가 로마가톨릭 견해 및 특별히 현대 개신교 견해에서와같이 은혜를 파괴하는 경향이 있는 일반 은총에 대한 그런 개념을 소개할 때 기뻐했다.

유한한 하나님이 인간을 구원하기 위해 자신이 할 수 있는 모든 것을 최선을 다한다는 주장에 따라 인간을 구원하시는 루터주의 및 알미니안주의 형태의 보편주의는 하나님과 인간의 정체성을 나타내려는 경향이 있다. 그리고 이런 경향과 함께 이들의 보편주의는 동시에 인간 의지의 중요성을 파괴하는 경향으로 흐른다.

반대자는 이 모든 것을 깨달았다. 그리고 마침내 그는 칼빈 대표자와 함께 홀로 남겨졌다.

개혁주의 신앙에만 진정한 공통성과 특정 은총이 있다. 칼빈의 특정 은총은 루터교의 보편주의와 알미니안주의로 대체될 수 없다. 각 체계에는 고유한 특정 은총과 보편주의가 있다. 개혁주의 신앙의 특정 은총은 창조자-피조물 구별에 기초한 보편주의를 요구한다.

반대자의 특정 은총 체계는 하나님과 사람 사이의 구별 없는 보편주의를 요구한다. 슐라이어마허, 리츨 그리고 바르트의 근대 개신교 특정 은총도 마찬가지이다. 로마가톨릭 신학은 기독교와 이교도 사이의 중간 지점

는 것이다. 그것은 일어날 수도 있고 일어나지 않을 수도 있지만, 하나님은 그것을 실제로 통제하지 않으신다.

을 차지하려고 한다.

그런 다음 정통 개신교 신학에 관해 말하면, 그리스도께서 모든 사람을 위해 죽으시고 모든 사람의 구원을 가능케 하신다는 개념인, 비기독교적 보편주의 또는 공통성이 루터주의와 알미니안주의 체계에 있다. 여기서 하나님은 모든 사람에 대해 차별 없이 동일한 태도를 취하셔야 한다. 그러나 루터주의와 알미니안주의가 이런 태도의 정체성을 위해 지불한 대가는 만물에 대한 하나님의 전능하고 포괄적인 통제이다.

루터주의와 알미니안주의 견해의 특정 은총이 유지되려면, 하나님이 자신의 완전한 의지로 사람을 창조할 때, 자신을 제한해야 한다. 그러므로 하나님이 사람들에게 계명을 주셨을 때, 하나님이 완전히 통제하시는 상황에 대해 사람이 반응하도록 요구하지 않으셨다. 그분은 우주에서 가장 잘 지낼 수 있는 방법에 대해 조언만 해 줄 수 있으셨다.

따라서 율법에 불순종하는 인간의 뜻은 실제로 하나님의 율법에 불순종하는 것이 아니라, 우주의 질서 있는 과정에 예외를 두는 것이었다. 그러므로 하나님은 사람의 구원을 가능하게 하지 않으셨다. 그분은 우주를 통제하지 않으셨다. 하나님은 그 상황에서 최선을 다할 수 있으셨지만, 그 상황을 완전히 통제하지 않으셨다.[43]

이 모든 것을 깨달은 반대자는 마침내 자신의 입장과 성경의 입장 그리고 성경의 하나님 사이에서 선택해야 했다. 루터주의자나 알미니안주의자는 자신들이 채택한 원리에 따라, 불신자에게 도전을 주고, 그에게 왜 자신의 입장을 바꿔야 하는지 이유를 제시하려는 의지와 능력이 없었다.[44]

---

[43] 우리는 이 견해가 대다수 복음주의 입장임을 주목해야 한다. 더욱 정교한 형태로 보자면, 그것은 몰리니즘(Molinism)으로 거슬러 올라간다.
[44] (로마가톨릭에서처럼) 중립적 요소나 (루터주의 및 알미니안주의에서처럼) 자율성을 인정하면, 불신앙의 뿌리에 도전하는 것은 불가능한데, 이는 중립성이나 자율성이 불신앙에 필수적이기 때문이다. 그런 이유로 개혁주의 신앙을 제외하고는 다른 어떤 입장도 반대자를 불편하게 하지 않았다.

기독교 입장과 비기독교 입장 사이의 차이는 칼빈주의를 제외하고는 명확하고 완전하게 설명되지 않았다. 그러나 마침내 주권자 하나님이 복음으로 본성의 사람에게 진정한 도전을 주신다면, 이 복음의 특정 은총은 하나님이 모든 곳의 모든 사람을 부르신다는 공통성에 의해 뒷받침되어야 한다.

일반 은총은 특별 은총 또는 구원의 은혜를 지원해야 한다. 구원의 은혜 또는 특별 은총은 일반 은총과의 관계를 제외하고는 적절하게 제시될 수 없다. 그것들은 주권적 하나님이 인간을 다루시는 언약적 틀을 함께 형성한다.

제2장

일반 은총과 증인[1]

여호와 하나님은 자기 선지자 이사야의 입을 통해 이스라엘 백성에게 "너희는 나의 증인이다"라고 말씀하셨다.

> 이 백성은 내가 나를 위하여 지었나니 나를 찬송하게 하려 함이니라(사 43:21).

이 세상에서 하나님 백성에게 부과된 모든 일은 위 말씀으로 요약된다. 신약은 베드로의 입을 통해 우리에게 같은 것을 말씀한다.

> 그러나 너희는 택하신 족속이요 왕 같은 제사장들이요 거룩한 나라요 그의 소유가 된 백성이니 이는 너희를 어두운 데서 불러 내어 그의 기이한 빛에 들어가게 하신 이의 아름다운 덕을 선포하게 하려 하심이라(벧전 2:9).

---

1 Torch and Trumpet에서 허락받아 재출판(1954년 12월-1955년 1월).

1. 불신자에 대한 증인으로서의 우리

하나님의 백성이 하나님을 증거해야 한다면, 그들은 어떻게 이 임무를 수행하게 되었는가?

대답은 하나님이 이 목적을 위해 그들을 '형성하셨다'(formed)는 것이다. 그들은 이 임무를 선택하지 않았다. 그들은 이 목적을 위해 선택받았다. 그들이 이 목적을 위해 부름을 받았을 때, 순종할 준비가 되어 있지 않았다. 그들의 마음은 "만물보다 거짓되고 심히 부패"했다(렘 17:9). 그들은 "그 마음의 허망한" 길을 걷는다.

> 그러므로 내가 이것을 말하며 주 안에서 증언하노니 이제부터 너희는 이방인이 그 마음의 허망한 것으로 행함 같이 행하지 말라 그들의 총명이 어두워지고 그들 가운데 있는 무지함과 그들의 마음이 굳어짐으로 말미암아 하나님의 생명에서 떠나 있도다 그들이 감각 없는 자가 되어 자신을 방탕에 방임하여 모든 더러운 것을 욕심으로 행하되(엡 4:17-19).

그들의 조상들 전통에 의해 받아들인 이 헛된 대화로부터 그들은 "그리스도의 소중한 피로" 구속함을 받았다. 그리고 이 그리스도 자신은 자기 백성을 구속하는 임무를 위해 "창세 전부터 미리 알린 바" 되었다(벧전 1:20). 그러므로 그들은 창세 전에 선택을 받았다(엡 1:4).

2. 우리의 증거에 대한 불신자의 도전

그리스도는 그들을 구속하기로 선택했고 그들은 그리스도에 의해 구속되도록 선택했다!

누군가는 잘 정돈된 작은 원이 아니냐고 말할 것이다.

당신의 그리스도는 오직 당신, 당신의 작은 칼빈주의 집단, 또는 기껏해야 당신의 근본주의 집단만을 구원하기 위해 오셨다는 말인가?

그런 이유로 하나님 은혜의 영광을 찬양하는가?

당신의 그리스도는 선택받은 자만을 구원하기 위해 죽으셨는가?

하나님에 대한 증거는 이 사실을 세상에 알리는 것으로 제한되는가?

왜 세상은 그런 소식에 관심을 보여야 하는가?

세상을 구원한다는 소식은 없는가?

당신은 그들이 유기된 자라고 단순히 말할 것인가?

하나님은 그들이 무엇을 하든지 상관하지 않고 지옥에 보내기로 했다고 그들에게 말하겠는가?

너희는 택하신 족속이요 (벧전 2:9).

당신이 믿는 하나님은 사람들이 선한 행동을 하든지 악한 행동을 하든지 상관하지 않고 그들을 영원한 사망으로 '정하시거나', 영생을 주기로 '선택하신다'. 요한복음 3:16로 설교해 보라. 만약 "누구든지 예수 믿으면"이라고 말한다면 당신은 윤리적 바리새인이다. 인간을 사랑하는 감정이 당신 마음에 없다. 만약 있다면 당신은 이율배반에 처하게 된다. 누구든지 올 수도 있을 것이라고 말한다. 그러나 그들은 오지 않으리라는 것을 당신은 안다. 무덤에서 설교하고 어떤 일이 일어나는지 보라.

이 반대자가 만족할 수 있게 하려고 당신은 하나님이 몽둥이와 돌로 사람을 다루지 않으신다는 것을 그가 확신할 수 있게 한다. 우리 교리에 따라서 당신은 그에게 다음과 같이 말한다.

인간은 첫 사람 아담을 통해 원래의 지식과 의와 거룩함을 잃어버렸다. 인간은 우리가 더 좁은 의미로 하나님의 형상이라고 부르는 것을 잃어버렸다.[2] 그러나 그는 합리성, 도덕적 책임감 및 본성에 따라 자유롭게 행할 수 있는 능력은 잃지 않았다.[3] 인간의 자유와 두 번째 원인에 의한 우발성 사건은 선택 교리에 의해 빼앗기지 않는다.

그러나 반대자는 만족해하지 않는다. 그는 이렇게 묻는다.

아담조차도 참된 지식과 의와 거룩함으로 창조되었지만, 죄를 지어야 했지 않는가?
그의 타락조차도 하나님 계획의 일부가 아닌가?
선택된 죄인들을 구속해야 할 그리스도께서 세상의 기초가 생기기 전에 바로 그 목적을 위해 선택되시지 않았는가?
그리고 당신의 그리스도는 단지 죄 때문에 오시지 않았는가?
그렇다면 당신이 그리스도 안에서 죄로부터 구속받아 선한 행위를 할 수 있게 하기 위해 당신의 하나님은 당신이 죄인이 되도록 계획해야만 하지 않으셨는가?

---

2 반틸이 말했듯이, "좁은 의미에서" 하나님의 형상은 참 지식과 의와 거룩함이 포함된다 (엡 4:24; 골 3:10). 이것들은 인간이 타락했을 당시 사라졌다. 그러나 인간은 언약적 피조물로서 계속해서 하나님을 알고 그분께 모든 영광과 감사를 드린다는 넓은 의미에서 하나님의 형상으로 남아 있다(롬 1:21, 22).
3 참된 개혁주의 방식으로, 반틸은 의지가 누구의 본성에 따른 의지인지를 분명히 한다. 타락 후에도 인간은 원하는 것을 자유롭게 선택한다. 그러나 그는 자신의 본성에 따라 선택하는데, 자신의 본성은 항상 죄를 원한다.

아마도 당신은 여기서 잠시 망설일 것이다. 당신은 죄인들이 죽었고 살아날 수 없다는 것을 안다. 성경에 따르면 사람이 도덕적으로 죄에 묶여 있다는 것을 안다. 인간은 자신에게 제공된 복음을 받아들일 수 있는 도덕적 자유의지를 갖고 있지 않다.[4]

당신은 아담의 경우가 달랐다고 말하는가?

아담에게는 죄를 범할 자유와 범하지 않을 자유가 있지 않았던가?[5]

모든 사람이 죄의 종이 된 이유는 그가 자신에게 있는 자유를 남용했기 때문이 아닌가?

그러나 당신은 하나님의 계획으로 아담이 죄를 범했다는 것을 안다.

할 수 있거든 시도해 보라. 당신은 당신이 말하고 있는 사람에게 당신 자신과 모순되는 것처럼 보이지 않게 자신의 입장을 제시할 수 없다는 것을 곧 알게 될 것이다. 그리고 그것을 피하려고 시도해 보라.

당신은 그리스도 안에서 구원의 문제와 관련해 겉보기에 제한적인 것처럼 보이는 질문자의 반박에 대답할 때, 역사의 모든 것을 통제하시는 하나님 계획에 대한 모든 개념과 이 계획에서 도덕적 및 이성적 피조물로서 사람의 신분을 당신의 설명 속에 포함해야 한다.

당신 스스로 이것을 보지 못하면, 당신의 질문자는 곧 당신이 그것을 보게 할 것이다. 그는 그리스도께서 택한 자만을 위해 죽으시고 모든 사람에게 전파되는 문제에서 시작해 하나님의 아들, 로고스, 세상의 창조자와 유지자인 이 그리스도에 대한 개념에 이르기까지, 당신이 다시 생각하게 할 것이다. 만일 그리스도 자신이 하나님이시고, 일어날 모든 일을 성부와 성

---

4   여기서 타락한 사람은 "복음을 받아들이는 **도덕적** 자유의지가 없다"는 것을 주목하라 (강조 추가). 인간은 자신이 원하는 것을 할 수 있는 자유가 있지만 항상 하나님의 뜻과 하나님의 성품에 상반되는 일을 하고자 할 것이다.
5   타락하기 전, 아담의 의지는 죄의 노예가 아니었으므로, 그는 하나님에 대한 순종과 불순종을 자유롭게 선택할 수 있었다. 그렇게 함으로써 구속받은 자들의 의지는 그들이 순종하거나 불순종하기로 선택할 수 있다는 점에서 타락 전 아담의 의지와 같다.

령과 함께 영원 전부터 결정하셨다면(따라서 일부만 구원받도록 결정하셨다면), 예루살렘을 보고 통곡한 일(마 23:37; 눅 13:34), "수고하고 무거운 짐 자들아 내게로 오라"고 하신 말씀은 모두(마 11:28) 허튼소리에 지나지 않는다고 반대자는 말할 것이다.

그들이 예수님을 거절하기로 예수님이 영원 전부터 결정하셨다면 예수님이 사람을 자신에게 오라고 부르시는 것은 윤리적으로 비난받을 수 있다. 그분은 자신의 신성을 증명하고 자신의 메시지를 믿도록 하기 위해 그들 앞에서 기적을 행할 수 있으시지만, 또한 여전히 그 말씀에 대한 책임도 있으시다.

> 이렇게 많은 표적을 그들 앞에서 행하셨으나 그를 믿지 아니하니 이는 선지자 이사야의 말씀을 이루려 하심이라 이르되 주여 우리에게서 들은 바를 누가 믿었으며 주의 팔이 누구에게 나타났나이까 하였더라 그들이 능히 믿지 못한 것은 이 때문이니 곧 이사야가 다시 일렀으되 그들의 눈을 멀게 하시고 그들의 마음을 완고하게 하셨으니 이는 그들로 하여금 눈으로 보고 마음으로 깨닫고 돌이켜 내게 고침을 받지 못하게 하려 함이라 하였음이더라(요 12:37-40).

그리스도는 그들의 눈앞에서 기적을 행하셔서 그들이 믿을 수 있도록 하셨지만, 눈을 멀게 하시고 마음을 굳게 하셔서 그들이 믿을 수 없도록 하셨다. 반대자는 이렇게 말할 것이다.

이것은 가장 명백한 모순이 아닌가?

그리고 그리스도에 대한 우주론적 중요성이 있다. 그리스도는 선택한 사람들만을 구원하기 위해 돌아가셨지만, "하늘에 있는 것이나 땅에 있는 것이 다 그리스도 안에서 통일되게 하려 하심이라"(엡 1:10).

> 아버지께서는 모든 충만으로 예수 안에 거하게 하시고 그의 십자가의 피로 화평을 이루사 만물 곧 땅에 있는 것들이나 하늘에 있는 것들이 그로 말미암아 자기

와 화목하게 되기를 기뻐하심이라(골 1:19, 20).

그래서 당신의 그리스도는 우리만을 구원하기 위해서가 아닌 "세상"을 구원하기 위해 오셨다.

우리는 아무것도 아니란 말인가?
당신은 세상의 부분이 아닌가?
당신은 우리보다 더 낫단 말인가?

기독교인으로서 개혁주의 신앙을 고수할 때, 우리가 직면하게 될 기독교 메시지에 대한 본질적 반대가 바로 이런 것이다. 당신의 기독교는 인간 성격의 본질적 가치와 권리를 모욕한다고 반대자는 말한다. 당신의 기독교는 사람을 기계 수준으로 낮춘다. 기독교의 하나님은 인간의 실제 가치와는 별개로 사람들을 선택하시거나 거절하시는 독단적 존재이시다. 당신이 섬기는 하나님으로서의 그리스도는 오직 일부만 구원하려 하시므로 모든 죄인을 위해 자신을 바친다고 말씀하실 때 자기에게 모순이 된다.

1) 겸손한 태도

이제 이 고발에 대해 어떻게 대답해야 할까?
물론 먼저, 우리는 모든 것을 은혜로 받았다는 사실을 기억해야 한다. 그리고 개혁주의 신앙을 가진 자가 죄인을 구원하시는 하나님의 은혜를 더욱 공정하게 평가하기를 원한다면 가장 겸손한 사람이 되어야 한다. 그들은 반대를 제기하는 사람의 생각과 마음을 최선을 다해 공감하는 자세로 읽어야 한다.
그들 자신은 하나님 은혜에 대해 무모하게 대항하고 반역하지 않았는가? 그리고 이 겸손의 태도는 불신자뿐만 아니라 자신처럼 그리스도의 이름을 비난한 자에게도 보여 주어야 한다. 바빙크(Bavinck)를 따라 모든 참된 기독교인은 어거스틴의 [6] 마음을 가져야 한다고 말하고, 워필드(Warfield)를 따라 고뇌하는 마음으로 하나님께 울부짖는 모든 기독교인은 진정한 칼빈주의자라고 [7] 말하자.

3. 이 사람아

그러나 우리가 겸손이라는 관점에서 어거스틴과 칼빈의 예를 따라야 한다면, 그들이 바울의 말을 인용해 반대자들에게 대답한 것처럼 우리도 그렇게 해야 하지 않을까?

> 이 사람아 네가 누구이기에 감히 하나님께 반문하느냐 지음을 받은 물건이 지은 자에게 어찌 나를 이같이 만들었느냐 말하겠느냐(롬 9:20).

너 자신을 하나님께 복종시켜라. 그러면 당신은 구원받고 당신의 행위는 구원받은 당신을 따를 것이다. 그렇지 않으면, 당신은 구원받지 못하고 당신이 노동을 통해 얻은 이익은 땅을 기업으로 받을 온유한 자에게 주어질 것이다.

이것이 사람에 대한 우리 증언의 핵심이다. 그들은 자신의 교만한 마음 때문에 창조자보다 피조물을 더욱 경배하고 섬긴다(롬 1:25). 본성의 사람은 자신의 가정된 자율성에 질문해야 한다. 그는 하나님의 얼굴을 보아야 한다.

---

6 Bavinck, *RD*, 2:377.
7 Benjamin B. Warfield, *Faith and Life* (Bellingham, WA: Logos Research Systems, 2008), 150.

4. 일반 계시-모든 사람은 하나님을 안다

사람들 주위에 있는 하나님의 계시와 그들 안에 있는 하나님의 계시는 명확하고 명백해서 그들은 변명할 수 없다.

> 창세로부터 그의 보이지 아니하는 것들 곧 그의 영원하신 능력과 신성이 그가 만드신 만물에 분명히 보여 알려졌나니 그러므로 그들이 핑계하지 못할지니라 하나님을 알되 하나님을 영화롭게도 아니하며 감사하지도 아니하고 오히려 그 생각이 허망하여지며 미련한 마음이 어두워졌나니 (롬 1:20, 21).

모든 사람은 하나님을 안다. 우주의 모든 것에는 하나님의 소유권을 나타내는 도장이 찍혀 있고 이름이 큰 글자로 새겨져 있다.

모든 사람은 '어떤' 하나님이 (a God) 단순히 존재하신다는 것뿐만 아니라, 참하나님, 유일하신 하나님이 존재하신다는 것을 안다. 사람은 창조주 하나님을 의식하지 않고는 자신을 의식할 수 없다고 칼빈은 말한다.[8]

인간이 하나님께 어떤 태도를 보이든지 상관없이 하나님의 일반 계시는 그들 곁에 있다. 사람이 하나님께 죄를 범할 때, 자신이 아는 바로 이 하나님께 죄를 범한다. 그렇지 않으면 죄의 대상이 없는 허공 상태에 있는 죄가 될 것이다. 이 이후에도 타락한 사람과 천사는 여전히 하나님을 안다.

---

[8] John Calvin, *Institutes of the Christian Religion*, ed. John T. McNeill, trans. Ford Lewis Battles, *The Library of Christian Classics* (London: SCM Press, 1960), 1.1-2을 참조하라.

5. 하나님에 대한 무지

그러나 우리가 하나님을 안다고 증언하는 바로 이 사람들이 또한 하나님을 알지 못한다고 말해야 한다(살전 4:5). 그들은 하나님의 영광과 찬란함으로 가득 찬 전시장인 이 세상 한가운데를 걸으면서 하나님이 과연 존재하느냐고 묻는다. 그들은 그 문제에 대해 개방적이라고 선언한다. 그들은 사실이 그들을 어디로 이끌든지 그것을 따를 것이라고 말한다.

그러나 그들은 항상 이런 사실을 따르지 않는다. 그들은 하나님이 존재하지 않는다고 끊임없이 결론을 내린다. 그들은 하나님이 존재할 확률이 높다고 결론 내릴 때도, 사실상 하나님은 존재하지 않는다고 말한다. 참하나님은 둘러싸이지 않고 가능성의 근원이기 때문이다. 하나님은 존재하지 않을 가능성이 없다. 지적인 면에서 우리는 하나님이 존재하지 않는다고 생각할 수 없다.

실험실에서 과학자로 일하는 사람이 마치 하나님께 속하지 않은 물질을 다루는 것처럼 행동한다. 그들은 당신 집에 들어와서 그 안에 있는 모든 종류의 물건을 탐구하는 도둑과 같다. 그들은 그 집의 소유권이 누구에게 있는지 절대로 중요하지 않다고 주장한다. 그들은 주인에게 허락을 받지 않고 "사냥 금지"라는 푯말이 붙은 숲에서 사냥하는 자와 같다.

말도 안 되는 소리라고 반대자는 외친다.

사람들은 하나님의 피조물이라는 것과 하나님께 감사하지도 않고 순종하지도 않으면 심판이 그들을 기다리고 있다는 것을 정말로 알고, 그런데도 우연히 하나님을 발견하면 하나님을 찾는 척한다고 당신은 생각하는가? 그들은 하나님을 알지만, 아직 하나님을 모르는가?

얼마나 모순적인 말인가?

당신이 나에게 믿으라고 한 이 종교는 얼마나 우스꽝스러운 종교인가?

당신의 성경은 모순으로 가득 차 있다. 성경은 사람이 하나님의 형상으로 지음 받았고 하나님을 선택할 자유와 거절할 자유가 있다고 말한다. 그러나 당신은 사람에게는 자유가 없다고 말한다. 사람은 단순히 하나님이 결정하신 것을 '하게 된다'고 말한다. 사람은 하나님의 형상으로 창조되었기 때문에 하나님을 알고, 동시에 이 형상 소지자는 하나님을 모르기 때문에 모든 것을 잘못 해석한다고 당신은 말한다.

이에 대한 대답은 다시 한번 이렇다.
"이 사람아 네가 누구이기에 감히 하나님께 반문하느냐?"
이 하나님을 받아들이지 않으면, 헛일하는 사람과 같다.

6. 하나님의 태도

모든 사실이 하나님을 계시할 뿐만 아니라, 하나님을 계시하는 가운데, 사람을 향한 하나님의 태도를 나타낸다. 하나님은 사랑이시다. 그분은 다른 어떤 것보다도 자신을 더욱 사랑하신다. 그분은 아직 사랑할 피조물을 만드시기 전에도 영원부터 자신을 사랑하셨다.

그러나 그분은 창조물을 자신처럼 사랑스럽게 만드셨다. 그 창조물을 사랑하시는 가운데 그 무엇보다 자신을 사랑할 수 있기 때문에 그것들을 사랑하셨다. 그분은 사람을 완벽하게 만드셨다. 사랑하는 인류에게 영생을 주셨다.

이는 매우 중요한 의미가 있다. 이것은 진지하게 받아들여야 한다. 모든 사람은 하나님께 불순종해 하나님의 진노와 저주 아래에 있다. 하나님은 계속해서 자신을 사랑하신다. 그러므로 그분은 자신의 거룩함을 훼손하는 모든 모욕적 행동을 처벌하셔야 했다.

7. 공통 저주

확실히 하나님은 영원 전부터 그리스도 안에서 자신을 위해 특정한 사람을 선택하셨다. 그리고 영원 전부터 자신을 위해 이 백성을 구원할 그리스도를 선택하셨다. 그러나 하나님이 선택하신 자들이 모든 사람과 함께 하나님께 불순종했을 때, 그들은 하나님의 진노 아래에 있었다. 이 진노가 실제였듯이 영원한 심판의 위협도 무척 심각해서 그들이 구원받기 위해서는 그리스도께서 그들을 대신해 형벌을 받으셔야 했다.

그렇다면 하나님이 영원히 사랑하시는 자들은 또한 자신들의 죄 때문에 하나님 진노의 대상이 되었다.

반대자는 엉터리라고 말한다.

얼마나 모순된 말인가!

기독교에 대한 당신의 증언은 자기를 존중하는 지성인에게는 아무런 의미가 없다. 반대자는 항상 같은 이의를 제기한다. 그것은 우리가 인간 성품의 존엄성을 조롱한다는 것이다. 우리는 그의 도덕적 감성과 이성의 힘에 대한 정당한 주장을 무시한다는 것이다.

그러므로 하나님의 창조와 모든 것을 통제하시는 하나님의 섭리가 인간 성격을 결정한다고 믿을 것을 그에게 우리는 강요하고 있는가?

8. 마음에 새겨진 율법 (롬 2:14-15)

반대자에게 더욱 큰 실망을 주는 말을 한다면, 하나님을 아는 모든 사람은 그 지식으로 선과 악의 차이점을 안다고 성경은 우리에게 말한다는 것이다. 하나님의 요구는 사람의 의식으로 명백히 침투한다. 이런 의미에서 하나님의 율법은 사람 마음에 새겨져 있다. 하나님을 드러내는 모든 사실은 사람에게 하나님의 영광을 위해 그것을 사용하도록 요구한다. 세상이 주님의 것이고 주님의 것으로 충만하다면(시 24:1), 모든 것을 다스리시는 하나님의 주권을 사람이 인정하기를 하나님은 원하신다. 하나님은 인간이 하나님의 소유권을 인식할 필요가 없는 것처럼 행동하지 않기를 원하신다.

9. 기록되지 않은 율법

동시에 성경은 마음에 기록된 하나님의 율법이 없다고 사람들에게 말한다. 예레미야에게 주신 하나님의 약속에 따르면(렘 31:31) 하나님은 자신의 율법을 자기 백성의 마음에 기록하실 것이라고 했다. 그러면 그들은 이렇게 말할 수 있을 것이다.

> 내가 주의 법을 어찌 그리 사랑하는지요(시 119:97).

죄인인 인간은 진리를 알 수 없고 의로움을 사랑할 수 없다. 죄인은 자신의 이해력을 어두움 가운데 두고 하나님의 원수라고 성경은 말한다. 동시에 그들은 하나님을 알지 못하지만 옳고 그름에 대한 지식을 갖고 있다. 그리고 매번 본성의 사람은 자신의 판단을 버리고 성경에서 말하는 대로 하나님의 판단에 복종해야 한다고 성경은 말한다.[9]

---

9 이 마지막 문장은 반대자의 반대에 대한 대답의 핵심이다. 사람은 자신의 자율적 지성을 의지하거나 그 지성을 성경에 계시된 하나님의 마음에 복종시키거나 한다.

10. 일반 은총

그러나 일반 은총 문제가 이 모든 것과 어떤 관련이 있는지 당신은 묻는다. 대부분 사람은 답을 기대할 것이다. 공통 은혜에 관한 질문에서 우리는 성경의 다른 모든 가르침과 관련해 갖는 같은 종류의 상황에 직면한다. 일반 은총도 역시 성경의 다른 가르침과 모순되어 보인다.

1924년 기독교개혁교회(Christian Reformed Church) 총회에서 발표한 선언의 가장 중요한 핵심을 살펴보자. 첫 번째 요점은 선택받은 자와 유기된 자의 구별 없이 인류 전체에 대한 하나님의 호의적 태도를 언급한다. 인류가 타락하기 전에 하나님은 그들에게 호의를 베푸셔서 인류 전체에게 영생을 주셨다.[10] 그래서 타락 이후에도 하나님은 모든 사람에게 자신의 좋은 선물을 주셔서 그들이 회개하고 과제를 완수하도록 부르신다.

베르크후버(Berkhouwer)가 강조했듯이, 인간과 관련해 하나님에 대한 기독교 견해는 하나님이 역사의 시작에서부터 인간에게 호의를 베푸셨다는 개념에서 시작한다.[11] 그리고 놀랍게도 타락 후에 인류는 하나님의 온전한 진노의 대상이 되었지만, 하나님은 여전히 인간에게 좋은 선물을 주고 이런 좋은 선물을 통해서 인간이 회개하도록 부른다.

> 혹 네가 하나님의 인자하심이 너를 인도하여 회개하게 하심을 알지 못하여 그의 인자하심과 용납하심과 길이 참으심이 풍성함을 멸시하느냐(롬 2:4).

회개에 대한 이 보편적 부르심은 어떻게 선택 교리와 논리적으로 조화를 이룰 수 있는가?

---

10 이 시점에서 반틸은 언약의 머리이자 대표인 아담 안에서의 인류 존재를 분명히 언급한다.

11 G. C. Berkouwer, *The Providence of God* (Grand Rapids: Eerdmans, 1952), 75ff.

하나님은 모든 사람이 회개하도록 하지 않으셨다. 대신에 일부가 회개하도록 영원부터 계획하셨다.

그들이 그리스도를 통한 구원의 복음을 듣지 못한다면 어떻게 회개할 수 있겠는가?

수많은 사람이 이 복음을 한 번도 듣지 못했다. 구원받기에 필요한 유일한 그 이름을 수많은 사람이 한 번도 듣지 못했다. 그리고 분명 하나님은 이 일을 하신다. 교회가 선교에 열정이 없다면 그 교회는 분명히 잘못된 교회이다. 그러나 궁극적으로 수백만의 사람이 이교도의 어둠 속에 살면서 생명의 말씀을 한 번도 듣지 못했다.

그러나 당신은 말한다.

"바울은 복음에 직면한 사람이 회개해 영생을 얻도록 부름받는다는 의미에서 그들이 회개하도록 부름받았다고 주장하지 않는다."

그런데도 문제는 여전히 남아 있다.

하나님은 자신이 예수 그리스도 피의 복음을 통해 구원받을 수 있는 사람의 숫자에 분명히 포함하지 않은 사람들에게 어떻게 호의적 태도를 보이실 수 있단 말인가?

이에 대한 대답은 이것이다. 우리는 그것이 어떻게 가능한지 이해할 수 없지만, 성경은 그것이 사실이라고 밝힌다. 그러므로 우리는 자신에게 말하는 법을 배워야 하고 불신자들에게 한 바울의 이 말을 심각하게 고려해야 한다.

"이 사람아 네가 누구이기에 감히 하나님께 반문하느냐?"

그리고 이것은 개혁주의 신앙을 고수하는 우리 기독교인에게 무슨 의미가 있는가?

11. 바르트에게 무의미한 것

 첫째, 우리는 하나님이 세상에서 자기 백성과 맺으시는 관계의 수준으로 하나님을 환원하는 칼 바르트의 의견을 따를 수 없다는 의미가 있다.[12]

 칼 바르트는 사실상, 하나님이 본질적으로 자기 계획에 의해 세상의 모든 것을 통제하신다는 개념을 거절함으로, 기독교가 기본적 모순을 포함한다는 반대자의 비난에 대답하려고 한다. 그는 하나님의 계획에 대한 칼빈의 교리를 완전히 거부해야 한다고 말한다. 그것을 거절할 때만 하나님의 은혜가 인류에게 자유롭게 흐른다는 것이다. 그것은 하나님의 사랑이 모든 사람을 감싼다는 것을 의미한다.

 확실히 바르트는 유기된 자가 있기는 하지만, 그들은 그리스도 안에서 유기된 자라고 말한다. 바르트는 모든 사람에 대한 하나님의 마지막 말씀은 "예"(Yes)라고 말한다. 사람이 나사렛 예수의 복음을 들었는지 그렇지 않은지는 중요하지 않다. 이는 나사렛의 예수가 그런 그리스도가 아니기 때문이다. 모든 사람은 그리스도 안에서 필연적 사람이다. 모든 은혜는 보편적 은총 또는 일반 은총이다.[13]

 역사적 기독교 관점에서 이것은 단순히 은혜의 개념이 더 이상 은혜가 되지 않을 정도로 넓어진 것이다. 바빙크는 이것이 우리 시대의 이단 중에서 가장 극단적 이단이라고 잘 예상했다. 그는 마지막 분석에서 우리는 펠라기우스(Pelagius)와 어거스틴 사이에서 선택해야 한다고 지적했다.

---

12 앞 장 각주 27을 참조하라.
13 반틸은 여러 곳에서 바르트의 신학을 다룬다. 이 단락에 대한 더 자세한 설명은 Cornelius Van Til, *Christianity and Barthianism* (Philadelphia: Presbyterian and Reformed, 1962); Van Til, *The Great Debate Today* (Nutley, NJ: Presbyterian and Reformed, 1971)을 참조하라. 반틸과 바르트 사이에 있는 신학적 차이와 요점에 대한 훌륭한 분석은 Edmund P. Clowney, "Preaching the Word of the Lord: Cornelius Van Til, V.D.M," *Westminster Theological Journal* 46 (1984): 233-253을 참조하라.

바르트가 나타내는 하나님의 은혜는 더 이상 인간의 자연적 힘과 구별되지 않는다. 인간이 되기 위해서는 구원받아야 하고 그리스도 안에서 영화롭게 되어야 한다고 바르트는 말한다. 이것은 하나님의 주권적 은혜 개념에 대한 반대 입장을 대하는 바르트의 방법이다. 더 이상 하나님의 주권이 없으므로 더 이상 은혜도 없다.

12. 로마가톨릭의 일반 은총

둘째, 로마가톨릭의 관점이 있다. 확실히 그들은 극단적 바르트주의나 현대 자유주의 개신교로 치닫지 않는다.

그들은 하나님 존재를 사람에 대한 관계의 수준으로 완전히 깎아내리지는 않았다. 그들은 현대 칸트주의 형식으로, 하나님을 공허한 것으로 만들지도 않았다. 그런데도 그들에게는 주권을 가진 하나님이 없다. 그들의 하나님은 발생하는 모든 일을 통제하지 않으신다.

그들의 관점에서 인간은 궁극적 자유가 있어서 하나님의 목적을 무시할 수 있다. 그러므로 하나님은 개인에게 직접 다가가 그의 의지와 운명을 결정하실 수 없다. 하나님은 가르침을 통해서만 개인에게 다가가실 수 있다.[14]

로마가톨릭의 관점에서 보면 하나님은 사람에게 소유권을 명백히 각인하실 수 없다. 사람 안에 있는 하나님의 형상은 개인 의식 깊은 곳에 도달하지 않는다. 만일 그렇다면, 로마가톨릭은 인간이 자유를 잃을 것이라고 주장한다.

로마가톨릭의 관점에서 볼 때, 자유는 어느 정도의 궁극성 또는 자율성을 의미한다. 즉, 하나님의 자유를 인간이 공유하는 것이다. 인간이 하나

---

14 여기에서 반틸은 RD, 2:545ff에 있는 바빙크의 주장을 말하는 것 같다.

님의 존재에 참여하거나 공통적 존재에 하나님과 함께 참여한다는 개념은 사람이 진정한 하나님의 형상이라는 개념을 배제한다.

이로부터 로마가톨릭 신학은 아담이 원래부터 은혜를 필요로 했다고 말한다. 인간은 유한하기 때문에 은혜가 필요하다. 따라서 사람이 죄에 빠진 후에는 동일한 은혜가 필요했고, 여전히 동일한 은혜만이 필요하다. 그러므로 자연과 은혜에 대한 개념은 죄와 은혜의 자리를 대신한다. 그렇게 함으로써 죄와 은혜의 의미가 바뀐다.[15]

따라서 특별 은총과 일반 은총 사이의 차이를 줄임으로써 다시 한번 하나님의 주권적 은혜와 선택 교리에 대한 반대에 대답하려고 한다.

그렇다면 다음과 같이 말할 필요가 없다.

"이 사람아 네가 누구이기에 감히 하나님께 반문하느냐?"

은혜의 개념은 사람의 취향에 따라 크게 좌우된다. 그러므로 이 주제에 대한 로마가톨릭 신학은 바르트주의나 자유주의 신학처럼 상당히 애매모호하지만, 인간 스스로가 궁극적으로 자신의 존재를 잃어버렸다고 주장한다.

로마카톨릭은 종종 인간이 하나님이 그에게 주신 본성의 빛에 따라 살지 않기 때문에 길을 잃었다고 말한다. 그러므로 하나님이 이방인들이 회심할 수 있도록 그들에게 주신 빛은 그들의 영원한 구원을 위한 것이었다. 그리고 그들은 단지 그들의 죄로 인해 그 빛과 일치해 살지 않기 때문에, 하나님은 그들을 영원한 죽음에 넘겨주신다. 따라서 궁극적으로 그의 영원한 운명을 결정하는 존재는 하나님이 아니라 인간이다. 따라서 '모순'의 문제는 진퇴양난의 문제 중 일부를 제거함으로 해결한다.

---

15 이에 대한 바빙크의 입장은 *RD*를 보라.

13. 저항파의 일반 은총[16]

셋째, 저항파(Remonstrants) 또는 알미니안주의자들이 있다. 그들은 이렇게 가르친다.

> 영원한 생명으로 이끄시는 하나님의 선택은 여러 종류가 있다. 하나는 일반적이고 규정되지 않은 선택이고, 또 하나는 특별하고 확고한 선택이다. 후자는 불완전하고 취소 가능하며 비결정적이고, 조건적이거나 완전하고 취소 불가능하며 결정적이고 절대적이다. 마찬가지로 믿음으로 이끄시는 하나님의 선택이 있고 구원으로 이끄시는 하나님의 선택이 있다. 따라서 구원으로 이끌지는 않으시지만 의롭다 여김을 받게 하는 믿음으로 이끄시는 선택이 있다.[17]

이 주장과 『저항파에 대한 다섯 가지 조항』(*Five Articles Against the Remonstrants*)에 나오는 비슷한 내용의 핵심은 개인 운명에 대한 최종적 결정은 하나님의 손에 달려 있지 않고 여전히 사람의 손에 달려 있다는 것이다. 하나님은 일반적 초대를 통해서만 개인에게 다가갈 수 있다. 하나님은 모든 사람에게 일반 은총을 제공함으로써 구원의 과정을 시작할 수 있다.

그러나 이것은 일반적 의미에서 하나님이 모든 사람을 구원하려 하신다는 것을 의미해야 한다. 하나님이 모든 사람을 구원하려 하신다면 왜 복음 전파를 통해 모든 사람에게 구원을 알리지 않으셨는가에 대한 답은 없다. 그들이 '자연의 빛'을 올바르게 사용하지 않아서 복음의 더 좋은 소식을

---

16 저항파(Remonstrants)는 제이콥 알미니안(Jacob Arminius)의 추종자들이었다. 그들은 도르트 총회(Synod of Dort, 1618)에 다섯 가지 조항을 제출했지만, 총회는 다섯 가지 칼빈주의 교리에 의해 개혁주의 신학을 벗어난 것으로 여겨서 결국 거부했다.

17 반틸은 여기에서 도르트 총회 신조(Canons of the Synod of Dort), 다섯 가지 핵심 교리(First Head of Doctrine), 실수 거절(Rejection of Errors), 두 번째 단락을 인용했다. 이 문서에 대한 영어 번역본은 www.ccel.org의 'Christian Classics Ethereal Library'에서 살펴보라.

받기에 합당하지 않다는 주장에 대해서는 아무런 언급이 없다.

그러나 다시 한번 이런 기초 위에서 하나님의 주권적 은혜에 반대하는 자에 대한 대답은 다음과 같은 말로 표현되지 않는다.

"이 사람아 네가 누구이기에 감히 하나님께 반문하느냐?"

이 마지막 분석에서 하나님이 모든 사람의 궁극적 운명, 즉 모든 개인 각자의 궁극적 운명을 결정한다고 주장하기 전까지는 일반 은총에 대한 문제는 명확히 해결할 수 없다. 하나님이 모든 역사와 모든 사람의 모든 행위, 즉 악한 행위 및 선한 행위를 통제하시는 것을 성경에서 발견할 때만 하나님이 영원 전부터 구속하지 않기로 하신 사람들에게 어떻게 호의적 태도를 가질 수 있는지에 관한 질문이 의미가 있다.

14. 하나님 뜻에 따른 유기

그러므로 우리는 개혁주의 신앙에 헌신한 사람들이 때때로 주장하는 관점에 주목해야 한다. 유기는 궁극적으로 사람의 죄에 달려 있다는 개념이 있다. 유기는 사람이 저지른 죄에 대한 하나님의 형벌이라는 것이다. 이런 관점에서 유기는 선택과 다르다. 선택은 하나님의 영원한 계획에서 직접 진행된다. 그러나 유기는 직접적인 하나님의 영원한 계획 행위가 아니다. 따라서 유기는 선택과 똑같이 궁극적이지 않다고 이들은 말한다.

그러나 그런 관점은 우리를 개혁주의 신앙에서 벗어나게 하고 세상을 향한 우리의 증언을 누그러뜨린다. 세상은 주권적이신 성경의 하나님이 필요하다. 그러므로 우리는 유기가 궁극적으로 사람의 죄와 관련한 공의 행위(act of justice)가 아니라고 말해야 한다. 그것은 오히려 하나님의 주권 행위이다.

사람의 행동을 통해(이런 행위가 그들을 최종 파멸로 이끌든지 아니면 하나님의 은혜로 인해 최종 영광에 도달하든지 간에) 이 세상에서 발생하는 모든 일의 궁극적 원인이 하나님의 주권적 작정이라고 인정하기 전까지, 우리는 완전히 성경적 입장, 완전한 개혁주의 입장을 말한다고 할 수 없다.

그러므로 결국 우리는 아담이 불순종하게 선택될 수도 있었고, 순종하게 선택될 수도 있었다고 말할 수 없다. 인간의 타락은 유기에 대한 직접적 원인(*propinqua reprobationis causa*)이다. 그러나 바빙크는 이렇게 말한다.

> 그런 이유로 인해 아담의 타락은(보편적 죄와 모든 악) 미리 예견될 뿐만 아니라 하나님이 직접 계획하시고 지시하신 것으로 보아야 한다. 그러므로 비록 우리에게는 감추어져 있지만, 하나님이 왜 타락을 의도하셨는지에 대한 이유가 있을 것이다. 타락보다 선행하는 하나님의 높은 계획이(*altius Dei consilium*) 있음이 분명하다.[18]

한 가지 더 이야기하면, 모든 것을 포함하는 하나님의 단 한 가지 계획만이 있다.

피기우스(Pighius)는 하나님의 계획이 모든 사람의 운명을 결정하는 최종 요소가 아니라고 했고, 이에 대해 칼빈이 반박했다. 바빙크는 바로 이 내용을 앞의 주제와 연관해 적절히 언급한다. 칼빈은 로마서 9장의 에서와 야곱의 차이점을 다루면서 이렇게 말한다.

> '앞서 영광을 위해 준비된' 이것이 선택받은 자에게 독특하고 특별하다면, 선택받지 않은 나머지 사람들도 그들 자신의 본성에 남겨져 있어서 이미 특정한 파멸에 전념하기 때문에 동등하게 '파멸 받기에 합당하다.' 그들이 자신의 사악함 때문에 '파멸 받기에 합당하다'는 개념은 너무 당연해서 언급할 가치조차 없다. 사악한 자들은 스스로 하나님의 진노를 샀고, 점점 더 자멸의 길을 가고 있다. 그러나 모든 사람은 그 사도가 여기에서 하나

---

[18] Bavinck, *RD*, 2:364.

님만 가지고 계신 비밀스러운 뜻과 계획에서 나온 선택받은 자와 유기된 자 사이의 차이를 다룬다는 것을 분명히 기억해야 한다.[19]

그런 다음 칼빈은 이미 인용한 이사야서의 구절을 다룬다. 여기서 그는 사람의 눈을 멀게 하는 것에 관해 이야기한다. 사람의 어떤 행위가 자신의 운명을 결정한 궁극적 원인이 된다면 하나님의 주권적 은혜에 대한 개념이 얼마나 망가지는지 지적했다.

아담의 타락으로 인해 모든 사람의 본성이 타락했다. 그들의 타락이 유기된 것에 대한 궁극적 원인이라면, 인간을 구원하기 위한 하나님의 노력은 헛수고가 될 것이다. 이는 모든 사람이 결국은 유기될 것이기 때문이다.

> 만일 인간의 사악함이 선택받은 자와 선택받지 않은 자를 나누는 원인이라고 한다면 그리고 이런 주장이 "은혜 베풀 자에게 은혜를 베푼다"라는 말씀과 상충하지 않는다면, 이 사악함은 참으로, 하나님이 선택하신 사람들에게 베푸신 하나님의 은혜보다 더욱더 강력해 보일 수 있다.[20]

칼빈은 이사야서 말씀이 인용된 요한복음에 대해 (요 12:37 이후) 말한다.

> 이제 요한은 분명히 유대인들이 자기 죄로 말미암아 믿을 수 없게 되었다고 말하지 않는다. 비록 한편으로 이것은 분명한 사실이지만, 그들이 믿지 않게 된 원인은 훨씬 떠 높은 곳에서 찾아야 한다. 하나님의 비밀스럽고 영원한 계획이 그들이 어두움에 처하여 믿지 않게 된 원래 원인이다.[21]

---

19 John Calvin, *A Treatise on the Eternal Predestination of God*, in Calvin's *Calvinism*, trans. Henry Cole (Grand Rapids: Eerdmans, 1950), 76.
20 Calvin, *A Treatise on the Eternal Predestination of God*, 81.
21 Calvin, *A Treatise on the Eternal Predestination of God*.

15. 근인과 궁극적 원인

인간의 삶과 죽음에 대한 궁극적인 것을 찾는 사람들이 제기한 모든 이의에 대답하기 위해, 칼빈은 근인(proximate cause)과 궁극적 원인(ultimate cause)을 구분한다. 인간은 자신이 받게 될 영원한 형벌에 대해 근접하고 책임 있는 원인이다. 그들은 하나님께 지속해서 반역하면 영원한 형벌에 처하게 된다는 말씀을 듣는다. 그들은 회개하도록 부름을 받는다. 그런데도 하나님의 주권적 뜻이 그들의 신앙이나 불신앙의 배경이 된다.

우리는 그런 하나님을 증거해야 한다. 사람들이 반대하고 믿지 않는다면, 우리는 여전히 이렇게 대답한다.

> 세상을 심판하시는 이가 정의를 행하실 것이 아니니이까(창 18:25).

바빙크는 칼빈의 주장을 상당히 따른다. 그는 은혜 교리에 대한 개혁주의와 다른 접근 방법 사이의 차이점이 있다고 주장한다. 그에 의하면 어거스틴을 따르는 개혁주의는 부차 원인(secondary causes)에서 멈추지 않고 하나님을 제일 원인(primary cause)이자 궁극적 원인으로 보고 생각의 안식을 누렸다.[22]

그러나 그들은 자기 생각이 안식을 누리는 경험을 통해, 순종이나 불순종의 이차적 원인으로서 사람의 뜻과 하나님의 궁극적 뜻과의 관계에 있는 신비를 논리적으로 꿰뚫어 볼 수 있다고 생각했는가?

전혀 그렇지 않다. 그들은 칼빈을 따라 말한다.

---

[22] Bavinck, *Gereformeerde dogmatiek*, 3rd ed. (Kampen: Kok, 1918), 2:393. 반틸이 암시하는 것은 다음과 같다. "유일한 차이점은 이것이다. 성경을 손에 들고 어거스틴을 지도자로 둔 개혁주의 기독교인은 부차적 원인에서 멈추지 않고 하나님의 뜻인 제일 원인을 믿는 신앙까지 나아갔다. 그들은 제일 원인에서 자기 생각과 삶의 안식을 누리는 경험을 했다. *RD*, 2:379.

우리 마음에 나타날 수 있는 모든 종류의 인간적 추론을 영원히 중단하라.[23]

일반 은총 문제와 관련해서 우리도 우리 자신에게 이것을 말해야 하지 않겠는가?

하나님은 당신의 궁극적인 뜻에 따라 영원히 자신에게서 분리될 사람들에게 어떻게 호의적 태도를 보이실 수 있는가?

가장 기본적인 대답은 성경이 그것을 가르친다는 것이다. 그러나 죄인이 불순종하고 따라서 자신의 죄에 대해 형벌을 받기 위해서는 그들이 하는 모든 일을 놓고 하나님과 대면해야 한다는 것을 알 수 있다. 역사적 원인은 하나님의 궁극적 계획 때문에 진정한 의미가 있다.

하나님은 각 개인의 자의식에 도달한다. 이방인이 자신의 죄와 형벌을 더하고, 바울이 우리에게 말한 바와 같이 추가된 죄 때문에 하나님이 그들을 더 많은 죄로 넘겨주신다면(롬 1:24, 26, 28 참조), 그들은 오래 참는 하나님 그리고 그들이 회개하도록 부르시는 하나님에 대한 사실을 대면해야 한다는 것을 보게 된다(롬 2:1-4).

그러므로 우리는 또한 사람들이 더 큰 죄를 짓지 못하게 하고 더 큰 형벌을 받지 못하게 하는 하나님의 제지하는 행위가 자격이 없는 자들에게 주시는 하나님의 호의임을 알 수 있다.[24]

우리는 칼빈이나 바빙크처럼 모든 것을 하나님의 주권적 뜻으로 거슬러 올라가기 전까지는 이 문제를 완전히 이해하지 못했다. 그런 다음에야 인간의 운명을 궁극적으로 결정했지만, 자신이 결정한 운명과 반대되는 것을 약속하기도 하고 위협하기도 하시는 하나님에 대한 문제가 나타난다. 그리고 선택받은 자에 대한 문제도 유기된 자에 대한 문제와 마찬가지로 심각하다.

---

23 Calvin, *A Treatise on the Eternal Predestination of God*, 67.
24 하나님이 사람들을 더 많고 더 깊은 죄에 넘겨주신다는 사실은 그들이 갈망하는 일을 하지 못하게 하시고 갈망하는 상태가 되지 못하게 하나님이 막으신다는 것을 암시한다.

인간이 행하는 선한 행위가 하나님의 선물이라면 어떻게 인간의 선행이라고 부를 수 있는가?

게다가 나는 바빙크와 같이 비록 일부 사람의 죄와 이로 인한 영원한 형벌은 하나님 계획의 일부이기 때문에 어떤 의미에서는 하나님이 그렇게 하기로 하신 것이지만, 하나님은 이것들을 선택받은 자에게 주시는 은혜 및 구원과 같은 의미나 방식으로 정한 것이 아니라는 말을 추가했다.

그런데도 나는 나의 이런 설명을 놓고 기독교를 모순이라고 비판한 반대자를 아직 만나지 못했다.[25] 우리는 단순히 역사적 원인의 진정한 의미를 고려해야 하고 궁극적 원인으로서의 하나님 의지에 대한 모든 포괄성을 고려해야 한다.

다른 한편으로 나는 하나님이 자기 뜻에 따라 어떤 사람은 선택하시고 다른 사람은 선택하지 않기로 하셨기 때문에, 하나님은 자신에게 일관되게 행동하신다는 것을 반대자에게 증명할 수 없었다.

하나님이 유기된 자를 다루시는 것과 선택된 자를 다루시는 방향이 전혀 다르지 않다고 말한다면, 단지 반대자에게 사실상 부차적 원인의 의미를 완전히 부정함으로써 그의 문제를 해결할 것이라고 말하는 것과 같다. 그런 다음 나는 계시된 하나님의 뜻과 비밀스러운 하나님의 뜻 사이의 구분을 완전히 없애야 한다.

---

25 Bavinck, *Gereformeerde dogmatiek*, 2:405. 반틸이 암시하는 구절은 이것이다. "타락, 죄 그리고 영원한 형벌은 신적 작정과 하나님의 뜻에 포함되지만, 항상 은혜나 복과 같은 방식에 포함되지 않고, 다른 어떤 특정한 방식에 포함된다. 하나님은 후자를 기뻐하시지만, 죄와 형벌은 하나님을 기쁘게 하거나 즐겁게 하지 못한다. 그는 죄를 자신의 영광을 위한 것으로 삼을 때, 자신의 전능하심에 근거해서 한다. 그러나 이것은 죄의 본성과 상반된다. 그리고 그가 악한 자들을 심판할 때, 그들이 고통받는 것에 기뻐하지 않는다. 오히려 그는 벌을 줄 때, 자신의 완전함에 대한 승리를 축하한다(신 28:63; 시 2:4; 잠 1:26; 애 3:33). 한편으로는 포괄적이고 불변한 하나님 계획에 비추어 볼 때, '이중 예정'에 대한 반박은 없는 반면에 또 다른 한편으로, 어떤 경우의 예정은 다른 경우의 예정과 그 성질이 다르다는 것을 반드시 염두에 두어야 한다." *RD*, 2:389.

그러므로 나는 하나님이 그들의 죄에도 불구하고 그들에게 냉대한 태도를 보이지 않으셨다는 것을 사람에 대한 하나님의 영원한 선택을 통해 엿볼 수 있다고 말해야 한다.

따라서 나는 그들이 역사 속에서 속죄함을 받기 위해 그리스도의 구속 사역이 필요하지 않다고 말해야 할 것이다.

칼빈은 이렇게 말한다.

> 아무도 헛된 자기 아첨으로 자신을 속이지 말라. 그리스도에게 오는 자들은 하나님의 신적 마음속에서 하나님의 아들로 서 있다. 그러나 그들은 그들 자체를 놓고 볼 때 하나님의 원수였다.[26]

가정된 논리적 일관성을 갈망하는 반대자에게 만족을 주려고 하기보다는, 인류를 향한 하나님의 일반적 호의 또는 선택받은 자에게 놓인 하나님의 진노를 부정하지 말자. 반대자의 요구를 들어주고 그에게 만족을 주기 위해서는, 모든 역사 및 모든 이차 원인의 의미를 부정해야 한다.

하나님과 사람 사이의 차이점을 없애야 한다. 하나님이 발생하는 모든 일을 통제하시고 동시에 인간이 선택할 수 있는 자유를 갖는다는 말은 반대자의 귀에 모순으로 들린다.[27]

---

26 Calvin, *A Treatise on the Eternal Predestination of God*, 84.
27 반틸은 여기에서 가정된 자율적 이성의 원리에 근거해 반대할 수 있고, 따라서 하나님이 하시는 행동을 자신이 이해하게 하라고 요구하거나, 아니면 오히려 성경의 명백한 가르침에 순종하거나 한다고 강조한다. 분명한 성경의 가르침에 복종할 수 있다는 점을 다시 한번 강조하고 있다.

16. 모순처럼 보이는 모든 말씀

오히려 우리는 칼빈을 따라 이렇게 말한다.

> 모든 영적 교리에는 사람의 능력을 크게 능가하지 않고 최대한의 인간 능력을 어리둥절하게 만들지 않는 것은 아무것도 없다.[28]

우리가 사람들에게 하나님을 참으로 증거해야 한다면 그것은 성경의 하나님, 주권을 가진 하나님이어야 한다. 이 하나님은 우리의 모든 능력과 함께 우리의 전 인격체를 자신에게 복종시키라고 요구하신다.

그러므로 이 하나님은 우리가 사람들에게 그들이 정말로 하나님을 만났다고, 그들이 정말로 하나님을 대면하고 있다고, 그들이 정말로 하나님을 안다고, 그들의 순종의 행위나 불순종의 행위는 하나님 앞에서 어떤 의미를 진정으로 갖는다고, 그들이 믿으면 구원받을 것이고 믿지 않으면 멸망받을 것이라고 말하기를 원하신다.

그들은 자기 생각을 하나님 및 그리스도에 대한 순종에 사로잡히게 하지 않기 때문에, 우리는 그들이 항상 쓸데없는 저항을 해서 다친다는 것을 보여 주어야 한다. 그리고 우리가 스스로 역사를 무의미한 수준으로 내리면 우리는 증거가 되지 않고 있다.

---

[28] Calvin, *A Treatise on the Eternal Predestination of God*, 82.

17. 자연신학과 일반 은총

그러나 이 이야기에는 또 다른 측면이 있다. 우리가 성경의 하나님을 증거해야 한다면 우리는 일반 은총을 부인할 수 없다. 이는 앞에서 언급한 것처럼 일반 은총은 인간의 일반적 책임의 요소이고, 은혜를 받을 자격이 없는 자에게 은혜를 베푸시는 하나님이 어디에서나 인간을 만나시는 그림의 일부이다.

그러나 우리는 본성의 사람이 자신이 채택한 원칙에 따라 역사의 모든 측면을 진정으로 해석할 수 있다고 암묵적으로 허용되는 이론을 만들 수 없다.

이는 본성의 사람이 이 세상의 모든 사실을 내재론적으로 해석하려고 노력하기 때문이다.[29] 그는 계시와 함께 하나님의 요구를 수반하는 이런 사실들과는 관계없이, 이 세상의 사실에서 의미를 추구하려고 애쓴다. 그는 인간의 토대에 기초를 둔 인간 논리에 의해 도달할 수 있는 모든 한계를 동원해서 할 수 있는 것과 할 수 없는 것, 가능한 것과 불가능한 것을 결정하려고 한다.

당신은 분명히 개혁주의 신자는 절대로 그런 견해를 지지하지 않을 것이라고 말할 것이다. 개혁주의 신자는 그런 관점을 의도적으로 채택하지 않을 것이다.

그러나 우리는 로마가톨릭의 자연신학이 과거 개혁주의 신학자들의 생각에 어떻게 영향을 미쳤는지 안다. 그리고 이 자연신학의 본질은 본성의 사람에게 기본적인 오류 없이 세상의 일부 측면을 해석할 힘을 준다는 것이다. 비록 사람들이 하나님을 이 세상의 사실들에 대한 창조주이자 통제자로 인식하지 못하더라도, 유한한 사람이 자연의 법칙에 대해 진실하게

---

29 사실을 '내재론적으로' 해석한다는 것은 사실을 초월하는 것, 따라서 그것들에 의미를 (즉, 하나님과 그의 말씀) 주는 것과 관련하지 않고 그 자체 및 '내재적인' 것과 관련해 이해하고 해석하는 것을 의미한다.

해석할 수 있는 것처럼 그들도 그렇게 할 수 있다.

종교적 존재로서의 인간은 자신의 연구를 통해 배우는 것 외에 추가적 정보가 필요하다고 인정한다. 그러나 이 사실 자체는 구원에 대한 하나님의 지식이 이 기초 위에서는 자연의 영역과 아무런 관련이 없음을 나타낸다. 자연의 영역은 본성의 인간이 올바르게 해석한다고 한다.[30]

이런 바탕 위에서 기독교인은 하나님을 증거하지 않고도 과학 영역에서 비기독교인과 함께할 수 있다. 기독교인과 비기독교인은 이런 바탕 위에서 어떤 공통적 해석 영역이 있다. 그들은 어떤 의미에 대해 아무런 차이도 없이 동의한다는 점에서 공통된 생각을 가진다.

그것은 단순히 그들이 함께 하나님의 자연계시에 직면한다는 정도의 의미가 아니다. 그것은 단순히 모든 인간이 하나님의 형상이라는 정도의 의미가 아니다. 그것은 단순히 그들이 근절할 수 없는 신적 감각을 자신 안에 가지고 있어서 하나님이 그들 자신의 체질을 통해 그들에게 말씀한다는 정도의 의미가 아니다. 그것은 단순히 카이퍼(Kuyper)가 강조했듯이 모든 사람이 인간의 생각만이 기능할 수 있는 논리의 법칙에 따라서 생각해야 한다는 정도의 의미가 아니다. 단순히 모든 사람이 과학적 발견을 많이 할 수 있다는 정도의 의미가 아니다.

---

30 이것은 때때로 "자연-은혜 변증법"이라고 불리는 것에 대한 좋은 예이다. 그것은 하나가 다른 하나와 연결될 수 없다는 점에서 변증법적이다. 이런 경우 서로를 조정할 방법이 없다.

18. 실험실의 증인

이 모든 주장은 진실하고 중요하다. 그러나 이것들 이외에도 기독교인과 비기독교인 사이의 기본적 차이점을 두지 않은 이 모든 하나님의 말씀에 대해 하나님과 인간 그리고 세상에 관한 공통 개념, 공통 반응이 있다고 할 때, 자연신학은 자연계시와 혼동된다.

그리고 이 세상의 사실들이 우연에서 발생하는 것이라고 가정하는 사람들과 이 세상의 사실들이 하나님에 의해 창조되고 통제된다고 가정하는 사람들은 본질적으로 이 사실들에 대해 동일하게 해석한다는 주장을 허락한다.

따라서 기독교 과학자와 비기독교 과학자는 실험실에서 며칠, 몇 주, 몇 년 동안 함께 일할 수 있지만, 기독교인은 자신의 기도 모임이나 주일 예배에 초대하는 것 외에 친구에게 다른 것을 증거할 수 없을 것이다.

만약 그의 친구가 기독교에 관심 두기를 거부한다면, 그 기독교인은 친구의 작은 믿음을 보상으로 거둘 것이다. 이 친구는 기독교인보다 더욱더 일관성 있게 자신의 믿음을 증거한다. 그는 이 하나님이 모든 것을 창조하시고 결정하셨기 때문에 그리스도인들이 믿기 원하는 하나님을 자신은 믿을 수 없다고 주장할 것이다.

그는 이 하나님은 사람들이 실험실에서 자유롭게 실험하는 것을 허용하지 않으신다고 말한다. 비기독교인은 다음과 같은 말로 자신의 믿음을 증거할 수 있을 것이다. 따라서 실험실에서 일하는 기독교인은 실험실을 떠나야 할 필요성에 직면한다.

> 당신의 하나님은 나의 가설과 맞지 않는다. 내가 그분을 믿는다면 나는 창조 및 섭리 교리와 일치하는 가설만 만들 수 있다. 나는 진화론을 사람의 기원에 대한 정당한 가설로 생각할 수 없을 것이다.

당신의 하나님은 성경에서 사람이 동물 조상에서 오지 않고, 하나님의 형상대로 직접 창조되었다고 말씀하시지 않는가?

더욱이 당신의 하나님은 사실을 조사할 때 다른 가설이 취해질 수 있다는 생각을 빼앗아가시는 것 외에도 초자연적 일이 발생해서 자연의 질서에 영향을 줄 수 있다는 모순을 받아들여야 한다고 주장하실 것이다. 그것은 자연법 영역 자체가 임의로 방해받을 수 있는 것으로 만든다.

그래서 실험실을 불신자에게 전적으로 넘기거나 아니면 기독교가 참일 경우에만 과학이 가능하고 의미가 있다는 사실을 발견한다.

그러면 우리는 과학 분야에서 하나님을 증거할 수 없는가?

그것은 불신자가 여전히 우리를 용납하는 과학 분야에서 그들이 기독교의 완전한 의미에 직면한 적이 없기 때문일까?

그리고 우리는 모든 곳의 모든 사람 앞에서 하나님에 대한 증거를 제시하지 못하게 방해하는 일반 은총 유지해야 하는가?

결국, 우리는 그리스도를 우주적 의미로 제시하지 않는가?

세상과 세상의 모든 것이 우연히 통제된다면 과학이 존재할 수 없다는 것이 사실 아닌가?

비기독교인은 하나님의 일반 은총으로 자기 일을 하고 있지 않은가?

자연신학에 근거한 일반 은총은 일반 은총이건 특별 은총이건 모든 은총을 파괴한다.[31]

---

[31] 자연신학에 근거한 일반 은총 이론은 전적 타락을 전제하기 때문에 일반 은총을 파괴할 것이다. 그것은 사람이 아무리 노력해도 하나님을 기쁘시게 할 수 없다는 것을 전제로 한다. 그러므로 불신자가 성취하는 유일한 선은 그들 때문에 성취되지 않고 하나님 때문에 성취된다. 자연신학에 근거한 일반 은총 이론은 또한 특별 은총을 파괴하는데, 이는 중립적이라고 여기는 인간 이성과 의지에 대한 개념이 하나님이 아닌 인간에 의한 구원을 시작할 수 있게 하기 때문이다. 이런 맥락에서 '은총'은 받을 자격이 없는

분명히 성경의 하나님에 대해 모든 곳에서 증거해야 한다. 반드시 지혜와 재치로 증거해야 한다. 그러나 우리가 모든 사람에게 성령의 일반적 증거로 이 세상에 대한 해석을 수용하거나 하나님을 무시하고 안중에도 두지 않는 이 세상 관점을 수용한다면, 우리는 결국 하나님을 증거하지 않는 꼴이 된다.

비기독교 과학자는 자신이 하나님께 속한 사실들을 다루고 있다는 것을 알아야 한다. 단지 좁은 의미에서 종교에 대한 호기심을 위해 이것을 들어야 하는 것은 아니다.

그는 이것을 과학과 일반 문화를 위해서도 들어야 한다. 하나님이 그것들을 만드셔서 그렇게 되도록 하지 않으셨다면, 모든 것은 서로 구분할 수 없을 것이라는 사실을 들어야 한다. 하나님의 섭리를 제외하고는 이런 동일한 사실들과 관련된 어떤 가설도 세울 수 없다고 들어야 한다. 자기 생각이 질서의 원리에 따라 하나님의 형상대로 만들어진 자신의 존재에 달려 있다는 것을 들어야 한다.

그리고 하나님의 일반 은총이 없다면, 그는 자신 안에 내재한 완전한 자기 악에 빠지게 된다는 것을 들어야 한다. 그는 죄악이 완성된 후 전쟁만 일으킬 것이다. 그러므로 그의 공손함과 친절, 그의 관대한 행위, 그의 모든 도덕적 선은 자신과 자기 본성 안에 있는 선의 관점으로는 설명할 수 없고, 그의 죄성에도 불구하고 하나님이 그에게 이런 일을 하게 하신다는 관점에서만 설명할 수 있다.

"당신은 피조물보다는 창조자를 섬기고 그에게 예배하기 위해 회개하지 않겠는가?"(롬 1:25 참조)

자에게 주시는 하나님의 호의가 아니라 인간의 선하고 합당하며 자유로운 선택에 대한 하나님의 보상이다.

19. 타죄 이후설 및 타죄 이전설[32]

일반 은총 문제에 대한 우리의 결론은 바빙크가 타죄 이후설(infralapsarianism) 및 타죄 이전설(supralapsarianism)에서 지적한 내용을 따르기를 바란다. 바빙크는 어느 방향이든지 간에 극단적인 것은 피하려고 했다.

그렇다면 어떻게 극단적인 것을 피할 수 있는가?

어떻게 균형 잡힌 견해를 유지할 수 있는가?

우리의 논리가 성경의 가르침을 지배하지 못하게 함으로 그럴 수 있다.

성경에 나타난 모든 자료를 완전히 고려하지 않으면, 타죄 이전설은 그 목적이 거의 가치가 없을 정도로 선택과 유기를 통한 인간의 최종 운명을 강조하게 된다. 그것은 사실상 이차적 원인 및 역사적 원인을 부정하기에 이른다.[33]

타죄 이후설은 성경에 나타난 모든 자료를 온전히 고려하지 않은 상태에서 인간이 타락하게 한 원인으로서 죄의 역사적 사실의 중요성을 너무 강조했다. 그래서 모든 것을 통제하는 절대 주권을 가지신 하나님이 인간의 모든 역사적 선택 뒤에 계신다는 기본적 사실의 중요성을 위태롭게 했다. 때로는 모든 유한한 원인을 통제하는 첫 번째 또는 마지막 궁극적 원인으로서 하나님의 계획을 사실상 부인했다.[34]

---

32 '타죄설'(lapsarian) 논쟁은 16세기 개혁주의자들 사이에서 두드러졌다. 이 논쟁은 하나님 작정의 특정한 것들에 대한 논리적 순서와 관계가 있다. 타죄 이전설(Supralapsarians)은 이 순서를 하나님의 선택, 창조 그리고 타락으로 본다. 타죄 이후설(Infralapsarians)은 창조, 타락 그리고 하나님의 선택으로 본다. 바빙크(Bavinck)는 타죄 이후설 입장이 개혁주의자 사이에서 대다수를 차지하지만, 둘 다 비현실적이고 불충분하다고 생각한다. Bavinck, *RD*, 2:365-392 참조.

33 논리적으로 말해서, 하나님은 창조나 타락에 관계없이 인간을 선택하셨기 때문이다. 하나님의 선택이 오는 수단은 부수적이다.

34 논리적으로 말해서, 이것은 창조와 타락이 하나님의 선택과 예정의 목적과 관련 없이 발생할 수 있는 상황에 해당한다. 따라서 하나님의 작정과 관련 없이 발생하는 역사적 측면들(특히, 창조 및 타락)이 있다.

그러므로 우리는 바빙크가 우리의 이유가 성경 자료와 관련해 입법하도록 허용해서는 안 된다고 주장한다. 우리의 주권자는 하나님이시다. 그의 영광은 모든 것의 끝이다. 그러나 우리는 이 영광이 보복의 경우에 그들의 형벌의 의로만 나타나고 있다고 말할 수는 없다.

그들이 이 세상에 있는 동안 그들로부터 그들의 비난의 관점에서 독점적으로 설명될 수 없는 것들이 진행되고 있다. 또한, 우리는 선출된 경우 하나님의 영광이 그리스도 안에서 그들에게 오직 하나님의 은혜로만 성취된다고 말할 수 없다.

그들에게는 하나님을 불쾌하게 하는 많은 죄가 있다. 그들의 '노인'으로부터 나오는 것은 하나님의 은혜에 위배되는 것이 아니다. 그래서 그 책을 환수의 경우에 그들의 행동은 그들의 악의 원칙보다 낫다. 하나님의 일반적 은혜에 지배되지 않는다면, 우리는 기대할 것이다.

그러므로 바빙크는 우리가 우리의 이성이 성경의 자료보다 우위를 점령하게 내버려 두어서는 안 된다고 주장한다. 절대 주권을 가지신 하나님이 모든 것 위에 계신다. 하나님의 영광이 모든 것의 종착역이다.

그러나 우리는 유기된 자의 경우에 있어 이 영광이 그들에 대한 정의로운 형벌로만 배타적으로 나타난다고 말해서는 안 된다. 그들이 이 세상에 있는 동안, 그들의 유기와 관련해 설명할 수 없는 것이 그들에게서 진행되고 있다.

또한, 우리는 선택받는 사람의 경우 하나님의 영광이 그리스도 안에 있는 그들에게 오직 하나님의 은혜로만 성취된다고 말할 수 없다. 그들에게는 하나님을 불쾌하게 하는 죄가 많다. 그들 '옛사람'으로부터 나온 것은 하나님의 은혜에서 나오지 않고 하나님의 은혜에 반해서 나온다.

유기된 자의 경우도 마찬가지이다. 하나님의 일반 은총이 그들을 지배하지 않으면, 그들의 행위가 그들의 악한 원리보다 낫다고 우리는 기대할 수 있을 것이다.

타죄 이전설이나 타죄 이후설을 지지하는 자들의 논리에서 알 수 있듯이, 이런 이론들은 인간 논리를 계시의 자료보다 위에 두는 잘못을 범했다.

따라서 오늘날 개혁주의 신앙을 사랑하는 사람이 우리 곁에 있지 않은가? 우리는 전체 문제와 관련해 "고통스러운 재평가"(agonizing re-appraisal)를 염두에 둘 필요가 있는가?[35]

우리는 세상 앞에서 명백히 증거해야 한다.

우리는 종교개혁주의자들의 일을 통해 하나님을 공경하기를 원한다. 하나님의 절대 주권적 은혜 개념에서 절정을 맞이한 종교개혁주의자들은 사람에게 선언했다.

종교개혁의 아들인 우리는 죄인들의 불법적 반대를 만족시키기 위해 삼천포로 빠져서 그들에게 올바른 신앙으로 도전하지 않을 것인가?

20. 균형 있는 일반 은총 관점

우리 앞에는 기독교 신앙의 고속도로가 놓여 있다. 우리는 왼쪽이나 오른쪽으로 벗어나지 않고 그 고속도로를 달리기 원한다.

자동차가 반듯하게 가지 않으면, 점점 더 포장도로를 벗어나게 될 것이다. 차의 한쪽 바퀴는 포장도로에 있고 또 다른 쪽은 갓길에 있는 상태로는 효과적으로 운전할 수 없다. 우리는 고속도로를 벗어나 좌로나 우로 치우치지 말자고 서로서로 친절한 말로 경고하자.

일반 은총을 부정함으로 오른쪽으로 치우치거나(훅스마[Hoeksema]처럼) 로마가톨릭의 자연신학을 따라 일반 은총 이론을 맹신함으로 왼쪽으로 치

---

[35] "고통스러운 재평가"라는 인용문은 1953년에서 1959년까지 국무장관을 지냈던 존 포스터 덜레스(John Foster Dulles)의 말일 가능성이 높다. 그는 외교 정책과 관련해 말했다. "만약 유럽방위공동체(E.D.C.)가 실패한다면, 미국은 기본 정책에 대한 고통스러운 재평가를 강요받을 수 있을 것이다."

우치는 것으로는(일부 카이퍼[Kuyper]의 공식처럼) 세상의 지혜에 도전을 주지 못한다.

어떤 경우에도 인간을 부르시는 하나님의 목소리는 참으로 보편적일 수 없다. 일반 은총을 부정함으로 우리는 사실상 하나님이 어떤 사람들은 참으로 회개하도록 부르지 않으신다고 말하는 꼴이 된다.

자연신학에 바탕을 둔 일반 은총을 주장하면 하나님이 모든 곳에서 그리고 삶의 모든 차원에서 사람을 부르신다는 것을 보여 줄 수 없게 된다.

양쪽 모두 우리는 복음 및 세상의 구원자이신 그리스도의 완전한 영광을 보여 주지 못한다.

당신은 나의 증인이다!

제3장

일반 은총에 대한 서신[1, 2, 3]

최근에 당신은 나에게 일반 은총에 대한 나의 견해가 무엇인지 물었다. 당신은 일반 은총에 대해 나의 입장을 취한다면 비기독교인의 과학적 연구 결과를 어떻게 활용할 수 있는지 알지 못한다는 말을 누군가에게서 들었다고 말한 바 있다.

이 사람은 불신자가 모든 분야에서 아무런 진리도 발견할 수 없다는 것이 나의 견해라는 인상을 분명히 받았을 것이다.

비슷한 성질의 것에 대한 비판으로, 불신자는 어떤 의미에서건 선한 것

---

1 이 장에서는 *Common Grace and Christian Education* (개인적으로 출판, 1951)이라는 제목의 윌리엄 마셀링크(William Masselink) 박사(Th.D., Ph.D.)의 연구를 다룬다. 이 장은 마셀링크 박사의 더 최근의 책, *General Revelation and Common Grace* (Grand Rapids: Eerdmans, 1953)이 출판되기 전에 준비되었기 때문에, 이 이후의 작품에 나온 내용을 언급하는 것은 불가능하다.
2 이 서신의 최초 출판 날짜는 1952년이다.
3 윌리엄 마셀링크(William Masselink, 1897-1973)는 1918년 그런디대학 및 신학교(Grundy College and Seminary)를 졸업하고 1919년에 프린스턴신학교에서 신학 석사 학위(Th.M.)를 받았다. 그는 1920년에 시카고신학교(Chicago Divinity School)에서 수학하고 남침례교신학교(Southern Baptist Theological Seminary)에서 철학 박사 학위(Ph.D.)를 받고 1937년 암스테르담자유대학교(Free University of Amsterdam)에서 신학 박사 학위(Th.D.)를 받았다. 그는 1922년 기독교개혁교회(Christian Reformed Church)에서 목사 안수를 받았다. 그는 1952년에서 1963년까지 개혁성경대학(Reformed Bible College)에서 가르친 후에 인디애나, 미시간 그리고 일리노이주의 기독교개혁교회에서 목회했다. 마셀링크는 암스테르담자유대학교에서 논문을 완성하고 1938년 발렌타인 헵(Valentijn Hepp)의 지도하에서 그것을 방어했는데, 이 점이 다음 논쟁에서 중요하다.

을 할 수 없다고 내가 주장한다고 한다.

요컨대, 나는 '본성의 사람'에 대해 너무 부정적 관점을 취한다고 한다. 나는 전적 타락 대신에 절대적 타락(absolute depravity)을 가르친다고 한다. 다시 말해서, 인간은 더할 나위 없이 악할 수 있다. 따라서 하나님이 인간에게 일반 은총을 베풀기 때문에 인간은 영적으로 선하지는 않지만 도덕적으로 선한 일을 상당 부분 할 수 있다는 사실조차도 내가 부정한다는 것이다.

이 모든 것에서 나는 이렇게 말한다.

"헤르만 훅스마(Herman Hoeksema)에 너무 가깝다."

나는 아브라함 카이퍼(Abraham Kuyper)의 주장을 상세한 내용까지는 아니지만, 인식론이라는 관점에서 비판하지 않았는가?

간단히 말해서 내가 "절대론자 입장"(absolutist position), "지적 재세례파 주의"(intellectual Anabaptism)를[4] 포함하는 입장을 유지한다고 한다. 또한, 타락 이후에 인간에게 남아 있는 "본성의 빛", 하나님 지식의 "남은 자" 그리고 인간이 여전히 소유한 도덕에 대해 말하는 개혁주의 신앙고백과는 다른 입장을 유지한다고 한다.

나의 입장은 재건주의 신학(reconstruction theology), 즉 화란의 아브라함 카이퍼(Abraham Kuyper) 및 헤르만 바빙크(Herman Bavinck)의 견해에 대항하는 신학 그리고 B. B. 워필드(B. B. Warfield) 및 J. 그레샴 메이천(J. Gresham Machen)의 구프린스턴신학(Old Princeton theology) 관점에 대항하는 신학이라고 비판한다.

---

4 "지적 재세례파주의"라는 표현은 지성과 관련해 급격한 분리를 나타내는 은유로 경멸적인 의미로 사용되는데, 이것은 S. J. 리델보스(S. J. Ridderbos)가 사용한 표현이다. 그는 이 표현을 통해 반틸이 얼마나 급진적으로 신자의 지식과 불신자의 지식을 분리하는지 말할 뿐 아니라, 반틸의 관점은 개혁주의의 것이 아니라 '재세례파'의 것이라고 말한다. 또한, Cornelius Van Til, *The Defense of the Faith, ed. K. Scott Oliphint* (Phillipsburg, NJ: P&R Publishing, 2008), 1-27, 특히 12-13을 참조하라. 『변증학』(*The Defense of the Faith*, CLC 刊).

확실히 나는 클라스 쉴더(Klaas Schilder)와 헤르만 혹스마(Herman Hoeksema)와 같은 급진적 재건주의자에 속하지 않고 D. H. Th. 볼렌호븐(D. H. Th. Vollenhoven)과 H. 도예베르트(H. Dooyeweerd)와 같은 온전한 재건주의자에 속한다고 한다.

나의 입장에 대한 이런 종류의 비판은 1952년 미시간주 그랜드 래피즈에 있는 '개혁성경연구소'(Reformed Bible Institute in Grand Rapids, Michigan)의 교수인 윌리엄 마셀링크(William Masselink)가 출판한 책『일반 은총과 기독교 교육』(Common Grace and Christian Education)에서 발견된다.[5]

마셀링크 박사는 "일반 은총에 대한 오래된 전통적 견해만이 유일하게 유지할 수 있는 입장"이라는 것을 보여 주려고 노력한다.[6] 그리고 그가 보기에 나는 이 전통적 견해를 훼손하기 때문에 내 관점이 문제가 있다고 증명하려고 한다.

마셀링크 박사는 암스테르담자유대학교(Free University of Amsterdam)에서 신학을 가르쳤던 작고한 그의 스승 발렌타인 헵 박사(Dr. Valentijn Hepp)를 솔직히 존경한다. 헵의 견해는 전통적 입장과 같고, 모든 의도와 목적에 있어, 카이퍼 및 바빙크와 같다고 마셀링크는 가정한다. 그러므로 그는 헵이 쉴더, 볼렌호븐, 도예베르트, 및 다른 사람들에게 행한 비판을 엄격하게 고수한다.

리델보스(S. J. Ridderbos)는 그의 소책자『일반 은총 문제에 대하여』(Rondom het Gemene Gratie Probleem, 1949)에서 나의 입장을 비판했는데, 마셀링크는 이를 대부분 동의한다. 그는 이런 취지로 리델보스의 글을 인용한다.

> 이런 관점에서 계속해서 사고하면, '하나님에 대한 자연신학'을 인정할 '희미한 가능성'마저도 없어진다.[7]

---

5 실제 출판 연도는 1951년이다.
6 Masselink, *Common Grace and Christian Education*, 3.
7 Masselink, *Common Grace and Christian Education*, 98.

위에 요약한 나의 입장에 대한 일반적 비판을 다루는 것이 이 서신의 목적이 아니다. 나의 주요 목적은 나의 견해와 관련해 발전된 일부 오해를 제거하려는 것이다. 이런 오해는 의심할 여지 없이 나 자신의 잘못일 수 있다. 내가 쓴 용어가 모호할 수 있다. 그러나 지금 널리 알려진 내 견해에 대한 오해가 내가 쓰거나 말한 것에서 상당히 발견된다고 믿을 수 없다.

먼저 나는 마셀링크 박사가 사실들에 대한 나의 견해를 분석한 것을 다룰 것이다. 즉, 인간 지식의 대상에 대한 분석을 다룰 것이다. 그리고 나는 인간의 마음, 인간 지식의 주제, 특히 "본성의 사람"을 다룰 것이다.

1. 사실들 또는 지식의 대상

마셀링크 박사는 사실에 대한 나의 견해를 설명하면서 다음과 같이 말한다.

> "무엇이 사실인가?"
> 이에 대한 질문에 비기독교인은 이렇게 대답한다.
> "인간이 정의하고, 해석하며, 정형화한 것만이 사실이다."
> 그러므로 모든 '사실'은 과학적이고 분석적인 무신론이다(anti-metaphysical). 인간이 정의할 수 없는 것은 무엇이든지 '사실'이 아니다. 실제 '사실'이 아닌 해석한 사실인 '엄연한 사실'(brute facts)일 수 있다. 비기독교인에 따르면 이것은 어떤 '사실'의 발견에 대한 전제이다. 그러므로 비기독교인 자신은 무엇이 '사실'인지 결정한다. 그는 자신의 해석에 의해 '사실'을 만든다.
> 반면, 기독교인에 따르면 오직 하나님만이 '사실'을 정의하실 수 있다. '사실'에 대한 하나님의 설명 또는 계획은 '사실'을 '사실'로 만든다. 기독교인은 현대 과학이 인간에게 돌리는 것, 즉 사실을 만드는 힘을 하나님께 돌린다. 그러므로 인식론에 관한 한, 기독교인과 비기독교인은 공통된 '사

실'을 가지지 않는다.⁸

그다음 마셀링크 박사는 법률과 인간의 위치를 놓고 내가 말한 것을 설명한 두 단락 후에 이렇게 덧붙인다.

> 당신은 반틸의 견해가 무엇이냐고 묻는다. 우리는 70쪽에 있는 '일반 은총'에서 그 대답을 발견한다. 거기에서 그는 쉴더의 말에 동의한다.⁹

내가 쉴더의 말에 동의한다는 것은 무슨 뜻인가?
그것은 "그런 사실들"로부터 유기된 자를 향한 하나님의 태도와 같은 것을 결론 내려서는 안 된다는 의미이다.

> 그러므로 쉴더와 반틸에 따르면, 사실은 믿음에서 분리될 수 없다. 다시 말해서, '사실'은 비기독교인에게 불가능하다.¹⁰

나는 다음과 같이 나의 입장을 설명할 수 있다.

첫째, 그것은 나의 견해를 공정하게 대우하는 데 필수적인 두 가지를 배제한다.

① 나는 "사실을 만드는" 문제에 관련해 기독교인이 하나님의 공로로 여기는 것을 비기독교인은 실제로 사람의 공로로 여긴다고 말했다. 인간은 재료가 필요하다. 그는 재료를 생산하는 척하지 않는다. 무엇인가를 비교할 때는 어떻게 정의하느냐가 핵심이다. 이 점에 대해 나는 기독교인이

---

8   Masselink, *Common Grace and Christian Education*, 66.
9   Masselink, *Common Grace and Christian Education*.
10 Masselink, *Common Grace and Christian Education*.

하나님의 공로로 여기는 것을 비기독교인은 사람의 공로로 여긴다고 주장했다. 마셀링크 박사는 본성의 인간이 하나님이 창세기에서 하셨던 것처럼 무에서 창조할 수 있다고 내가 주장하는 것처럼 말한다. 이것은 내가 말한 내용이 전혀 아니다.

② 나는 이렇게 말했다.

> 신자와 불신자, 양 당사자가 인식론적으로 자의식을 갖고 해석적 문제에 관여할 때, 그들은 공통된 사실을 공유하지 않는다고 할 수 없다. 반면, 그들은 공통된 사실을 상당히 공유한다고 주장해야 한다. 양쪽 모두 같은 하나님을 다루고, 하나님이 창조하신 같은 우주를 다룬다. 양쪽 모두 하나님의 형상으로 창조되었다. 요컨대, 그들에게는 공통된 형이상학적 상황이 있다. 인식론적으로 양쪽은 공통된 것이 전혀 없지만, 형이상학적 면에서 그들에게는 모든 것이 공통적이다.[11]

기독교인과 비기독교인은 인식론적으로 "공통된 것이 전혀 없다"는 의미는 그들이 '자의식으로 갖고 해석적 문제에 관여'하는 때만 그렇다는 것이다.

마셀링크 박사는 내 견해에 관해 설명할 때, 왜 이렇게 중요한 조건을 빠뜨렸는가?

이후 나의 주장에서, 신지와 불시자 사이에 '어느 정도의' 공통성을 허락한 것은 바로 이 조건이다.

방금 언급한 나의 진술은 '형이상학적으로 그들에게 모든 것이 공통적'이라는 의미에서 다른 진술과 상관관계가 있다는 것이 똑같이 명백하다. 이 점이 또한 기본적으로 중요하다. 누군가가 나를 '상대주의자'로 간주한다고 가정해 보자. 그는 다음과 같이 말할 것이다.

---

11 Cornelius Van Til, *Common Grace* (Philadelphia: Presbyterian and Reformed, 1947), 5.

> 반틸에 따르면, 신자와 불신자는 "모든 사실을 공통으로 가진다. 양쪽 모두 같은 하나님과 하나님이 창조하신 같은 우주를 다룬다. 양쪽 모두 하나님의 형상으로 창조되었다. 요컨대, 그들은 공통된 형이상학적 상황에 놓여 있다."[12]

그는 '인식론적으로 양쪽이 공통된 것이 전혀 없다'는 표현을 단순히 빠뜨렸던 것 같다. 그러나 내 입장 전체에 관한 그의 설명은 적절성이라는 면에서 볼 때 마셀링크 박사의 설명에 한참 뒤지지 않을 것이다.

둘째, 마셀링크 박사는 "그와 같은 사실들"에서 신자를 향한 하나님의 태도와 같은 것에 대해 결론을 내려서는 안 된다고 말하는 쉴더의 입장에 내가 동의한다고 주장한다. 사실은 그 반대이다. 그 인용문이 채택된 전체 문맥은 내가 이 점에 대해 쉴더의 의견을 '따르지 않는다'는 것을 보여준다.

한 가지 사소한 것은 동의한다. 그것은 로마가톨릭 유형의 자연신학에 대항해 그런 경고를 하자는 취지에서였다. 마셀링크 박사는 이 사소한 동의를 주요 주제에 대한 동의와 같은 것으로 취급한다.

그러나 다음의 말은 정반대임을 증명한다. 그런 동의를 하자마자 다음의 문단이 등장한다.

> 엄연한 사실이 없다면 모든 사실은 참하나님의 계시라고 주장해야 한다. 사실이 믿음과 분리되지 않으면 믿음도 사실과 분리되지 않는다. 그러므로 모든 창조된 사실은 어느 정도 사람에 대한 하나님의 태도를 표현한다고 해야 한다. 이것을 주장하지 않으면 로마가톨릭의 자연신학과 같은 것에 다시 빠지게 된다. 이는 결국 엄연한 사실에 대한 개념을 유지하기 때문이다. 그리고 중립적 이성에 대한 개념은 엄연한 사실에 대한 개념과 함

---

[12] Van Til, *Common Grace*.

께 간다. 하나님의 계시와 관계없는 사실은 그 자체만을 계시한다.[13]

나는 '비 및 햇빛'과 같은 사실들이 하나님의 태도를 나타내고 자신의 피조물인 인간에게 '호의적' 태도를 나타낸다는 바로 그 이유로, 1924년 그것에 대한 쉴더의 비판에 대항해 기독교개혁교회 총회(the Synod of the Christian Reformed Church)에서 만든 '세 가지 요점'의 첫 번째 것을 방어했다.[14]

마셀링크 박사는 나의 견해에 따르면 "사실은 … 비기독교인에게 불가능하다"라고 주장한다.[15] 이 문장은 위에서 인용한 인용문의 결론이다. 그는 내가 쉴더와 동의한다는 확증을 발견한다. 그리고 나는 이번에 정말로 동의한다.

쉴더는 신자와 불신자 사이에 중립적 해석 영역이 있다는 생각을 거부한다. 나는 이렇게 생각한다.

> 쉴더가 아무런 조건 없이 신자와 불신자가 공통으로 갖는 영역이 있다는 생각에 대해 상당히 올바르게 공격한다.[16]

내가 거절하는 것은 '조건 없는' 공통성, 즉 신자와 불신자가 '중립적으로' 해석할 수 있는 영역이 있다는 개념이다.

---

13 Van Til, *Common Grace*, 70.
14 어떤 이유로든 마셀링크가 지금까지 언급한 반틸에 대한 비판은 용납할 수 없는 것이라고 해야 한다. 마셀링크는 반틸의 글을 주의 깊게 읽지 않았거나 아니면 의도적으로 반틸을 잘못 설명했다. 반틸이 실제로 말한 것을 왜곡했다. 이와 관련한 그의 비판은 신뢰성을 상실한 것으로 간주해야 한다.
15 Masselink, *Common Grace and Christian Education*, 66.
16 Van Til, *Common Grace*, 25.

마셀링크 박사가 방어할 것이 바로 이 중립적 영역의 개념인가? 그는 그것이 전통적 견해이자 유일하게 방어할 수 있는 견해라고 이해하는가?

그리고 공통점을 믿지만, 조건을 동반한 공통점을 믿는 사람은 하나님과 사람 사이의 관계를 완전히 깨는 사람으로 간주해야 하는가?

마셀링크 박사의 견해는 이미 언급한 것 외에도 다음의 인용문이 보여 주듯이 그렇게 보인다.

> 그러므로 반틸과 쉴더는 분명히 신자와 불신자 사이의 '공통 영토' 또는 '공통 영역'에 대한 가능성을 '열심히' 거부한다. 쉴더와 반틸은 하나님과 '본성의 인간' 사이의 절대적 윤리 대립(absolute ethical antithesis)을 받아들일 뿐만 아니라 절대적 논리 대립과 절대적 심미 대립(absolute logical and absolute aesthetic antithesis)을 받아들인다. 그러면 하나님과 '본성의 인간' 사이의 단절이 완성된다.[17]

지금까지 논의한 내용은 마셀링크 박사 책의 첫 부분을 바탕으로 했다. 그의 책 두 번째 부분은 다음의 내용을 다룬다.

> 내가 인식론 영역에서 구개혁주의 신학자들(Old Reformed Theologians)과 의견을 달리한다.[18]

이 일반 주제 아래에 있는 제목과 설명의 목록은 다음과 같다.

17　Masselink, *Common Grace and Christian Education*, 67.
18　Masselink, *Common Grace and Christian Education*, 68.

I. 카이퍼에 대한 반틸의 비판

1. 반틸은 보편성 개념에서 카이퍼가 칼빈주의자가 아니라 플라톤주의자 및 칸트주의자라고 진술한다.
2. 반틸은 사실들에 관한 그의 개념이 플라톤과 칸트와 같다고 비난한다.
3. 반틸은 신자와 불신자가 공통으로 갖는 것과 관련한 카이퍼의 관점이 가톨릭, 아리스토텔레스 그리고 스콜라주의를 따른다고 말한다.

II. 반틸의 바빙크 및 "구프린스턴신학"과의 불일치

1. 반틸은 바빙크가 "온건한 현실주의 및 스콜라주의"라고 비난한다.
2. 반틸은 바빙크가 알 수 없는 하나님에 대해 기독교 개념과 이방 개념을 동일시한다고 말한다.
3. 반틸은 바빙크가 자신의 유신론적 주장에서 "비기독교적 추론 형태를" 사용한다고 말한다.
4. 반틸은 바빙크가 자연신학에 대해 기독교 개념과 비기독교 개념 사이에서 흔들린다고 비난한다.
5. 반틸은 자신이 카이퍼, 바빙크 그리고 구프린스턴신학과 다르다고 다음과 같이 요약한다(여기에서 50쪽과 52쪽의 '일반 은총'에 관한 긴 인용문이 나열된다).

III. 반틸과 헵 사이의 불일치는 같은 논리로 진행된다.[19]

각 제목에는 『일반 은총』(*Common Grace*)에서 인용한 내용이 있다. 관심 있는 독자라면 쉽게 확인할 수 있다. 이 단락은 다음과 같이 끝난다.

이 모든 것에서 우리는 일반 은총의 관점에 대해(특히, 반틸이 우리의 일반 은총 전체 개념에 대해 근본적으로 올바르게 간주하는 것과 관련해, 즉 인식론과 관련해) 반틸과 카이퍼, 바빙크, 헵 그리고 '구프린스턴신학' 사이에는 기본적

---

19 Masselink, *Common Grace and Christian Education*, 67.

으로 불일치가 존재한다고 결론 내린다.[20]

그의 작품 여러 가지 면에서, 마셀링크 박사는 최근의 모든 위대한 개혁주의 신학자와 나의 불일치를 되짚었다. 그는 다음과 같이 요약한다.

> 반틸이 인식론에 대한 구개혁주의 신학자들의 견해를 '칸트주의', '플라톤주의', '비기독교' 등으로 규정할 때, 우리는 이런 신학자들의 관점과 이교 철학자들의 관점 사이의 차이점이 너무 극단적이어서 비교조차 할 수 없다고 주장한다. 우리는 단지 몇 가지 자명한 사실만 언급할 것이다.
>
> **첫째**, 세상의 이교도 철학자들은 그리스도를 인정하지 않는다. 비록 그들이 말해야 할 진리의 잔재가 있을지라도, 그들의 철학에는 그리스도가 없다. 물론 개혁주의 신학자들은 인식론에 대한 그들의 모든 견해를 그리스도 속죄에 근거한 일반 은총 언약을 바탕으로 한다.
>
> **둘째**, 이교도 철학자들은 존재론적 삼위일체를 인정하지 않는다. 반면에 개혁주의 신학자들은 이것을 출발점으로 삼는다.
>
> **셋째**, 이교도 철학자들은 성경을 그들 사고의 기초로 삼지 않는다. 반면에 개혁주의 신학자들은 성경에서 출발한다.
>
> 반틸이 말하듯이, 개혁주의 신학자들이 세상 철학에서 진리에 대한 어떤 요소를 인정하기 때문에, 인식론에 관한 이들 개혁주의 신학자의 견해가 '칸트주의', '플라톤주의', '비기독교' 등이라고 말하고, 심지어 하나님의 일반 은총 때문에 일부 이런 진리가 그들에게서 비롯된다고 말하는 것은 최소한 우리를 놀라게 한다.[21]

---

20 Masselink, *Common Grace and Christian Education*, 2.
21 Masselink, *Common Grace and Christian Education*, 81.

마셀링크 박사는 지금까지 불신자들이 '사실'에 대해 아는 문제 그리고 일반적으로 인식론에 대해 아는 문제에 대해, 나의 주장이 '극단적 재건주의자'인 쉴더와 같고, 카이퍼, 바빙크, 헵, 워필드 그리고 메이천과 같은 위대한 개혁주의 신학자들에게서 벗어났다는 것을 증명하려고 시도했다.

이 주장의 첫 부분에 대한 증거는 신자와 불신자 사이의 중립적 지식 영역에 대한 개념을 놓고 나는 쉴더와 동의하지 않는다는 데 있다. 이 시점에서 중립적 영역에 대한 개념이 '전통적 견해'를 상당히 나타내는 때만 나는 그것에 동의하지 않을 수 있다고 말할 수 있다.

두 번째 요점은 나의 신학이 이 위대한 개혁주의 신학과 그 뿌리부터 다르다고 독자가 생각하게 하도록 의도되었다. 마셀링크 박사는 플라톤, 아리스토텔레스, 칸트와 같은 사람들과 구별되는 이들 신학자가 기독교인이며 성경을 믿었다는 사실을 밝힐 필요가 있다.

글쎄, 내가 그들 사상의 뿌리가 성경에 있지 않다고 암시하는 글이나 말을 한 적이 있는가?

> 현대의 다른 누구보다도 카이퍼로부터 우리가 구체적으로 생각하는 법을 배웠다는 것을 다시 한번 강조한다. 보편적 문제와 특정한 문제 모두에 대해, 카이퍼는 우리 자신의 전제들을 세워야 한다고 가르쳤다. 그러나 카이퍼가 항상 이 높은 이상에 부응할 수는 없었다.[22]

비슷한 말로, 나는 바빙크에 대해 칭찬했는데 이는 그가 기본적 원칙으로부터, 즉 성경으로부터 자신의 신학을 세워야 할 필요성을 이전의 어느 누구보다 더 잘 보여 주었기 때문이다. 그리고 나는 이런 말을 덧붙였다.

---

22 Van Til, *Common Grace*, 35.

바빙크는 항상 이 개념에 부응한 것은 아니었다.²³

일반 은총에 관한 소책자에 있는 구프린스턴신학에 대해 나는 거의 언급하지 않았다. 다른 곳에서 나는 그 '변증학'에 동의하지 않았다. 이런 점에서 나는 카이퍼를 따르고 있었다. 그러나 나는 그 신학이나 기본 인식론과 기본적 차이점을 표현한 적이 없다.

마셀링크 박사는 이 점에서 다른 사람들보다 S. J. 리델보스(S. J. Ridderbos) 박사의 영향을 더 많이 받았던 것 같다. 리델보스는 마셀링크 박사가 다루는 문제를 다루면서, 내가 카이퍼와 바빙크신학의 "세부 사항"을 비판했다고 말한다.²⁴ 이것은 맞는 말이다.

일반 은총 문제 및 일반적 인식론 문제와 관련해 구프린스턴신학과 암스테르담신학자 사이에는 완전한 합의가 있다는 인상을 받았다. 그러나 이전의 출판물에서 마셀링클 박사는 필드 관점과 카이퍼 관점 사이에 있는 차이를 상당히 중요시했다.

특히, 그는 메이천이 헵에 의해 유지되었던 온전한 개혁주의 입장에서 "떠났다"라고 지적한다. 그가 메이천의 견해에 대한 비판 중 일부는 현재 논의 중인 문제와 관련이 있고, 일부는 그렇지 않다. 우리는 마셀링크 박사가 한 비판의 본질에 대해 일반적인 면에서 설명해야 할 것 같다.

첫째, 그는 변증학이라는 영역에서 메이천이 카이퍼 및 헵에 반대하고 워필드, A. A. 핫지(A. A. Hodge) 그리고 패튼(Patton)과 의견을 같이한다고 말한다. 변증학을 배속하는 데 있어 모든 과학신학 입문을 가지고 워필드는 '슐라이어마허의 추종자'로, 메이천은 '워필드의 추종자'로 분류했다.²⁵

---

23   Van Til, *Common Grace*, 45.
24   Simon Jan Ridderbos, *Rondom het gemene-gratie-probleem* (Kampen: J. H. Kok, 1949).
25   William Masselink, *Professor J. Gresham Machen: His Life and Defence of the Bible* (privately printed, 1938?), 140.

카이퍼는 변증학의 하부 역할을 교리를 방어하는 것으로 정의했다. 워필드에 따르면, 카이퍼가 그렇게 한 이유는 다음과 같다.

> '두 가지 종류의 과학에' 대한 대조를 지나치게 절대시하기 때문이다. 두 가지 종류의 과학이란, 본성의 상태에 있는 죄인이 생각하는 것의 산물과 하나님이 거듭나게 하는 은혜의 영향 아래 있는 인간의 산물을 뜻한다.[26]

둘째, 메이천은 변증법 방법 문제에 대해 헵에 반대하고 워필드를 따른다.

> 메이천 교수의 변증론에 대한 우리의 비판은 '그의 개념에 따른 변증론의 방법'에 관한 질문이 제기될 때 더욱 뚜렷해진다.[27]
>
> 문제는 메이천이 자신의 변증학에서 '이성을 초월한'(super-rational) 요소를 충분히 허용하는가 하는 것이다. 그렇지 않다고 생각한다. 오늘날 로마가톨릭의 변증학을 비롯해 과거의 변증학은 자연적 지성(natural intellect) 앞에서 종교를 정당화하려는 실수를 저지른다. 그런 시도는 헛되다. 거듭나지 않은 이성과 이해를 가능하게 하는 심오한 기독교가 어떻게 친구가 될 수 있단 말인가?
>
> 합리적 증거에 근거한 변증론은 바울의 말을 항상 무시해 왔으며, 이성적 사람, 즉 영적이지 않은 사람은 하나님의 일을 이해하지 못한다. 우리는 헵 교수의 결론이 건전하고 반박하기 힘든 것이라고 믿는다.[28]

---

26 Francis R. Beattie, Apologetics or the Rational Vindication of Christianity (Richmond: Presbyterian Committee of Publication, 1903)에 대한 워필드(Warfield)의 도입에서 인용. Ibid., 140-141.
27 Masselink, *Professor J. Gresham Machen*, 145.
28 Masselink, *Professor J. Gresham Machen*, 147.

여기서 마셀링크 박사는 메이천이 밀접하게 따르는 구프린스턴신학과 암스테르담신학 사이의 깊은 차이를 나타낸다. 프린스턴신학은 인간을 둘러싼 사실들에 관한 진리를 알 수 있는 능력과 관련해, 암스테르담신학이 거듭나지 않은 사람과 거듭난 사람 사이의 차이점을 지나치게 강조한다고 비난한다.

반면에 암스테르담신학은 프린스턴신학이 거듭나지 않은 이성과 이해가 가능하게 하는 심오한 기독교 사이에 '어떤 친밀감도' 없다는 사실을 공정하게 평가하지 못한다고 비난한다.

마셀링크 박사는 불신자 안에는 기독교 진리에 대한 어떤 '친밀감도' 없다고 말하는 암스테르담신학과 입장을 같이하고 프린스턴신학에 동의하지 않는다.

이 입장이 내가 '절대적 윤리 대립'에 관해 말한 것과 어떻게 다른가?[29]

셋째, 마셀링크는 메이천이 '이론적 증거'에 대한 추정치를 너무 높이 설정했다고 말한다.

> 우리는 '자연신학과 믿음의 관계에' 관한 메이천 교수의 견해에 동의하지 않는다.[30]

메이천은 이런 증거를 통해 하나님에 대한 믿음을 확립할 것이다. 마셀링크 박사는 메이천의 글에서 인용한 후 결론 내린다.

---

29 암스테르담신학과 구프린스턴신학에 대한 반틸의 분석에 대해서는 Van Til, *Defense of the Faith*, 345-382을 참조하라. 반틸이 말하는 "절대적 윤리 대립"은 모든 사람이 아담이나 그리스도 안에 있다는 점에서 절대적 언약 대립(absolute covenantal antithesis)이란 표현으로 더 잘 이해할 수 있다. 아담 안에 있는 사람들은 불의로 진리를 억압한다. 하나님의 계시에 대한 그들의 "윤리적" 반응은 불순종으로, 하나님께 불명예를 안긴다(롬 1:18-23). 믿음으로 말미암아 그리스도 안에 있는 사람은 자신 안에서 발견하는 진리를 받아들인다.

30 Masselink, *Professor J. Gresham Machen*, 147.

메이천의 이 인용문 및 기타 유사한 인용문으로부터, 우리는 메이천이 기독교 신앙을 자연신학에서 파생하는 하나님에 대한 유신론적 증거에 바탕을 둔다고 결론 내린다.[31]

그러나 헵은 성령의 증거에 관한 자기 박사 학위 논문에서, 일반 계시는 지식의 확실성을 줄 수 없다고 가르쳤다.

> 이는 모든 계시가 수단을 통해 이루어지기 때문이다. 우리는 사물 그 자체를 통하지 않고는 사물의 본질을 알 수 없다. 그러므로 만약 이 계시가 이런 문제들과 관련해 확실성을 주어야 한다면, 그것은 사물 그 자체를 통해서 해야 할 것이다. 그러면 이것이 우리 확실성의 기초가 된다. 우리가 이미 관찰한 이것은 있을 수 없는데, 이는 확실성이 창조자 자체가 아니라 창조 자체에 있기 때문이다. 성령께서 나에게 이런 것들은 외적 계시와 멀리 떨어져 있다는 확신을 주실 때만 나는 절대적으로 확신할 수 있다.[32]
> 그러므로 메이천이 말하듯이 '유신론적 증거들'은 믿음의 기초가 될 수 없다.[33]

지금까지 논의한 것에 근거해 이렇게 말할 수 있다. 마셀링크 박사에 따르면 사실과 이와 관련한 불신자의 지식에 대한 문제에서 카이퍼의 입장과 워필드의 입장 사이에는 상당한 차이가 있어 보인다. 마셀링크 박사는 자신의 박사 학위 논문에서, 암스테르담신학과 구프린스턴신학이 과학의 통일성이 어떻게 보존될 수 있는지에 대한 문제에서 서로 대립한다고 주장한다.

---

31 Masselink, *Professor J. Gresham Machen*.
32 Masselink, *Professor J. Gresham Machen*, 150.
33 Masselink, *Professor J. Gresham Machen*, 153.

카이퍼는 명백한 기독교 토대 위에서 과학의 통일성을 유지하려고 한다. 기독교와 '관련성이 전혀 없는' 비기독교인은 과학의 통일성을 유지할 수 없다. 워필드는 모든 사람이, 즉 불신자 및 신자가 공통으로 가지고 있는 합리성에 기초해 과학의 통일성을 유지하려고 한다. 모든 사람은 자신의 환경에 대한 사실을 정확하게 해석할 수 있다.

워필드와 메이천은 역사적으로 공식화된 유신론적 증거들을 기독교 신앙의 기초로 본다. 마셀링크 박사는 카이퍼와 바빙크의 입장을 선택하고 워필드와 메이천의 입장을 거절한다.

마셀링크 박사는 후기 연구에서 카이퍼와 워필드의 관점이 과학의 문제에 대해 서로 일치하는 것처럼 말하고, 나는 구프린스턴과 암스테르담신학이 공통으로 가진 입장에서 떠난 것처럼 말한다. 그는 내가 카이퍼와 워필드를 동시에 따르지 않는다고 비난한다. 그는 현재 나에게 재건주의자(reconstructionist)라는 혐의를 씌우는데, 몇 년 전에도 본질적으로 같은 일을 했다.

나는 사실의 본질과 사실에 대한 불신자의 지식에 관한 몇 마디 나의 견해를 덧붙이고자 한다.

첫째, 나는 우주의 모든 사실이 철저히 하나님의 계시라고 주장한다.
- 이것은 자연과 역사에서 인간 환경에 관한 사실들에도 해당한다.
- 이것은 또한 합리적이고 도덕적인 존재로서 인간 자신의 구성에도 해당한다.

둘째, 이 두 가지 요점의 결론으로 나는 모든 사람이 불가피하게 하나님을 알고 자신이 하나님의 창조물이라는 것을 안다고 주장한다(롬 1장).

각 요점에 대한 간략한 설명을 순서대로 하겠다. 마셀링크 박사는 내 견해에 의할 때 본성의 사람은 하나님이나 도덕에 대해 전혀 모른다고 주장한다. 그러나 사실은 그 반대이다. 나는 모든 사람이 하나님을 안다는 사실을 크게 강조했다. 메이천 박사를 따라, 나는 기독교가 학술적으로 방어할 수 있다고 주장한다.[34] 그리고 우주에 나타난 사실들이 하나님과 하나님의 진리가 존재한다는 것을 분명하고 틀림없이 밝히기 때문에, 나는 이것이 사실이라고 믿는다.

마셀링크 박사는 하나님에 관한 인간의 자연적 지식을 설명한 나의 견해에 대해 다음과 같이 말한다.

> '하나님에 관한 자연 지식'과 도덕적 감각을 부정하는 것은 총회의 선언과 상충한다는 것을 우리는 알 수 있다.[35]

이 언급은 일반 은총 문제와 관련된 기독교개혁교회(Christian Reformed Church) 총회의 선언에 관한 것이다(1924). 그러나 나는 '하나님에 관한 자연 지식'이나 '도덕적 감각'을 부정하지 않는다. 나는 하나님과 도덕에 대한 이 자연적 지식이 일반 은총의 결과라는 주장을 확실히 부정한다. 나는 이것이 일반 은총의 '전제'라고 생각한다. 그것은 또한 구원하는 은총의 전제이기도 하다.[36]

먼저 하나님에 관한 자연 지식이 있어야 한다면 모든 사실은 하나님에 관해 분명히 말해야 한다. 칼빈은 그렇다고 주장하고 나는 그를 가까이 따

---

34 메이천 변증학과 반틸 변증학의 관계에 관해 상당한 논쟁이 있다. 이 논쟁의 많은 부분이(예를 들어, "메이천은 전제론자[presuppositionalist]였는가?") 시대착오적이다. 뮤터(Muether)의 분석은 정확하다. "메이천과 반틸 사이에 있는 명확한 차이에 대한 오랜 논쟁은 이 둘 사이에 있는 기본적 유사성을 모호하게 하는 경향이 있다. 반틸이 자기 스승으로부터 배운 것과 메이천이 자기 학생에게 감탄한 것은 기독교 신학과 변증론의 일관성에 대한 끊임없는 주장이었다. 기독교는 진리의 체계이고 웨스트민스터신학교는 오번 지지자들(Auburn Affirmationists)로 오염된 프린스턴신학교가 할 수 없었던 방법론적 일관성으로 그 체계를 약속했다." John R. Muether, *Cornelius Van Til: Reformed Apologist and Churchman* (Phillipsburg, NJ: P&R Publishing, 2008), 68.
35 Masselink, *Common Grace and Christian Education*, 96.
36 이것은 신학적으로 중요한 핵심이다. 모든 사람이 참하나님을 안다는 사실은 모든 사람이 하나님의 형상이라는 것을 수반한다. 그러므로 그것은 일반 은총(특별 은총)의 산물이 아니라 그것의 결과이다.

랐다. 다음 인용문들과 참고 문헌들은 마셀링크 박사가 참조하는 강의 계획서에서 인용한 것이다(*An Introduction to Systematic Theology*).

로마서 1:20에 관한 칼빈의 설명에서 인용 후에 다음과 같은 말이 나타난다.

> 그러므로 성경이 강조하는 것은 특별 계시가 없어도 인간은 하나님이 세상의 창조주라는 것을 '알아야 한다'는 것이다.[37]

또한, 인간은 하나님이 후하게 주시는 분이라는 것을 알아야 한다.[38] 죄의 결과조차도 하나님 계시의 명료성을 절대로 감소하지 않는다.

> 우리는 이교도 한가운데 있는 사람을 생각하고, 그가 올바르게 추리했을 때 어떤 논리적 결론을 이끌어야 하는지 알도록 그가 소지하는 계시의 요소들을 생각할 수 있을 것이다.
>
> **첫째**, 그는 하나님을 이 세상의 창조주라고 생각해야 한다.
> **둘째**, 그는 하나님의 섭리를 믿어야 한다.
> **셋째**, 그는 하나님의 비구원적(non-saving) 은혜의 존재를 생각해야 한다.[39]

그다음 자연의 사실을 통한 계시는 하나님이 아담을 통해 인류에게 주신 최초의 초자연적 계시와 밀접한 관련이 있다.[40] 역사의 시초에, 인간은 초자연적 계시를 통해 살아 계신 하나님과 직접적으로 접촉했다. 그리고

---

[37] Cornelius Van Til, *An Introduction to Systematic Theology: Prolegomena and the Doctrines of Revelation, Scripture, and God*, 2nd ed., ed. William Edgar (Phillipsburg, NJ: P&R Publishing, 2007) (hereafter IST), 140. 『개혁주의 신학 서론』(CLC 刊).
[38] Van Til, *An Introduction to Systematic Theology*.
[39] Van Til, *An Introduction to Systematic Theology*, 145.
[40] Van Til, *An Introduction to Systematic Theology*, 146.

"인간은 이런 사실들에 대한 책임을 진다."[41]

인간 구성에 대한 사실들은 그의 환경에 관한 사실들보다 인간에게 하나님을 더 많이 계시한다. 칼빈은 이렇게 말한다.

> 이는 무엇보다도 우리가 가진 재능이 우리 자신에게서 절대로 올 수 없기 때문에, 우리 자신의 존재가 하나님 안에서만 살아남을 수 있기 때문에 우리가 관계를 맺는 하나님을 향해 자기 생각을 당장 돌리지 않고는 자신에 관해 조사할 수 없다.[42, 43]

죄는 하나님에 관한 자연 지식을 없애지 않았다. 하나님에 대한 감각은 "인간의 마음에 영원히 새겨져 있다."[44] 인간은 하나님에 관한 이 지식을 억압하려고 시도해도 실패하게 된다.

> 이는 용광로보다도 더 뜨거운 양심의 가책이 자기 안에서 불타오르고 있기 때문이다.[45, 46]

또한, 종교의 씨는 모든 곳에 신성하게 뿌려졌다. 인간은 하나님을 인식해야 했다. 자신 내부에서 오는 계시와 외부에서 오는 계시는 하나님께 향하라고 매 순간 도전을 준다.[47]

---

41 Van Til, *An Introduction to Systematic Theology*, 147.
42 Van Til, *An Introduction to Systematic Theology*, 156.
43 반틸은 여기에서 John Calvin, *Institutes of the Christian Religion*, ed. and trans. Henry Beveridge (Grand Rapids: Eerdmans, 1957), 1.1을 언급한다.
44 Calvin, *Institutes of the Christian Religion*, 1.3.3.
45 Van Til, *IST*, 158.
46 Calvin, *Institutes of the Christian Religion*, 1.3.3.
47 Van Til, *IST*, 158-159.

하나님의 능력과 신성은 여전히 인간에 관해 나타날 뿐만 아니라, 인간 안에서도 나타난다. 또한, 자기 의식적 활동 안에, 자신에 관하고 자신 안에 있는 계시에 대한 부정적인 도덕적 반응 안에, 모든 무신론적 해석에 대한 불만족에서 그리고 세상의 기원에 대한 진정한 해석으로서의 유신론적 해석을 비자발적으로 인식하는 행동에서 나타난다.[48]

그러므로 인간이 하나님과 도덕을 모른다는 것은 완전히 불가능하다

자연을 통한 하나님과 인간 자신의 양심이 하나님의 존재를 강하게 각인한다는 의미에서, 본성의 사람은 하나님에 관한 참된 지식이 있다. 그래서 그는 틀림없이 이 지식이 있기에, 아무리 노력해도 하나님을 아는 것을 피할 수 없다.

바울이 로마서 1, 2장에서 강조하는 것이 바로 이것이다. 사람에게는 하나님에 대한 감각이 영원히 새겨져 있다는 것이다. 그는 하나님을 알고 자신을 알며 하나님이 창조하신 세상을 안다. 이것은 사람에게 객관적 계시이다. 이 계시가 사람 안에 있는 정도까지, 즉 자기 구성 안에 있는 정도까지 그리고 그것을 '주관적'이라고 부른다고 하더라도, 도덕적 책임이 있는 피조물로서의 인간에게는 객관적이다. 그리고 도덕적 존재로서의 인간은 이 객관적 계시에 반응해야 할 책임이 있다.[49]

또는 다음과 같이 말할 수 있다.

그러므로 실제 상황은 항상 진리가 오류와 혼합되어 있다. 본성의 사람은 '세상에서 하나님이 없이' 살아가지만 어느 정도는 하나님을 인식한다. 하

---

48 Van Til, *IST.*, 169.
49 Van Til, *IST*, 65.

나님의 형상대로 창조되었기 때문에, 자기 안에 영원히 각인된 하나님에 대한 감각 때문에 그리고 하나님의 '규제하시는 은혜'(restraining grace), 때문에 하나님을 미워하는 자들은 비록 제한적이기는 하지만, 여전히 하나님을 알고 선을 행할 수 있다.[50]

이것을 명심한다면, 개혁주의 신학이 주장한 것처럼 본성의 사람이 하나님에 대한 절대적 윤리 대립 교리, 상대적 참된 지식 교리 그리고 상대적 선행 교리가 유지될 때 우리는 불일치 또는 자기모순에 빠지지 않을 것이다.[51]

『무류한 말씀』(The Infallible Word)에 실린 '자연과 성경'(Nature and Scripture)에 관한 글에서[52] 사람을 둘러싼 환경 및 사람 안에서의 사람을 향한 하나님 계시의 명확성이 비슷하게 강조되어 있다. 이것은 로마가톨릭의 "존재의 유추"(analogia entis) 개념에 대항하기 위한 것이다.[53]

하나님은 빛이시고 그분 안에는 전혀 어두움이 없으시다(요일 1:5). 그러므로 하나님은 자신을 부인할 수 없으시다(딤후 2:13). 이 하나님은 창조된 우주를 위한 포괄적 계획을 당연히 가지고 계시다. 그분은 창조된 모든 존재 사이에 있는 모든 관계를 계획했다. 따라서 창조된 모든 실체는 이 계획을 나타낸다. 결과적으로 그것은 본질상 합리적이다.[54]

또는 다음과 같이 말할 수 있다.

---

50 Van Til, *IST*.
51 Van Til, *IST*, 66.
52 Cornelius Van Til, "Nature and Scripture", in *The Infallible Word*, ed. N. B. Stonehouse and Paul Woolley (Philadelphia: Presbyterian and Reformed, 1946).
53 제3장 각주 29을 참조하라
54 Van Til, "Nature and Scripture", 269.

그러므로 계시란 사람의 주변 환경에서 오는 것뿐만 아니라, 언약적 인격으로서의 사람에게서 오는 것을 의미해야 한다. 자신의 이성적 본성 및 도덕적 본성을 통해 자기에게 오는 계시는 나무 및 동물의 소리를 통해 자기에게 오는 계시보다 덜 객관적이다. 인간 자신의 심리적 활동은 자신에 대한 물리 법칙보다 덜 계시적이다. 모든 창조된 실체는 하나님의 본성과 뜻을 본질적으로 계시한다. 하나님 계시에 대한 인간의 윤리적 반응조차도 여전히 계시적이다. 하나님 계시로서 그것은 권위가 있다.

성경의 권위에 대한 신앙고백 교리의 의미는 독특하고 권위 있는 하나님 계시에 비추어 보기 전에는 분명하지 않다. 성경은 본질적으로 권위가 있어야 하는 것처럼 권위를 가지고 말한다. 하나님은 언제 어디서나 권위를 가지고 말씀하신다.

이 시점에서 양심과 성경과의 관계를 통해 오는 하나님의 계시에 대해 말할 수 있다. 양심은 사람의 의식이 중요한 도덕적 문제를 직접적으로 말하는 것이다. 인간 의식의 모든 행동은 가장 포괄적 의미에서 도덕적이다. 그러나 제한적 의미에서 옳고 그름의 문제와 해석에 대한 일반적 문제 사이에는 차이가 있다. 사람의 모든 의식이 원래 완전하게 창조되었고, 하나님 뜻을 권위로 받아들였다면, 하나님의 음성을 분별할 수 있을 만큼 죄가 들어간 후에도, 그 동일한 의식은 여전히 계시적이고 권위가 있다.

죄인이 자기 관점에서 자의식적으로 노력하는 한, 자기 양심을 포함해 자연을 통해 자기에게 오는 하나님의 음성을 파괴하거나 묻으려고 한다. 그러나 이 노력은 역사의 어느 시점에서도 완전히 성공할 수는 없다. 가장 타락한 사람도 하나님의 음성에서 완전히 도망갈 수는 없다. 그들의 가장 큰 악은 그들이 하나님의 권위에 대해 죄를 지었다는 가정을 제외하고는 아무런 의미가 없다. 가장 타락한 생각과 행동은 그 자체로 계시적, 다시 말해서 비정상적 의미에서 계시적이다.[55]

---

[55] 다시 말해서, 어떤 것을 "악" 또는 "비정상"으로 간주하기 위해서는 "선" 또는 "정상"

본성의 사람은 자신의 완전히 타락한 의식이 원래 자연 상태를 계속 지적하기 때문에 자신을 비난하거나 변명한다. 탕자는 아버지의 목소리를 절대로 잊을 수 없다. 아버지의 목소리는 그의 양심을 찌른다.[56]

『복음의 지적 도전』(The Intellectual Challenge of the Gospel)이라는 소책자에서도 앞에서와 같은 방법으로 설명한다. 창조된 우주에서 사람을 향한 하나님의 계시는 분명하다. 그러므로 인간은 하나님을 알 수밖에 없다. 인간 자신의 의식은 윤리적 반응기로서의 자신을 향한 하나님 계시의 일부이다.

바울은 모든 사람이 마음속 깊이 하나님의 피조물임을 알고 자신의 창조주와 재판관인 하나님께 죄를 지었다는 것을 안다고 담대하게 주장한다.[57] 바울은 세상의 '지혜'에 집착하는 사람들이 더 나은 판단력을 거부하고 악의적 양심으로 그렇게 한다는 것을 안다. '유신론'의 모든 사실과 '기독교'의 모든 사실은 죄인을 가리키며 비난한다.
"당신은 언약 파괴자이다.
회개하고 구원받아라!"[58]

본성의 사람과 거듭난 사람은 인식론적으로 공통점이 전혀 없다는 진술의 의미는 하나님의 자연계시가 사람에 관해 그리고 사람 안에 명쾌하게 있다는 주장에 반대해, 낙원에서 아담에게 내린 원래의 초자연 계시와 관련해서만 이해해야 한다.

에 대한 표준이 먼저 전제되어야 한다. 비정상은 무엇이 "정상" 또는 "표준"인가에 달려 있다. 즉, 하나님 자신에게 달려 있다. 악과 선도 마찬가지이다.

56 Van Til, "Nature and Scripture", 265-257.
57 Van Til, *The Intellectual Challenge of the Gospel* (London: Tyndale Press, 1950), 5.
58 Van Til, *The Intellectual Challenge of the Gospel*.

'그것은 항상 그 맥락에 놓여 있다.'

요점은 본성의 사람이 '자신이 채택한 원칙들'에 따라 삶을 해석하는 한, '오직' 그때 그는 신자와 어떤 공통점도 공유하지 않는다는 것이다.[59] 그러나 인간이 진리를 완전히 억압할 수는 없다.[60] 그러므로 그는 하나님의 율법을 어기는 것이 잘못되었음을 안다. 이제 이 문제를 두 번째 제목에서 추가로 논의하자.

2. 지식의 주체인 인간

마셀링크 박사가 지식의 주체로서 본성의 사람에 대한 나의 견해에 관해 말한 것을 들어보자. 이것의 일부는 이미 이전에 다루었다. 이제 우리는 그 문제를 좀 더 분명하게 논의하자.

마셀링크 박사는 이렇게 말한다.

> 우리가 일반 은총에 대한 반틸의 철학을 다룰 때 겪는 큰 어려움은, 그의 전제 또는 출발점, 즉 하나님과 인간 사이의 절대적 윤리 대립(absolute ethical antithesis)이다. 이 전제는 그의 사고 체계 전체를 통제한다. 이어지는 모든 반론은 반틸 자신이 그의 출발점이라고 선언한 이 핵심 전제와 곧바로 관련이 있다.

반틸은 이렇게 말한다.

---

59 반틸이 매우 강조한 이런 조건들은 그의 논증을 제대로 이해하는 데 중요하다. 본성의 사람이 자신이 채택한 원칙들에 따라 삶을 해석하는 한, '오직' 그때 그는 신자와 어떤 공통점도 공유하지 않는다는 표현을 주목하라.

60 그러므로 아담 안에 있는 사람들은 자신의 죄악된 원칙에 따라 일관되게 살거나 행동할 수 없다. 그렇게 하는 것은 자신을 멸절하려는 시도가 될 것이다. (그리스도 안에 있는 사람들도 자기 자신의 거듭남 원칙에 따라 일관되게 살고 행동할 수 없다.)

> 우리는 '본성의' 사람이 하나님에 맞서는 '절대적 윤리 대립'을 강조함으로써 시작해야 한다(*Introduction to Systematic Theology*, 25).[61]

물론 모든 개혁주의 신학은 하나님과 타락한 인간 사이에 윤리적 대립이 존재한다고 주장한다. 문제는 그것이 '절대적'인지 여부이다. 웹스터(Webster) 사전에 따르면 '절대적'이라는 용어는 조건, 한계, 또는 제한이 없다는 것을 의미한다. 문제는 여기에서 '절대적'이라는 용어가 너무 포괄적이고 광범위하지 않은지 여부이다.[62]

마셀링크 박사는 인간이 나빠질 수 있는 만큼 최대로 나빠질 수 있다는 것을 나타내기 위해서 내가 '대적 윤리 대립'이라는 개념을 사용한다고 가정한다.

> 하나님의 절대적 윤리 대립은 마귀를 뜻한다.
> 사람을 마귀와 같은 범주에 윤리적으로 배치하면, 사람 안에 있는 하나님의 형상은 어떻게 된단 말인가?[63]
> 개혁주의 신학은 전적 타락(total)과 절대적 타락(depravity)을 구분한다.
> 전적 타락은 인간의 타락이 영혼, 지성, 의지 그리고 감정의 모든 영역에 뻗어 있다는 것을 의미한다. …
> 절대적 타락은 인간이 타락할 수 있는 최대 수준으로 타락했다는 것을 의미한다. 절대적 타락 상태에서는 일반 은총이 더 이상 죄를 억제할 수 없다. … 지옥에는 일반 은총이 없기 때문에 지옥에 있는 마귀와 불신자들은 절대적으로 타락한 상태에 있다.
> 하나님과 '본성의 사람' 사이에 있는 절대적 윤리 대립(absolute ethical antithesis)은 절대적 타락을 암시해야 한다고 반틸은 말한다.

---

61 Van Til, *IST*, 64-65.
62 Masselink, *Common Grace and Christian Education*, 73.
63 Masselink, *Common Grace and Christian Education*, 74.

절대적 윤리 대립을 확언하면 어떻게 일반 은총을 위한 여지가 남아 있을 수 있겠는가?[64]

나의 이 관점에 대한 분석을 순서대로 언급해 보자.

마셀링크 박사가 "절대적 윤리 대립"이라는 표현을 사전이 아닌, 내가 그동안 사용한 용례에 집중해 이해했다면 다음과 같은 사실을 발견했을 것이다.

① 나는 일반적으로 '전적 타락'(total depravity)이라는 표현을 암시한다. 분명히 마셀링크 박사는 일반 은총에 관한 나의 소책자에서 '절대적 타락'(absolute depravity)이라는 표현을 발견할 수 없었을 것이다. 나는 '전적 타락'이라는 표현을 계속 사용해 왔다.

② 나에게 전적 또는 절대적 타락의 개념은 죄인이 불법과 죄로 죽었다는 것을 의미한다(엡 2:1). 그러므로 원칙적으로 사람은 맹인이다. 인간이 하나님과 자신에 대한 진실을 보기 위해서는 거듭나야 한다.[65] 그러나 인간은 원칙적으로 반쪽 사망이나 부분적 사망이 아닌, 영적 사망, 원리적 사망, 절대적 사망 상태에 있음에도 불구하고 상대적으로 선한 것을 알고 선을 행할 수 있다.

여기서 우리는 하나님의 비구원적(non-saving) 은혜를 다시 한번 생각해야 한다. 사탄의 경우, 그의 어리석음에 대한 해석은 매우 분명해 보인다. 그러나 죄인은 혼합된 상태에 있다. 하나님의 비구원적 은혜를 통해 죄인에 대한 하나님의 진노가 이생에서 완화되었음을 알 수 있다. 그것은 사람의 관심사 전체에 나타난다. 그것은 사람의 육적 삶에서도 나타난다. 인간에

---

64 Masselink, *Common Grace and Christian Education*, 75.
65 Charles Hodge, *Systematic Theology*, 3 vols. (London: James Clarke, 1960), 3:17 참조하라.

게 풍부한 음식과 음료가 주어진다. 인간의 몸이 약해졌기는 하지만, 특정한 경우, 여전히 영혼을 위한 유용한 도구의 역할을 한다는 것을 알 수 있다. 인간의 생각이 완전히 그리고 전적으로 악하지는 않다는 것을 알 수 있다. 비록 기본적으로 사람이 하나님을 대적해 하나님과 자기 이웃을 미워하기는 하지만, 하나님에 대한 이 적대감은 이생에서 완전히 표현되지 않는다. 인간의 악은 아직 완성되지 않았다.[66]

③ 일반 은총에 대한 전체 논쟁의 부담은 신자와 불신자 사이에 있는 진정한 공통성이 전적 타락과 완전히 일치한다는 데 있다.

일반 은총을 부정하는 사람들이 있다. 그들은 하나님이 역사의 어느 시점에서도 '진노의 그릇' 역할을 하는 자들에게 호의적 태도를 보일 수 없다고 주장했다. 그러나 이런 생각은 논리를 성경보다 앞세우는 것이다. 나는 훅스마 및 쉴더에 대항해, 우리는 성경 주해만을 바탕으로 그들보다 좀 더 구체적으로 생각하고 유추적으로 생각해야 한다고 주장했다.

모든 기독교 진리는 부득불 모순처럼 보인다.[67] 그러나 우리는 우리의 사고를 존재론적 삼위일체 위에 세우기 때문에, 따라서 성경에 나타난 이 삼위일체 하나님의 계시 위에 세우기 때문에 우리는 유추적으로 생각한다. 우리는 부득불 모순처럼 보이는 것을 담대하게 받아들여야 한다. 우리에게 모순처럼 보이는 것이 실상은 그렇지 않다는 것을 우리는 안다.

일반 은총 문제의 경우도 마찬가지이다. 우리는 논리가 단지 우리에게 그렇게 요구하는 것처럼 보이기 때문에 하나님이 유기된 자 및 선택된 자를 포함해 전체 인류에게 호의적 태도를 가질 수 없다고 말해서는 안 된다.

---

66 Van Til, *IST*, 168.
67 반틸은 미스터리가 신학의 생명체라는 바빙크의 진술을 다른 말로 바꿔 말하고 있다.

다른 모든 성경 교리의 경우와 마찬가지로, 일반 은총의 경우 우리는 성경의 모든 가르침을 취해 가능한 한 서로 체계적 관계로 묶어야 한다. 그러나 우리는 한 교리와 다른 교리 사이에 논리적으로 추론 가능한 관계를 기대하지 않는다. 우리는 단지 유추적 체계(analogical system)를 기대할 뿐이다.

이런 이유로 우리는 하나님이 일반적 의미에서 모든 인류에게 공통적 호의를 보인다고 담대히 말해야 한다.

선택받은 자를 향한 하나님의 궁극적 목적이 그들을 구원하는 것이지만, 하나님이 그들에게 요구하시는 율법을 그들이 완전히 실행하지 못할 때, 하나님은 불쾌감을 느낀다고 우리는 주장해야 한다.

유기된 자의 경우도 마찬가지다. 비록 그들이 하나님의 진노 아래에 있지만, 어떤 의미에서는 역사 속에서 하나님 호의의 대상이라고, 우리는 담대하게 주장해야 한다.

불신자의 지식 및 상대적으로 선한 것을 행하는 그들 능력의 경우도 마찬가지이다. 그들이 원칙적으로 하나님을 대항하고 지식과 윤리의 토대를 파괴하지만, 하나님의 일반 은총 때문에 그들은 진리를 상당 부분 발견할 수 있고 선한 행위도 상당 부분 할 수 있다.

이것은 전체의 한 요소이다. 이것이 유일한 요소는 아니다. 하나님은 자신이 손수 이루신 역사와 최종적 목적을 향해 나아가는 그 역사를 사랑한다. 그러므로 우리는 인류 역사가 전개될 때, 심지어 인간의 악이 전개될 때도 하나님의 의가 가장 온전히 드러날 수 있도록 하나님과 함께 기뻐할 수 있고 기뻐해야 한다. 그러나 인간의 사악함에도 불구하고, 자신이 받은 선물을 오용해 더 큰 심판을 받는다는 사실에도 불구하고, 하나님이 오래 참으신다면, 하나님이 불신자들에게 호의를 베풀지 않으신다고 결론 내릴 수 없다.

신자는 자신 안에 새로운 생명이 있음에도 불구하고 하나님 앞에 죄를 범하기 때문에 하나님은 그들을 탐탁잖게 여기기도 한다. 그러므로 불신자에게 있는 죄의 존재에도 불구하고 하나님이 그에게 주신 '상대적 선'을 그가 행할 때 하나님은 그에게 호의를 베푸신다. 우리가 하나님 그리고 그분이 세상과 관계를 맺으시는 방식을 일차원적이거나 추상적으로 생각한다면, 구원받은 자를 향한 하나님의 호의와 구원받지 못한 자를 향한 하나님의 호의 사이에는 질적 차이가 없다고 주장하는 자들과 의견을 같이할 것이다. 알미니안주의자와 바르트주의자는 실제로 그렇다.[68]

또는 우리는 하나님이 유기된 자에게 호의를 베푸실 수 없다고 주장하는 자들과 의견을 같이할지도 모른다. 반면에 우리가 하나님 그리고 그분이 세상과 맺으시는 관계를 구체적으로 생각한다면, 하나님이 이 문제에 대해 우리에게 하신 말씀에 단순히 귀를 기울이면 된다.

그렇다면 성경이 말하는 바를 공정히 설명할 '일반 은총' 이론을 세우는 것이 매우 어려울 수 있다. 우리는 성경을 우리 생각의 진위를 판별하는 기준으로 삼지, 우리의 생각을 성경을 평가하는 기준으로 삼지 않는다. 지적이든 도덕적이든 모든 사람의 활동은 유추적(analogical)이다. 이런 이유로 구원받지 못한 죄인이 어떤 의미에서 '선한' 행동을 하고 신자가 어떤 의미에서 '악한' 일을 할 수 있다.

그러므로 성경이 불신자들을 향한 하나님의 호의를 실제로 어느 정도는 가르치는지 아닌지에 대한 질문과 관련해 우리는 그렇다고 시사할 수 있다. 불신자가 하나님의 모든 선물을 남용하고 자신의 악을 더 많이 증가하기 위해 그것을 사용한다는 사실을 우리가 인식하더라도, 하나님이 이생

---

[68] 알미니안신학은 하나님이 모든 사람을 차별 없이 사랑하시지만, 인간이 자유의지로 결정할 때 사랑의 차이가 발생한다고 주장함으로 질적 차이가 없다고 한다. 바르트신학은 모든 사람이 인간이 되기 위해서는 그리스도 안에 있어야 한다고 주장하면서 질적 차이가 없다고 한다. 따라서 알미니안신학은 모든 사람을 향한 하나님 사랑의 정체성에 집중한다는 의미에서 일차원적이고 바르트신학은 추상적이다.

에서 불신자들에게 어떤 호의를 베푼다는 증거가 성경에 있는 것 같다. 우리는 다음과 같은 구절을 지적할 수 있다. 시편 145:9에서 말한다.

여호와께서는 모든 것을 선대하시며 그 지으신 모든 것에 긍휼을 베푸시는도다 (시 145:9).

이 구절의 의미를 다룰 때는 신중해야 한다. 우선, 하나님은 계속해서 자기 백성을 사람의 자녀보다 자기 사랑의 중심에 놓으신다는 것을 기억해야 한다. 그래서 출애굽기 34:6, 7은 이렇게 말한다.

여호와께서 그의 앞으로 지나시며 선포하시되 여호와라 여호와라 자비롭고 은혜롭고 노하기를 더디하고 인자와 진실이 많은 하나님이라 인자를 천대까지 베풀며 악과 과실과 죄를 용서하리라 그러나 벌을 면제하지는 아니하고 아버지의 악행을 자손 삼사 대까지 보응하리라 (출 34:6, 7).

이 구절에서 우리는 우리 앞에 놓인 이 문제를 구체적으로 생각해야 한다는 경고를 받는다. 하나님의 자비와 은혜는 죄를 용서받은 사람들에게 주로 집중된다. 어떤 의미에서든 하나님의 자비와 용서가 죄를 용서받지 못한 사람들에게 전달된다 해도 하나님은 죄악을 간과하지 않으신다는 것을 우리는 항상 기억해야 한다. 그러므로 우리는 시편 145편에서 시편 기자가 출애굽기 34장에서 가르친 것과 일치하지 않는 내용은 절대로 가르치지 않는다는 것을 알아야 한다.

따라서 시편 145편의 주된 의미는 하나님은 자기 백성에게 큰 호의를 베푸신다는 것이다. 불신자에게 주시는 하나님의 큰 선물조차도 기본적으로 신자에게 주시는 하나님의 선물이다. 불신자에게 주시는 하나님의 선물은 신자의 삶을 가능하게 하고 일정 부분 즐거움을 준다. 그러나 이것이 불신자가 어느 정도는 하나님의 은혜를 받는 자라는 사실을 손상하지 않는다. 불신자를 위한 생명의 선물과 자연이라는 복에는 기쁨이 일정 부분 존재한다.

그리고 우리는 시편 145편이 이것을 염두에 둔다고 생각할 수 있을 것이다. 불신자의 인생에서 발견되는 그런 기쁨은 이생이 끝난 다음에는 소멸한다. 이후에도 구원받지 못한 자는 하나님의 손안에 있을 것이다. 그리고 의심의 여지 없이 하나님은 악인과 천사의 사역을 통해서도 자기 영광을 이루는 기쁨을 누리신다.

그러나 그것은 시편 기자가 의미하는 바가 아니다. 하나님은 하나님의 피조물로서의 불신자가 일시적으로 기쁨을 누리는 것을 보실 때, 어느 정도 만족하시는 것 같다. 비록 불신자가 일시적으로 누리는 기쁨이 결국 쓰라림으로 바뀌겠지만, 그런데도 그것이 계속되는 한 여전히 기쁨은 존재한다.

간단히 언급할 수 있는 또 다른 구절은 마태복음 5:44, 45이다.

나는 너희에게 이르노니 너희 원수를 사랑하며 너희를 박해하는 자를 위하여 기도하라 이같이 한즉 하늘에 계신 너희 아버지의 아들이 되리니 이는 하나님이 그 해를 악인과 선인에게 비추시며 비를 의로운 자와 불의한 자에게 내려주심이라 (마 5:44, 45).

이 구절에서 예수님의 제자들은 자신을 미워하는 자들에 대한 적대감을 표출하고 싶은 이기적 욕망을 스스로 부정해야 한다고 가르침을 받는다. 그들은 적대적 태도를 표현해서는 안 된다. 그러나 이것이 그들이 해야 할 일의 전부는 아니다. 그들은 증오를 사랑으로 바꾸어야 한다. 그들은 자신을 미워하는 사람이 언젠가는 신자가 될 수 있을지도 모르기 때문이다.

이것은 한 가지 이유이지 전체 이유는 아니다. 전체의 일부분이지 유일한 이유는 아니다. 이것이 또한 원수를 사랑해야 하는 명시적 이유는 아니다. 원수에 대한 하나님의 태도가 신자가 자신의 원수를 향해 가져야 할 태도의 모범이 된다. 그리고 신자는 하나님이 자신의 원수에게 보이신 태도를 본받아 자기 원수를 분명히 사랑해야 한다.

그러므로 하나님이 자기 원수에 대해 보이신 태도가 어떤 의미에서는 사랑이다. 그러므로 의심의 여지 없이 하나님이 자신의 원수를 사랑하시는 것과 자기 자녀를 사랑하시는 것은 절대로 같은 의미로 해석할 수 없다. 따라서 우리는 우리의 동료 신자들을 사랑하는 것과 같은 의미로 하나님의 원수를 사랑하라고 성경은 가르치지 않는다.

하나님은 의심의 여지 없이 심판의 날이 오기까지 알곡과 가라지가 같이 자라게 하신다. 불신자에 대한 하나님의 궁극적 목적이 그들의 파멸과 그들의 파멸을 통한 하나님 영광을 촉진하는 것이지만, 하나님은 불신자가 자신에게 값없이 주어진 선물을 통해 자기 안에 있는 악을 완전히 실행하지 못하게 막으신다는 의미에서 그들을 사랑하신다.[69]

④ '절대적 윤리 대립'을 원론적으로만 받아들일 때도, 이것은 신자와 불신자 사이의 관계를 다루는 문제에 있어 내 주장의 출발점이 된다는 의미가 아니다.

앞의 인용문이 함축하듯이, 나의 출발점은 언제나 하나님이 원래 사람을 자신의 형상으로 만드셨고 그를 철저히 계시적 맥락에 두셨다는 것이다.[70]

확실히 우리는 로마가톨릭의 입장에 동의할 수 없다. 이 입장에 따르면 신자와 불신자가 아무런 차이 없이 공유하는 지식의 영역, 해석의 영역이 있다. 마찬가지로 알미니안주의는 그런 공통적 해석 영역 또는 중립적 해석 영역을 요구한다.[71] 이와는 대조적으로 우리는 본성의 사람이 윤리적으

---

69 Van Til, *IST*, 381-383.
70 즉, 반틸의 출발점은 언약이다. 하나님 형상으로서의 인간은 하나님의 존전에서 하나님의 성품을 반사한다. 그리고 이것은 하나님의 편재를 고려할 때, 모든 사람이 항상 살고 어디에서나 사는 계시적 맥락을 뜻한다.
71 버틀러 주교의 『유추』(*Analogy*)를 참조하라. 조셉 버틀러 주교(Bishop Joseph Butler, 1692-1752)는 18세기에 가장 영향력 있는 개신교 변증학자였다. 반틸이 언급한 책,

로 타락했고 '영혼과 육체의 모든 부분 및 기능에서 완전히 더럽혀졌다'는 사실을 고려해야 한다.

우리는 문제의 복잡성을 인식하고 어떤 문제가 서론 연관되었는지 밝혀야 한다. 우리는 기독교인과 비기독교인의 차이를 무시하고 '이성'(reason)을 일반화하지 않을 것이다. 그렇게 하는 것은 현실적으로 맞지 않는다.

기독교의 유신론적 방법과 비기독교의 무신론적 방법의 차이를 명확히 구분하지 않고 방법론을 일반화하는 것이 위험한 것처럼, 이성(reason)을 일반적 의미로 말하는 것이나 '공통 의식'(common consciousness)을 일반적 의미로 말하는 것도 위험하기는 마찬가지이다.

첫째, 그러므로 우리는 먼저 '아담의 의식', 또는 사람이 타락하기 전에 존재했던 인간의 이성에서 시작해야 한다. 그 이성은 파생된 것이었다. 본질상 그 이성의 지식은 완전하지 않았지만, 참된 것이었다. 그 이성은 하나님과 적대 관계가 아닌 언약적 관계에 있었다. 그 이성은 이성의 기능이 하나님의 계시를 해석하는 것이라는 사실을 인지했다.

에덴동산에서 아담은 창조된 우주와 관련해 지식의 특정성과 보편성의 관계를 진실로 파악했다. 그는 동물을 '그 본성에 따라', 즉 하나님이 당신의 우주에서 그들에게 부여하신 특성에 따라 이름을 지었다. 그다음 그는 우주의 전반적 의미와 생명체의 의미 그리고 특히 하와의 의미에 관해 말

The Analogy of Religion Natural and Revealed to the Constitution and Course of Nature (1736)는 당시에 널리 퍼져 있었던 이신론(Deism)에 대항해 기독교를 방어하기 위한 것이었다. 버틀러는 이중부정 논증을 사용해 이신론자의 자연 종교로 계시 종교의 가능성을 논증하려고 한다(즉, 자연 종교에서 x라는 존재를 인정하면, 계시 종교에서 y라는 존재를 믿는 것은 합리적이다). 버틀러의 주장에 대한 기본적 견해는 이 (관찰된) 삶과 (관찰되지 않은) 내세를 함께 고려할 때, 이 삶의 알려진 특징들을 닮은 유사한 특징들이 나타난다는 것이다. 예를 들어, 우리는 이생의 초기가 후기 인생을 위한 연병장(training-ground)이 되듯이, 이 인생이 다음 인생을 위한 연병장이라는 사실을 추론할 수 있다. 참고로 버틀러, 아퀴나스 그리고 반틸이 '유추'(analogy)라는 단어를 같은 의미로 사용하지 않는다는 점을 유념하기를 바란다. 변증학에서 이 용어와 관련해 혼동이 일어나는 이유 중의 한 가지가 바로 이 이유이다.

할 수 있었다. 따라서 주체와 대상 그리고 주체와 주체와의 관계는 정상적이었다. 에덴동산에서 인간의 지식은 자의적으로 유추적이었다. 인간은 언약을 지키는 자로서의 임무를 완수하기 위해 우주의 사실들을 알고자 했다.

둘째, 우리는 죄의식, 즉 죄가 들어온 후의 인간의 이성에 관해 생각해야 한다. 구속되지 않은 자의 관점에서 볼 때, 우리는 그것을 거듭나지 않은 의식이라고 말할 수 있다. 이것은 '불법과 죄로 죽은 본성의 사람'이다. 본성의 사람은 그가 될 수 없는 그 무엇을 갈망한다. 그는 '하나님'이 되기를 원한다. 그는 선과 악의 심판자, 진리의 기준을 정하는 자가 되고자 한다. 그는 포괄적 지식의 이상(ideal)으로 자신을 설정한다. 그는 이 이상에 결코 도달하지 못한다는 것을 깨달을 때, 모든 실체는 어두움에 둘러싸여 있다고 결론 내린다.

어린아이가 "내가 이것을 할 수 없다면 아무도 할 수 없다"고 말하는 것처럼, 오늘날 '본성의 사람'도 사실상 자신이 완전히 이해할 수 없다면 하나님도 할 수 없다고 말한다. 거듭나지 않은 사람은 시공간으로 이루어진 세상이 그 자체로 의미가 있고, 인간이 이 세상에 대한 겸손한 재해석자가 아닌 궁극적 해석자라고 생각한다. 본성의 사람은 재건축자(reconstructive)가 아닌 창조적 건축자(creatively constructive)가 되기를 원한다.[72]

우리가 사람들이 공통으로 소유하는 것을 다룬 후에야 구원받은 죄인과 구원받지 못한 죄인을 구분하는 문제를 다룰 수 있다. 타락한 의식은 원칙적으로 창조적 건축자가 되기를 원한다. 중생한 의식은 원칙적으로 수용성 있는 재건축자(receptively reconstructive)가 되기를 원한다. 따라서 우리는 상호 배타적인 두 가지 해석 원칙에 공통점을 기대할 수 없다. 그러나 우리는 절대적 입장을 취할 수는 없다.

---

72 Van Til, *IST*, 62-63.

우리는 비기독교인이 이 세상에 관한 많은 참된 지식을 소유한다는 사실을 잘 안다. 즉, 우리는 비기독교인이 소유한 지식의 가치를 인정할 수 있고, 인정해야 한다.[73]

우리는 이 점을 단지 인정만 하지 않고, 성경 자체가 직접적으로 가르치는 사실과 매일의 경험에서 관찰하는 사실로 받아들인다.

원칙적으로 전적 타락한 자들이 어떻게 본성의 선을 행하고 참된 지식을 가질 수 있는지에 대한 질문은 '항상 대답하기 어려운' 문제였다. 그러나 다른 모든 기독교 가르침보다 더 어려운 것은 아니다.

피기우스(Pighius)는 칼빈에 대항해, 공통성은 조건 없이 항상 '공통적'이어야 한다고 주장한다. 그러므로 그는 모든 사람을 향한 하나님의 태도는 '차별 없이 같아야 한다'고 주장한다.

훅스마(Hoeksema)는 하나님이 어떤 사람은 선택하고 또 어떤 사람은 유기하기로 했기 때문에 그들 사이에는 차이가 있을 수밖에 없다고 주장한다. 그러나 참된 개혁주의 입장은 알미니안주의나 훅스마의 주장에 동의하지 않는다. 두 가지 유형의 사고는 유추적이 아니라 일차원적이고 구체적이 아니라 추상적이다.

그러므로 우리는 여기에 있는 이 어려운 문제나 다른 어려운 문제를 훅스마나 알미니안주의자가 완전히 만족할 수 있도록 해결하리라고 기대하지 않는다. 우리는 다른 모든 신학적 문제를 다루는 것처럼 이 문제도 다룰 것이다. 우리는 모든 요소를 동시에 고려해 '이 문제를 둘러쌀 것이다.' 이것이 바로 칼케돈(Chalcedon) 총회에서 교부들이 그리스도의 두 가지 본성에 관한 서로의 관계를 확립할 때 했던 모든 것이다.

그들은 에우티키아노주의자들(Eutychians)이나 네스토리우스주의자들(Nestorians)의 '논리적' 요구 사항을 만족시킬 수 없었고 만족시키려고 하

---

73 Van Til, *IST*, 63.

지도 않았다.

에우티키아노주의자들(Eutychians)은 그리스도의 두 가지 본성 간의 정체성을 잃지 않도록 하기 위해 두 본성을 혼합했다.

네스토리우스주의자들(Nestorians)은 하나님과 인간 사이의 차이점을 잃지 않도록 하기 위해 두 인격을 구분했다.[74]

이제 우리는 "우리의 질문에 대한 답을, '본성의 사람'이 하나님과 대면하는 절대적 윤리 대립을 강조함으로 시작해야 한다."[75]

불법과 죄로 죽은 인간이 하나님의 관점이 아닌 자기 자신의 관점으로 인생을 해석하려 할 때, 그는 완전히 잘못하고 있다.

> 이 궁극적 관점에서 볼 때[76] '본성의 사람'은 진실로 아무것도 알지 못한다. 그의 목은 쇠사슬로 묶여 있고 그림자만 볼 뿐이다.[77, 78]

마셀링크 박사는 이 구절을 마치 신자와 불신자의 지식에 대한 전체 논쟁을 통제하는 것으로 인용했다.

---

74 에우티키아노주의(Eutychianism)는 4세기와 5세기에 그리스도께서 오직 하나의 본성을 가지고 있다고 가르친 기독교 이단이었다. 네스토리우스주의(Nestorianism)는 그리스도의 두 본성이 실제로 두 인격이라는 것을 가르치는 5세기 기독교 이단이었다. 칼케돈 신조(Chalcedon Creed, 주후 451)는 그런 견해를 비난했다. 칼케돈 신조는 그리스도가 "혼동되지 않고(ἀσυγχύτως), 변하지 않고(ἀρέπτως), 나눌 수 없고(ἀδιαιρέτως), 떨어뜨릴 수 없는(ἀχωρίστως) 두 가지 본성을 가진다"라고 확인했다.
75 Van Til, IST, 64.
76 "이 궁극적 관점"이라는 중요하고 결정적인 조건을 다시 주목하라.
77 Van Til, IST, 64.
78 "그림자만 보는" 본성의 사람에 대한 반틸의 언급은 중요하다. 반틸은 플라톤이 그의 작품 『국가』(Republic) 제7권에서 설정한, "동굴의 우화"를 가리킨다. 플라톤은 (소크라테스를 통해) 동굴에 갇혀 있고 그림자만 보는 사람들을 설명한다. 결국, 그들은 그림자를 참된 실체로 해석하기 시작한다. 반면에 철학자는 동굴의 그림자에서 탈피해 진정한 형태를 실체에 부여하는 사람이다. 마찬가지로, 본성의 사람은 그림자만 보고 그 그림자가 참된 실체의 본질이라고 생각한다. 그는 이 문제의 기본적 진실에 절대로 도달할 수 없다.

그러나 이 구절은 그 자체가 실제로 표현하는 것 외에는 특별하지 않다.

'인간의 윤리적 타락이 원칙적으로 절대적이라는 개념은 인간이 본질적으로, 본래 하나님과 자신에 대한 진리를 소유한다는 것을 전제로 한다.'

그러므로 우리는 자신을 포함한 모든 창조된 실체의 계시적 특성으로 하나님에 관한 지식을 소유한 본성의 사람과 죄로 인해 세상에서 하나님을 배제하고 맹인이 된 상태로 있는 본성의 사람은 구분해야 한다.

> 본성의 사람은 하나님이 자연과 인간의 의식을 통해 하나님이 존재한다는 사실을 알린다는 의미에서 하나님에 관한 지식, 참 지식을 가진다.[79]

그러나 인간은 자신에 관한 그리고 자기 안에 있는 하나님의 계시를 억압하려고 한다.

> 사탄과 동맹을 맺은 인간은 대단한 일원론적 가정을 한다.[80] 그는 결론뿐만 아니라, 방법과 출발점에서도 자신의 궁극적인 것을 당연하게 여긴다.[81]

그러므로 그는 워필드가 말한 것처럼 새로운 빛과 새로운 능력이 있어야 깨달을 수 있다.[82] 본성의 사람은 색안경을 끼고 실체를 본다. 황달에 걸린 사람의 눈에는 모든 것이 노란색으로 보인다.

---

79 Van Til, *IST*, 65.
80 "일원론적 가정"은 가장 기본적으로 실체가 하나라고 가정하는 것이다. 예를 들어, 이것은 철학에서 '모든 것은 … 이다'는 형태의 가정을 취한다. 여기에서 덜 기술적이면서도 매우 위험한 것은, (스스로 존재하는) 하나님과 (하나님의 형상인) 인간을 구분하지 않는 가정이다. 따라서 모든 것이 동일한 평면에 존재한다고 생각한다. 예를 들어, 이것은 진화론에서 분명히 볼 수 있다. 진화론에서 인간의 지위는 동물, 나무 등의 지위와 같다. 따라서 인간 홀로 실체를 정의하고 실체에 의미를 부여하기 때문에 인간은 자신의 궁극성을 당연하게 여긴다.
81 Van Til, *IST*, 65.
82 Benjamin B. Warfield, "Inspiration of Scripture", in *The Works of Benjamin B. Warfield*, vol. 5: *Calvin and Calvinism* (Bellingham, WA: Logos Research Systems, Inc., 2008), 70.

이 일원론적 가정의 정도 만큼 그는 하나님을 비롯한 꽃들 그리고 모든 것을 잘못 해석한다.[83]

그러나 누군가가 지금까지 논의한 것으로부터 전제주의적 결론을(성경이 아닌 가정된 논리에 의한 결론을) 끌어내지 않도록 우리는 다음을 덧붙인다.

다행스럽게도 본성의 사람은 이 세상에 사는 동안 절대로 완전히 일관된 삶을 살지 못한다.[84] 기독교인이 자신의 의지에 반하여 죄를 짓는 것처럼, 본성의 사람도 자신의 본질적 사탄의 원칙에 '반하여 죄를 짓는다.' 기독교인의 경우, 자기 '옛사람'의 악한 영이 자기를 짓눌러서 '그리스도의 삶'을 살지 못 하게 하는 것처럼, 본성의 사람은 신적 감각의 영이 그를 짓눌러서 자신 안에서 사탄의 삶이 이루어지지 못 하게 한다.

그러므로 실제 상황에서는 항상 진리와 오류가 혼합된다.[85] '세상에서 하나님 없이' 사는 본성의 사람도 여전히 하나님을 알고, 일정 부분 하나님을 인정한다. 그들도 하나님의 형상으로 창조되었기 때문에, 그들 안에 있는 지울 수 없는 신적 감각 때문에 그리고 하나님의 제한하는 일반 은총 때문에, 하나님을 미워하는 자들도 제한된 의미에서 하나님을 알고 선을 행한다.[86]

---

83 Van Til, *IST*, 65.
84 본성의 사람은 하나님의 형상이고 하나님이 그의 죄성을 억제하시기 때문에 자신의 불신앙과 완전히 일치하는 삶을 살지 않으신다는 점에 유의하라. 그런데도 죄성이 부정되거나 그 기본적 중요성이 무시되는 것은 아니다.
85 이 점은 매우 중요하다. 다시 말하지만, 우리가 불신앙의 언약적 상태를 볼 수 있다는 점에서 원칙은 매우 중요하지만 실제 상황은(현실은) 진실과 오류가 혼합되어 있다. 불신자들은 꽃을 보고 그것이 꽃임을 알고, 심지어 그 꽃의 다양한 부분을 정의할 수 있다. 하지만 꽃과 그 부분이 하나님의 계획과 목적으로 인해 그렇게 존재한다고 절대 말하지 않을 것이다. 따라서 꽃에 대한 그의 지식(및 설명)은 실체의 "그림자"일 뿐이다.
86 Van Til, *IST*, 65.

"절대적 윤리 대립"(absolute ethical antithesis)이라는 표현을 사용한 단락은 대립(antithesis)의 개념을 최대한으로 악하게 된 인간을 의미하는 것으로 해석하는 사람들에 주로 대항하기 위해 사용한 것으로 보인다.

전체 논쟁의 요점은 절대적 윤리의 타락이나 전적 윤리의 타락에 대한 개념이 인간이 사탄처럼 되었다는 개념으로 이어질 필요가 없고 이어져서도 안 된다는 것이다. 대립은 윤리적이지 형이상학적이지 않기 때문에 하나님의 억제하는 은혜는 인간이 최고로 악하지 않도록 막는다.

앞의 논의에서, 마셀링크 박사가 주장한 것에 대해 내가 어떻게 대답할지 분명하다. 그는 이렇게 말한다.

> 절대적 윤리 대립은 '본성의 사람' 안에 있는 신적 형상에 대한 개념과 충돌한다.

그런 다음 그는 덧붙인다.

> 하나님과 타락한 인간 사이에 '절대적 윤리 대립'이 있다고 주장할 때, 이것을 훅스마처럼 인간은 단지 '하나님의 형상을 지닐 수 있다'고 엄격하게 공식적 의미로 제한하지 않는 한, 어떻게 타락한 사람이 하나님의 형상을 지니고 있다고 말할 수 있겠는가?[87]

그러나 나는 바르트에 대항해 사람 안에 있는 하나님의 형상이 실제 지식 내용으로 구성된다고 길게 주장했다. 인간은 단지 하나님을 아는 능력으로 역사의 과정에서 출발하지 않는다. 오히려 인간은 하나님에 대한 실제 지식으로 출발한다. 더욱이 그는 하나님에 관한 이 지식을 뿌리 뽑을 수 없다. '더 나은 지식에 대한' 죄가 존재하는 것은 바로 이런 이유에서이

---

87 Masselink, *Common Grace and Christian Education*, 74.

다. 이것으로부터 나는 일반적으로 개혁주의 신학, 특히 칼빈과 일치한다고 생각한다.

이 시점에서 일반 은총의 기능에 관한 문제를 놓고 마셀링크 박사와 본인 사이에는 차이가 확실히 있다. 나는 형이상학적 현상을 유지하는 것이 일반 은총의 기능이라고 생각하지 않는다.

로마가톨릭 신학은 피조물이 비존재의 경계에서 시작했다고 생각한다. 로마가톨릭 신학에 따르면 인간에게는 일반적으로 창조된 실체에서처럼 비존재로 돌아가려는 고유한 경향이 있다.[88] 로마가톨릭 신학은 인간 존재에 대한 형이상학적 관점과 윤리적 관점 사이에서 혼란을 겪는다.

바빙크가 자신의 네 권짜리 저서 『개혁 교의학』(*Gereformerde Dogmatiek*)에서 크게 강조한 것이 한 가지 있다면, 그것은 참된 개신교주의는 하나님의 피조물인 인간을 하나님과의 참된 '윤리적' 관계로 회복하는 것이라는 관점이다.[89]

죄의 파괴적 경향은 사람의 합리성과 도덕성이 점진적으로 감소하게 하지 않는다. 인간이 하나님께 등을 돌리고 자신의 창조주를 이전보다 더욱 미워할 때도 여전히 이성적이고 윤리적인 하나님의 피조물이다.[90]

그러므로 하나님이 사람에게 은혜와 구원의 은혜를 주실 때 사람의 합리성과 도덕성이 회복되지는 않는다. 사람의 참 지식과 의와 거룩함이 회복한다(엡 4:24; 골 3:10). 형이상학이 아닌 윤리적으로 회복한다.

---

[88] 여기에서 반틸의 추론은 복잡하지만, 최소한 다음을 포함한다. 로마가톨릭의 체계에서 인간은 창조 때 완벽하고 완전하지 않았기 때문에, 선을 행하기 위해서는 추가된 은사(*donum superadditum*)가 필요했다. 로마가톨릭주의에 따르면(초기 어거스틴을 따라서) 악은 아무것도 아니다. 악은 궁핍, 즉 부족한 것이다. 악을 행하는 만큼 인간은 무(nothing)에 가까이 가고, 비존재(nonbeing)에 가까이 간다. 그리고 인간은 초자연적인 것을, 즉 초자연적 은사(*donum superadditum*)를 거절했다. 따라서 인간은 창조 때 비존재에 가깝게 있었다.

[89] 여기에서 "윤리적"이라는 단어는 하나님의 형상과 하나님에 대한 인간의 본질적이고 책임감 있는 관계를 포함하는 "언약적"이란 단어로 더욱 적절하게 표현될 수 있다.

[90] 처음과 마찬가지로 지금도 그리고 앞으로도 인간은 아담 안에 있든지 아니면 은혜로 그리스도 안에 있든지 할 것이다.

따라서 우리가 일반 은총을 죄를 제한하는 것과 관련된 것으로 여긴다면, 그것은 형이상학적 기능이 아니라 윤리적 기능을 수행한다. 그것은 마셀링크 박사가 주장하는 것처럼, 인간의 피조적 특성을 주장하지 않는다.

그것은 인간의 합리성과 도덕성으로 구성된 '더 넓은 의미'에서 하나님의 형상을 지탱하지 않는다. 그것은 어쨌든 합리적인 사람이 하나님의 형상대로 창조되었기 때문에 지식 분야에서 하나님에 대한 적대감을 표현하지 못하게 해, 지식을 파괴할 수 없게 한다.[91]

그리고 하나님은 인간이 하나님에 대해 윤리적 적대감을 표출하지 못하게 하시면서, 하나님의 창조 능력을 인간에게 주셔서 지식과 예술 분야에서 긍정적 공헌을 할 수 있게 하신다.[92]

마찬가지로 하나님은 인간이 하나님에 대해 윤리적 적대감을 표출하지 못하게 하시면서 자신의 도덕적 능력을 인간에게 주셔서 영적으로 선하지

---

[91] 그러므로 사람이 하나님의 형상이기 때문에 그리고 하나님이 그의 죄를 억제하시기 때문에, 사람은 꽃이 꽃이라고 확언할 수 있다고 말한 위의 예를 다시 한번 언급한다. 실체는 하나님을 계시하기 때문에 인간은 자신의 원칙에 따라 실체 그 자체를 부정하고, 자신의 끊임없는 반란은 그 계시를 억압한다.

[92] 이와 관련한 칼빈의 견해는 여기에서 인용할 가치가 있다. "한편, 우리는 인류의 공통적 선을 위해 하나님의 뜻에 따라 누구에게나 분배하는 하나님 영의 가장 큰 유익을 잊지 않아야 한다. 하나님의 영은 성막을 건축하는 데 필요한 이해력과 지식을 브사엘(Bezalel)과 오홀리압(Oholiab)에게 주입하셨다(출 31:2-11; 35:30-35). 그러므로 인간의 삶에서 가장 우수한 모든 지식이 하나님의 영을 통해 우리에게 전달된다는 것은 놀라운 일이 아니다.
하나님에게서 완전히 멀어진 불경건한 자들이 하나님의 영과 어떤 관계가 있는가 하고 물어야 할 이유라도 있는가?
우리는 하나님의 영이 믿는 자에게만 거하신다는 것을 이해해야 한다(롬 8:9). 이는 하나님의 성전인 우리가 성결의 영을 통해 거룩하게 된 것을 의미한다(고전 3:16). 그런데도 하나님은 같은 성령의 권능으로 모든 것을 채우시고 움직이시며 살리시는데, 창조의 법에 따라 각 종류에 부여한 성품에 따라 그렇게 하신다. 그러나 주님이 물리학, 변증학, 수학 그리고 다른 학문에서, 불경건한 자의 일과 사역을 통해 우리를 도와주기로 하셨다면, 이런 도움을 우리의 게으름을 벌하는 데 사용하자. 그러나 어떤 사람이 이 세상의 요소 아래서 진리를 이해할 수 있는 큰 힘이 있다고 해서, 진정으로 복을 받았다고 생각하지 않아야 한다(골 2:8 참조). 이해할 수 있는 모든 능력이 확고한 진리의 기초 위에 세워지지 않을 때, 그것은 하나님이 보시기에 불안정하고 일시적인 것에 지나지 않는다." Calvin, *Institutes of the Christian Religion*, 2.2.16.

는 않지만 '도덕적'으로 선한 행동을 할 수 있게 하신다.

인간의 합리성과 도덕성은 죄로 인해 감소하지 않았다. 인간은 '비도덕적'(amoral)일 수 없다. 그러나 죄로 인해 인간은 도덕적으로 타락했다. 그는 하나님을 대적한다. 그리고 일반 은총은 인간이 적대적 '원리'를 완전히 표출하지 못하게 해 '상대적 선'을 행하게 하는 수단이다.

사실 우리는 원칙적으로 죄가 하나님의 역사를 파괴하는 것으로 이야기한다. 우리는 죄가 우주를 향한 하나님의 계획이 실현되지 못하게 방해하는 '것처럼' 이야기한다. 이는 형이상학적으로 말하면, 세상이 죄로 인해 파괴되었음을 가리키는 것처럼 보인다.

일반 은총은 형이상학적 상황을 그대로 유지한다는 것처럼 보인다. 동시에 우리는 죄와 사탄이 패배하게 되었다는 것을 안다. 하나님이 창세 전에 이 패배를 계획하셨다.

이 두 관념은 제한적이거나 보충적인 개념이다. 이것들은 서로를 수정한다. 우리는 스스로 취한 이런 원칙 중 하나를 일차원적으로 추론할 수 없다. 그러므로 우리는 일반 은총이 들어와 세상을 멸망에서 구했다는 사실 외에, 죄가 세상을 파괴하고 있다고 말할 수 없다. 오히려 우리는 하나님의 포괄적 계획으로부터 추론하고 그 안에서 상대적으로 구별해야 한다. 그런 다음 우리는 일반 은총이 죄를 억제함으로 하나님의 계획에 따라 우주에 영향을 미친다는 결론을 내린다.

마셀링크 박사에 따르면, 우주 자체의 창조된 힘은 무(nothingness)로 사라지려는 경향이 있고 일반 은총을 통해 존재해야 한다. 이와 관련해 나는 마셀링크 박사에 동의하지 않는다. 나는 일반 은총을 인간에 대한 하나님의 윤리적 태도라고 생각한다. 그리고 죄가 억제되지 않는다면 다른 윤리적 반응이 나올 것이다.

1) 양심

마셀링크 박사는 내가 양심을 하나님의 계시로 생각한다고 비난한다.

> 반틸은 양심을 일반 계시의 수단으로 여긴다. 우리는 이에 전혀 동의할 수 없다. 하나님의 일반 계시와 인간의 양심 사이에는 큰 차이가 있다. 하나님의 일반 계시는 객관적인 반면, 양심은 주관적이다. 하나님의 일반 계시는 하나님의 것이지만, 양심은 인간의 것이다. 하나님의 일반 계시는 오류가 없지만, 양심은 오류가 있다.
> 양심은 하나님의 일반 계시에 대한 인간의 반응이다. 성령은 하나님이 거룩하시고 악에 대해 복수하신다고 인간의 마음속에서 증거하신다. 그리고 양심은 이 내적 증거에 대한 인간의 반응이다. 하나님과 사람 사이에 절대적 윤리 대립이 있다면, 인간 양심의 모든 기능은 불가능해진다.[93]

이것은 마셀링크 박사가 자기 논문에서 메이천(Machen)에 대해 비판한 것과 맥락을 같이한다.

> 우리는 메이천 교수가 양심을 계시의 수단으로 여기는 것을 좋아하지 않는다.[94]

메이천의 견해를 비판하면서, 마셀링크 박사는 로마서 2:14, 15을 가지고 다음과 같이 결론을 내린다.

> 여기에서 하나님의 일반 계시, 율법의 행위 그리고 양심은 구별된다.[95]

---

93 Masselink, *Common Grace and Christian Education*, 75.
94 Masselink, *Professor J. Gresham Machen*, 155.
95 Masselink, *Professor J. Gresham Machen*, 158.

그는 헵(Hepp)의 말을 인용한다.

> 확실히 성령은 이 모든 일에 적극적이시지만, 간접적 방법으로만 개입하신다. 그러므로 양심과 성령의 직접적 증거인 일반 증거(General testimony) 사이에는 원칙적으로 차이가 있다.[96]

그러므로 메이천과 나에 대한 주된 비판은 우리가 신적인 것과 인간적인 것을 혼동했다는 것이다. 그러나 메이천이나 나는 그런 적이 없다.

메이천의 견해를 제쳐 두고서, 앞에서 인용한 인용문에서조차도 양심을 인간에게 있는 창조된 의식의 '관점'으로 간주했다는 점을 지적할 수 있다. 그리고 창조된 모든 것은 하나님의 계시이다. 좁은 의미에서 하나님의 계시에 대한 사람의 악한 반응조차도 넓은 의미에서는 여전히 하나님의 일반 목적에 대한 계시이다.[97]

따라서 모든 창조된 실체를 계시로 간주할 때만 인간의 윤리적 행동을 올바로 해석할 수 있다. 그러므로 모든 창조된 실체를 계시로 간주하지 않으면, 인간의 윤리적 반응은 '공허하게 될 것이다.'

확실히 인간의 의식 속에 있는 하나님의 계시는 심리적으로 주관적이다. 인간은 자신의 구성과 기능 안에서 하나님을 말한다. 칼빈은 인간의 생각과 마음에서 나오는 경이로운 일에 놀랐는데, 이는 하나님 사역에 대한 계시적 증거이다. 그리고 마셀링크 박사는 이렇게 인정한다.

---

[96] Masselink, *Professor J. Gresham Machen*, 157.
[97] 다시 말해서, 예를 들어, 죄는 우리에게 우리의 성품과는 반대되는 하나님의 거룩하심에 대한 어떤 것을 보여 준다. 그리고 죄는 하나님의 진노를 보여 준다(롬 1:18-32 참조).

옛 개혁주의 신학자들이 '양심'을 종종 계시의 방편으로 생각했지만, 넓은 의미에서 그렇게 생각했다.⁹⁸

그렇다. 나도 역시 넓은 의미에서 그렇게 본다.
이렇게 넓은 의미에서 양심이 계시적이라고 말했던 사람들은 '옛 개혁주의 신학자들' 뿐만이 아니었다. 바빙크 자신도 한 번이 아니라 반복해서 그렇게 말했다. 그는 하나님의 일반 계시에 대한 포괄성을 말한다.

> 하나님은 모든 사람의 마음과 양심 속에 자신을 계시한다(욥 34:8; 33:4; 잠 20:27; 요 1:3-5, 9, 10; 롬 2:14, 15; 8:16). 이 하나님의 계시는 일반적으로 모든 사람이 관찰할 수 있고 이해할 수 있다.⁹⁹

종교의 원리에 관해 토론하면서, 바빙크는 다음과 같이 말한다.

> 따라서 외적이고 객관적일 뿐만 아니라 내적이고 주관적인 계시도 있다.¹⁰⁰

다른 곳에서 그는 사람이 성경의 진리를 계시로 받아들이는 성령의 증거를 언급한다.

> 그러므로 객관적 계시로는 충분하지 않다. 어떤 의미에서 객관적 계시는 주관적 계시 안에서 계속되고 완성되어야 한다.¹⁰¹

---

98 Masselink, *Professor J. Gresham Machen*, 156.
99 Herman Bavinck, *Gereformeerde Dogmatiek*, 3rd ed. (Kampen: Kok, 1918), 1:321(*RD*, 1:310). 욥기 34:8이라고 인용했는데, 이것을 욥기 32:8로 바꾸어야 한다.
100 Bavinck, *Gereformeerde Dogmatiek*, 1:290(*RD*, 1:279).
101 Bavinck, *Gereformeerde Dogmatiek*, 1:534(*RD*, 1:506).

유사한 다른 구절들도 인용할 수 있다.

요점은 사람이 아무 데나 볼 수 있고 하나님의 계시에 직면할 수 없다면 성경적 의미에서 죄를 지을 수 없다는 것이다. 죄란 하나님의 율법을 어기는 것이다. 하나님은 어디에서나 사람과 대면한다. 만약 인간이 어디에서나 하나님을 대면하지 않으면, 본질적으로 하나님도 어디에서나 인간을 대면할 수 없으시다.[102]

하나님은 한 분이고 율법도 하나이다. 만일 사람이 경험적으로 라디오의 버튼 하나만 누를 수 있고 하나님의 음성을 들을 수 없다면, 그는 다른 버튼이 아닌 오직 그 버튼만 누를 것이다. 그러나 인간이 하나님의 요구 사항을 듣지 않으면 자기 의식의 버튼을 누를 수 없다.

2) 유신론적 증거들

이론적 증거에 대한 문제는 또한 사람에 대한 사실들뿐만 아니라 사람의 의식 안에 있는 포괄적 생각과 일반 계시의 명쾌성을 포함한다. 마셀링크 박사는 양심이 하나님 계시의 수단이라는 메이천의 견해를 거부한다. 이것이 인간 주제 안에 그리고 인간 주제를 통해 있는 계시에 대한 문제이다. 그래서 그는 또한 메이천의 '유신론적 증거들'을 기독교 진리의 근간으로 받아들이지 않는다. 그것이 일반적으로 우주의 사실 안에 그리고 우주의 사실들을 통해 있는 계시에 대한 문제이다.

헵의 추론에 따라 마셀링크 박사는 전자의 경우 우리가 인간 주제에 대해 확신을 가지게 되고, 후자의 경우 창조된 사물에 대해 확신을 가지게 된다고 말한다. 두 경우 모두 우리는 피조물에 의존할 것이다. 그리고 확실성은 오직 하나님 안에만 존재한다. 헵을 따라 우리는 성령의 일반적 내

---

102 하나님의 언약적 임재가 계시, 사람 그리고 하나님에 대한 죄의 올바른 이해에 얼마나 중요한지 주목하라.

적 증거를 일반 계시에 대한 증거로 간주해야 한다. 그래서 성령의 이 일반적 증거를 통해 우리는 확신할 수 있다.

성령의 일반적 외적 증거조차도 사람에게 확신을 줄 수 없다고 마셀링크 박사는 말한다.

> 우리에게 증거로서 오는 것은 계시이다. 계시는 하나님의 생각을 밝히는 것이다. 모든 피조물은 하나님의 생각으로 가득 차 있으며, 하나님의 생각은 성령의 일반적 외적 증거로 우리에게 온다. 성령의 이 일반적 외적 증거는 우리에게 하나님의 생각을 밝힐 수 있지만, 하나님 생각에 대한 확신은 줄 수 없다. 당신에게 왜 그러냐고 물을 것이다. 이는 모든 계시가 수단을 통해 발생하기 때문이다.
> 우리는 사물 자체를 통하지 않고는 사물의 본질을 알 수 없다. 그러므로 이 계시가 이런 문제들과 관련해 우리에게 확실성을 주려고 한다면, 사물 자체를 통해 그렇게 해야 할 것이다. 그러면 이것이 우리 확실성의 기초가 된다. 우리가 이미 관찰한 이것은 일어나지 않는다. 왜냐하면, 확실성은 창조자 자체가 아니라 창조 자체에 있기 때문이다. 외적 계시를 제외하고 성령께서 이런 확신을 주실 때만 우리는 절대적 확신을 받을 수 있다.[103]

여기서 중요한 점은 계시, 특히 일반 계시에 관한 문제이다. 이 계시는 하나님의 생각을 나타낸다. 이런 생각은 성령의 일반적 외적 증거를 통해 온다. 그러나 일반적 외적 증거가 우리에게 하나님을 계시하지만, 이 증거는 우리에게 확신을 줄 수 없다.

그 이유는 이 계시 또는 증거는 수단을 통해 발생하고 그 수단은 객관적이든지 주관적이든지 창조된 사실이기 때문이다. 그래서 그것들은 하나님 자신이 아니므로 하나님에 대한 확신을 줄 수 없다. 성령의 외적 증거에

---

[103] Masselink, *Professor J. Gresham Machen*, 150.

더해 직접적 내적 증거가 필요하다.
헵의 이런 구성에서 다음의 말이 적절하다.

첫째, 그것은 카이퍼와 바빙크 또는 구프린스턴신학에서는 발견되지 않는다. 헵 자신은 바빙크가 성령에 대한 일반적 증거 개념에 가까이 갔지만, 완전히 도달하지는 못했다고 말한다.

둘째, 비록 헵이 유추를 통해 실행하려고 노력하지만, 그것은 성경의 관계와 성경의 진리를 증거하는 성령의 특별한 내적 증거와 대립한다. 성령의 내적 증거에 대한 칼빈의 교리는 성경에 주어진 계시에서 확실성의 부족을 전제로 하지 않는다. 이와는 반대로 칼빈에게는 모든 계시가 객관적 사실이고 확실한 사실이다.

그러나 죄인은 그 자체로 확실하고 분명한 것을 믿고 싶어 하지 않는다. 따라서 사람을 거듭나게 하고 회심하게 하는 성령은 거듭나지 않고 회심하지 않은 사람이 받아들일 수 없는 것을 받아들이게 한다. 그것은 원칙적으로 그를 정상적 상태로 되돌려 놓는다. 사람 안에 있는 성령의 증거는 외적 계시를 통해 사람에게 오는 객관적이고 확실한[104] 진리에 관한 것이다.

셋째, 성령의 '즉각적 증거'조차도 결국 사람에게서 종료된다. 그것은 사람 자신의 의식을 통해 사람에게 중재되어야 한다. 그렇지 않으면 내용이 없게 된다. 인간의 마음은 성경을 통해서든 '자연'을 통해서든 마음에 주어진 객관적 계시를 생각하고 재구성해야 한다. 그러나 그것을 생각하

---

104 이 경우와 같이 확실성의 개념은 명확한 정의나 설명 없이 자주 사용된다. 그 개념 자체는 문헌 전체에서 동일하게 사용되지 않으며, 그 의미는 그것이 사용되는 맥락에 따라 달라진다. 일반적으로 말해서, 인식과 관련한 확실성은 어떤 명제보다 더 정당한 명제가 없으면 그 명제에 발생한다. 반면에 형이상학적 확실성은 그 반대의 불가능성, 즉 "우리의 세상이 그런 세상이 되기 위하여 진리가 무엇인지 인식하는 것"과 관련이 있다. Robert Audi, *The Cambridge Dictionary of Philosophy* (Cambridge: Cambridge University Press, 1995), 113. 반틸은 여기에서 후자의 확실성을 염두에 둔다.

는 것은 심리적 활동이다. 그것은 인간 마음의 활동이다. 성령의 내적 증거는 생각의 주체로 온다. 그것은 이 주체에서 종료된다. 그것은 바로 이 주체 자체를 통해 윤리적으로 책임 있는 주체에 필연적으로 중재된다.

대상과 주체를 통한 중재가 이루어지지 않으면 계시와 계시의 수신자는 존재하지 않는다. 창조된 대상과 창조된 주체 모두가 배타적 하나님의 계시일 수밖에 없다는 주장에 의해 불쾌한 의미에서의 주관성은 기독교 사상의 관점에 오지 않는다.

불쾌감을 주는 그런 주관성은 인간이 이 객관적 확실성을 누그러뜨릴 때만 기독교 사상으로 들어올 수 있다. 이는 만약 그가 성령의 내적 증거에 대한 개념으로 그것을 보전하려고 노력하면, 이 증거의 직접성은 불가피하게 피조물을 하나님과 동일시 하게 된다. 그것은 오직 하나님만이 하나님이 하나님이라는 것을 확실히 알 수 있다는 입장으로 이어진다.[105]

내가 유신론적 증거를 평가한 것에 대해 마셀링크 박사는 비판했는데, 이것은 메이천이 이런 증거들을 수용한 것에 대한 그의 비판과는 사뭇 다르다. 그러나 이 두 가지 비판 모두 메이천과 내가 그것들에 대한 헵의 평가와 다르다는 점에서 일치를 보인다. 그리고 헵에 의한 이런 평가는 성령의 외부 및 내부의 일반적 증거에 관한 그의 교리에 근거한다.

나의 견해에 대한 마셀링크 박사의 비판을 먼저 다루고 다음으로 헵의 관점들을 다룰 것이다. 그리고 성령의 일반적 증거에 관한 개념을 분석하겠다.

---

105 반틸은 여기에서 마셀링크와 헵의 관점을 비판한다. 확실성은 오직 하나님에게서만 올 수 있고 하나님만이 줄 수 있는 것이기 때문에, (주관적) 양심이나 (객관적) 외부 세계에 의한 확실성은 존재하지 않는다고 헵과 마셀링크는 주장한다. 반틸의 요점은 하나님이 두 가지 수단 모두를 사용해 말한다는 점을 고려할 때, 확실성은 주관적 및 객관적인 것 모두를 통해 온다는 것이다(롬 1:18-2:15 참조). 하나님이 두 가지 모두를 통해 말씀하고, 두 가지 방법 모두 지식을 생산한다면, 확실성은 결과로서 나타난다. 반면에 만약 확실성을 즉시 얻을 수 있는 경우, (확실성은 중재되지 않고 직접 오기 때문에) 피조물의 확실성과 하나님을 동일하게 여기고, 따라서 피조물을 하나님과 동일하게 여기는 결과를 초래한다.

마셀링크 박사는 내가 유신론적 증거에 대해 아무런 가치도 부여하지 않는다고 주장한다.[106]

> 반틸에 따르면, 바빙크의 유신론적 증거는 아무런 가치가 없다. 이것은 또한 하나님과 본성의 사람 사이에 절대적 윤리 대립(absolute ethical antithesis)이 있다는 그의 전제에서 비롯된 논리적 결과이다.[107]

이것 역시 사실과 반대된다.

하나님의 존재와 기독교 진리에 관한 주장은 객관적으로 유효하다. 이 논증의 유효성을 확률 수준으로 낮추지 말아야 한다. 이 주장은 오해할 수 있고, 올바르게 다루어지지 않을 수 있다. 그러나 이 논쟁 자체는 절대적으로 건전하다.

우리가 유지해야 할 유일하게 합리적인 입장은 기독교이다. 기독교는 단지 다른 입장만큼 합리적이거나 조금 더 합리적이지 않다. 기독교만이 인간이 취할 수 있는 자연스럽고 합리적인 입장이다.

그 주장을 우리가 할 수 있는 한 명확하게 진술함으로써, 우리는 사람들에게 하나님의 요구사항을 지키라고 압박할 수 있는 성령의 대리자가 될 수 있다. 우리가 단순히 기독교 유신론을 가능한 진리의 수준까지 낮추면, 그만큼 인간에 대한 하나님의 요구를 낮추는 꼴이 된다. 이것이 바로 칼빈의 『기독교 강요』가 경고하는 것이라고 우리는 믿는다.[108]

기독교와 하나님의 존재에 대한 논쟁은 절대적으로 타당하다고 말하기 위해 나는 단지 사람 안팎에 있는 하나님의 계시가 명쾌하다는 개념을 적용한다.[109] 그래서 만약 사람이 이 계시를 올바르게 해석한다면 그는 진리

---

106 Masselink, *Common Grace and Christian Education*, 83.
107 Masselink, *Common Grace and Christian Education*, 85.
108 Van Til, *Common Grace*, 62.
109 일반적으로 말해, 유신론적 증거에 대한 문제는 그 문제 자체가 말하는 데 있지 않고

에 대해 절대적으로 유효한 주장을 하는 것이다. 그러나 죄인이 자율적 자신 안에 놓여 있는 채택된 원리에 따라 행동하는 한 우주의 사실을 올바르게 해석하지 못한다.

어떻게 그렇게 할 수 있겠는가?

그는 자신이 궁극이라고 가정한다. 그러므로 그는 우주의 사실들이 창조되지 않고 그 자체로 존재한다고 가정한다. 그는 또한 인간의 이성적 힘이 궁극적이고 따라서 그것들은 존재의 영역에서 가능한 것과 가능하지 않을 것을 결정해야 한다고 가정한다.

'원칙적으로' 본성의 사람은 인간의 경험을 이런 잘못된 가정 위에서 해석한다. 원칙적으로 그는 인간을 최종적 권위로 놓고 모든 것을 해석한다. 그래서 그는 하나님을 우주 위에 있는 추상적 원리 같은 것, 우주 안에 있는 통일된 원리 같은 것, 아니면 우주와 동일한 것으로 결론 내린다.

그러나 그에 관한 우주의 사실은 그런 왜곡에 대해 증언한다. 인간은 알아야 한다. 인간은 그들이 알아야 한다는 것을 알아야 한다. 그리고 하나님이 자신의 창조자이시자 후원자이심을 알아야 한다.

그들이 본성의 악을 유지할 때, 하나님은 그들에게 진노를 쏟아부으신다는 것을 알아야 한다. 마찬가지로 그들이 하나님의 형상을 지니고 있음을 볼 때, 하나님이 그들의 창조자이시고 후원자시라는 사실을 '보아야 한다.' 그들의 양심이 자신의 행동을 승인하거나 승인하지 않을 때, 하나님이 자신의 심판자시라는 것을 보아야 한다(롬 2:15).

지식을 얻기 위해서는 하나님의 일반 계시와 하나님의 일반적 내부 계시가 있어야 한다.[110]

누구에게 그 문제를 말하는가에 있다. 앞서 언급했듯이(제3장, 각주 184 참조), 하나님이 제일 원인이라는 것은 확실하다. 그러나 불신자가 자신의 죄악된 원칙에 충실한 한, 그런 개념을 거부하거나 인과관계를 일관되게 이해해 하나님과 사람 모두에게 동일한 방식으로 적용할 것이다. 그뿐만 아니라 증거를 중립적인 것에 호소한다면, 방법 자체에 문제가 있을 것이다(원인의 개념 등에 대한 중립성이 없기 때문에).

110 Masselink, *Common Grace and Christian Education*, 129.

따라서 '자의식이 있는 한', 해석하기 위한 노력은 본성의 사람이 하나님과 자신에 관하고 자신 안에 있는 세상에 관한 지식을 억압하는 수단이 된다. 그러나 그는 자신 안에 있는 하나님과 도덕에 관한 지식을 완전히 억제할 수는 없다. 마셀링크 박사는 어느 시점에서 비슷한 맥락에서 말한다.

> 지식을 얻기 위한 이런 성향이 죄로 인해 상실될 수 있는가?
> 답은 '아니오'인데, 이는 그것이 하나님의 형상에 속하기 때문이다. 그러나 우리가 지식을 받는 성향은 이제 타락했다. 타락 이전의 무죄 상태에서 지식을 얻는 세 가지 수단, 즉 성향, 자연계시, 역사적 계시는 모두 순수했지만, 지금은 부패한 상태에 있다.
> 지옥에서도 이 세 가지 수단은 계속 존재한다. '나' 의식은 죄로 인해 변하지 않지만, '나'의 본성은 변한다.[111]
> 이 일반 계시가 '일반 은총'의 기초가 되지, 그 반대는 성립하지 않는다. 즉, 일반 은총이 일반 계시의 기초가 될 수는 없다. 그 이유는 일반 계시가 타락 이전부터 있었기 때문이다. 따라서 일반 계시는 일반 은총 이전부터 존재했다. 하나님의 형상은 두 가지 이유 때문에 사라질 수 없다.
>
> **첫째**, 하나님의 형상은 사람의 본질에 속하기 때문이다.
> **둘째**, 인간은 내적 및 외적 계시를 받기 때문이다.[112]

그러므로 우리는 '일반 은총 이전에', 그 전제로서 인간이 하나님 피조물로서의 자신에 관한 진리와 필연적으로 대면한다는 것을 전제로 한다. '인간은 자신의 죄악된 원리로부터 사고하는 한', 인간 자신에 관한 이 객

---

111 Masselink, *Common Grace and Christian Education*, 130.
112 Masselink, *Common Grace and Christian Education*.

관적 진리, 이 근절할 수 없는 진리, 피할 수 없는 하나님과의 이 대면을 억누르려고 한다. 그러나 그는 억누를 수 없다. 진리는 불가피한 하나님의 압력으로 그에게 다가온다.

하나님의 계시는 모든 곳에 분명히 있다. 따라서 유신론적 증거들은 절대적으로 유효하다. 이런 증거들은 마셀링크 박사가 말하듯이, 무류한 하나님의 계시에 대한 재진술일 뿐이다. 성령께서는 하나님의 내적 및 외적 계시를 인간에게 강하게 전달하신다.

나는 유신론적 증거의 타당성을 부정한 것 이상으로 성령의 일반적 증거를 부정하지 않았다. 성령께서는 하나님의 계시가 본질적으로 확실한 무류한 계시라고 인간에게 각인하신다.[113]

그런데도 내부 및 외부에서 오는 하나님의 객관적 계시가 무엇인지와 그 계시에 관한 우리의 해석이 무엇인지는 구분해야 한다. 설교할 때, 복음을 증거하는 개혁주의 목사는 성경이 자신에게 준 진리 체계를 가져오려고 노력한다. 그러나 그는 자기 설교가 하나님의 계시를 오류 없이 청중에게 전달한다고 주장하지는 않는다. 그의 설교는 하나님의 계시를 반영하는 한, 진리이다.

유신론적 증거들에 관한 공식과 마찬가지로, 설교가 하나님의 계시를 반영하는 한, 진리이다. 성경적 과정을 반영할 때 진리라고 할 수 있다. 그리고 성경적 과정은 존재론적 삼위일체를 모든 주장의 기초로 삼는 것을 포함한다.

그러나 이런 주장들은 종종 다르게 진술되었다. 우선, 사람들은 종종 그것들을 공식화하고 자율적 인간이라는 가정하에 세워 놓았다. 예를 들어,

---

113 반틸에 따르면, 유신론적 증거들은 "절대적으로 타당하고 하나님 계시에 대한 재진술에 불과하다." 이 증거들은 그 자체로 하나님 계시에 대한 재진술이기 때문에, 무류하다. 하나님의 특별 계시와 마찬가지로 그분의 일반 계시는 오류 없이 우리에게 다가온다. 그리고 그것이 우리에게 올 때, 그것은 항상 하나님이 그것을 보낸 목적을 달성한다 (사 55:9-11 참조).

아리스토텔레스, 데카르트, 영국의 경험론자, 합리론자 등이 있다.[114]

유신론적 증거가 그렇게 구성될 때 그것들은 하나님의 계시를 전달하지 못한다. 그러면 그것들은 본성의 사람에 의한 일원론적 가정으로 그 계시를 억압하는 수단이 된다.[115]

'유신론적 증거들'이 아리스토텔레스의 하나님이 존재한다고 '증명하면' 기독교의 하나님이 존재하지 않는다고 증명하는 것이다.

어떻게 '유신론적 증거들'이 건전하다고 할 수 있는가?[116]

이제 내가 강조하고자 했던 것은 옳게 구성된 유신론적 증거들과 잘못 구성된 유신론적 증거들 사이에 있는 차이점이다. 바빙크가 제대로 강조하지 못했던 점이 바로 이것이라고 생각한다.

그리고 이런 사실에도 불구하고, 그는 하나님에 관해 옳은 사고방식과 그릇된 사고방식 사이를 구분하는 수단을 아마도 다른 개혁주의 신학자들보다도 더 잘 말해 주었다. 그는 자연신학에 대한 스콜라식 개념을 거부했다. 이런 스콜라식 자연신학은 하나님에 관한 그릇된 방식의 추론을 기독교 진영에 가져왔다.

그것은 아리스토텔레스의 방법을 대부분 인수했다. 바빙크 자신은 그 증거들이 타당하지 않을 만큼 잘못 구성되었다는 입장을 나타냈다. 카이

---

114 밴틸의 요점은 유신론적 증거와 관련해 아리스토텔레스에서 현재에 이르기까지 철학 역사가 성경 진리를 고려하지 않았기 때문에, 삼위일체 하나님의 실체를 나타내기를 원하지 않았다는 것이다. 오히려(아마도) 하나의 신(a god)이 존재한다는 것을 보여 주려는 노력에 만족했다는 것이다.
115 앞의 각주 80을 참조하라.
116 다른 곳에서 밴틸은 다음과 같이 말한다. "본성의 사람은 모든 명제에서 자신이 궁극적 권위라는 이 기본적 전제를 문제 삼지 않고 자연스럽게 받아들인 상태로 '유신론적 증거들'을 완전히 타당한 것으로 받아들일 수 있다. 그는 그런 증거들을 구성할 수 있다. 그는 그런 증거들을 구성해 왔다. 그러나 그가 이런 방식으로 존재를 증명한 그런 신은 성경이 밝히는 자급자족한 존재론적 삼위일체와는 다른 종류의 신이다. 로마가톨릭 변증가는 이런 종류의 하나님이 존재한다는 것을 증명하기를 원하지 않는다. 그는 인간의 자율성을 적어도 어느 정도까지는 그대로 남겨 두는 그런 하나님의 존재를 증명하고 싶어 한다. 로마가톨릭 신학은 일어나는 모든 일을 통제하는 그런 하나님을 원하지 않는다." Van Til, *Defense of the Faith*, 101.

퍼의 입장도 같았다. 그는 변증학이 '이성이' 판단할 수 없는 것을 '추론' 하려 했다고 가정했기 때문에, 변증학에 종속적 분야를 배정했다.

유신론적 증거의 타당성에 대한 이 비판에서 카이퍼 역시 구프린스턴 변증학자들과는 다른 입장을 취했다.[117] 내가 프린스턴신학교에서 입학했을 당시, 윌리엄 벤톤 그린(William Benton Greene)은 변증학 교수였다. 그가 가르쳤던 변증학 방법론은 대체로 버틀러(Butler) 주교의 유추를 기초로 했다.

버틀러의 설명에 따르면, 그의 변증학은 기독교와 비기독교가 동의하는 해석 영역이 있다는 개념에 기초한다. 기독교를 믿으라고 하기 위해서, 우리는 그들이 본성 영역에 이미 적용한 기독교와 그 현상에 대해 같은 해석 원칙을 적용하라고 요구해야 한다. 그러면 그들은 하나님이 존재한다는 사실을 이미 인정했듯이 기독교가 아마도 진리라는 것을 또한 인정해야 할 것이다.

이런 방법론에서 본성의 사람에게 있는 합리성은 가능하거나 불가능한 것을 판단하는 아주 적절한 기준이라고 가정한다.

찰스 핫지(Charles Hodge)는 이렇게 말한다.

> 그리스도인들은 '모순 판단'(*judicium contradictionis*)의 추론을 인정한다. 모순 판단이란 어떤 것이 가능한지 불가능한지 결정하는 권리를 의미한다. 그것이 불가능하게 보이면, 어떤 권위나 증거의 양과 종류도 그것을 진실로 받아들이라고 강요할 수 없다.[118]

이제 나는 카이퍼, 바빙크 그리고 헵이 구프린스턴 변증학과 비슷한 입장을 비판했던 것과 같은 방식으로 구프린스턴 변증학을 비평해 왔다.

---

117 카이퍼와 워필드의 변증학 관점에 대한 자세한 내용은, Van Til, *Defense of the Faith*, 345ff을 참조하라.
118 Charles Hodge, *Systematic Theology*, 1:51.

사무엘 볼베다(Samuel Volveda) 박사는[119] 이런 변증학 방법이 바울의 진술을 공정하게 평가하지 못한다고 말한다. 바울의 진술에 의하면 성령의 일은 영적으로 분별해야 하므로 본성의 사람은 성령의 일을 받을 수 없다.

> '방법론적으로' 워필드 변증학 체계는 개혁주의 죄론 및 구원론과 맞지 않는다. 당신과 함께 나는 변증학이 고린도전서 2:14과 모순되지 않도록 정의되어야 한다고 믿는다.[120]

프린스턴 방법이 가능한 것과 불가능한 것을 판단하는 것으로서 인간의 이성에 호소하는 한, 구프린스턴신학에 단호하게 반대한다. 구프린스턴신학에 의하면, 하나님이 주권적으로 결정하시는 것만이 반드시 발생한다.[121]

프린스턴 변증학은 본성의 사람이 다시 지식으로 태어나야 한다는 취지의 자기 신학의 가르침에 부합하지 않았다. 프린스턴 변증학은 아마도 일어날 수 있는 것에 대한 계산에 기초해 불신자와 함께 가능성에 대한 추상적 개념으로부터 출발했다.

그러나 데이비드 흄(David Hume)은 오랫동안 그런 주장의 무효성을 보여주었다.[122] 추상적 가능성은 기회라는 개념을 전제로 한다. 그리고 기회에

---

119 사무엘 볼베다(1881-1953)는 네덜란드에서 태어나 1886년에 도미했다. 1904년 칼빈신학교(Calvin Theological Seminary)를 졸업한 후, 두 교회에서 목회했다. 그 후 그는 암스테르담의 자유대학교(the Free University at Amsterdam)에서 공부하고 1914년에 박사 학위를 받았다. 그는 1914년부터 1926년까지 칼빈신학교의 교회사 교수, 1926년부터 1952년까지 실천신학 교수 그리고 1944년부터 1952년까지 총장을 지냈다.
120 후기 소책자 *Apologetics* (New York, 1922), 28에서 인용됨. 게릿 G. 호스퍼스(Gerrit G. Hospers)에게 보내는 편지로부터.
121 자기 변증학은 자기 신학에서 흘러나와야 한다는 점에서 자기 신학과 일치해야 한다고 반틸이 강조했는데, 이 진술은 이를 반복한다.
122 데이비드 흄(David Hume, 1711-1776)은 무엇보다도 원인과 결과의 개념에 대한 경험적 근거가 없다고 주장한 가장 급진적 경험주의자였다. 신학 및 변증학과 흄의 관계에 관한 논쟁은 Van Til, *Defense of the Faith*, 160-166, 특히 164쪽을 참조하라.

는 확률이 없고 어떤 방향으로든 경향도 없다. 그리고 학률적으로 참된 기독교는 성경의 기독교가 아니다.

두 입장 사이에서 선택과 관련해 나는 핫지(Hodge)나 워필드(Warfield)보다는 카이퍼의 입장을 고수했다. 그러나 마지막으로 각 입장에 있는 일부 요소의 조합을 추구하라고 강요한 두 가지 고려 사항이 있었다.

부정적으로 말해, 카이퍼는 본성의 사람이 자신의 원칙 위에서 진리에 관한 어떤 지식도 가지고 있지 않다고 강조했는데, 이는 분명히 옳았다.

그러나 핫지와 워필드는 자기 신학에서 같은 것을 가르쳤다. 그들이 이 가르침을 완전히 강조하지 않은 곳은 단지 그들의 변증학뿐이었다. 긍정적으로 말해, 핫지와 워필드는 기독교가 이성에 대한 모든 합법적 요구를 충족한다고 강조했는데, 이는 상당히 옳은 일이었다.[123]

분명히 기독교는 비이성적이지 않다. 확실히 기독교는 믿음으로 받아들여야 하지만, 맹목적 믿음으로 받아들여서는 안 된다. 기독교는 합리적으로 방어할 수 있다.

그리고 프린스턴신학자들이 기독교가 이성과 조화를 이룬다고 말했을 때, 그들이 정말로 추구했던 것은 창조성 및 죄성을 인지한 이성과 기독교의 조화였다. 가능성(possibility) 및 개연성(probability)에 관한 기독교적 개념과 비기독교적 개념 사이에 있는 차이점만이 적절하게 도출되지 않았다.

> 이런 차이점이 표면에 나타나지 않는 이유는 사실상 모든 사람이 하나님의 형상대로 창조된 인간이기 때문이다. 그러므로 거듭나지 않은 사람조차도 하나님에 대한 의식, 하나님에 대한 나머지 지식 그리고 결과적으로 가능성 및 개연성의 참된 원천과 의미가(비록 이것들을 억누르기는 하지만) 있다.

---

[123] 반틸의 접근 방식에는 카이퍼, 워필드 그리고 핫지의 관점이 모두 포함된다는 점을 알아야 한다.

핫지가 하나님이 인간의 본성에 심어 놓으셨다는 믿음의 법칙에 관해 말할 때, 그가 진정으로 호소하는 것은 경험에 대한 참된 유신론적 해석의 남은 부분이다.

물론 이런 의미에서 '공통 의식'(common consciousness)에 호소하는 것은 매우 적법할 뿐만 아니라 완전히 필수적이다. 그러나 죄인이 억압한 '공통 의식'에 진정으로 호소하기 위해, 우리는 죄인이 억압하지 않은 '공통 의식'에 관한 언급을 거부해야 한다.

거듭나지 않은 사람은 자신의 마음속에 남아 있는 진정한 유신론적 해석의 잔재를 '지속하려고' 노력한다. 언약 파괴자로서의 그의 진정한 해석 원리는 궁극적 원칙으로서의 자신과 궁극적 원칙으로서의 비인격적 법칙이다. 가능성과 개연성을 결정하는 자는 궁극적 자아로서의 자기 자신인데, 그는 하나님과는 독립적으로 작동하는 논리 법칙을 수단으로 한다.

그러므로 자기 자신의 해석 원리로부터 자의식적으로 진행하는 한, 하나님의 존재와 우주의 창조가 단지 개연성이 없을 뿐만 아니라 불가능하다고 주장한다. 그렇게 함으로 그는 확실히 자신의 더 나은 지식에 대해 죄를 짓는다.

그는 자기 의식 속에 깊이 있는 것에 대해 죄를 짓는다. 그리고 우리는 이 사실에 호소해야 한다. 그러나 이 사실에 호소하려면 이 사실이 모호하지 않도록 모든 주의를 기울여야 한다.

그리고 우리가 본성의 사람 안에 있는 하나님의 계시 및 지식으로서 그의 마음속 깊이 숨어 있는 것과 하나님을 거절하면서 그의 최종적 해석 원리로서 그가 실제로 채택한 것 사이를 구분하지 않은 상태로 사람의 '공통 의식'에 관해 말한다면, 우리는 그것을 모호하게 하는 꼴이 된다.[124]

---

[124] Van Til, *IST*, 82-83.

카이퍼와 바빙크의 경우 그것은 신적 의식에 대한 칼빈의 생각과 관련된 인류의 공통 의식이며, 우리가 복음으로 호소할 수 있는 법적 지점으로서 그들이 허락할 수 있고 허락하는 하나님 형상에 관한 바로 그 개념과 관련된 인류의 공통 의식이 아닌가?

그들이 기독교 진리의 토대를 확립해야 하는 규율로서의 변증학을 거부함에도, 본성의 사람은 기독교 진리에 대해 친근감을 보이지 않는다는 그들의 주장에도 불구하고 그들은 여전히 모든 사람의 의식에 있지만 죄인인 모든 사람이 억압하려는 것에 호소한다.

또한, 카이퍼와 바빙크는 구프린스턴에서 사용한 방법을 비판하지만, 역시 같은 방법을 사용했다. 그들은 또한 기독교인과 비기독교인 사이에 의견의 충돌이 없는 진리를 담고 있는 인간의 공통 의식에 종종 호소했다.

물론 나는 그렇게 분류하고, 두 가지 입장의 약점을 배제하고 그리고 칼빈 및 궁극적으로 사도 바울로부터 이어 받은 두 가지 견고한 기초 위에 세움으로써 변증학 문제와 일반 은총 문제에 대한 해결책을 추구했다는 주장에 상당히 주저했다.

그러나 두 입장의 차이점을 무시하기란 불가능했다. 또한, 자율적 이성과 창조된 이성을 구분하지 않고 이성에 호소해야 한다는 구프린스턴 입장과 동의할 수 없었다.[125]

마지막으로 카이퍼와 바빙크는 죄악된 인간이 그 진리를 주장할 객관적으로 타당한 이유가 있다는 개념을 스스로 받아들일 수 있다는 주장에 기인하여 결론을 내렸는데, 이는 기독교에 대한 요구를 낮추는 것처럼 보이기에 나는 이에 동의할 수 없다.

---

[125] 여기서 반틸은 프린스턴 변증학 대표자로서(주로) 워필드를 언급했지만, 그 자신도 프린스턴 학생이었고 윌리엄 브렌톤 그린 주니어(William Brenton Greene Jr.)에게서 워필드의 방법론을 배웠다. 그리고 구프린스턴에 대한 그의 분석은 주로 자신이 그곳에서 공부한 경험으로부터 나온다.

이 모든 것을 종합해 볼 때, 개혁주의 그리스도인으로서 우리가 나아가야 할 방향이 여기에 있다.

첫째, 암스테르담과 구프린스턴 사람들 사고의 기초는 바울로부터 칼빈을 통해 파생된 것, 즉 하나님이 필연적으로 그리고 분명하게 자신을 일반 계시 및 특별 계시를 통해 나타냈다는 사실에 세워졌다.

전체 삼위일체 하나님이 이 계시와 관련이 있다. 전체 삼위일체 하나님이 이 계시에서 사람들에게 증거하신다. 이것은 성부, 성자 그리고 성령의 일반적 증거이다. 이것이 바로 개혁주의 역사 철학이다.

하나님은 '발생하는 모든 일에 관한' 자신의 계획을 통제하시고 나타내신다. 작정에 대한 하나님의 뜻은 측량, 자연 그리고 역사 안에서 표현된다. 기준, 통일성 그리고 '과학'의 성공에 대한 보장이 이 작정 안에 놓여 있다.

둘째, 암스테르담과 구프린스턴 사람들은 하나님이 아담 안에 있는 인류에게 자기 명령의 뜻을 공표했다는 데 동의한다. 하나님은 인류에게 땅을 정복하라는 임무를 주셨다. 여기에 모든 사람은 과학적 일에 참여하라는 명령이 있다.

또한, 여기에 인류에 대한 하나님의 일반적 자비의 표현이 있다. 은혜는 죄를 전제로 하므로 이것은 은혜가 아니다. 그러나 이것은 인간을 향한 하나님의 호의적 태도를 전제로 한다. 모든 사람은 이 일에 대해 적절히 반응할 책임이 있다.

하나님은 자기 명령의 뜻 안에서 인간을 창조된 사람으로 그리고 조건적으로 다루신다. 하나님은 하나님 명령 및 약속의 뜻에 자의식에 기초한 언약적 반응을 원하신다. 그러나 전체 언약 행위는 하나님의 계획에 따라 이루어진다.

셋째, 인간은 작정 의지와 명령 의지 사이의 관계를 온전히 이해할 수 없다는 점에서 암스테르담과 구프린스턴은 동의한다.[126] 그러므로 모든 교리의 핵심에는 '어려운 문제'가 있다. 인간은 유추적으로 생각해야 한다. 하나님이 원본이고 우리는 파생품이다.

우리는 우리가 할 수 있고 할 수 없는 것을, 명령 의지와의 관련성을 배제한 작정 의지로 시작하는 논쟁으로 결정해서는 안 된다. 특히, 우리는 하나님이 인류의 일반성에 어떤 호의적 태도를 보여 주실 수 없다고 말해서는 안 되는데, 이는 그분이 일부는 결국 '진노의 그릇'으로 쓴다는 것을 우리가 알기 때문이다.

다른 한편으로, 우리는 인간의 책임과 관련한 하나님의 계시된 뜻에서부터 시작해서, 작정 의지에 의해 사람의 궁극적 책임을 부정하는 것에 이르는 논쟁에 휘말려서는 안 된다. 그러므로 우리는 이 시점에서, 모든 것을 포함한 "두려움 없는 신인동형론"을 추구해야 한다.[127]

> 이를 직접 적용하면, 우리는 신인동형론을 변증학적이 아닌 두려움 없이 사용할 권리가 있고 또한 사용해야 한다고 말할 것이다.[128]

유추적으로 생각하는 것, '두려움 없는 신인동형설'이 되는 것은 '구체적으로' 생각하는 것을 의미하는데, 이는 계시의 모든 요소를 동시에 고려하기 때문이다. 어떤 신학적 문제도 완전히 해결할 수 없다는 사실을 인정

---

[126] 즉, 우리는 일어나는 모든 일을 창조하시고 통제하시는 하나님의 영원한 작정이 어떻게 하나님의 명령(예를 들어, 믿고 순종하라는 명령)에 조응되는지에 대해 깊이 헤아릴 수 없다. 우리는 그것들이 조응한다는 사실을 성경에서 알 수 있다. 하지만 그것들이 어떻게 조응하는지에 대한 이해는 우리의 지적 능력을 넘어선다.
[127] 하나님의 영원한 작정과 명령과의 관계와 관련한 "두려움 없는 신인동형론"에 대한 시도와 예에 대한 자세한 내용은, K. Scott Oliphint, *God with Us: Divine Condescension and the Attributes of God* (Wheaton, IL: Crossway Books, 2012)을 참조하라.
[128] Van Til, *Common Grace*, 73.

해야 한다.

칼케돈 공의회(The Council of Chalcedon)는 신인(God-man)과 관련한 계시에 대한 모든 요소의 조합에서 일어나지 않는 것에 근거한 논리적 추론은 배제했다.[129] 그러므로 일반 은총 문제에서 우리는 제한 없는 차이점이나 제한 없는 정체성에 대해 논쟁해서는 안 된다.

훅스마(Hoeksema)는 전자를 실행했다. 우리가 신자와 불신자 사이에 중립적 영역이 존재한다고 주장하면 후자를 실행하는 꼴이 된다.

넷째, 암스테르담과 구프린스턴 사람들은 죄에 대한 교리에 동의한다. 둘 다 전적 타락을 가르친다. 양쪽 모두에게 있어 전적 타락은 죄가 사람의 모든 기능에서 영향을 미친 것을 의미한다. 그러나 단지 그것만을 의미하지는 않는다. 그것은 또한 죄가 인간의 모든 기능에 얼마나 깊이 영향을 미쳤는지 나타낸다.

인간은 그의 모든 기능에서 부분적으로 더럽혀지지 않고 '완전히 더럽혀졌다.' 그는 하나님과 자기 이웃을 미워한다. 그러므로 그는 자신 안에 있는 진리를 억압하려고 한다. 그는 창조자보다 피조물을 숭배하고 섬긴다. 그는 죄를 지을 수밖에 없다.

다섯째, 암스테르담과 구프린스턴 사람들은 선택 교리에 동의한다. 둘 다 하나님이 영원 전부터 일부를 구속하려는 계획을 세우셨다고 가르친다.

타죄 이후론(infralapsarianism)과 타죄 이전론(supralapsarianism) 사이의 차이점을 무시하면, 개혁주의 신앙고백에 따른 모든 개혁주의 신학자는 하나님이 특정한 사람을 구속하신다는 교리를 가르친다. 하나님의 사람은 온전히 구원받는다. 그들은 자기 모든 기능에서 구원받는다. 그들은 원리상 절대적으로 구원받는다.

---

[129] 이것은 명심해야 할 핵심이다. 칼케돈 총회는 신학이 합리적 원리에 부합해야 한다는 가정하에 시작할 수 있었다.

바울은 조건 없이 그들을 의로운 자라고 부르고 거룩한 자라고 부른다. 요한은 그들이 죄를 지을 수 없다고 말한다.

여섯째, 암스테르담과 구프린스턴 사람들은 인간 책임의 진정한 의미에 동의한다. 그들은 절대론자 및 결정론자로 불렸다. 그들의 선택 교리 및 유기 교리로 인해 '복음 전파'는 아무런 의미가 없다고 비난받았다.

그러나 성경은 하나님이 궁극적으로 인간의 운명을 결정하신다는 사실과 인간이 자기 죄로 인해 죽었다는 사실 모두를 가르친다. 그래서 칼빈에 이어 암스테르담과 구프린스턴 사람들은 그 조건절이 인간의 책임이 발생하는 것과 관련된 하나님 계획 때문에 의미가 있다고 주장했다.

그러므로 양쪽 모두 구원을 보편적 또는 일반적으로 인류 전체에게 제공한다는 확신을 가지고 설교했다. 복음의 보편적 제공을 위해 선택 교리를 거부하거나 선택 교리를 위해 복음의 보편적 제공을 거부하는 방식으로 성경에 '논리'를 부과하는 자들도 양쪽 집단의 신념을 그만두게 하지 못했다. 그들은 계시의 한 측면에서 추상적이고 연역적이기보다는 구체적이고 성경적으로 사고했다.

일곱째, 그러므로 암스테르담과 구프린스턴 사람들은 보편적 인류에 대한 복음의 공통적 제공은 물론 일반 은총도 가르쳤다. 처음부터 하나님은 사람 사이의 최종적 차별화와 관련한 자신의 궁극적 계획을 염두에 두었다. 타죄 이후론과 타죄 이전론 모두 이에 동의한다. 그러나 이것이 역사가 시작될 때 인류에 대한 하나님의 호의적 태도를 감소시키지는 못했다.[130]

그렇다면 왜 타락 이후에도 하나님의 일반적 호의가 사람에게 계속해서 미쳐서는 안 된단 말인가?

---

130 즉, 우리의 보편적 아버지인 아담을 통해 전달된 인류를 향한 하나님의 호의적 태도.

죄가 그 자체로서 궁극적 존재의 행위로 취해질 때만 그럴 것이다.[131]

영원부터 하나님은 사람들이 역사적 존재로서 짓는 죄 때문에 인간을 거절하셨다. 그래서 하나님은 역사 속에서 그리스도께서 그들을 위해 하신 일과 성령께서 그들 안에서 행하신 일 때문에 어떤 사람들을 선택하셨다. 그러므로 역사는 반드시 발생할 일을 계획하신 하나님의 의도로서, 하나님의 생각이거나 아니면 사실 안에서 실현된 것이든지 간에, 진실하고 중요하다고 주장해야 한다.

그러므로 역사가 시작될 때 인류에 대한 하나님의 보편적 호의는 죄인들에게 진정으로 복음을 제공하고 은혜를 베푸는 것이었다. 모든 사람은 죄로 말미암아 "죽음의 길"에 있었다(칼빈).[132] 하나님은 본편적 인류에게 "생명의 길"을 성실하게 제공하신다(롬 2장). 그것이 인간에 대한 삼위일체 하나님의 증거이다.

그러므로 인간에게 주시는 하나님의 좋은 선물들, 계절에 따라 주시는 비와 햇빛은 하나님이 인간들에게 호의를 베푸신다는 표시가 된다. 이와 동시에 그것들은 사람들이 회개하고 따라서 아담 안에서 인류에게 원래 할당한 과업을 성취하도록 부르시는 하나님 영의 일반적 증거이다.

그러므로 본성의 사람은 일반 은총을 통해 '선한 일'을 할 수 있게 된다.

> 전적 타락은 두 가지 관점, 즉 원칙과 정도가 있다. 인간의 첫 대표 행위는 역사적으로 인류의 전적 타락을 초래했다. 이 행위는 인류 전체와 관련된 하나님의 명령에 반해 행해졌다. 그 '공통 명령' 없이는 이 행위도 있을 수 없었다. 그 공통 명령 없이는 그 '부정적 사건'이 공허한 사건이었을 것이다. 그리하여 인류는 하나님의 일반 진노 아래에 있었다. 그러

---

131 반틸은 아담이 지은 죄가 죄로부터 파생하는 모든 것을 결정하는 궁극적인 것이 아니라고 강조하기 위해 이 점을 지적한다.
132 예를 들어, 예레미야 21:8에 대한 칼빈의 주석을 참조하라.

나 차별화 과정은 완료되지 않았다. 이 일반 진노 역시 더 나아가기 위한 발판이었다.[133]

선택받은 자는 하나님을 위해 선택해야 했고 유기된 자는 사탄을 위한 자신의 선택을 재확인해야 했다. 유기된 자는 극도의 죄성을 역사적으로 보여 주어야 했다. 원칙적으로 전적 타락한 그들은 사실상 자신의 마음을 통제한 원칙에 점점 더 순응하게 되었다.[134]

이제 왜 유신론적 증거에 대한 헵의 평가에 동의할 수 없는지 분명할 것이다. 하나님의 존재에 대한 증거를 구성하는 두 가지 방법이 있다. 이 두 가지 방법은 상호 배타적이다.

하나는 개혁주의 신학의 기본 구성과 일치한다.
다른 하나는 그것을 파괴한다.

하나는 성경이 증거하는 삼위일체 하나님이 존재하신다는 전제로 시작한다.
다른 하나는 인간이 궁극적인 존재라는 전제로 시작한다.

참된 유신론적 증거들은 존재의 개념(존재론적 증거), 원인의 개념(우주론적 증거) 그리고 목적의 개념(목적론적 증거)이 하나님의 존재를 전제로 하지 않은 이상 아무런 의미가 없다는 것을 보여 준다.[135]

---

133 반틸이 여기에서 말하는 "일반 진노"는 인류를 대표하는 아담에 대한 하나님의 진노이다. "더 나아가기 위한 것"이란 전적 타락의 '원리에 점점 더 부합할' 사람들에 대한 일반 진노에 기인한 역사적 행위이다.
134 Van Til, *Common Grace*, 91.
135 존재론적 증거는 안셀름(Anselm [1033-1109])이 맨 처음 제시했다. 우주론적 증거 및 목적론적 증거는 토마스 아퀴나스의 "다섯 가지 방법" 중 두 개에 해당한다.

여기에는 하나님의 관점에서 인간의 이성 자체를 해석하는 것이 포함된다. 여기에는 또한 인간의 이성을 성경이 말하는 대로 하나님의 형상으로 간주하지 않으면, 내적 부조화를 격게 된다는 의미도 포함된다. 여기에는 이해할 수 있는 능력을 어둡게 하고 의지를 훼손하는 죄가 포함되어야 한다.

그러나 기독교인 외에는 그 누구도 자신에 관한 이 두 가지 진실을 인정하지 않을 것이다. 본능적으로 모든 사람은 자신의 죄성과 창조성을 억압하려고 노력한다. 그들은 이 진리를 완전히 억압할 수는 없다. 표범이 그 반점을 지울 수 없듯이 인간은 자신의 창조성과 죄성을 아무리 노력해도 없앨 수 없다.

본성의 사람이 자신의 죄를 덮으려고 하는 가장 미묘하고 명백한 방법의 하나는 자신에게 '하나님의 존재를 증명하는' 것이다. 그것은 자신을 위해 우상을 만드는 것을 의미한다. 그는 자신의 우상과 신을 숭배하면서 자신이 할 수 있는 모든 일을 했다고 믿는다.

'유신론적 증거들'이 생산한 신들은 단지 우상들일 뿐이라는 사실은 철학 역사에 익숙한 사람에게는 분명하다. 아리스토텔레스는 신(a god)의 존재를 증명했다. 그는 모든 운동의 뒤에는 부동의 동자(unmoved Mover)가 있어야만 한다고 추론했다.

토마스 아퀴나스는 본질적으로 아리스토텔레스가 사용한 방법을 사용해 하나님의 존재를 증명하려고 했다. 그러나 아리스토텔레스의 신은 세상을 창조하지 않았고, 세상을 통제하지 않으며, 심지어 인격도 아니다. 아퀴나스는 하나님을 믿는 것이 타당하다는 것을 계시보다는 이성을 판단의 기준으로 삼는 사람들에게 증명하기를 원했다.

그러나 그가 이런 기초 위에서 정당하게 주장할 수 있는 유일한 신은 기독교인이 하나님이라고 부르는 그런 신이 아니다.

근대에 이르러, 데카르트는 존재론적 논쟁을 사용했다.[136] 그러나 그는 하나님이 존재한다는 것을, 먼저 혹은 동시에, 알지 못한 상태로 인간으로서의 자기 본성을 알았다는 개념에서 시작했다.

이런 가정은 칼빈이 시작했던 가정과 정반대에 있다. 칼빈은 인간이 하나님의 피조물이라고 전제하지 않으면 인간 자신에 관해 어떤 진실한 말도 할 수 없다고 주장한다. 따라서 아리스토텔레스뿐만 아니라 데카르트의 신도 유한한 존재에 불과하다. 그리고 기독교 관점에서 볼 때 유한한 신은 우상일 뿐이다.

그러므로 기독교인이 사용하는 방법과 비기독교인이 사용하는 방법을 구분하지 않고 유신론적 증거들에 관해 지적으로 이야기하기란 매우 불가능하다.

그러므로 개신교, 특히 개혁주의 신학의 본질은 로마가톨릭의 '자연신학'을 거부한다. 카이퍼와 바빙크는 확실히 그렇게 했다. 그리고 헵도 마찬가지이다. 구프린스턴의 귀재들도 그것에 반대했다.

참다운 개혁주의 변증학은 칼빈이 깨달은 것을 따를 수밖에 없다. 인간은 하나님을 자급자족하고 자립적 존재로 보아야 한다. 인간은 자신을 하나님의 풍성한 수혜를 입은 피조물로 여겨야 한다. 또한, 하나님의 율법 아래에 있음을 알아야 한다. 인간은 자신을 그렇게 여겨야 한다.

---

136 데카르트(René Descartes, 1596-1650)는 아마도 근대의 중요한 철학자였을 것이다. 그는 『제1 철학에 관한 성찰』(Meditations on First Philosophy)에서, 수학의 특정 지식을 다른 지식 영역으로 확장하려고 시도했다. 그의 방법은 적어도 하나의 확실한 진리를 확보하기 위해 보편적 의심을 받아들이는 것이었다. 그가 발견했다고 주장한 확실한 진리는 자신이 존재한다는 것이다. 그의 유명한 말, "나는 생각한다. 고로 나는 존재한다"(Cogito, ergo sum)는 근대 사상의 특징이 되었다.
반틸은 데카르트와 칼빈을 자주 대조한다. 데카르트는 자신의 확실한 존재를 통해 보편적 진리를 얻었다고 생각하는 반면, 칼빈은 모든 자기 지식을 하나님에 관한 지식과 필연적으로 연결함으로 『기독교 강요』(Institutes)를 시작한다. 따라서 데카르트의 견해는 자율성을 나타내고, 칼빈의 견해는 하나님을 향한 우리의 의존성을 수반한다. 이것은 반틸의 작품에 계속 등장하는 주제이다. 데카르트는 안셀름의 존재론적 논증을 사용했다.

그러나 인간은 진리를 불의로 바꾸는 어리석은 죄를 범한다. 그들은 자신이 직접 하나님의 존재에 참여하거나 하나님의 존재가 그들 존재의 일부라고 가정함으로써 그렇게 한다. 따라서 이런 일원론적 가정에 기초한 그들의 철학 체계는 인간이 자신에 관한 진리를 억압하기 위해 노력하는 수단이 된다. 그 결과는 어리석고 자신을 망친다.

하나님의 존재를 전제로 하고 생명의 길로 가거나, 자신을 궁극적 존재로 삼고 사망의 길로 가라. 이렇게 기독교인은 자기 동료에게 도전을 주어야 한다.

만일 그리스도인이 그의 동료에게 도전을 준다면, 그는 성령의 도구가 될 수 있다. 그러면 하나님에 관한 증거들이 하나님에 관한 확증이 된다. 하나님에 관한 확증은 인간에게 확증하는 하나님이다.

그러므로 유신론적 증거들은 하나의 증거로 축소되는데, 이 증거에 의하면 이 하나님, 성경의 하나님, 궁극적 존재, 창조주, 우주의 통제자가 인간이 경험하는 모든 것의 초석이 되지 않으면 인간의 경험은 헛것이 된다. 이 한 가지 증거는 절대적으로 설득력이 있다.[137] 물론 그것이 성경 및 일반 계시에 관한 해석이라면 완벽할 수는 없다.

오직 사람에 대한 계시만이(심리적 존재로서의 인간을 통한 계시를 포함하는) 오류가 없다. 인간은 심지어 구속받은 사람조차도, 이 계시를 재해석할 때 오류 없이 해석한다고 할 수 없다. 개혁주의 신학은 신앙고백이 무오하다고 하지 않는다. 그러나 개혁주의자들은 이 신앙고백의 핵심 교리가 실천적인 면에서 계시 진리를 충실히 재현한다고 가정한다.

이제 내가 왜 헵이 제시한 증거들을 인정할 수 없는지 그 이유가 분명할 것이다. 헵은 사실에 근거한 증거와 거짓 전제에 근거한 증거를 구별하지 않는다. 그는 단순히 유신론적 증거에 관해 말한다. 그는 불신자가 하나님

---

[137] 만일 사람의 마음이 죄의 노예가 되지 않으면, 그것은 '절대적으로 설득력이' 있을 것이다 (롬 8:7).

의 계시를 정확하게 해석할 수 있고 그렇게 한다고 가정한다. 헵은 증거의 가치를 과대평가하지 말라고 경고한 후에 이렇게 말한다.

> 소위 하나님의 존재에 대한 증거는 전혀 가치가 없는 것은 아니다. 그것들은 우리 안에 있는 본성을 가르치고 우리 주위에 있는 하나님에 관한 증거를 가르친다.
>
> 그것들은 우주 전체에서(우주론적 증거), 관념의 세상에서(존재론적 증거), 도덕적 세상에서(윤리론적 증거), 역사에서(역사적 증거), 만물에 있는 목적의식에서(목적론적 증거) 우리에게 온 담화를 정형화된 공식으로 전달한다. 그것들은 또한 하나님이 통치하신다는 사실과 지치지 않고 쇠약하지 않으신 하나님이 온 세상의 창조자라는 사실을 계속해서 우리에게 증거한다. 그것들은 우리의 의식을 강력하게 압박한다. 그러나 그것들은 우리에게 최종 확실성의 근거를 제시할 수 없다.[138]

따라서 헵은 구프린스턴 변증학이 발전시킨 논증 유형에 반박하는데, 이는 그것이 증거에 대한 확실성을 주장하기 때문이다. 그러나 계시는 주관적이든 객관적이든 매개체를 통해 오기 때문에 확실성은 계시에서 비롯할 수 없다고 헵은 말한다. 확실성은 오직 성령의 증거에 의해서만 온다고 그는 주장한다.

헵은 그들이 유신론적 증거들에 너무 의존한다고 반박했는데, 그때 그는 유신론적 증거들 안에 있는 하나의 큰 결점을 구성하는 것을 다루지 않았다고 우리는 믿는다. 헵은 하나님의 존재를 전제로 하는 유신론적 증거와 인간을 궁극적 존재로 전제하는 유신론적 증거 사이에 있는 기본적 차이점을 무시했다. 그리고 이것은 간과할 수 있는 문제가 아니다.

---

138 V. Hepp, *Het testimonium Spiritus Sancti* [The testimony of the Holy Spirit] (Kampen: J. H. Kok, 1914), 152.

성령의 일반적 증거에 대한 헵의 전체 교리는 모든 사람이 동의하는 특정한 중심 진리가 있음을 보여 주기 위해 구성되었다. 기독교인뿐만 아니라 비기독교인조차도 하나님의 일반 계시를 정확하게 해석할 수 있다고 그는 주장한다. 그들은 이 계시를 이론적 증거의 경우와 같이 정형화된 공식으로 정리할 수 있다. 따라서 그들은 '특정한 중심 진리'를 믿을 수 있다.

그러면 여기에서 기독교인과 비기독교인은 하나님의 계시를 함께 해석하고 같은 결론, 즉 하나님이 존재하신다는 결론에 도달한다. 그러나 그들은 이 진리를 확신하지 못하는데, 이는 계시가 확실성을 주지 못하기 때문이다. 그러므로 성령께서 그들의 추론 과정을 통한 결론에 확신이 생기도록 그들 안에서 증거하신다.

이 모든 것이 사실상 로마가톨릭의 자연신학에 빠졌다. 헵이 발전시킨 성령의 일반 증거에 대한 교리 자체는 자연신학을 치료할 수 없다. 헵은 본성의 사람이 자신의 해석 원리를 통해서도 중심 질문에 대한 하나님의 계시를 정확하게 해석할 수 있고, 해석한다고 가정한다. 그러면 비기독교인과 기독교인이 함께 올바르게 해석하는 사실의 영역, 계시의 영역이 있다. 그러면 과학 분야에서 사람들이 긍정적으로 함께 세울 수 있는 '중립 영역', '중간 영역'이 있게 된다.

이 영역에서 성령께서는 신자를 통해 불신자에게 우상을 섬기는 삶에서 돌이켜 살아 계신 하나님을 섬기는 삶으로 돌아가야 한다고 증거하지 않으신다. 오히려 이 영역에서 신자와 불신자 모두에게 하나님을 믿어야 한다고 증거하신다.

말하자면, 성령께서는 칼빈이 자기 창조주이시자 심판자이신 하나님을 생각할 때 옳다고 증거하시고, 스피노자(Spinoza)가 모든 실체와 동일한 하나님의 존재를 믿을 때 옳다고 증거하신다. 그렇지 않다면, 성령께서 아무 내용도 없는 하나님의 '형태로' 증거하셔야 하고, 하나님의 본성이 '무엇인지에' 대한 어떤 암시도 없는 하나님이 존재하신다고 증거하셔야 한다.

성령께서 유한한 신의 존재나 내용이 없는 단순한 형태의 존재에 대해 증언하셔야 한다는 개념은 성경과 직접적으로 상충한다. 인간 안에 있는 본성과 인간에 관한 사실들을 통한 본성은 창조자이신 하나님, 모든 것을 통제하시는 하나님 그리고 심판자이신 하나님이 존재하신다고 증언한다. 바로 이것을 성령께서 증언하신다.

그리고 이런 하나님의 존재를 증언하는 행위는 인간이 자신을 위해 만든 그런 신의 존재, 종종 '유신론적 증거들'이라는 수단을 통해 만든 그런 신의 존재에 대해 불리한 증언을 한다.

나는, 성령의 일반적 증거가 유신론적 증거들이 표현한 것을 증언한다는 개념, 성령의 일반적 증거가 기독교인과 비기독교인이 동의한 중심 진리를 증언한다는 개념을 거부해 왔다.

나는 구프린스턴 변증학의 방법을 거부한 것과 같은 이유로 그것을 거부했다. 그리고 구프린스턴신학과 암스테르담신학의 관점에서 두 가지 모두를 거부했다. 간단히 말해서 나는 자율적 이성에 호소하는 행위를 불법 및 파괴적 행위로 보기 때문에 개혁주의 신앙의 관점에서 구프린스턴 변증학의 입장뿐만 아니라 헵의 입장도 거부할 수밖에 없다. 그러나 나는 구프린스턴과 암스테르담 학자들에게서 배운 신학의 관점에서 기꺼이 그렇게 할 수 있다.

이와 관련해 나는 마셀링크 박사와 내가 일반 은총 문제에 관해 토론했을 때 이 문제에 관해 최근에 언급한 말을 설명할 수 있다. 나는 구프린스턴이 우리에게 제공한 것과 같은 변증학에 근거해 우리는 여전히 개혁주의보다는 로마가톨릭의 기초 위에 서 있다고 주장했다. 이는 중립적 이성이라는 영역에서 불신자와 논쟁하는 것이 로마가톨릭의 본질이기 때문이다.

어떤 개혁주의자도 그런 입장을 옹호하며 자기 입장이 독창적 칼빈주의를 따르고 과학적 문제를 해결할 수 있다고 주장할 수 없었다.

이런 맥락에서 나는 신자와 불신자 사이의 중립적 영역에 다시 한번 호소하도록 구성된 일반 은총 교리는 로마가톨릭의 자연신학 교리와 같은 선상에 있는 구프린스턴 변증학과 정확히 일치한다고 주장했다.

그렇다면 왜 우리는 이것이 독특한 교리라고 생각해야 하는가?

왜 우리는 건전한 과학적 기초가 있는 척해야 하는가?

하나님의 섭리가 모든 것을 통제한다는 칼빈주의 교리에서 벗어난 것과 창조된 우주의 모든 사실에 대한 영원한 계시적 성격에서 벗어난 것은 과학을 위한 참된 기초를 제공할 수 없다.

그리고 우리가 본질적으로 로마가톨릭 신학을 벗어나지 못해 우리 자신의 노력을 잘 활용할 수 없다면, 어떻게 비기독교 과학자의 과학적 노력의 결과를 잘 활용할 수 있는 척할 수 있단 말인가?

왜 자신을 속이고 세상 앞에 거짓 이론을 내세우면서 꿈속에서 헤매야 하는가?

과학에 관한 비기독교 관점은 이렇다.

- 인간의 자율성을 전제로 한다.
- 사실들이 창조되지 않고 우연에 의해 통제된다는 것을 전제로 한다.
- 질서는 하나님이 아닌 우주 어딘가에 있다고 가정한다.

우리가 성령의 일반적 증거와 관련해 헵의 가르침에 따라 일반 은총 교리를 발전시킨다면, 우리는 증거가 앞으로 나아가지 못하게 방해하는 바로 그 파멸의 힘을 우리의 과학적 체계로 통합하고 있다.

나는 그 진술에 대해 사과했다. 그러나 나는 의도한 의미는 채택한다. 우리는 개혁주의 기독교인으로서 독립적 교육 기관의 타당성을 증명하기 위해 일반 지식 및 특정 과학에 대한 명확한 철학을 제시할 수 있어야 한다.

제4장

비판에 대한 답변[1]

윌리엄 마셀링크(William Masselink) 박사는 자신의 강의 계획서, '일반 은총과 기독교 교육'(Common Grace and Christian Education)에서 나의 사고 체계가 '절대적 윤리 대립'(Absolute Ethical Antithesis)으로 시작한다고 나를 비난했다. 나는 『일반 은총에 대한 서신』(A Letter on Common Grace)에서 이 비난에 대해 대답했다. 그곳에서 나는 오히려 하나님의 형상으로 만들어진 사람의 창조로 시작한다는 것을 분명히 했다.

칼빈에 이어 나도 하나님을 불가피하게 아는 모든 사람에 관해 이야기한다(롬 1:19). 타락한 후에도 모든 사람은 자기 마음속 깊은 곳에서 자신이 하나님의 피조물이라는 것을 안다. 그러므로 그들은 하나님의 율법에 순종해야 하지만 실제로는 그것을 어겼다는 것을 안다.

그러므로 모든 사람은 타락한 후에, 자기 존재 안에 고정된 자신에 관한 이 진리를 억압하려고 노력한다. 그들은 하나님을 반대한다. 이것이 인간의 타락에 관한 성경의 가르침이다. 우리가 기독교 종교의 진리를 사람들에게 제시하려면, 그들이 있는 곳에서 시작해야 한다.

---

[1] 이 책의 시작 부분에서 반틸이 언급한 것처럼, 이 장은 맨 처음 『개혁주의 신학 서론』(An Introduction to Systematic Theology, CLC 刊)의 부록에 실렸다. 또한, 초기에 출판한 강의 계획서의 끝부분과 윌리엄 에드거(William Edgar)가 편집한 책의 제2장 이후에 나타난다.

첫째, 그들은 하나님의 능력과 신성을 모든 사실에서 드러내는 세상으로 둘러싸인 하나님의 형상대로 만들어진 피조물이다. 하나님에 대한 그들의 대립은 절대로 형이상학적일 수 없다. 그들은 절대 하나님의 형상을 벗어날 수 없다. 그들은 자신에 관해 말하는 우주 안에서 그리고 자기 자신 안에서 하나님과의 대면을 피할 수 없다. 그러므로 하나님에 대한 그들의 대립은 '윤리적인' 것이다.[2]

둘째, 하나님의 일반 은총 때문에, 죄인 편에서의 하나님에 대한 이 윤리적 대립은 '제한받고', 따라서 인간의 창조적 힘은 건설적 노력의 기회를 얻는다. 이 세상에서 죄인은 '선한 일'을 많이 한다. 그는 정직하다. 그는 자기 동료의 고통을 덜어준다. 그는 도덕법을 '지킨다.'

그러므로 형이상학적이라기보다는 윤리적 대립을 제외한 '대립'은 두 번째 방법으로 제한된다. 그것은 완전한 표출이 아닌 하나의 '원리'이다. 만일 본성의 사람이 자신의 영혼 안에 거하는 하나님에 대해 윤리적으로 완전히 대적함으로 자신의 악을 표출한다면, 그는 진정한 의미의 악마가 될 것이다. 분명히 그는 그런 종류의 악마는 아니다. 그는 더할나위 없는 악마의 수준에 도달하지 않았다.

이 모든 것은 나의 여러 글에서 발견할 수 있다. 특히, 『일반 은총에 대한 서신』에서 발견할 수 있다. 그러나 마셀링크 박사는 나의 전체 사고 체계가 절대적 윤리 대립(Absolute Ethical Antithesis)이라는 개념에서 시작한다고 계속해서 반복하고 있고, 절대적 윤리 대립이란 인간이 "현재 최대한도로 악하다는 것을 의미한다"라고 주장한다.[3] 개혁주의 신학에 따르면

---

2   형이상학적 대립은 인간이 더 이상 하나님의 형상이 아님을 의미한다. 여기서 '윤리적'이라는 표현보다는 '언약적'이라는 표현이 더 잘 어울린다. 인간은 하나님의 형상대로 창조되었지만 언약적으로 아담 안에 있기 때문에 타락한 이래로 하나님을 대적하고 죄의 노예가 되었다.

3   William Masselink, "The New 'Common Grace' Issue", *Torch and Trumpet* 3, no. 6 (February-March 1954): 15. 또한, Wm. Masselink, "New Views regarding Common Grace",

대립(antithesis)은 절대적이지 않고 '근본적'(principial)이다.

> '근본적 대립'(Principial Antithesis)이란 본성의 사람이 '원칙상' 죄로 인해 사망에 이르러 완전히 타락함을 의미한다.[4]
> 그러나 본성의 사람은 원칙상 절대적으로 타락한 상태에 있다.[5]

그러므로 마셀링크는 절대적이라는 용어를 사람의 전적 타락과 관련해 사용한다. 나는 타락이 원리상 절대적이라는 조건을 반복해서 내세웠다. 이 시점에서 유일한 차이점은 내가 마셀링크보다 한 가지 조건을 더 추가한다는 것이다. 나는 대립이 윤리적이지, 형이상학적이지 않다는 점을 강조한다. 나는 이런 구별을 마셀링크의 주장에서 발견하지 못한다.

아마도 이런 실패로 인해, 다른 부분에서 그는 마치 그 대립이 윤리적으로 고안될 때조차도 원리상 절대적이 아닌 것처럼 추론한다. 그는 기독교인과 비기독교인이 하나님, 인간, 우주에 관한 일반적 개념에 있어 '근본적 차이점'을 갖지 않은 부분이 있다는 발렌타인 헵(Valentijn Hepp) 박사의 사상을 따른다.[6]

마셀링크가 추측하는 것처럼 "절대적 대립"이라는 표현이 아예 전례가 없는 것은 아니다. 예를 들어, 헤르만 카이퍼(Herman Kuyper) 박사는 기독교의 절대성과 밀접하게 연관된 내용을 말할 때 이 표현을 사용한다. 그는 이렇게 말한다.

The Calvin Forum 19 (April 1954): 172-177을 참조하라.
4   Masselink, "New Views regarding Common Grace", 174.
5   Masselink, "The New 'Common Grace' Issue", 15.
6   Cornelius Van Til, *A Letter on Common Grace* (Phillipsburg, NJ: L. J. Grotenhuis, n.d.)를 참조하라.

이와 관련해 일반 은총에 대한 칼빈의 관점은 기독교의 절대성을 유지하는 데 도움이 될 수 있다는 점에 주목해야 한다. 특히, 최근 몇 년 동안 기독교를 믿는 많은 사람이 기독교의 정통적 개념을 유일한 참 종교로 받아들이려 하지 않는다. 그들은 기독교와 모든 비기독교 종교 사이에 절대적 대립이 있다는 주장을 유지하는 대신, 기독교를 모든 사람의 마음에 심어진 종교의 씨가 가장 많이 발전한 것으로 받아들이려고 한다.[7]

마셀링크 및 다른 사람들이 내 관점에 대해 한 비판의 두 번째 핵심은 논리의 법칙에 관한 것이다. 마셀링크는 이렇게 말한다.

> 반틸은 최근에 출판한 『일반 은총에 대한 서신』에서 보편적 이성에 관해 언급할 때 "그런 일은 실제로 존재하지 않는다"라고 한다. 우리와 반틸 사이의 문제는 기독교인과 비기독교인 사이에 있는 지식에 관한 차이의 정도에 전혀 있지 않고, 카이퍼와 함께 우리가 '본성의 사람에게 있는 논리의 법칙'이 죄로 인해 완전히 파괴되지 않았다고 말할 수 있는지에 있다.[8]

죄인 안에 있는 논리의 법칙이 파괴되었다고 말하는 것은 이 책의 접근 방법과 완전히 반대된다는 사실을 독자는 관찰할 것이다. 형이상학적이라기보다는 윤리적 대립 사이에 있는 구별의 전체 요점은 하나님의 형상으로 만들어진 피조물인 인간의 이성적 및 도덕적 구성은 파괴되지 않았다는 것이다. 죄인의 편에서 하나님과의 분리는 윤리적이다.

어떻게 형이상학적일 수 있겠는가?

이후에 타락한 사람조차도 합리적이고 도덕적인 결정을 할 수 있는 힘을 잃지 않았다. 그들이 자신의 타락한 상태를 인식하기 위해서는 이 형상

---

7   Herman Kuiper, *Calvin on Common Grace* (Goes: Oosterbaan & Le Cointre, 1928), 231.
8   Masselink, "New Views regarding Common Grace", 174.

을 가지고 있어야 한다.

그리고 이것은 죄인의 의식에는 전적으로 "윤리적 내용이 없다"는 마셀링크의 견해와 관련이 있다.

> 이 '하나님 의식과 도덕적 의식이' 윤리적 내용이 전혀 없다면, 우리의 고백은 '시민의 의'(civil righteousness)를 말할 때, 진실이 아닐 것이다.[9]

그러나 형이상학적 대립과 윤리적 대립 사이에 있는 구분은 인간이 도덕적 의식이 전혀 없을 수 있는 단계가 있을 수 있다는 개념을 피하기 위한 특정 목적을 위해 만들어졌다.

이는 로마가톨릭으로서는 죄의 영향이 존재의 규모로 생각되는 구별이 불가능하기 때문이다. "존재의 유추"에 관한 아리스토텔레스의 개념 아래에서는, 인간이 "발가벗은"(in puris naturalibus)[10] 상태로 있을 때, 윤리 의식이 전혀 없게 된다. 낙원에서도 그와 같은 도덕의식을 주기 위해서는 형이상학적 개념인 부가적 은혜(donum superadditum)가 필요하다. 그런 다음 죄가 들어간 후, 이 부가적 은혜가 제거될 때, 인간은 존재의 바닥 가까이 가라앉아 선과 악을 분별할 수 있는 능력을 거의 잃게 된다.[11]

마셀링크가 이런 사고방식에 빠지지 않기는 어려워 보인다. 그는 다음의 인용된 문장을 뒤이은 문장에 나타난 존재의 규모에 관한 개념을 사용하는 것 같다.

> 지옥에서 하나님과 본성의 사람 간 대립은 절대적이다. 지옥에서는 일반 은총이나 시민의 의는 존재하지 않는다.

---

9 Masselink, "The New 'Common Grace' Issue", 15.
10 즉, 무죄한 상태에 있는 인간(즉, 타락 이전).
11 이전 장 각주 88을 참조.

타락한 자에게 일반 은총은 존재하지 않는다.

그러나 그들에게는 '윤리적 내용도 없는가?'

그들의 양심이 하나님의 거룩함을 훼손한 자신의 죄에 대해 자신을 영원히 비난하지 않는가?

마셀링크는 '윤리적 내용'에 대한 개념이 일반 은총 존재에 의존하게 해서 죄의 원리를 억제하는 일반 은총은 사람들이 더 이상 도덕적 인식을 가질 수 없는 상태에 빠지지 않도록 해 준다고 주장한다. 이것은 죄가 인간에게 해로운 형이상학적 영향을 미친다는 로마가톨릭의 사상과 일치한다. 이것은 개혁주의 사상이 아니다.[12]

윤리적이든 형이상학적이든 죄의 영향에 관한 모든 문제는 일반 은총에 들어가는 것을 제외하고는 사람을 포함한 온 세상이 허물어졌을 것이라는 개념에 중점적으로 나타난다.

헤르만 카이퍼는 이 개념을 올바르게 거부한다.

> 우리는 또한 칼빈의 가르침에 동의하지 않는다. 칼빈은 『기독교 강요』 II, 2, 17에서 하나님이 우리를 구하지 않으셨다면 인간의 타락은 우리 이성의 힘을 포함한 우리 본성 전체를 파괴하는 결과를 초래했을 것이라고 가르친다. 칼빈은 여기에서 천사들 세계에서의 반란에도 불구하고 마귀들이 모든 이성적 능력을 잃어버리지 않았다는 점을 잊어버린 것 같다. 또한, 언젠가 고통의 장소에 살게 될 구원받지 못한 영혼이 여전히 인간으로 남아 있고 어느 정도의 지적 능력을 갖추고 있다는 사실을 고려하지 않는다.[13]

---

12 지옥을 "벌레가 죽지 않는 곳"이자(막 9:48) "울며 이를 가는 곳"으로(마 8:12; 13:42, 50) 표현한 이유는 이 세상에서 하나님께 영원히 대적하여 타락한 자신을 자신의 양심이 항상 비난하기 때문이다.

13 Kuiper, *Calvin on Common Grace*, 226.

『일반 은총에 대한 서신』에서 나는 사람의 타락과 관련해 '형이상학적', '윤리적' 개념을 제한적이거나 보충적인 개념으로 사용할 필요가 있다고 말했다. 우리는 마치 죄가 하나님의 일을 파괴한 것처럼 말해야 한다. 그것은 분명히 윤리적으로 의도된 것이었다.

그러나 우리는 이것이 형이상학적 가능성이 궁극적으로 없다는 것을 아는데, 이는 그리스도의 사역을 통해 죄가 없어지는 것이 영원 전에 설계한 하나님 계획의 일부이기 때문이다.

개혁주의 사상에 있어 진정한 진보는 기독교의 보완적(supplementative), 또는 한계적(limiting) 개념을 사용한 지난 세대에게서 일어났다. 이런 용어를 사용함으로 인해 G. C. 벌카우어(G. C. Berkouwer) 및 그 외의 사람들은 일부 스콜라주의를 피할 수 있었다.

우리가 선택 교리에 근거해 하나님은 어떤 의미에서도 전체 인류에게 호의를 베풀 수 없다고 추론할 때 스콜라주의는 나타난다.[14] 인간의 책임이라는 개념을 유지하기 때문에 선택 교리는 존재하지 않는다고 주장할 때도 스콜라주의는 나타난다. 또한, 하나님 안에서의 선택과 유기가 근본적으로 동등하지 않다고 말하거나, 아담이 순종하기로 선택한 것은 불순종하기로 선택한 것과 근본적으로 같다고 말할 때도 나타난다.

간단히 말해서 우리의 신학적 개념을 서로 보완적인 것으로 생각하지 않으면, 우리는 논리주의에 빠지게 된다. 우리는 흘러가는 역사의 중요성을 논리의 정적 범주로 제한하게 된다.

하나님은 원래 논리적 이성을 인간에게 선물로 주셔서 인간이 자연에 나타난 하나님의 계시를 자신을 위해 발견할 수 있도록 하셨다. 인간이 논리적 이성을 통해 가능한 것이 무엇이고 실제가 무엇인지에 관해 법을 제정할 수 있도록 하기 위해 그것을 주지 않으셨다.

---

14 여기에서 반틸은 G. C. Berkouwer, *Man: The Image of God* (Grand Rapids: Eerdmans, 1962), 154ff를 생각하는 것 같다.

사람이 성경에 주어진 계시의 내용을 가지고 자신을 위해 '체계'를 만들 때, 이 체계는 성경에서 독립하지 않고 종속하게 된다. 그러므로 기독교인이 도입한 체계의 개념은 현대 철학자가 도입한 체계의 개념과 사뭇 다르다.[15]

그러므로 기독교는 "모순율에 위배되지 않는다"는 의미를 비기독교인에게 설명하지 않은 채, 이 표현을 그들에게 말하는 것은 무의미하다. 비기독교인은 이 진술을 기독교인이 설명하려는 것과는 완전히 다른 의미로 받아들일 수 있기 때문이다.

비기독교인은 창조를 믿지 않는다. 그러므로 비기독교인에게 있어 모순율은 다른 모든 법칙처럼, 하나님의 창조적 활동에서 궁극적 근원을 찾지 못한다.[16] 따라서 비기독교인은 기독교인이 그를 위해 했던 것을 모순율을 통해 하려고 노력한다.

기독교인은 하나님이 인간에게 가능한 것과 불가능한 것에 관한 법을 정하셨다고 믿는다. 비기독교인은 인간이 스스로 이것을 결정한다고 믿는다. 긍정적이든 아니면 부정적이든 비기독교인은 모순율을 통해 가능한 것의 영역과 이와 관련된 역사의 흐름을 결정할 것이다.

이는 비기독교인이 모순율을 사용하면서 도입한 개념들은 그들이 표현하고자 하는 '사물의 본질'을 철저히 취한다는 것을 의미한다. 비기독교인의 사고는 각 개념이 전체 사물의 본질을 표현한다고 여기면서 전체 실체를, 심지어 일시적 실체조차도 정적 개념으로 표현하려고 한다.

---

15 기독교인은 자기 생각이 성경의 진리에 복종하게 해야 하므로, 하나님의 계시를 체계화할 때 근본으로 미스터리에 빠지게 된다. 하나님의 판단은 헤아릴 수 없고 그의 길은 찾을 수 없기 때문이다(롬 11:33).

16 모순율은 '하나님의 논리'(그것이 무엇이든지 간에)가 아니라, 하나님의 '창조적 활동'(creative activity)에서 그 근원을 둔다. 논리는 창조의 산물이고 하나님 성품에 대한 창조적 반응이다. 논리에 관한 자세한 내용은 Vern S. Poythress, *Logic: A God-Centered Approach to the Foundation of Western Thought* (Wheaton, IL: Crossway, 2013)을 참조하라.

실체는 전체적으로 일시적이고 따라서 개념이라는 주제로 전혀 또는 완전히 표현될 수 없다고 현대 사상은 일반적으로 인정하지만, 개념으로 표현한 것은 인간이 알 수 있는 모든 것이라고 주장하거나 추측한다.

그런 다음 사람들은 계시를 실체를 아는 또 다른 수단으로 여길 것이다. 그들은 심지어 이 다른 실체가 개념적 조작을 통해 알려진 실체보다 더 기본적이라고 말할 수도 있다. 그런 다음 그들은 이 완전히 다른 실체를 '아는' 믿음과 현상의 세계를 아는 이성을 분리하는 이원론을 제할 것이다. 어떤 경우이든지 간에, 역사적 사실에 관한 진정한 의미는 파괴된다.

이것은 변증법 신학에서 가장 잘 설명된다. 역사적 사실의 독창성을 주장하기 위해 변증법 신학은 일상적 역사(Historie)와 구별되는 원시 역사(Geschichte)에 대해 말할 필요가 있다고 생각한다.

바르트(Barth)와 브루너(Brunner)는 평범한 역사가 어떤 독창적인 것도 나타낼 수 없다고 말한다. 일상적 역사란 세속적 마음이 생각하는 그런 역사이다. 다시 말해서, 역사는 개념으로 해석되어야 하며, 그런 개념은 그것의 관점에서 모든 개성을 죽인다. 개념은 오로지 추상적 본질만을 다룰 수 있다고 한다. 개성은 이런 집단의 한 요소로 전락한다. 실제로 개성은 그것을 기술하는 개념에서 완전히 상실한다.[17]

오직 이 개혁주의 신학만이 현대주의 접근 방법에 대항할 수 있다. 그것은 개혁주의 신학이 다른 사람들에게 개방되지 않은 실체를 조작할 수 있는 수단에 접근할 수 있기 때문이 아니다. 오히려 개혁주의 신학만이 인간의 창조자인 하나님에 대해 공평하게 평가할 수 있기 때문이다.

---

17 반틸은 여기서 바르트와 브루너가 세상의 현상이 이 세상의 법칙에 따라 운용되고, 우리가 세상의 자료를 구성하는 개념은 마음에 대한 추상적 범주이고, 의미 있는 어떤 것이 있기 위해서는 역사의 평범하고 일상적인 현상을 초월하는 어떤 것이 있어야 한다는 칸트의 실체에 대한 사상에(즉, 현상-물자체[phenomenal-noumenal]) 얽매여 있다고 말한다. 바르트에게 있어, 어떤 것은 역사(Geschichte)인데, 이는 역사에 영적 의미를 부여할 수 있는 유일한 것이다.

하나님이 정말로 인간의 창조자이시라면, 인간의 사고방식은 유추적이어야 한다. 그러므로 인간의 사고는 연역 체계의 도구로 올바로 사용될 수 없다. 이 개념들은 하나님 계시의 풍부함을 나타내는 수단으로 사용되어야 한다.

사람이 자신과 하나님의 관계를 알고자 할 때 항상 모순이 발생한다. 이처럼 모순이 나타나는 것처럼 보일 때, 선택 교리나 인간의 책임과 같은 개념을 모순율과 상충한다는 이유로 부정해서는 안 된다.

한계적 또는 보완적 개념을 일반 은총에 대한 일반적 문제에 적용하면, 한편으로 우리는 일반 은총을 부정해서는 안 되고 또 다른 한편으로 신자와 불신자 사이에 중립적 영역을 만드는 일반 은총을 주장해서도 안 된다.

1. 사람 안에 있는 하나님의 형상

한계적 또는 보완적 개념의 필요성은 그것이 하나님의 형상을 지니는 인간으로서의 개념과 관련해 사용하지 않을 경우 무슨 일이 일어나는지 관찰함으로 설명할 수 있다.

개혁주의 신학에서는 일반적으로 넓은 의미에서 하나님의 형상과 좁은 의미에서 하나님의 형상을 구분한다. 그러나 연역적으로 구분해서는 안 된다고 강조하지 않으면 어려움이 생기게 된다.

이런 어려움은 아브라함 카이퍼 주니어(Abraham Kuyper, Jr.)의 작품 『하나님의 형상』(*Het Beeld Gods*)의 간략한 요약에 잘 나타난다. 넓은 의미에서 하나님의 형상은 사람의 본질에서 발견되어야 한다고 카이퍼는 말한다.[18] 인간의 이런 본질은 타락한 인간에게서도 변하지 않은 채로 남아 있다.[19]

18　Abraham Kuyper, Jr., *Het beeld Gods* (Amsterdam: De Standaard, 1929), 62.
19　Kuyper, Jr., *Het beeld Gods*, 69. "죄인으로 사는 본성의 사람에게는 분명히 이성, 이해, 지식, 지적 능력이(어떤 표현을 쓰든지 간에) 있다. 지식은 인간의 본질에 속한다. 결

인간은 자신의 본질 속에서 하나님의 형상을 유지해 왔기 때문에 그리고 일반 은총은 인간을 돕기 때문에, 상당히 타락했음에도 불구하고 많은 능력을 갖추게 되었고 갖출 수 있다.[20]

인간이 하나님의 형상을 잃어버린 순간(만약 그것을 잃어버릴 수 있다면) 인간성을 상실하기 때문에 하나님의 형상은 잃어버릴 수 없다. 넓은 의미에서 (sensu latiore) 하나님의 형상은 사람 안에 있는 인간성과 관련이 있고, 하나님의 형상 때문에 다른 피조물과 구분된다. 사람 안에 있는 하나님의 형상 때문에, 인간은 천사, 동물, 또는 식물과 구분된다.[21]

카이퍼는 넓은 의미에서의 형상에 관한 자기 논쟁을 인간의 불변한 본질로 요약하면서, 형상은 먼저 "인간이 인격이 되는 나를 통해" 찾아야 하고 "다음으로 이 훌륭한 '내가' 통제하는 두 가지 능력에서, 즉 아는 능력과 행하는 능력에서" 찾아야 한다고 말한다.[22]

좁은 의미에서 하나님의 형상은 참 지식, 의 그리고 거룩함으로 구성되어 있다고 한다. 보통 에베소서 4:23, 24과 골로새서 3:10이 이 주장을 뒷받침하기 위해서 인용된다. 카이퍼는 또한 불멸을 하나님 형상의 일부로서 여긴다.[23]

그러나 우리는 우리의 목적을 이루기 위해 그의 분석을 자세하게 따를 필요는 없다. 우리는 우리가 좁은 의미에서의 이 형상을 잃어버렸다는 사실에 관심을 둔다.

국, 인간은 비록 타락한 사람이라고 하더라도 이성적 및 도덕적 존재이다"(De natuurlijke mensch, die als zondaar leeft, heeft zeer zeker de rede, het verstand de kennis, het intellect, hoe men het noemen wil. Kennis behoort tot het wezen van den mensch, de mensch is immers, ook de gevallen mensch, een redelijk-zedelijk wezen).

20 Kuyper, Jr., *Het beeld Gods*, 75.
21 Kuyper, Jr., *Het beeld Gods*, 123.
22 Kuyper, Jr., *Het beeld Gods*, 68.
23 Kuyper, Jr., *Het beeld Gods*, 92.

좁은 의미에서 하나님의 형상은 '참' 지식, 의 그리고 거룩함으로 구성된다. 우리는 이 형상을 잃어버렸다. 그리고 대신 어두움, 죄책 그리고 죄가 찾아왔다.[24]

이 형상을 '잃어버렸다.' 그것은 사라졌다.
넓은 의미에서의 형상과 관련해 좁은 의미에서의 이 형상이 사라질 때 어떤 영향을 미치는지 우리는 묻고 싶을 것이다. 카이퍼에 의할 때 넓은 의미에서의 형상은 잃어버릴 수 없다는 것을 기억하라. 그러므로 넓은 의미에서의 형상이 "보통 말하는 그런 형상"(als zoodanig) 이다.[25]
그리고 '보통 말하는' 그런 형상에 대한 지식은 '보통 말하는' 그런 지식이라고 부른다.[26] 또한 사람의 불변한 본질에 속하는 이성이 죄 때문에 어두워졌다고 한다.[27] 낙원에서 소유했던 인간의 불멸성은 잃어버렸다.[28] 그의 의지에는 의가 더는 존재하지 않는다.[29]

그러면 우리는 사람의 본질, 그의 인격, 그의 이성과 의지가 참된 의, 참된 지식 그리고 참된 거룩함에 의해 긍정적으로 영향을 받지 않았다고 말할 수 있는가?
또는 인간의 본성이 변하는 동안 인간의 본질은 변하지 않는다고 말하면, 남아 있는 것은 이 본질이라고 할 수 있는가?
그것은 완전히 특성 없는 평범한 독립체가 되지 않았는가?

---

24 Kuyper, Jr., *Het beeld Gods*, 126.
25 Kuyper, Jr., *Het beeld Gods*, 130.
26 Kuyper, Jr., *Het beeld Gods*, 69.
27 Kuyper, Jr., *Het beeld Gods*, 70.
28 Kuyper, Jr., *Het beeld Gods*, 92.
29 Kuyper, Jr., *Het beeld Gods*, 126.

우리는 좁은 의미에서 하나님의 형상과 관련해 비슷한 문제들과 마주친다.

하나님의 형상은 인간의 본질에 너무 "우연히" 느슨하게 관련된 관계로 인간의 본질에 영향을 미치지 않으면서 잃어버릴 수 있는가?

보통 말하는 그런 지식과 함께 인간의 본질, 인간의 개성, 보통 말하는 그런 형상은 윤리적 내용이 전혀 없는가?

그렇다면 윤리적 내용은 로마가톨릭의 부가적 은혜(*donum superadditum*) 형태를 따른 선구속적(pre-redemptive) 일반 은총 선물인가?

그러면 타락 후의 특별 은총은 더 큰 은총이지만, 타락 전에 인간에게 주어진 것과 같은 종류의 은총이다. 따라서 불변하는 본질과 변하는 본성 사이에 놓인 최초의 대립적 구분은 반대 방향으로 바뀐다. 본질은 모든 면에서 완전한 본성의 상실로 영향을 받기 때문에, 죄는 결국 인간의 본질에 해로운 영향을 미친다. 그런 다음 형이상학적 상황을 그대로 유지하려면 일반 은총이 필요하다.

주 하나님은 인간이라는 이유로 주어지는 은총인 일반 은총으로 개입하여 죄를 제한하고, 저주를 통제하며, 지구의 자연이 얼마나 급격히 변했는지와 상관없이 여전히 유지하신다. 인류는 스스로 발전할 수 있었고, 역사는 그 과정을 시작할 수 있었다. 일반 은총이 없다면 이 모든 것은 불가능했을 것이다.[30]

반면에 죄인에게 남아 있는 하나님 형상의 잔재는 좁은 의미에서 그 형상의 잔재라고 한다.

---

30 Kuyper, Jr., *Het beeld Gods*, 180.

하나님의 형상은 하나님에 대한 참된 지식과 봉사 그리고 본성의 사람에게 있는 종교적 감정과 윤리적 삶에서 보존되는 의로움 및 거룩함으로만 구성되지 않고, 사람을 통해 땅을 통제하시는 하나님의 왕권도 포함한다.[31]

이는 저자의 주장을 정확하게 반영한다. 그는 이렇게 말한다.

일반 은총을 입지 않았다면 인간은 하나님의 형상을 잃어버렸을 것이다. 그리고 하나님에 대해, 죄와 불의로 가득 찬 삶에 대해 쓰라린 적대감을 완전히 표출했을 것이다. 그의 영혼의 삶은 마귀의 삶처럼 되어서 우리는 일반 은총에 관해 전혀 이야기할 수 없었을 것이다.[32]

따라서 일반 은총은 넓은 의미에서 하나님 형상의 일부 잔재와 좁은 의미에서 하나님 형상의 일부 잔재를 보존하는 것이라고 할 수 있다고 한다. 전자의 경우 형이상학적 상황을 그대로 유지하기 위해서 일반 은총이 필요하다. 따라서 실질적으로 로마가톨릭의 '부가적 은혜'(*donum superadditum*) 개념으로 돌아가게 된다.

후자의 경우, 일반 은총은 전적 타락 교리를 누그러뜨리는 수단처럼 보인다. 본성의 사람 안에 있는 하나님 형상의 '잔재는' 참된 지식, 참된 의 그리고 참된 거룩함에 관해 전혀 말하지 않는 것처럼 보인다. 신자와 불신자의 차이는 정도의 차이로 전락한다.

그러므로 우리가 '본질'과 '본성'과 같은 개념을 서로 제한적이고 보완적인 개념으로 규정하지 않고 사용하면, 혼란과 모순에 빠질 뿐만 아니라 우리가 피하고자 하는 관점으로 무심코 빠져들게 될 것이다.

---

31 Kuyper, Jr., *Het beeld Gods*, 200.
32 Kuyper, Jr., *Het beeld Gods*, 181.

이 모든 것이 놀랍지는 않다. 아리스토텔레스로부터 이어 받은 로마주의와 같은 비기독교적 방법론에서, 인간은 서술에서 최종적 권위를 갖는다. 이런 기초 위에서 인간은 하나님의 피조물로 간주하지 않는다. 그러므로 그의 지성은 하나님께 종속하는 것으로 간주하지 않는다.

분명히 유추라는 단어는 인간과 하나님 생각과의 관계를 설명하는 데 사용된다. 그러나 아리스토텔레스의 관점에서 유추에 관한 이 생각은 창조에 관한 개념보다는 참여에 관한 개념을 기반으로 한다. 인간은 그의 지성을 통해 하나님의 존재에 참여하는 것으로 본다. 그는 자신의 개념을 통해 실체의 본질을 완전히 불변하는 것으로 발견하게 되어 있다.[33]

창조된 우주에서의 변화는 우연으로 여긴다. 창조된 세계의 개별 사실은 우연으로 특정 지워진다. 또는 그들에게 실체가 있다면, 그것은 그것들이 어떻게든 신적 존재의 영원에 참여하기 때문이다.

결과적으로, 인간이 일시적 세상의 사실들을 대할 때, 그것들의 실체를 일시적이지 않은 본질의 세상에서 찾아야 한다. 그러므로 이런 근거로, 역사의 사실을 설명하는 것은 설명되어야 할 개성을 설명하는 것이다.

이 아리스토텔레스 체계를 사용하고 사람 안에 있는 하나님의 형상이라는 개념에 적용하면서, 로마가톨릭 신학은 존재의 규모에 대한 개념으로 이끌렸다. '벌거벗은'(*puris naturalibus*) 상태에 있는 인간은 비존재(non-being)에 가깝다. 그에게는 실질적으로 윤리적 내용이 없다. 윤리적 내용은 신성에 대한 잠재적 참여라는 개념을 통해 인위적으로 그에게 주입되어야 한다.

개혁주의 신학이 사람에게 있는 하나님의 형상이라는 개념을 참다운 유추적 방식으로 사용하는 것은, 즉 하나님의 계시에 명령을 내리도록 부름을 받은 피조물이라고 확고하게 생각하는 것은 분명히 큰 의미를 가진다. 인간의 개념을 유추적으로 사용한다는 것은 매 순간 깊이 인식해서 도입

---

33 즉, 아리스토텔레스(및 아퀴나스)에 따르면, 사람은 변하지 않는 보편적 방법으로 알지, 특정한 방식으로 알지 못한다.

된 각 개념이 하나님 계시 전체에 끊임없이 종속되어야 한다는 것을 의미한다. 그리고 이것은 서로 명확한 상관관계에 있는 인간의 본질과 인간의 본성과 같은 개념의 설정을 의미한다. 인간의 본질에 대한 개념은 단순히 전적으로 어떤 불변한 것을 의미한다고 할 수 없다. 그리고 본성에 대한 개념은 완전히 변할 수 있는 어떤 것을 의미할 수 없다.

따라서 실제로는 수정이 계속해서 발생하고 있다. 본질은 본성이 겪는 변화에 의해 영향을 받는다고 한다. 그리고 본성 자체는 완전히 변화할 수 없는 그 자체 안에 있는 '본성'을 필요로 한다.

그러므로 두 개념이 서로를 보충하는 자의식적 개념으로 간주할 때, 표현하고자 하는 계시의 내용에 대해 더 나은 평가를 할 수 있다. 그런 다음 완전하게 창조된 사람, 죄에 빠진 사람, 일반 은총의 수혜자 그리고 어떤 경우에는 특별 은총의 수령자는 자신의 역사적 발전에서 나타난다.

그렇다면 일반 은총 교리는 인간의 역사적 발전에 더 공정한 평가를 할 수 있다. 스콜라 철학의 견해는 본질적으로 역사의 중요성에 불공정한 평가를 한다. 두 가지 중 하나는 항상 발생한다.

인간의 본질과 본성 사이에 절대적이고 인공적인 분리가 이루어지거나 분리가 극복된다면, 차이를 어느 정도 줄임으로 분리를 극복한다. 형이상학과 윤리는 완전히 분리되거나 정도의 차이로 줄어든다. 과거를 살펴보면 다음과 같은 방식으로 나타난다.

특별 은총이건 일반 은총이건, 은총에 대한 개념은 죄인이 된 사람에게만 적용할 수 있기 때문에 선 구속적(pre-redemptive) 인간에게는 전적으로 적용할 수 없다고 한다. 이것은 역사의 중요성, 즉 인간이 타락했다는 사실의 중요성을 강조하는 데 관심이 있는 것 같다.

실제로 이것은 역사를 비합리적이거나 비이성적인 것으로 낮춤으로써 역사를 파괴할 것이다. 이것은 에덴동산에서 선에 대한 아담의 선택이 악에 대한 그의 선택과 똑같이 궁극적이라고 주장하는 것과 같은 종류이다. 이것은 본질적으로 하나님이 발생하는 모든 것을 통제하지 않으시고 인간의 행동이 궁극적이라는 알미니안 개념과 일맥상통한다.

다른 한편으로 이런 스콜라 철학의 기초에서 타락 이전의 인간에 대한 하나님의 태도와 타락 이후의 인간에 대한 하나님의 태도 사이의 지속성은 윤리적 맥락이 아닌 형이상학적 맥락으로 추구한다. 인간은 전적으로 마귀가 아니라는(윤리적 개념) 주장은 사탄과 구원받지 못한 인간이 갖춘 것처럼 인간은 선과 악을 구분할 수 있는 능력을 갖춘다는 개념으로 축소되거나 최소한 혼합된다.

그러면 일반 은총은 서로 교환할 수 있는 개념이 되어 넓은 의미에서 하나님 형상의 잔재나 좁은 의미에서 하나님 형상의 잔재를 의미한다. 인간에게 윤리적 내용이 전적으로 없어야 한다는 생각을 피하고자, 아담에게 있었던 '참된 지식'과 참된 도덕성의 잔재가 인간에게도 필요하다고 여긴다.

칼빈은 이런 스콜라식 접근 방법을 현명하게 피했다. 그는 하나님의 계시가 인간 내부의 심리적 존재로 침투한다고 말했다. 하나님에 대한 감각은 인간의 윤리적 반응이 일어나는 것과 관련해 그가 전제하는 연속성의 원리이다.[34]

이것은 인간이 항상 하나님의 계시에 윤리적으로 반응하고 있음을 의미한다. 그는 먼저 하나님의 일반적 호의 아래 살며 호의적으로 반응한다.[35]

그다음 그는 호의적이지 않게 반응하고 하나님의 저주 아래에 놓인다. 그의 윤리적 태도에 관한 한, 이것은 원칙적으로 하나님께 적대적이다. 그러면 구원하는 은혜 및 비구원적 은혜가 모두 나타난다. 넓은 의미에서 하나님 형상의 일부 잔재나 좁은 의미에서 하나님 형상의 일부 잔재가 스콜라식 형태로 취해진다면, 은혜는 그것들을 보존하지 않는다.

---

[34] 다시 말해서, 모든 사람은 언제 어디서나 참하나님을 알기 때문에, 하나님과 그들의 관계는 하나님이 준 계시적 지식 및 그 지식을 억압하거나 아니면 믿고 신뢰하는 반응에 그 뿌리를 둔다.
[35] 우리의 언약적 머리인 아담 안에서의 경우처럼.

어떻게 일반 은총이 죄가 하나님께 적대감을 품지 못하게 하는가?

타락의 원칙은 정도가 없다. 좁은 의미에서 하나님의 형상은 상실되었다. 다른 한편으로, 만약 이 형상이 불변하는 것이라면, 일반 은총은 넓은 의미에서 형상의 잔재를 보존하지 않는다.

절대로 변하지 않은 잔재가 어떻게 남을 수 있는가?

"일반 은총으로 하나님은 죄를 억제하고 특별 은총으로 죄에서 정결하게 한다"라고 말하는 것도 적절하지 않다.[36] (마셀링크는 내가 일반 은총의 "긍정적 운용"[positive operations]을 올바로 평가하지 않았다고 비판한 후에 일반 은총을 순전히 부정적 어휘로 계속해서 정의한다.) 특별 은총은 일반 은총과 마찬가지로 죄를 억제한다. 사실 이 세상에서 죄를 억제하는 특별 은총의 활동이 없다면 죄를 억제하는 일반 은총의 활동도 없다.[37]

다른 한편으로, 특별 은총뿐만 아니라 일반 은총도 긍정적으로 작용한다. 일반 은총은 사람이 긍정적인 일을 많이 할 수 있도록 돕는다. 그렇지 않다면 그는 긍정적인 일을 할 수 없을 것이다.

그리고 이 모든 것에 전제된 연속성의 원리는 그 자체가 하나님의 계시인 하나님의 형상에 대한 개념이다. 성령은 사람 주위에 있는 우주의 사실들을 통할 뿐만 아니라 사람 자신의 구성 요소를 통해서도 그가 하나님의 자녀이고 하나님의 자녀답게 행동해야 한다는 사실을 그에게 증거한다(행 17:28).

죄인은 자기 자신과 자기 주변에 있는 이 계시를 억압하려고 한다. 그는 완전히 그렇게 할 수는 없다. 그는 계속해서 하나님의 형상을 지니고 있다. 장차 구원받지 못할 자조차도 하나님의 형상을 가진다. 그들은 자기 구성 요소 내에서 계속해서 하나님의 계시를 받는다. 그들은 윤리적으로 전혀 반응하지 않을 수 없다.

---

36 William Masselink, *Common Grace and Christian Education* (privately printed, 1951), 39.
37 다시 말해서, 일반 은총은 특별 은총의 적용 면에서 하나님의 목적을 이루기 위한 것이다.

따라서 신앙고백서가 말하는 남은 자들은 인간의 종교성에 대한 것이나 그가 선과 악의 차이점을 안다는 사실에 대해 말할 수 없다. 그가 이 차이를 안다는 것은 자신이 하나님에 대해 죄를 짓고 있다는 것을 전제로 하고, 따라서 구원하는 은혜이든 구원하지 않은 은혜이든지 상관없이 어쨌든 하나님 은혜의 수신자라는 사실을 전제로 한다.

그러므로 일반 은총은 죄인들이 그들 안에 있는 죄의 원리를 온전히 발휘하지 못하게 한다. 그래서 바깥 세상의 사실들을 통할 뿐만 아니라 심지어 그들 자신의 구성 요소를 통해서 그들에게 말하는 하나님의 율법에 대해 비자발적 존경과 감사의 태도를 보일 수 있게 한다.[38]

---

38 로마서 1:24, 25에서 바울이 이것을 어떻게 설명했는지 기억하라. "하나님이 그들을 내버려 둔다"는 사실은 하나님이 그들의 죄악을 앞에서 제한했다는 것을 전제로 한다. 이를테면, "그 양심이 증거가 되어 그 생각들이 서로 혹은 고발하며 혹은 변명"하는 것이다(롬 2:15).

제5장

헤르만 훅스마의 "개혁주의 교의학"

칼빈대학교의 한 학생이 미시간주 그랜드 래피즈(Grand Rapids, Michigan)에 있는 이스턴에버뉴 기독교개혁교회(Eastern Avenue Christian Reformed Church)에서 온 젊은 설교자의 설교를 듣고 있었다. 그 설교자는 대장장이의 체격과 나폴레옹의 기상을 가지고 있었다. 그의 이름은 헤르만 훅스마(Herman Hoeksema)였다.

그 설교자는 타오르는 눈과 울려 퍼지는 목소리로 말했다.

모든 육체는 풀이요 그의 모든 아름다움은 들의 꽃과 같으니 (사 40:6).

훅스마는 평생 위대한 설교자로 살았다. 그의 펜에서 흘러나온 수많은 교리적 논문은 그가 큰 교회의 목사로 섬기던 시기에 모두 기록되었다. 『개혁주의 교의학』(Reformed Dogmatics)은 그의 마지막 작품이요 가장 포괄적인 작품이다.

그 이전에 기록한 두 가지 작품은 다음과 같다.

첫째, 1936년 훅스마는 『미국의 개신교개혁교회』(The Protestant Reformed Churches in America)라는 제목의 책을 출판했다. 훅스마는 이런 교회들이 종교 개혁운동의 영향으로 생겨났다고 주장한다. 1924년 이후, 기독교개혁교회 총회가 '일반 은총 교리'를 표준 고백에 실천적인 것으로 추가했을 때, 그 교회에서는 하나님의 주권적 은혜에 대한 설교를 더 할 수 없었다. '일반 은총 교리'를 채택함으로써 알미니안주의가 교회에 들어갈 수 있는 문이 열리기 시작했다.

확실히 기독교개혁교회가 사실상 고백 교리로 채택하고 있는 것은 알미니안의 일반 은총 관점이 아닌 아브라함 카이퍼(Abraham Kuyper)의 관점이었다. 그러나 카이퍼의 견해는 "알미니안의 일반 은총 개념 및 본성의 사람에 관한 펠라기우스(Pelagian)의 견해로 쉽게 이어졌다."[1]

혹스마는 사실 기독교개혁교회가 채택한 일반 은총 교리에 대한 가르침은 "하나님의 구원하는 은혜는 모든 개인에게 의도적으로 주어진다"고 가르치는 점에서 "알미니안식의 은혜 개념으로 빠진다"고 말한다.[2]

혹스마는 '일반 은총'(common grace)과 '보편적 은총'(general grace)을 구분한다.

> 일반 은총(common grace)이란 구원하는 은혜가 아닌, 선택받은 자 및 유기된 자 모두에게 공통된 하나님의 은혜를 의미한다. … 보편적 은총(general grace)은 이론상 하나님의 구원하는 은혜가 일반적이라는 것이라는 주장, 즉 모든 개인을 위해 의도된 것이라는 주장이다. 후자는 주권적 선택과 유기를 부인하고 특정한 속죄를 부정한다. 또한, 그리스도는 모든 사람을 위해 죽었고 그리스도가 이룬 구속의 죽음에 대한 적용은 죄인의 선택에 달려 있다고 가르친다.[3]

기독교개혁교회는 이제 도르트 총회(Synod of Dordt)를 배신할 준비가 되었는가?

---

1 Herman Hoeksema, *The Protestant Reformed Churches in America* (Grand Rapids: First Protestant Reformed Church, 1936), 305-306.
2 Hoeksema, *The Protestant Reformed Churches in America*, 312.
3 Hoeksema, *The Protestant Reformed Churches in America*, 322.

그들은 본성의 사람에 대한 전적 타락과 관련해 성경적이고 고백적인 가르침을 누그러뜨림으로 하나님의 주권적 은혜에 대한 설교와 가르침을 훼손하려고 하는가?

하나님의 이름으로, 이런 일은 일어나서는 안 된다고 감히 말한다.

둘째, 1943년에 혹스마는 하이델베르크 교리문답 설명서를 출판하기 시작했다.[4]

이 작품에서 혹스마는 "하이델베르크 교리문답"의 가르침을 방어할 뿐만 아니라 발전시키기 위해 노력한다. 아브라함 카이퍼가 종교개혁 노력의 일환으로 하이델베르크 교리문답 설명서를 작성하는 것이 편리하다는 것을 알았다면, 혹스마도 마찬가지였다. 본질상 '일반 은총 교리'는 새로운 비평의 대상이 된다. 성격상 '일반 은총 교리'는 비평의 새로운 대상이 된다.

이 교리는 "하이델베르크 교리문답"이 제시한 대로, 개혁주의 신학 체계 전체를 파괴하는 것처럼 보인다. 또한, '일반 은총'이 악한 본성에 나타나려면, 사람과 맺은 하나님의 언약은 엄밀한 의미에서 타죄 이전론(supralapsarianism)으로 이해해야 한다.

> 역사는 사건의 순서에 따라 의심의 여지 없이 타죄 이후(infra)가 될 수 있다. 그러나 하나님의 영원한 목적과 선한 즐거움은 타죄 이전(supralapsarian)의 질서 이외의 다른 것으로는 이해할 수 없다. 역사에서 또는 하나님이 기쁨을 실현하는 데 궁극적인 것은 하나님의 영원한 계획이다.[5]

---

4 하이델베르그 교리문답(1563)은 가장 먼저 기록된 개혁주의 신조 중 하나로, 자카리아스 우르시누스(Zacharias Ursinus, 1534-1583)가 작성했다. 이것은 네덜란드 전통의 개혁교회가 채택하는 세 개 신조 중 하나이고, 나머지 두 개는 네덜란드 신앙고백(Belgic Confession, 1561)과 도르트 신조(Canons of Dort, 1619)이다.

5 Herman Hoeksema, *The Heidelberg Catechism (An Exposition): The Triple Knowledge*, 10 vols. (Grand Rapids: Eerdmans, 1951), 6:148.

오직 타죄 이전론에서만 사람과 맺은 하나님의 언약이 일방적임을 알수 있다. "언약을 무한한 하나님과 먼지에 불과한 인간 … 사이의 합의, 즉 상호 연합으로 보는 것은" 터무니없는 일이다.[6]

어떻게 '인간이 살아 계신 하나님과 관련해 계약의 당사자가 될 수 있단 말인가?'

어떻게 창조자와 피조물과의 관계가 "인간이 이미 얻은 것보다 더 귀한 것을 요구할 수 있는, 심지어 영생보다 더 귀한 것을 요구할 수 있는, 합의나 협약이 될 수 있단 말인가?

내 발밑에서 기어 다니는 벨레와 협약을 맺을 수 있단 말인가?"[7]

그러면 어떻게 '먼지에 불과한' 인간이 자신이 행한 행동에 대해 진정으로 책임을 질 수 있단 말인가?

확실히 신앙고백은 사람이 죄에 빠진 후에도 여전히 자신 안에 남아 있는 '본성의 빛'에 관해 말한다. 참으로 신앙고백은 본성의 빛에 관해 말한다고 훅스마는 언급한다. '어떤 의미에서는' 사람이 죄에 빠진 후에도 '여전히 선지자로 남아 있었다.'

> 인간의 빛은 그가 지성적이고 의지적이며 합리적이고 도덕적인 존재가 더는 아니라는 의미에서, 어둠으로 바뀐 것은 아니다. 본성의 관점에서 볼 때 그의 지식의 빛은 더 이상 원래의 광채로 빛나지 않지만, 그는 본성의 빛 잔재를 유지한다. 이 잔재를 통해 그는 하나님에 대한 일부 지식 그리고 선악을 구별하는 일부 지식을 갖는다. 그에게 있는 이 잔재로 인해 그는 핑계를 댈 수 없다.
>
> 비록 인간은 창조 세계에 있는 말씀을 분명하게 분별하지는 못하지만, 그의 본성의 지식에 남아 있는 빛을 통해 하나님이 존재하신다는 것을 알고,

---

6 Hoeksema, *The Heidelberg Catechism*, 6:142.
7 Hoeksema, *The Heidelberg Catechism*, 6:138-139.

하나님께 감사하고 영광을 돌려야 한다는 것을 알며, 지존하신 하나님을 찬양해야 한다는 사실을 안다. 이는 창조가 하나님의 영광스러운 권능과 지혜를 말하는 계시의 매개체에 남아 있기 때문이다.

하나님의 보이지 않는 것들이 분명하게 보이고, 창조된 것들을 통해 이해할 수 있다. 비록 어두움이 빛을 이해하지 못해도 빛은 어둠 속에서 비춘다. 하나님은 본성의 사람 안에 있는 양심 속에서도 자신에 관한 증거를 남겨 두신다.

하나님이 손으로 하신 역사에 관해 하나님은 계속해서 말씀하시기 때문에, 이 율법의 행위가 인간의 마음에 기록되었기 때문에 그리고 본성의 빛이 남아 있기 때문에 인간은 여전히 선지자이다. 비록 죄로 인해 거짓 선지자가 되었어도 여전히 선지자이다.[8]

그렇다고 하더라도 우리는 "과거 저항파(Remonstrants)가 그랬던 것처럼, 본성의 빛 잔재가 남게 된 이유가 하나님이 특정 일반 은총을 운용하셨기 때문에 있다고 해석해서는" 안 된다.[9]

일반 은총의 특정한 운용을 통해서 인간에게 있는 본성의 빛은 그가 본래 가지고 있었던 지혜와 지식의 잔재를 나타낸다는 이론은 이론적 오류를 범할 뿐만 아니라, 현실적 관점에서 볼 때도 이단적이고 치명적인 오류이다.[10]

셋째, 교회 개혁을 위한 훅스마의 연구는 마침내 『개혁주의 교의학』(Reformed Dogmatics)에서 나타났다.

---

8 Hoeksema, *The Heidelberg Catechism*, 3:51-52.
9 Hoeksema, *The Heidelberg Catechism*.
10 Hoeksema, *The Heidelberg Catechism*, 3:53.

그의 아들 호머 C. 훅스마(Homer C. Hoeksema) 교수는 이 작품을 "거의 50년간 그의 다면적이고 바쁜 사역의 꽃"이라고 표현했다. 30년 넘게 훅스마는 "신학적 개혁교회(Theological Reformed Churches)에서 교의학 학장을 맡았다." 그의 아들은 이 작품에 대해 이렇게 알려 준다.

> 그의 신학을 가장 명확하고 가장 체계적이고 가장 완전하게 진술한다.[11]

훅스마는 그의 걸작이 출판될 때까지 살지 못했다.

> 1965년 9월 2일, 주님은 그를 하늘로 데려갔다.[12]

칼 바르트가 1927년 『교의학』(Dogmatik)과 1932년 『교회 교의학』(Kirchliche Dogmatik)을 쓰기 시작했을 때, 1919년에 쓴 그의 『로마서 주석』(Romerbrief)에 있는 실존주의적 표현은 더는 두드러지지 않았다.

훅스마의 경우도 마찬가지이다. 앞에서 언급한 첫 번째 책에서 훅스마는 루이스 벌코프(Louis Berkhof13)에 관해 말하면서,[13] "계시, 영감, 성경책의 정경성" 문제에 대한 벌코프의 건전한 교리는 "건전하지 못한 원리에서 건전한 결론을 일관성 없게 끌어냈기 때문에 만들어졌다"라고 평가했다.[14]

---

11 Homer C. Hoeksema, "Editor's Preface", in *Reformed Dogmatics*, by Herman Hoeksema (Grand Rapids: Reformed Free Publishing Association, 1966), v.
12 Hoeksema, "Editor's Preface".
13 루이스 벌코프(Louis Berkhof, 1873-1957)는 1906년부터 1944년까지 칼빈신학교의 교수였으며 반틸에게 조직신학을 가르쳤을 것이다. 그는 1902년부터 1904년까지 프린스턴신학교에서 워필드(Warfield)와 보스(Vos)의 지도하에 공부했다. 그의 가장 영향력 있는 연구는 『조직신학』인데, 이 작품은 네덜란드 개혁주의 신학, 특히 헤르만 바빙크 신학에 의존한다.
14 Hoeksema, *The Protestant Reformed Churches in America*, 24-25.

벌코프는 일반 은총과 보편적 은총 교리를 방어하면서 실제로 알미니안 주의 및 펠라기우스주의가 들어올 수 있도록 문을 열어 주지 않았던가?

훅스마는 그의 작품 『교의학』(Dogmatics)을 더욱 침착하게 써 내려갔다. 하지만 여전히 "일반 은총 교리"를 심각하게 비판했다. 훅스마는 "인간이 전적으로 타락했다는 교리의 진실은" 일반 은총 교리를 통해 개혁교회에서 훼손되었다고 말했다.

훅스마는 카이퍼의 『일반 은총』(common grace)이 말하는 가르침을 명백히 암시하면서 이렇게 말한다.

> 죄인의 생애에는 사람이 진정으로 타락하고 선을 행할 수 없고 모든 악한 일만을 하려는 경향이 있다는 신앙고백과 조화를 이룰 수 없는 부분이 많이 있다는 사실을 발견할 수 있다. 사람에게는 참으로 고귀한 것이 많이 있다고 판단되었다. 세상을 개선하려는 그의 진지한 노력을 생각해 보라. 그의 힘과 능력을 생각해 보라. 세상에서 발전하고 있는 예술과 과학을 생각해 보라.
>
> 세상에서 불행에 처한 자를 돕고자 하는 고귀한 노력은 어떤가?
>
> 이처럼 이 세상에 사는 사람들을 바라볼 때, 본성의 사람은 전적으로 타락했다고 가르치는 성경 및 신앙고백의 진리는 실체와는 동떨어진 것처럼 보인다. 세상의 자녀들이 하나님의 자녀들에게 모범이 될 수 있다는 것을 자주 이야기하지 않았다.
>
> 그러므로 선을 행하는 사람은 하나도 없다고 선언한 성경의 판단 보다 죄인의 마음에서 나오는 악한 판단을 선호한다. 그리고 이 결론에 도달했을 때, 성경 및 신앙고백이 가르치는 것과 세상 및 본성의 사람이 행하는 선으로 특정 지어진 것 사이에서 발생하는 이 명백한 모순을 설명하기 위한 노력이 나왔다.
>
> 그런 기초 위에서와 이런 동기부여를 가지고 일반 은총 이론이 생겨났다. 이 이론에 따르면 본성의 사람이 이 모든 선한 일을 성취할 수 있는 능력

에서 그리고 공동체에서뿐만 아니라 사람의 마음과 생각에서도 죄가 제한 되게 하는 은혜, 즉 성령의 운용이 존재한다. 확실히 사람은 자신의 힘으로 선한 일을 할 수 없다. 그는 전적으로 타락했다. 그러나 모든 사람은 일정한 은혜를 받았다. 그리고 이 은혜를 통해 인간은 거듭나지 않는다. 그의 마음은 항상 사악하다.

그러나 그의 마음에서 나오는 악은 제한되었다. 그렇다. 더욱이 그는 일정 부분 선한 사람으로 변한다. 그래서 일시적이나마, 본성의 일 및 시민의 일에서 그는 하나님 앞에서 선을 행할 수 있다. 따라서 간교한 말과 신앙고백은 혼합되어 있다.[15]

그런 다음 훅스마는 『교의학』(*Dogmatics*)에서 그의 사역 초기부터 자신이 정한 교회의 개혁 작업을 계속해서 실행한다.

그가 논의한 교의학의 여섯 가지 부분에서 훅스마는 자기 전임자들보다 더욱 성경에 충실하면서 하나님 백성에 대한 하나님의 주권적 은혜를 설명하려고 한다.

이는 훅스마가 헤르만 바빙크(Herman Bavinck) 및 루이스 벌코프(Louis Berkhof)와 같은 개혁주의 교의학자들과 모든 면에서 근본적으로 다르다는 것을 의미하지는 않는다. 이는 오히려 그가 죄인에 대한 하나님 은혜의 우선권을 그들보다 더욱 많이 강조하려 했다는 것을 의미한다.

훅스마는 자연신학과 같은 것은 없다고 말한다.

하나님은 "항상 그의 계시보다 크다." 하나님은 알려졌지만, "여전히 이해할 수 없는 분이다."[16] 반면 타락을 통해 인간은 "하나님의 형상을 잃어버렸고 그의 모든 빛은 어두움으로 변했다."

---

15 Hoeksema, *Reformed Dogmatics*, 272-273.
16 Hoeksema, *Reformed Dogmatics*, 41.

그러므로 하나님의 계시를 받는 자는 오직 한 명, 즉 예수 그리스도 안에 있는 새사람뿐이다.[17]

훅스마의 어려움은 초기 단계에서도 드러난다. 그가 "하나님의 계시를 받는 사람이 한 명뿐"이라고 말할 때, 그리스도 안에 있는 구속을 통해 그리고 성령의 중생을 통해 하나님의 계시를 있는 그대로 받아들일 수 있다는 것을 의미한다. 이것은 분명 사실이다.

과거 일부 개혁주의 신학자가 하나님 존재에 대한 소위 말하는 '증거들'의 타당성을 수용했을 때, 이는 그들의 기본적 주장과 일치하지 않았다. 그 증거들은 인간의 자율성 개념을 전제로 한다. 지금까지 우리는 훅스마와 의견을 같이한다.

그러나 이 이야기에는 또 다른 측면이 있다. 살아 계신 하나님 자신의 계시 앞에 복종하기를 거부하고 하나님의 말씀과 모순되게 사는 자에게 하나님의 존재를 증명할 수 있는 충분한 주장이 많지 않다.[18]

그러나 이것은 본성의 사람이 자기 힘으로 하나님의 계시를 정확하게 볼 수 없다는 것을 증명할 뿐이다. 이는 계시가 그에게 전달되지 않았다는 것을 증명하지 않는다. 또한, 이 계시가 명확하지 않다는 것을 증명하지도 않는다. 맹인은 햇빛을 보지 못하지만, 여전히 태양은 항상 그곳에 있다. 사실 맹인은 햇빛과 관련해 맹인이다.

훅스마가 단순하면서도 중요한 이 핵심을 밝혔다면 실제로 우리를 도울 수 있었을 것이다. 현 상황에서, 훅스마는 하나님 존재에 대한 '증거들'과 관련해 바빙크가 멈춘 곳에 여전히 머물러 있다. 바빙크를 이어 훅스마는 말한다.

---

17 Hoeksema, *Reformed Dogmatics*, 42.
18 Hoeksema, *Reformed Dogmatics*, 47.

그러므로 소위 말하는 이 모든 '증거'는 불신앙의 이성을 설득시킬 수 있는 보이지 않는 하나님에 대한 수많은 증거로서, 철저한 논리적 증거로서 믿는 자에게 의미와 가치가 있지만, 힘이 부족하다고 한다.[19]

이제 '증거들은' 본성의 사람이 자신과 우주를 최소한 어느 정도는 해석할 수 있고 해석한다는 개념을 전제로 한다. 본성의 사람은 이런 '증거들을' 다루면서 실체를 알 수 없다고 주장하는 반면, 논리의 힘으로 실체의 궁극적 본성이 무엇인지 꿰뚫어 보려고 시도한다. 동시에 그는 실체를 알 수 없다고 주장한다.

그런데도 훅스마는 사실상 '증거들의' 타당성을 측정한다. 그에게 있어 그것들은 "보이지 않는 하나님에 대한 많은 증인"이 된다.[20]

그러나 '증거들'은 전혀 '증명하지' 못한다. 그것들에 어떤 타당성이 있다면, '절대적' 타당성이 있었을 것이다. 증거가 어떤 것을 증명한다면, 모든 실체는 사람이 자신의 논리적 힘으로, 실체가 될 수 있고 되어야만 한다고 말하는 것을 증명할 뿐이다.

증거가 타당하다면 파르메니데스(Parmenides)와 스피노자(Spinoza)조차도 그들이 원하는 것보다 더 많은 것을 얻을 수 있을 것이다. 그러면 그들은 시대를 초월한 통합(Unity)에 완전히 흡수될 것이다.[21]

어떤 의미에서든 '증거들'이 증인으로 유지되어야 한다면, 그것들은 논리적으로 타당성이 전혀 없기 때문에 증인으로 유지되어야 한다. 이 '증

19　Hoeksema, *Reformed Dogmatics*.
20　Hoeksema, *Reformed Dogmatics*.
21　이 단락에서 반틸은 자신이 이전에 확증한 것, 즉 증거들은 객관적으로 타당하다는 주장을 부정하지 않는다. 그가 여기에서 하는 일은 증거들에 대한 훅스마의 확증을 논리적 결론에 대한 '증명들'로 채택한다. 만약 증거들이 본성의 사람이 그것들을 해석하는 방식에서 증인이 된다면, 그것들은 본성이 사람이 궁극적 실체에 대한 본성을 스스로 결정할 수 있다는 것을 증언한다. 그러므로 인간의 마음은 그 자체가 보편적 원칙이 되어야 하는 궁극적이고 변하지 않는 원칙을(즉, 신을) 상정할 수 있다.

거'가 증인으로 지적하는 '보이지 않는 하나님'은 중세의 명목주의 및 근대 신정통주의가 말하는 전적으로 알 수 없는 전혀 다른 신이 된다.[22]

그러므로 '증거들'은 성경의 하나님에 대한 '계시의 증거'로 받아들일 수 없다.[23]

반대로 그것들은 성경의 하나님이 존재하지 않으므로 세상에 계시되지 않는다는 것을 전제로 한다. 모든 의도와 목적에 있어 '증거들'은 창조된 우주에 나타난 하나님 계시의 명확성을 공격한다.

가정에 있는 자녀는 아버지의 존재를 '증명할' 필요도 없고 그렇게 할 수도 없다. 그 아이가 어떤 의미로든 자신을 아는 경우, 그는 자신이 자기 아버지의 아이라는 사실을 안다. 비유에 등장하는 탕자는 자신이 아버지의 아들이 아니라고 스스로 믿기 위해 끊임없이 노력했기 때문에 그는 그 아버지의 아들일 수밖에 없다.

칼빈은 자기 자신에 대한 인간의 의식과 하나님에 대한 의식이 서로 관련되어 있다고 말함으로써 그의 『기독교 강요』에서 신학에 대한 논쟁을 시작한다. 이것을 말할 때, 칼빈은 단지 바울이 로마서 1장에서 명확하게 말한 것을 반영한다. 바울은 인간이 불가피하게 하나님을 안다고 말한다.

혹스마는 인간의 전적 타락을 강조하는데, 이는 올바른 일이다. 그러나 인간의 전적 타락은 자기 창조자에 대한 윤리적 불순종을 의미한다. 인간은 언제 어디에서나 자신 안에 항상 존재하는 하나님의 성품 및 뜻에 대한 계시와 관련한 것을 제외하고는 배도자가 될 수 없다.

개혁주의 신학자들은 종종 넓은 의미에서의 하나님의 형상과 좁은 의미에서의 하나님의 형상을 구분하는데, 혹스마는 이를 인정하지 않는다. 그는 '형식적 의미에서의' 형상과 '물질적 의미에서의' 형상을 구분하는 것

---

22 증거의 논리적 의미인(본성의 사람이 정의하고 결정한) 이 보편적이고 변치 않는 원칙은 모든 내용을 초월해야 한다(왜냐하면 그것은 보편적이고 변하지 않아야 하므로). 그러므로 그것은 '완전히 다른 것'이다. 그것은 이 세상의 특별한 것들을 초월한다.
23 Hoeksema, *Reformed Dogmatics*, 43.

을 선호한다.

"전자는 인간의 본성이 하나님의 형상을 지니도록 적응되었다는 것을 의미한다."

그것은 "하나님의 형상을 지니기 위한 합리적이고 도덕적인 본성을 요구한다."[24]

형식적 형상의 관점에서 볼 때 인간은 다음과 같이 된다.

> 합리적이고 도덕적인 본성을 가진 인격으로서 하나님과 의식 있는 개인적 관계를 맺을 수 있고, 하나님의 지식과 의와 거룩함을 입을 수 있다.[25]

이 형식적 형상으로 인간은 타락을 통해 없어지지 않았던 하나님과의 윤리적 관계 안에 있을 수 있다.

> 인간은 죄를 통해 본질적으로 변하지 않았다. 그는 여전히 똑같은 인격적, 합리적, 도덕적, 심리적, 물질적 땅의 존재이다. 그리고 자연의 관점에서 볼 때도 그는 여전히 그에 관한 세상과 같은 관계에 있다.[26]

따라서 "죄의 영향은 본질상 영적이고 윤리적이기 때문에", 죄는 인간의 형식적 본질을 바꾸지 못했다. 타락 이후에도 인간은 "여전히 인간으로 남아 있다." 하나님과의 참된 윤리적 관계를 회복하는 능력은 이런 사실에 놓여 있다.

기독교인은 근본적으로 그리고 원칙적으로 중생이라는 사역을 통해 새롭게 되지만, 이런 변화는 본질적 변화가 아니라 영적이고 윤리적인 회심이

---

24 Hoeksema, *Reformed Dogmatics*, 208.
25 Hoeksema, *Reformed Dogmatics*, 209.
26 Hoeksema, *Reformed Dogmatics*, 543.

다. 또한, 중생한 사람은 여전히 사람으로 남아 있다. 그의 본성은 영적, 윤리적, 도덕적, 심리적, 물질적 땅의 본성이다.[27]

그렇다면 누가 "그의 창조로 말미암은 인간으로서의 인간인가?"[28]

그의 본질은 '악한 방법이든 선한 방법이든 간에'(*whether in malum* or in *bonam partem*), 하나님에 대한 윤리적 관계를 가능케 하는 그의 능력에 있다. 그러나 비록 인간의 본질이 타락 이후에 불변한 상태로 남아 있다 해도 "본성의 관점에서 볼 때, 그는 자신이 원래 가지고 있었던 능력과 자연적 선물의 상당 부분을 잃어버렸다. 그는 그것 중 몇몇 작은 잔재만 보유하고 있었다."[29]

그다음 "하나님이 예수 그리스도를 통해 자기 성령으로 사람과의 언약을 실현할 때, 인간에게는 전심으로 자기 주 하나님을 사랑해야 할 유일한 책임이 있다."[30]

따라서 훅스마는 넓은 의미에서 하나님의 형상과 좁은 의미에서 하나님의 형상을 구분하는 것 대신에 형식적 형상과 물질적 형상을 구분함으로써, 타락한 인간의 전적 타락과 관련한 성경적 가르침을 유지하려고 애쓴다. 훅스마는 넓은 의미에서 하나님의 형상과 좁은 의미에서 하나님의 형상을 구분하는 행위가 '위험하다'고 말하는데, 그 이유는 이렇다.

> 타락한 인간에게 하나님 형상의 잔재가 남아 있기에 본성의 사람은 완전히 타락할 수 없다는 철학을 허용할 여지가 있다.[31]

---

27 Hoeksema, *Reformed Dogmatics*, 542; cf. 462.
28 Hoeksema, *Reformed Dogmatics*, 540.
29 Hoeksema, *Reformed Dogmatics*, 543.
30 Hoeksema, *Reformed Dogmatics*, 445.
31 Hoeksema, *Reformed Dogmatics*, 207.

넓은 의미에서 하나님의 형상과 좁은 의미에서 하나님의 형상을 구분하면 다음과 같다.

> 본성의 사람은 일반 은총이 없어도 될 만큼 그렇게 타락하지 않았다고 주장하는 사람들의 관점을 쉽게 지원할 수 있게 된다. 그리고 이것이 전적 타락 교리를 부정하는 표현이 아니라면, 언어는 그 의미를 잃어버린 것이다.[32]

우리는 이제 '남은 자'에 대한 문제, '증거들'에 대한 문제, '형상'에 대한 문제에 관해 훅스마가 말한 것이 우리가 전적 타락 및 하나님의 주권적 은총의 탁월성에 대한 성경적 가르침을 유지할 수 있도록 돕고 있는지 질문해야 한다.

이 세 가지 질문 모두의 밑바탕에 깔린 것은 "하나님 계시의 수신자만이 그리스도 예수 안에 있는 새사람"이라는 것이다.[33]

이 개념은 기본적으로 비성경적이다. 가장 분명한 언어로 바울은 "하나님을 아는" 사람이 하나님께 반역한다고 주장한다.

훅스마는 인간이 본질적으로 언약적 존재라고 하는데, 이는 올바른 표현이다. 이것은 인간의 '후마눔'(*humanum*, 인간성 또는 그를 인간으로 만드는 것)이다. 그가 처한 환경에 대한 모든 반응에서, "본성의 사람은" 하나님의 계시에 직면한다.

이것은 모든 사람이 항상 어디서나 하나님의 거룩한 뜻이 요구하는 것에 직면하고 있음을 의미한다. 그렇지 않은 경우, 사람은 외부와 단절된 상태에서 자신을 식별하고 외부와 단절된 상태에서 살게 된다. 특히, 하나님의 계시가 사람을 전적으로 감싸지 않는다면, 그는 전적으로 타락할 수 없을 것이다.

---

32 Hoeksema, *Reformed Dogmatics*.
33 Hoeksema, *Reformed Dogmatics*, 42.

훅스마는 타락으로 인해 인간의 활동은 반대로 바뀌었다고 적절히 말한다. 이것은 배도를 의미한다. 그러나 배도는 외부와 단절된 상태에서 발생하지 않는다.

그러므로 개혁교회들이 그들의 신앙고백에서 남은 자(*reliquiae*)와 잔재(*vestigial*)를 말할 때, 이것들은 하나님 계시의 빛이 윤리적으로 타락한 인간에 대한 전제로 항상 남아 있다는 것을 의미한다.

확실히 '남은 자' 개념은 위험하다. 그것은 때때로 전적 타락에 대한 개념에 영향을 미치는 방식으로 해석되어 왔다. 그리고 '일반 은총' 개념이 신자와 불신자 사이의 '중립적 영역'을 암시할 때, 그것은 전적 타락 교리를 파괴한다.

그러나 올바로 이해할 때, 남은 자 개념과 같이 일반 은총 개념은 하나님의 계시가 보편적으로 존재한다는 사실을 전제로 한다. 남은 자 개념을 비롯한 일반 은총 개념과 같은 것은 전적 타락을 뒷받침한다. 두 가지 모두, 모든 사람은 하나님의 면전을 피할 수 없다는 사실을 강조한다. 훅스마는 전적 타락 개념을 강조하기 위해 전적 타락이 서 있는 그 기초를 제거하는 욕심을 부리다가 실패한다.[34]

훅스마는 또한 "하나님의 존재에 대한 증거들에 관해 말하는 것은 터무니없다"라고 말하는 실수를 범한다.[35] 훅스마는 말한다.

> 하나님이 존재한다는 것을 수학적으로 확실하게 증명할 수 있는 사람은 아무도 없고, 삼단논법을 통해 하나님께 도달할 수 있는 이성도 없다. 그렇게 증명하고 입증할 수 있는 것은 무엇이든지 우리 자신이 이해하고 경

---

34 이것은 훅스마가 하나님의 형상을(따라서 지식을) 제대로 이해하지 못했다는 것을 보여 주기 때문에, 일반 은총에 관한 토론에서 가장 중요한 요점 중 하나일 수 있다. 일반 은총을 거부하는 것은 하나님의 자연계시가 불신자에게 전달되고 그가 그것을 완전히 근절할 수 없다는 사실을 부정하는 것이다. 따라서 그 계시의 "잔재는" 때때로 나타날 것이다.

35 Hoeksema, *Reformed Dogmatics*, 43.

험하는 세계에 속해야 하므로 하나님이 아니다.[36]

이렇게 말하므로, 훅스마는 본성의 사람에게 너무 많은 것을 주고 있다. 그 증거들은 본성의 사람이 사실들을 올바로 식별할 수 있고 그들 안에 있는 하나님 계시의 요구 사항을 전제로 하지 않은 채 이런 사실들에 관한 논리를 도입할 수 있다는 가정 위에서 세워진다.

만약 훅스마가 외부와 단절된 상태에 있는 사실들을 식별하기 위해, 그래서 이런 사실들을 논리적 관계로 끌어드리기 위해 외부와 단절된 상태에 있는 자신을 식별하는 인간을 가정하는 기초에 서 있는 증거들의 '불합리성'을 주장했다면, 개혁주의 신학의 원인이 발전했을 것이다.

훅스마가 '남은 자'에 대한 개념과 일반 은총 개념을 올바로 이해했다면, 개혁주의 공동체를 도울 수 있었을 것이다. 개혁주의 공동체는 에밀 브루너(Emil Brunner)와 칼 바르트(Karl Barth) 같은 사람들의 신정통주의에 의해 소멸할 위협을 받는다.[37]

에밀 브루너는 또한 하나님의 형상을 지닌 인간의 형식적 측면과 물질적 측면 사이에 있는 구분을 그의 신학에 소개했다. 그는 하나님과 사람의 관계에 대한 변증법적 견해가 이 구별을 요구한다고 주장한다.

브루너의 변증법적 신학은 인간의 창조와 타락에 대한 역사성을 부정한다. 그의 신학은 역사의 모든 시점에서, 심지어 예수 그리스도의 시대에서도 하나님이 인간에게 직접적으로 계시했다는 것을 부정한다. 따라서 첫 번째 아담의 타락으로 인한 인간 형상의 상실과 두 번째 아담을 통해 신자가 형상을 회복하는 것은 절대로 역사적 의미가 아닌, 다른 어떤 특별한 뜻으로 이해해야 한다.[38]

---

36 Hoeksema, *Reformed Dogmatics*.
37 제7장의 각주 17을 참조하라.
38 '역사적' 의미에서 '특별한 뜻'은 비관습적 방식으로 이해해야 한다.

그러나 훅스마는 일반적으로 역사적 기독교를 대표하는 사람들, 특히 개혁주의 신학을 지지하는 사람들이 가진 일반 은총 개념에 반해 인간의 전적 타락을 지키려는 열의를 보일 때, 그의 형식적-물질적 구분과 그와 동시대 인물인 에밀 브루너의 관점이 어떻게 다른지 구분하지 못했다.

형상의 형식적 측면과 물질적 측면의 구별은 어떤 상황에서도 형상의 넓은 관점과 좁은 관점 사이에 있는 차이점을 개선하지 못했다. 두 가지 구분은 같은 이유로 동등하게 '위험하다.'

형상의 형식적 측면에 대한 개념은 인간의 파괴할 수 없는 '인간성'(*humanum*)을 제시하기에 적합한 것으로 여긴다. 그러나 인간의 '인간성'을 파괴할 수 없다는 개념은 마치 일종의 플라톤적 본질인 것처럼 자주 언급된다. 그렇게 쓰일 때, 그것은 하나님과 인간이 함께 참여하는 합리성의 추상 원칙이 된다.

형식의 개념으로 표현된 인간의 파괴할 수 없는 '인간성' 개념과 형상의 물질적 측면이 완전히 상실되었다는 개념은 상관관계가 있다. 그렇게 쓰일 때, 그것은 인간의 순수한 자유 또는 우발성의 개념으로 쉽게 이해할 수 있다.

형식적 관점을 추상적 합리성으로 그리고 물질적 관점을 추상적 비합리성으로 함께 취할 때, 오늘날의 인간과 하나님의 관계에 대한 현대 변증법적 견해를 표현한다.

그래서 정통주의(orthodox) 신학자가 '형식적'(*formal*) 및 '물질적'(*material*)이라는 표현을 사용해야 한다면, 이 용어는 사람에 대한 하나님의 직접 계시가 있다는 전제와 서로 상관관계가 있는 것으로 해석해야 한다. 형식적이고 물질적인 개념을 형상 개념에 적용하지만, 형상 개념 자체가 브루너 및 바르트와 같이, 실체에 대한 변증법적 체계의 중요 부분을 구성할 때, 이런 개념들은 인간을 비롯한 하나님에 대한 정통주의 관점을 파괴한다.

결국, 훅스마는 '남은 자들', '증거들' 그리고 하나님 형상에서 성경적 및 개혁주의 신학의 원인을 발전시키는 데 성공하지 못했다. 이 모든 점에서 그는 진보적(progressive)이라기보다는 퇴행적(regressive)인데, 그 이유는 그가 각 경우에 있어 하나님의 직접적 계시와 맞닥뜨린 인간의 '인간성'을 고려하지 못했기 때문이다.

훅스마의 타죄 이전론(supralapsarianism)에 대한 헌신과 관련해 퇴보(regression)에 대한 유사한 내용을 지적해야 한다. 그가 타죄 이후론(infralapsarianism) 및 타죄 이전론 주제에 대한 바빙크의 장엄한 토론을 다루었다면 좋았을 뻔했다고 아쉬워할 수 있을 것이다.

바빙크는 그것들을 서로 보완적 관계로 채택하지 않는 한, 즉 서로에 대한 제한적 개념으로 취하지 않는 한, 우리는 기독교 사고의 범위를 벗어나게 된다고 지적한다.

진보는 여기에 있다. 훅스마는 바빙크의 사고를 따르고 발전시키는 것 대신에 각 개념으로 되돌아간다. 그렇게 함으로써 그는 너무 많은 설명을 한다.

이 점에 대한 그의 생각은 일반 은총 문제에 관한 생각과 유사하다. 하나님은 자신의 영원한 사랑 안에서 선택받은 자를 자신의 것으로 택했다. 그러므로 하나님은 절대로 자신이 선택하지 않는 자에게 호의를 '베풀 수 없다.'

선택받은 자는 어떤 의미에서건 절대로 하나님의 진노 아래에 있을 수 없었으며, 그리스도는 역사 속에서 그들을 위해 죽을 필요가 없었다는 자신의 주장에 대한 비난에 훅스마는 충분히 대답하지 않았다. 훅스마는 이에 대해 아무런 언급도 하지 않았다.

그와 동시대의 인물인 칼 바르트도 역시 타죄 이전론을 주장한다. 훅스마는 자신의 입장을 칼 바르트의 입장과 구분하려고 노력하지 않았다.

첫째, 바르트는 직접 계시에 대한 정통주의 전제를 제거함으로써 타죄 이전론을 수정했다고 말한다. 이로 인해 바르트는 선택받은 자가 개인들과 관련이 없다고 말할 수 있었다. 다른 사람과 구별되는 사람은 선택받은 자나 유기된 자가 아니다.

둘째, 바르트에 의하면, 유기(reprobation)는 인간에게 쓸 수 있는 최종적 단어가 절대로 될 수 없다. 하나님의 "예"는 "아니오"에 우선한다. 인간이 정말로 인간일 때, 그는 그리스도의 동료가 된다는 점에서, '인간성'은 존재한다고 한다.

여기서 오직 신자만이 하나님의 계시를 받는다는 개념은 인간의 인간성이 하나님의 존재에 대한 그의 참여로 이루어진다는 개념으로 바뀐다. 여기에 "존재의 유추"에 대한 스콜라식 개념인 신프로테스탄트(neo-Protestant) 개념이 나타난다.[39]

훅스마는 확실히 종말론에 대한 논의에서 바르트 및 그의 학파가 주장하는 보편주의를 비난한다.[40] 그러나 훅스마는 바르트의 기본적 신학 원칙을 어느 곳에서도 논의하지 않는다. 그렇다. 『교의학』은 변증학을 다루는 척하지 않는다. 그러나 훅스마는 항상 일반 은총을 믿는 정통 개혁주의 신학자들과 자신의 입장을 명확하게 구별하는 것이 중요하다는 것을 알았다.

그렇다면, 왜 그는 모든 주요한 문제에서 자신의 입장과 바르트와 같은 신정통주의 신학자들의 입장을 명확하게 구분하지 않았는가?

물론 훅스마의 작품에는 많은 유익한 내용이 있다. 그의 책에는 실제로 매우 귀중한 자료가 있다. 그러나 우리는 그가 가장 중요하게 여기는 것을 다루었다.

설교자이자 신학 교사인 훅스마를 무척 존경하지만, 그가 하나님의 주권적 은혜 개념에 대해 얼마나 진실했든지 간에, 자기 신학적 작품에서 표현에 대한 올바른 형식을 발전시키지 못했다는 점을 간과해서는 안 된다.

---

39 이것은 바르트가 "존재의 유추"에 대해 단호하게(그리고 올바르게) 반대했지만, 정통 신학의 기본 진리를 부정하는 "믿음의 유추"를 주장했다는 점에서 바르트의 신정통주의에 대한 치명적 비판이다.
40 Hoeksema, *Reformed Dogmatics*, 730, 766.

제6장

최종 고려 사항

이 책의 첫 장이 약 25년 전에 별도의 표지로 나타난 이래로, 많은 개혁주의 학자의 생각에 큰 변화가 일어났다. 많은 개혁주의 학자는 이제 신정통주의 용어를 사용해 죄인에 대한 하나님의 주권적 은혜 교리를 표현하고 있다.

아브라함 카이퍼(Abraham Kuyper)가 설립한 암스테르담자유대학교에서 선두에 선 교의학자인 G. C. 벌카우어(G. C. Berkouwer) 박사는 도르트 총회(Synod of Dordt)가 하나님 은혜에 대한 성경적 가르침을 표현하는 데 필요한 범주를 가지고 있지 않았다는 것을 발견한다.

도르트 총회는 값없이 주시는 은혜에 대한 개념을 방어하기 위해 하나님의 통제하는 인과관계에 대한 개념을 재분류해야 했다. 그러나 인과관계에 관한 개념은 비인격적이고 기계적이다. 그것은 하나님 은혜의 주권적 자유에 대해 공정한 평가를 할 수 없다.[1]

벌카우어 박사는 하나님 은혜의 '자유'에 대한 신정통주의 교리를 필연적으로 수반하는 보편 구제설(universalism)을 어떻게 피할 수 있는지 우리에게 말하지 않았다. 신정통주의에 따르면, 하나님 은혜의 자유 또는 절대 주권은 자기 자신의 특성이 없는 하나님의 자유 또는 절대 주권이다. 이

---

1 Cornelius Van Til, *The Sovereignty of Grace* (Philadelphia: Presbyterian and Reformed, 1969)을 참조하라.

하나님은 사람이나 세상을 창조하지 않으셨다.

그러므로 그분은 자유 또는 절대 주권을 위한 어떤 법령도 정하지 않으셨다. 그분은 자유 또는 절대 주권 안에서 구속에 관한 일을 할 수 없으셨다. 하나님께 어떤 자아가 있다면, 자유 또는 절대 주권 안으로 들어오시기 위해 '그분' 자신과는 정반대로 바뀌셔야 할 것이다. 그분이 세상에 오셨을 때, 세상 안에 '완전히' 드러나시고 '완전히' 감춰져 있으셨다. 이 모든 것은 임마누엘 칸트(Immanuel Kant)의 물자체-현상(noumenal-phenomenal) 체계의 순서에 따라 이루어진다.[2]

그런 견해에는 일반 은총에 관한 문제가 없다. 그리스도를 통한 자신의 계획이나 목적으로 세상을 창조하시고 구속하시는 하나님은 존재하지 않으신다. 인간은 성경이 말하는 하나님의 형상대로 만들어진 피조물이 아니다.

따라서 하나님의 포괄적 계획 및 그 계획과 관련한 인간의 책임이 어떻게 서로 일관성을 맺는지에 대한 문제가 발생하지 않는다. 모든 정통 신학자들은 서로 간에 있었던 모든 신학적 논쟁을 포기하도록 요구받는다.

모든 은혜는 이제 주권적이고 보편적이다. 모든 교회는 이제 '역사적' 이유로 그들의 신앙고백을 유지할 수 있고, 동시에 하나님과 인간을 통제하는 '자유'와 '필요성'의 '변증법적' 관계에 대한 하나의 커다란 새로운

---

[2] 반틸은 바르트와 신정통주의를 반대하는 데 그의 시간 대부분을 보냈다. 이 단락은 그 분야에서 그의 다른 작품 대부분의 결론을 다룬다. 간단히 말해서, 하나님의 자유는 자신에게 필수적이기 때문에 자신의 성품과(삼위일체를 포함한) 그분의 존재에 관한 모든 것을 결정한다. 완전히 자유롭기 때문에 '전적으로 다른 존재'인 하나님은 자신의 계시 안에서 자신의 존재가 나타난다. 따라서 전적으로 다른 존재는 그리스도 안에서 자신이 누구인지를 자유롭게 결정하고, 그리스도 안에서 인간이 누구인지 자유롭게 결정한다. 이에 대한 자세한 설명은 Van Til, *Christianity and Barthianism* (Philadelphia: Presbyterian and Reformed, 1962)을 참조하라. 반틸과 동시대 인물로서 그와 같은 결론에 도달한 사람 중에 바르트에게 호감을 보인 사람에 관해서는 Bruce McCormack, "Election and Trinity: Theses in Response to George Hunsinger", in *Trinity and Election in Contemporary Theology*, ed. Michael T. Dempsey (Grand Rapids: Eerdmans, 2011)을 참조하라.

결론에 참여할 수 있다. 이제 주권적 은혜 교리 및 보편적 은혜 교리를 모두 함께 선포할 수 있다.

이 새로운 신학을 고수한다면 십자가에서 외치시는 그리스도의 말씀을 읽을 수 있다.

> 나의 하나님, 나의 하나님 어찌하여 나를 버리셨나이까(막 15:34).

이전에 당신은 자기 아들을 무한한 사랑으로 사랑하시는 영원한 아버지께서 어떻게 동시에 사랑하시는 독생자에게 진노를 쏟아부으실 수 있는지 자신에게 물었다. 그리고 모든 신학적 문제에 초점을 맞추었다.

하나님은 자기의 백성을 구원하실 때 '유기한 자들'에게 도대체 어떻게 사랑이나 호의를 베푸실 수 있는가?

다시 말하지만, 하나님은 그리스도 안에서 영원한 사랑을 보여 주신 자들에게 도대체 어떻게 미움이나 진노를 쏟아부으실 수 있는가?

이제 그런 모든 문제는 문제가 되지 않은 것처럼 보인다. 이제 당신은 시간 속에 나타난 하나님의 계시 이전에는 영원히 존재하는 하나님이 없다는 것을 안다. 그러므로 역사의 과정에서 실행되는 하나님의 계획은 없다.

하나님은 자기 계시와 동일하다. 하나님은 은혜이다. 그리고 하나님은 그리스도를 통한 사람과 자신과의 관계에서 하나님이 되시고, 인간은 참 인간으로서의, 따라서 참된 은혜의 수신자로서의 하나님과의 관계에서 인간이 되신다. 그러므로 모든 은혜는 구원하는 은혜이고 모든 구원하는 은혜는 일반 은총이다. 모든 은혜는 주권적이고 보편적인 은혜이다.

은혜에 대한 신정통주의 관점을 받아들이므로 얻게 되는 추가적 이점은 신정통주의 관점이 현대 과학 및 철학의 원리와 일치한다는 것이다. 현대 과학과 현대 철학은 궁극적 실체가 한편으로는 순전히 우연이라고 가정한다.

현대 신학은 '하나님'을 가늠할 수 없는 하나님, 즉 자신의 성품과는 반대 방향으로 자유롭게 움직이시는 하나님으로 생각한다는 개념과 일치한다. 다른 한편으로, 현대 과학과 현대 철학은 궁극적 실체가 완전히 결정되고 따라서 인간의 지성이 꿰뚫을 수 있는 것이라고 가정한다.

이 두 가지 개념, 즉 순수한 우발성과 순수한 결정론 개념은 서로 상관관계가 있는 것으로 간주한다. 바로 이런 상관관계 및 순수 결정론 위에서 신정통주의 신학은 한편으로 완전히 감추어져 있고 또 다른 한편으로 완전히 드러난 하나님에 관한 개념을 세운다.

하나님의 은혜는 전적으로 '제멋대로'(arbitrary)이거나 자유롭고, 동시에 전적으로 결정된 것이다. 타락하지 않은 인간은 없고, 구원받지 않은 인간도 없다. 그리고 가장 중요한 것은 은혜가 인간으로서 인간을 위한 하나님의 최종적 표현이라는 것이다.

주권적-보편적 은혜에 대한 이 신정통주의 견해에서 가장 큰 어려움은 그것이 세워진 실체에 대한 관점과 지식에 대한 관점이 본질적으로 이해할 수 없다는 것이다. 순수한 우발성과 순수한 결정론에 대한 개념과 그것과 함께 순수한 무지와 철저한 지식에 대한 개념은 서로 상쇄된다. 역사적 기독교의 자족하는 삼위일체 하나님 안에 있는 것을 제외하고는 사람에 대한 자족하는 설명은 없다.

왜 로마가톨릭과 알미니안주의 사상가들이 하나님의 주권적 및 보편적 은혜에 대한 신정통주의 관점에 매력을 느끼는지 이해할 수 있을 것이다. 수 세기 동안 그들의 입장은 순수 우발성에 대한 개념과 순수 결정론에 대한 개념 모두를 만족시켰다.

로마가톨릭과 알미니안주의는 하나님 및 하나님 은혜에 관한 성경적 견해를 거부해 왔다. 이는 먼저 인간의 의지에 관한 그들의 견해가 순수 우발성 개념에 세워졌고, 그다음으로 합리성에 관한 그들의 견해가 추상적 개념의 순수 결정론에 세워졌기 때문이다.

첫 번째 요점은 분명하다. 두 번째 요점은 덜 분명하지만 역시 사실이다. 로마가톨릭과 알미니안주의자들은 인간의 책임이 하나님의 계획 안에서 운용하는 그런 실체는 없다고 생각한다.

로마가톨릭과 알미니안주의는 성경적이든지 비성경적이든지 상관없이 어떤 주제에 대한 그들의 추론을, 모든 것을 통제하시는 하나님 계획에 종속적이지 않은 행동을 어느 정도는 시작할 수 있는 인간에 대한(하나님의 피조물이지만) 전제에서 시작한다.

이 출발점에 따르면 로마가톨릭과 알미니안주의는 논리를 추상적이고 비인격적인 원리로 생각하고 시공간의 사실들을 우발적인 것으로 여긴다. 그런 경우에 배교 철학이 논리와 사실을 서로 상관관계가 있는 것으로 여기는 것처럼 이것들의 상관관계를 인정한다.

물론 로마가톨릭과 알미니안주의는 그리스도와 그분의 말씀에 충실하기 위해 노력하고 있다. 그러나 그들이 그리스도와 그분의 말씀에 반대하는 사람들의 기본적 출발점과 방법에 충실히 하려고 노력하는 한, 그리스도와 그분의 말씀에 충실할 수 없다.

로마가톨릭과 알미니안주의는 신정통주의에 대항해 그리스도 및 그분의 말씀에 대한 신학을 올바로 세울 수 없고 그럴 의지도 없다. 그들이 신정통주의에 대항하기에는 신정통주의와의 공통점이 너무 많기 때문이다.

신정통주의는 인간, 논리 그리고 사실에 대한 현대의 과학적 견해 및 현대의 철학적 견해 위에서 신학을 구축했다. 성경에서 스스로 입증하는 그리스도 계시 위에 비변증법적으로(unapologetically) 서 있는 신학만이 그리스도를 타협하는 신학뿐만 아니라 그리스도를 부인하는 신학과 불신앙에 대해서도 일반적으로 도전할 수 있다.

1. J. 다우마(J. Douma)의 『일반 은총』(*Algemene Genade*)[3]

그러므로 우리는 잃어버린 자를 위한 그리스도 안에 있는 하나님의 주권적 은혜에 관한 복음 증거와 관련해 일반 은총 문제에 대한 우리의 논쟁을, J. 다우마 박사의 『일반 은총』(*Common Grace*)에 관한 책으로 끝마칠 수 있어서 기쁘다.[4]

다우마 박사의 책은 일반 은총 문제에 관한 아브라함 카이퍼(Abraham Kuyper), 클라스 쉴더(Klaas Schilder) 그리고 존 칼빈(John Calvin)의 가르침을 철저하게 비교한다.

다우마는 이 세 사람의 견해를 매우 자세하게 설명한다. 이 작업을 수행한 후, 그는 그들의 견해를 비교하고 마지막 장에서 평가한다. 우리는 그의 평가에 집중할 것이다.

1) 이중 예정

다우마가 논의하는 첫 번째 요점은 이중 예정이다. 그는 이렇게 말한다.

> 우리는 이 점에서, 로마서 9-11장의 논쟁에 관해 도르트 신조 1, 6 그리고 15의 주장을 따른다.[5]

다우마가 논의한 세 사람의 차이점에 대한 평가는 그들이 서로 동의하고 그가 이 시점에서 세 사람 모두에 동의한다는 가정을 기반으로 한다.

3　J. 다우마(J. Douma, 1931-)는 네덜란드 신학자이며 해방파개혁교회(Reformed Churches, Liberated)의 일원이다. 그는 캄펜대학교와 암스테르담대학교에서 공부했다. 그는 목회를 했고 거의 30년간 캄펜대학교에서 윤리학을 가르쳤다. 반틸이 언급한 이 책은 다우마의 논문을 출판한 것이다.『개혁주의 윤리학』(*Christian morals and ethics*, CLC 刊)
4　Jochem Douma, *Algemene genade* (Goes: Oosterbaan & Le Cointre, 1966).
5　Douma, *Algemene genade*, 289.

그런 다음 다우마는 로마서 9-11장에 관해 간략히 설명한다. 그는 성경이 가르치는 선택과 유기 교리가 각 개인에게 적용되지 않고 각 개인의 운명을 결정하지 않는다는 점에서, 이 구절에 대한 칼 바르트의 새로운 해석을 받아들일 수 없다.[6]

전체 질문은 실체와 지식에 대한 비성경적 견해 위에 세워진 기본적으로 잘못된 성경 주해의 압력 아래에서 개혁주의 신학이 타락한 인간 종족으로부터 하나님 자신을 위해 특정 백성을 선택하고 나머지는 유기한 성경의 삼위일체 하나님과 관련한 기본적 주장을 포기할 것인지에 관한 것이다.

모든 사람의 영원한 운명 뒤에 있는 것은 하나님의 주권적 의지인가?

이 시점에서 다우마는 로마서 9-11장에 대해 헤르만 리델보스(Herman Ridderbos)와 G. C. 벌카우어(G. C. Berkouwer)가 제시한 새로운 주해를 반대한다. 그들은 도르트 총회에서 언급한 바와 같이 역사적 개혁주의 입장에 반대하는 결정론적(determinism) 혐의를 피하고자 노력하는 것처럼 보인다.

다우마는 결정론 철학이 하나님의 계획에 대한 성경적 개념과 관련해 "무엇을 해야 할지 모른다"라고 말한 헤르만 바빙크(Herman Bavinck)의 주장에 동의를 표한다.

우리는 이 첫 번째 핵심에서 다우마의 주장에 진심으로 동의한다. 개혁주의 신학자들은 수많은 그들의 선조가 성경의 역동적이고 역사적인 진리를 헬라의 "정적"(static) 개념으로 해석했다는 이유로 그들을 비판했었다.

H. M. 쿠테르트(H. M. Kuitert)의[7] 박사 학위 논문 『신인동형론적 하나님』(De Mensvormigheid Gods)은 이런 관점에서 개혁주의 신학 역사에 대해 포괄적으로 비평한다.

---

6 Douma, *Algemene genade*, 290-291.
7 H. M. 쿠테르트(H. M. Kuitert, 1924-2017)는 암스테르담자유대학교에서 공부했다. 얼마 동안 목회를 한 후, 그는 자유대학교에서 G. C. 벌카우어(G. C. Berkouwer)의 조교로 임명되었다. 그는 1967년 그곳의 교수로 임명되었고 1989년에 은퇴했다. 반틸이 언급한 책은 벌카우어 지도로 통과한 그의 박사 학위 논문이다.

이 비평가들이 깨닫지 못한 것은 그들이 일반적으로 칼 바르트 및 신정통주의에 합류해, 성경의 하나님을 역사 속에서 나타나는 하나님의 현현 및 사역과 동일하게 여기는 한, 그리스도 안에서 하나님 은혜의 복음을 잃어버렸다는 것이다.

바르트가 하나님 자신 안에 하나님이 없고 하나님의 절대적 작정이 없다고 말할 때, 하나님은 그리스도와 같고 그리스도는 모든 사람을 '구원하는' 그리스도의 사역과 같다는 것을 의미한다.[8] 이 견해에 의할 때 인간은 미리 '구원받는다.' 이 견해에 의할 때, 역사 속에서 진노로부터 은혜로의 전환은 존재하지 않는다.

> 나의 하나님, 나의 하나님 어찌하여 나를 버리셨나이까(막 15:34).

예수님이 이렇게 말씀하실 때, 하나님의 '은혜'는 하나님의 진노를 만족시키지 않고 상쇄하고 있었다. 이 견해에 의할 때, 성경적 의미의 은혜란 전혀 없고, 은혜가 전혀 필요치 않다. 이 견해에 의할 때 모든 것이 은혜다. 인간은 자신의 이상적 자아를 실제 자아와 동일하게 여길 수 있다.

2) 다른 방식(Non eodem modo)

다우마는 신학자 세 명의 견해를 비교하면서 쉴더(Schilder)가 선택받은 자와 유기된 자 사이에 있는 직접적 유사성(direct parallelism), 또는 동일한 근본(equal ultimacy)을 주장했다는 것을 발견한다. 다우마는 쉴더가 이 점에서 헤르만 바빙크의 관점에 상당히 동의한다고 말한다. 다우마는 쉴더의 관점에 동의하지 않는다.

---

[8] Bruce McCormack, "Christ and the Decree: An Unsettled Question for the Reformed Churches Today", in *Reformed Theology in Contemporary Perspective*, ed. Lynn Quigley (Edinburgh: Rutherford House, 2006)를 참조하라.

우리는 도르트 총회의 결의를 따라 타죄 이후론을 지지하면서 더욱더 안전한 길을 택한다.⁹

이 시점에서 다우마는 또한, 필자가 『제임스 댄의 신학』(*The Theology of James Daane*)에서 그런 것처럼, 바빙크를 따른다. 그리스도는 세상을 정죄하시기 위해서가 아니라 구원하시기 위해 오셨다. 그리스도의 정식 사역은 그분의 백성을 구속하시는 것이며(*opus proprium*), 그의 이질적 사역은 다른 자들을 유기하시는 것인데(*opus alienum*), 그들은 자기 죄로 인해 영원한 형벌을 받는다.

우리는 다우마를 넘어서서, 바빙크의 지도에 따라, 타죄 이후론(infralapsarianism)과 타죄 이전론(supralapsarianism) 사이의 구분은 우리가 더는 받아들여서는 안 된다고 말할 것이다.¹⁰

우리는 그것 대신에 기독교의 제한적 개념으로 대체해야 한다. 동일한 근본(equal ultimacy) 개념으로부터 '선하고 필요한 결과'에 의한 추론은 영원한 이원론을 하나님께 소개할 것이다. 우리는 정반대로 해야 한다. 우리는 우리에게 모순처럼 '보일 수' 있는 것의 배경으로 하나님 안에서의 통일성을 전제로 해야 한다. 우리가 하나님 안에서의 통일성을 전제로 하는 경우에만, 그리스도의 말씀 "나의 하나님, 나의 하나님"은 진정한 의미를 유지할 수 있다.

타죄 이후론 및 타죄 이전론은 모두 전체 역사의 진정한 의미와 특히 역사 속에서 이루어진 그리스도의 사역에 대한 전제로서 하나님 안에 있는 통일성 개념에 대해 공정한 평가를 온전히 내릴 수 없다. 우리가 성경의 모든 '개념'을 상호 보완적으로 보지 않고 성경적 진리 '체계'를 '유추적' 체계로 여기지 않는 한 여전히 추상적인 것을 다루고 있을 뿐이다.

---

9   Douma, *Algemene genade*, 295.
10 Bavinck, *RD*, 2:388ff 참조하라.

다우마는 이런 논리를 따라 분명히 생각하고 있으므로 그의 업적은 우리가 하나님과 하나님이 만드신 세상과의 관계를 잘 이해하게 돕는다.

3) 예정의 너비

다우마에 따르면, 예정론에 대한 개념, 특히 그리스도 안에 있는 예정론 개념을 포괄적으로 만드는 사람은 다른 누구보다도 아브라함 카이퍼이다. 그리스도 안에서 그리고 그리스도를 위해 모든 것이 창조되었다. 개인의 선택은 구속된 우주에서의 선택이고, 우주는 그리스도에 의해 구속되었다. 따라서 기독교인은 금욕적 입장을 취해서는 안 된다. 세상은 그리스도의 것이다.

4) 발전 개념에서의 추측

카이퍼는 모든 것을 예정이라는 개념에 포함했고 이는 칭찬할 만한 일이지만, 그가 창조 세계를 유기적 발전이라는 개념으로 다룰 때, 우리는 그의 생각에 동의할 수 없다. 일반 은총을 통해 자연의 힘이 발전한다는 카이퍼의 생각은 하나님의 구원하시는 은혜와는 무관한 개념이다.
다우마는 문화 철학자 카이퍼가 더 이상 성경적 주해에 신중하게 의존하지 않고 그의 추론적 상상력이 자유롭게 통치하게 한다고 말한다. 우리는 오히려 그리스도에 관한 바울의 말에 만족해야 한다.

그에게서, 그를 통해 그리고 그에게 모든 것이 있다.

이렇게 할 때, 우리는 세상의 구원을 위해 그리스도 안에서 사람에게 주신 하나님 계시의 신비를 인정하고 존중할 수 있다.[11]

마지막 이 두 가지 요점에서 우리는 다우마의 주장에 동의해야 한다.

5) 그리스도와 은혜 언약

그리스도의 구속 사역에 모든 것을 포함한다는 카이퍼의 개념을 받아들이고, 자기 백성을 구원하는 하나님 사역의 "네벤즈벡"(Nebenzweck)[12]인 일반 은총을 통해 하나님이 역사한다는 그의 개념을 거절한 후에, 우리는 쉴더에게로 돌아간다.

우리는 창조의 중보자인 그리스도와 구속의 중보자인 그리스도를 구분한 카이퍼의 사상을 거절함으로 쉴더와 합류한다. 우리는 그리스도 안에 있는 창조 개념과 그분의 구속 개념을 통합해야 한다.[13]

그러나 쉴더는 창조된 세계가 무에 빠지지 않도록 지켜주는 수단으로서의 일반 은총에 대한 카이퍼의 개념을 거절하면서, 기층(substratum)의 개념을 소개하는데, 우리는 이를 받아들일 수 있다.

쉴더는 하나님이 어떤 사람들은 구원받게 하고 다른 사람들은 구원받게 하지 않는다고 주장한다. 두 그룹 모두 운명에 의한 목표를 달성하기 위해 세상과 문화가 필요하다. 따라서 선택받은 자와 선택받지 못한 자 사이의 투쟁이 진행되는 기초 위에 있는 기층인 역사를 통해 세상이 발전해야 한다.

우리는 성경이 그리스도의 선재(pre-existence)와 하나님 아들로서의 창조 사역을 하나님의 화해라는 관점에서 바라본다는 것을 깨달을 때, 더욱더

---

11 Douma, *Algemene genade*, 305.
12 제3장의 각주 10을 보라.
13 즉, 편집자 서문에서 언급한 것처럼 반틸은 그리스도를 상대적으로 독립적인 두 영역의 중재자로 보는 카이퍼의 개념을 거부한다. 오히려 창조에 대한 그리스도의 중재는 결국 모든 것을 구속하는 목적을 위한 것이다.

안전한 길을 걸을 것이다.¹⁴

하나의 포괄적 은혜 언약이 있다. 모든 역사는 이 은혜 언약에 비춰 봐야야 한다.

> 이 역사의 단계들은 은혜 언약의 단계들이며, 그것은 낙원의 시대부터 노아, 아브라함을 거쳐 그리스도가 재림하시는 시대를 포괄한다.¹⁵

우리는 이 모든 것에 진지하게 동의한다. 다만 이 시점에서 다우마가 카이퍼의 입장과 바르트의 입장이 단지 강조하는 부분만 다르다고 말한 것에 대해 우리는 유감을 표명한다.

카이퍼는 창조의 중재자로서 그리스도에 대해 너무 추상적으로 말했고, 바르트는 그리스도의 구속 사역 외에는 아무것도 보지 못했다.¹⁶ 그러나 바르트는 그리스도의 구속 역사를 그의 창조적 역사 이상으로 보지 못한다. 바르트는 단순히 성경이 가르치는 그리스도를 믿지 않는다.

6) 그릇된 길로 이끄는 카이퍼의 일반 은총

카이퍼의 일반 은총 개념은 이미 언급했듯이 역사적 단계가 사람과 함께 그리스도를 통한 은혜 언약의 다양한 과정을 나타낸다는 성경적 관점을 취하지 않고, 대신에 문화에 대한 추측성 철학을 취하는 경향이 있기 때문에 비판받아야 마땅하다.

이는 앞에서 설명한 것과 비슷하다.

---

14 Douma, *Algemene genade*, 307.
15 Douma, *Algemene genade*, 309.
16 Douma, *Algemene genade*.

7) 유기된 자에게 베푸는 은혜

기독교 방식으로 말하면, 우리는 "그리스도 안에 있는 하나님의 한 은혜"를 다룬다.[17]

쉴더는 이 점을 공정하게 평가하지 않는다. 선택받은 자에 대한 하나님의 호의와 유기된 자에 대한 하나님의 비호의 사이의 유사점으로 인해 그는 하나님의 은혜를, 심지어 유기된 자에게 베푸시는 하나님의 은혜조차도 공정하게 평가하지 못한다.

> 선택받은 자와 유기된 자를 향한 하나님 계시의 다른 효과는 이 계시에 있는 일반 은총 성격을 앗아가지 못한다. 성경은 언약 안에서 유기된 자를 향한 하나님의 은혜를 분명하게 말한다.[18]

이 점에 있어 칼빈은 쉴더보다 더욱더 나은 평가를 한다. 그러나 칼빈조차도 그리스도 중심의 은혜에 대해 온전히 평가하지는 못한다. 이 시점에서 우리는 S. G. 데 그라프(S. G. de Graaf)에게서 배울 수 있다.[19]

독자들은 본 작가가 때때로 이 점을 강조한 사실을 알아차렸을 것이다. 이는 인간이 이 땅에서 살고 숨을 쉬는 한, 하나님은 그리스도를 통해 간접적으로 또는 직접적으로 인간에게 회개하고 하나님께로 돌아오라고 진심으로 애원한다는 것을 나타내기 위한 목적이었다.

---

17 Douma, *Algemene genade*, 317.
18 Douma, *Algemene genade*.
19 젤리 튜이넨가(Jelle Tuinenga)는 이 주제에 대한 자기 석사 학위 논문, "The Christological Basis of Common Grace" (Westminster Theological Seminary, 1966)에서 데 그라프가 일반 은총 개념을 올바른 기독론적 기초 위에 세웠다는 이유로 그를 칭찬한다. 튜이넨가는 또한 H. 두예어드(H. Dooyeweerd)가 데 그라프처럼 같은 방법론을 취한다는 이유로 그를 칭찬한다.

8) 하나님의 심판과 진노

우리는 하나님의 은혜와 하나님의 진노가 궁극적으로 동일하다는 쉴더의 사상을 따를 수 없다. 하지만, 그는 칼빈을 따라서 하나님의 진노가 역사 속에서 나타났다고 관찰했고, 우리는 이에 감사해야 한다. 최근에 개혁주의 신학자들은 이 사실을 잊어버리는 경향이 있다.

9) '두 가지로 말하는' 하나님의 태도

우리는 역사의 '사실들', 즉 하나님의 호의와 진노의 표현을 이 사실들에 표현된 하나님의 '태도'와 분리해서는 안 된다. 하나님은 아직은 아니지만 언젠가 자기 백성이 될 사람들에게 진노하신다. 하나님은 자신의 진노를 그들에게서 돌이키기 위해 그 진노를 자기 아들에게 쏟아부으신다.

하나님은 그리스도 안에서 영원한 사랑으로 자기 백성을 사랑하실 때도, 그들이 자기 안에 있는 구속 원리에 따라 삶을 영위하지 않는 한, 그들에게 진노하신다. 유기된 자에게도 '거의' 같은 원리가 적용된다.

그러므로 우리는 이런 사실들을 밝혀진 대로 '체계화하지' 말아야 한다. 저자는 훅스마의 주장에 대항해 『일반 은총』에서 이 점을 크게 강조했다.

변증론적으로 말해서, 이 점이 매우 중요하다. '모순처럼 보이는 것'을 포함하지만, 성경에서 전제되고 표현된 하나님의 통일성을 근거로 한 성경적 '체계'만이 현대 사상의 무가치함을 이길 수 있다.

이 점을 보지 못하기 때문에, 분명히 최근의 일부 개혁주의 신학자는 현대 과학자, 현대 철학자, 현대 신학자의 해석 원리에 동의함으로 그들과의 접촉점을 찾으려는 유혹에 빠진다. 필자는 이 방법이 바울이 제시한 길이 아니라고 겸손하게 제안한다. 그리스도가 바울과 그의 세상을 구원했기 때문에 그는 그리스도와 함께 승리할 수 있었다.

나의 하나님, 나의 하나님 어찌하여 나를 버리셨나이까(막 15:34).

다스 보르트 졸렌 라쎈 슈테헨(*Das Wort sollen sie lassen stehen*).[20]

이것은 현상학적으로(phenomenologically) 말하는 것이고, 모든 현상학적 표현은 기껏해야 아무도 알 수 없는 본체(noumenal)의 어떤 것을 가리킨다고 말함으로, 이것의 의미를 희석해서는 안 된다.[21]

우리는 삼위일체 하나님의 통일성에 대한 신비를 완전히 파악하리라고 기대할 수 없다. 이 신비는 하나님이 사람과 관련해 사용하는 표현의 다양성을 지탱하는 기초가 된다. 역사는 실제이다. 하나님이 역사 안에서 그리스도를 통한 자신의 목적을 실현하기 때문에 역사는 진정한 의미를 가진다.

이 시점에서 다우마는 칼라마주 종교회의(the Synod of Kalamazoo)에서 내린 세 가지 요점 중 첫 번째 것을 다루는데 잘못 해석한다.[22] 그는 칼라마주 종교회의가 카이퍼의 문화적 낙관론을 대체로 따르기에 추상적인 것을 다룬다고 생각한다.

필자는 칼라마주 종교회의를 이렇게 이해하지 않는다. 칼랄마주 종교회의에 카이퍼의 영향력이 있었음에도 불구하고, 그 종교회의는 우리가 인간 자율성의 원리에 기초한 알미니안주의자들의 논리적 추론을 따라서는 안 되는 것처럼 유기의 원칙에 기초한 훅스마의 논리적 추론을 따라서는 안 된다는 사실을 스콜라 철학식으로 다룬다기보다는 단순하고 '순수하게' 다루었다.

---

20 This is a quote attributed to Martin Luther. It means, in effect, "Do not tamper with the Word [of God]."
21 Douma, *Algemene genade*, 333을 참조하라.
22 Douma, *Algemene genade*, 388.

다우마는 칼라마주 종교회의가 '내용 없는' 하나님의 호의적 태도를 주장하는 것처럼 말한다. 그러므로 다우마는 칼라마주 종교회의가 본성의 사람에 관해 어떤 '낙관론적 소음'을 만드는 것처럼 말한다.

다우마는 칼라마주 종교회의에서 나온 주요 쟁점을 이해하지 못했다. 그는 이와 비슷하게 필자가 칼라마주 종교회의를 따라서 일반 은총 문제에 관해 제시한 것의 주요 의도를 이해하지 못했다. 그는 저자의 목적이 유기적이고 추측에 근거한 방식으로 역사 철학을 제시하는 것으로 생각한다.

사실 저자의 목적은 이와는 정반대이다. 겉보기에 모순처럼 보이는 성경의 가르침에서 비롯된 '유추적' 체계를 가지고 있어야 한다는 취지의 전체 주장은 다우마의 주장과 본질적으로 같다.

그는 내 입장이 명확하지 않다고 불평한다(Helder wordt het ons niet). 의심의 여지 없이 나의 설명에는 명확성이 부족하다. 그러나 '성경적 체계에서' '명료성이 부족한' 기본적 이유는 신자가 목적에 대한 하나님의 일치성을 철저하게 이해하고 표현할 수 없기 때문이다.

우리가 굴복해야 할 것은 그리스도 안에 있는 하나님의 신비이다. 그러나 그는 나의 입장이 "너무 도식적"(te schematisch)이라고 주로 비판한다. 바로 이 점을 내가 피하려고 했다.

10) 은혜와 필요성

필자가 다우마에게 너무 도식적인 것처럼, 카이퍼는 예정을 다룰 때 "막후에 있는 것을" 보려고 했다. 마찬가지로 쉴더는 하나님의 계획에 관해 제멋대로 추측하려고 했다.

그러나 우리는 철학적 추측에서 나오고 철학적 추측으로 향하는 모든 형태의 추론을 거부해야 한다. 우리는 성경이 나타낸 하나님의 신실하심을 의지해야 한다. 인간은 절대로 완성된 제품이 아니다.

예수님이 가룟 유다에게 끝까지 호의를 베푸셨던 것처럼, 하나님도 인간에게 계속해서 호의를 베푸신다.

11) 문화와 순례

기독교인은 그리스도께서 세상을 구속하셨다는 것을 안다.

> 바울이나 아볼로나 게바나 세계나 생명이나 사망이나 지금 것이나 장래 것이나 다 너희의 것이요 너희는 그리스도의 것이요 그리스도는 하나님의 것이니라다 (고전 3:22, 23).

카이퍼와 쉴더는 성경적으로 설립된 참된 문화 철학에 깊이 관심이 있었다. 카이퍼는 쉴더보다 더욱더 투기적(speculative)이다. 우리는 문화 철학을 성경적으로 신중하게 뒷받침해야 한다.

12) 일반 은총이란?

다우마는 우리가 이 모든 논쟁을 고려할 때, 일반 은총에 대한 "신학적 가르침"(theologoumenon)을 주장할 수 있냐고 묻는다. 그렇다. 우리는 할 수 있고 해야 한다.

우리는 칼빈에게서 다시 시작해야 한다. 확실히 카이퍼와 쉴더는 칼빈이 그리스도를 고백해야 하는 것만큼이나 기독교에 대해 열정적이었다. 기독교 문화에 대한 그들의 관심은 현대인에게 그리스도 복음의 메시지가 포괄적이라는 것을 보여 주기 위한 것이었다.

인간이 자연과 역사에 나타난 하나님의 은혜와 진노를 모두 보지 못하면 변명의 여지가 없다. 로마가톨릭과 알미니안주의는 인간의 타락에 대해 성경적 관점을 취하지 않는다고 우리는 덧붙일 수 있다. 따라서 그들은 하나님 은혜가 얼마나 깊은지 올바로 평가하지 못한다.

진실로 로마가톨릭과 알미니안주의는 그리스도께서 모든 것을 구속하신다는 사실에 대해 성격적으로 접근하지 못한다. 따라서 그들은 하나님의 은혜가 얼마나 넓은지 인식하지 못한다.

오늘날 신정통주의는 하나님 은혜의 깊이와 넓이에 대한 인식이 부족할 뿐만 아니라 그것을 실제로 부정한다는 것을 우리는 간과해서는 안 된다.

따라서 우리는 이 논증의 출발점으로 되돌아간다. 이 책의 목적은 전반적으로 변증하는 데 있다. 인간을 향한 하나님의 주권적 은혜의 복음은 본성의 사람이 관심을 가지는 모든 영역에서 회개하라는 도전으로 제시될 때만, 구원하는 힘으로서 인간에게 도달할 수 있다. 본성의 사람이 회개하지 않고 그리스도에게 돌아오지 않으면, 그는 자기 문화와 함께 버려질 것이다.

일반 은총에 관한 개념이 그리스도 중심이고, 따라서 성경적으로 구성될 때, 기독교 변증가가 사람들을 향하여 세상의 지혜를 버리고 그리스도 복음의 '어리석은 것'을 받아들이라고 간청할 수 있게 도울 수 있다. 바로 이 그리스도 복음의 '어리석은 것'을 통해 사람을 구원함으로 하나님께 기쁨을 드린다.

참고 문헌

Adamson, Robert. *The Development of Greek Philosophy*. Edited by W. R. Sorley and R. P. Hardie. Edinburgh: W. Blackwood and Sons, 1908.

Aquinas, Thomas. *Summa Theologiae: Questions on God*. Edited by Brian Leftow and Brian Davies. Cambridge Texts in the History of Philosophy. Cambridge: Cambridge University Press, 2006.

Aristotle. *The Basic Works of Aristotle*. Edited by Richard McKeon. New York: Random House, 1968.

Audi, Robert, ed. *The Cambridge Dictionary of Philosophy*. Cambridge: Cambridge University Press, 1995.

Baugh, Steven M. "'Savior of All People': 1 Timothy 4:10 in Context." *Westminster Theological Journal* 54 (1992): 331-340.

Bavinck, Herman. *The Certainty of Faith*. Translated by Harry der Nederlanden. St. Catharines, Ontario: Paideia Press, 1980.

_____. *Reformed Dogmatics*. Edited by John Bolt. Translated by John Vriend. 4 vols. Grand Rapids: Baker Academic, 2004.

Berkouwer, G. C. *Man: The Image of God*. Grand Rapids: Eerdmans, 1962.

_____. *The Providence of God*. Grand Rapids: Eerdmans, 1952.

Calvin, John. *Institutes of the Christian Religion*. Edited by John T. McNeill. Translated by Ford Lewis Battles. Library of Christian Classics, 20-21. 2 vols. London: SCM Press, 1960.

_____. *Institutes of the Christian Religion*. Edited and translated by Henry Beveridge. 2 vols. Grand Rapids: Eerdmans, 1957.

_____. *A Treatise on the Eternal Predestination of God*. In *Calvin's Calvinism*, translated by Henry Cole. Grand Rapids: Eerdmans, 1950.

Clowney, Edmund P. "Preaching the Word of the Lord: Cornelius Van Til, V.D.M." *Westminster Theological Journal* 46 (1984): 233-253.

De Graaf, S. G. *Promise and Deliverance*, vol. 1: *From Creation to the Conquest of Canaan*. Translated by H. Evan Runner. St. Catharines, Ontario: Paideia Press, 1979.

Hodge, Charles. *Systematic Theology*. 3 vols. London: James Clarke, 1960.

Kuyper, Abraham. *Encyclopaedie der heilige godgeleerdheid*. 3 vols. Amsterdam: J. A. Wormser, 1894.

_____. *Principles of Sacred Theology*. Grand Rapids: Baker Book House, 1980.

McCormack, Bruce. "Christ and the Decree: An Unsettled Question for the Reformed Churches Today." In *Reformed Theology in Contemporary Perspective*, edited by Lynn Quigley, 124-142. Edinburgh, Scotland: Rutherford House, 2006.

_____. "Election and Trinity: Theses in Response to George Hunsinger." In *Trinity and Election in Contemporary Theology*, edited by Michael T. Dempsey, 115-137. Grand Rapids: Eerdmans, 2011.

Muether, John R. *Cornelius Van Til: Reformed Apologist and Churchman*. Phillipsburg, NJ: P&R Publishing, 2008.

Oliphint, K. Scott. "Bavinck's Realism, the Logos Principle, and *Sola Scriptura*." *Westminster Theological Journal* 72 (2010): 359-390.

_____. "The Consistency of Van Til's Methodology." *Westminster Theological Journal* 52 (1990): 27-49.

_____. *Covenantal Apologetics: Principles and Practice in Defense of Our Faith*.

Wheaton, IL: Crossway Books, 2013.

_____. *God with Us: Divine Condescension and the Attributes of God*. Wheaton, IL: Crossway Books, 2012.

_____. "A Primal and Simple Knowledge." In *A Theological Guide to Calvin's Institutes: Essays and Analysis*, edited by David Hall and Peter A. Lillback, 16–33. Philipsburg, NJ: P&R Publishing, 2008.

_____. *Reasons for Faith: Philosophy in the Service of Theology*. Phillipsburg, NJ: P&R Publishing, 2006.

Poythress, Vern Sheridan. *Logic: A God-Centered Approach to the Foundation of Western Thought*. Wheaton, IL: Crossway Books, 2013.

Stoker, H. G. "On the Contingent and Present-Day Western Man." In *The Idea of a Christian Philosophy: Essays in Honour of D. H. Th. Vollenhoven*, edited by K. A. Bril, H. Hart, and J. Klapwijk, 144–166. Toronto: Wedge Publishing Foundation, 1973.

Van Til, Cornelius. *Christianity and Barthianism*. Philadelphia: Presbyterian and Reformed, 1962.

_____. *The Defense of the Faith*. Edited by K. Scott Oliphint. Phillipsburg, NJ: P&R Publishing, 2008.

_____. *Essays on Christian Education*. Phillipsburg, NJ: Presbyterian and Reformed, 1979.

_____. *The Great Debate Today*. Philadelphia: Presbyterian and Reformed, 1970.

_____. *An Introduction to Systematic Theology: Prolegomena and the Doctrines of Revelation, Scripture, and God*. Edited by William Edgar. Phillipsburg, NJ: P&R Publishing, 2007.

_____. *The New Modernism: An Appraisal of the Theology of Barth and Brunner*. 2nd ed. Philadelphia: Presbyterian and Reformed, 1947.

_____. *A Survey of Christian Epistemology*, vol. 2: *In Defense of the Faith*. Philadelphia: Presbyterian and Reformed, 1969.

Warfield, Benjamin B. *Faith and Life*. Bellingham, WA: Logos Research Systems, 2008.

_____. "Inspiration of Scripture." In *The Works of Benjamin B. Warfield*, vol. 5: *Calvin and Calvinism*. Bellingham, WA: Logos Research Systems, 2008.

_____. *The Works of Benjamin B. Warfield*, vol. 9: *Studies in Theology*. Bellingham, WA: Logos Research Systems, 2008.